"十三五"普通高等教育规划教材

财务管理学
学习指导

主　编　刘　迪　马春蕾
副主编　赵　杰　何　敏
编　写　岳　红　王　颖　商明蕊　刘　爽

中国电力出版社
CHINA ELECTRIC POWER PRESS

内 容 提 要

本书为《财务管理学（第三版）》的配套学习指导书，本书与主教材所有篇章的内容保持高度一致，根据教材内容，提炼每章学习目标、学习要点、学习重点与难点，精心选择、编写典型的练习题与案例分析。帮助读者对教材内容融会贯通，抓住学习重点和难点，加深对教材内容的理解，强化掌握重点知识。

本书可作为财务管理学课程的配套指导书，也可作为会计学专业学生考试复习的参考书。

图书在版编目（CIP）数据

财务管理学学习指导 / 刘迪，马春蕾主编. —北京：中国电力出版社，2019.12
"十三五"普通高等教育本科规划教材
ISBN 978-7-5198-3850-8

Ⅰ.①财… Ⅱ.①刘…②马… Ⅲ.①财务管理–高等学校–教学参考资料 Ⅳ.①F275

中国版本图书馆 CIP 数据核字（2019）第 247960 号

出版发行：中国电力出版社
地　　址：北京市东城区北京站西街 19 号（邮政编码 100005）
网　　址：http://www.cepp.sgcc.com.cn
责任编辑：孙　静（010-63412542）马雪倩
责任校对：王小鹏
装帧设计：张俊霞　郝晓燕
责任印制：吴　迪

印　　刷：三河市百盛印装有限公司
版　　次：2020 年 1 月第一版
印　　次：2020 年 1 月北京第一次印刷
开　　本：787 毫米×1092 毫米　16 开本
印　　张：16.5
字　　数：397 千字
定　　价：49.00 元

版 权 专 有　侵 权 必 究

本书如有印装质量问题，我社营销中心负责退换

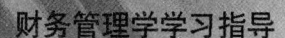

"十三五"普通高等教育本科规划教材
财务管理学学习指导

前　言

　　本书是普通高等教育"十三五"规划教材《财务管理学（第三版）》的配套学习指导用书。在编写过程中作者借鉴了国内外同类教材的经验，精心选择、编写典型的练习题与案例分析，旨在帮助读者把握教材的基本内容、总体框架和重要的知识点，巩固在教材中所学的知识，加深读者对财务管理学的理解，提高读者分析问题和解决问题的能力。

　　本书与主教材《财务管理学（第三版）》所有篇章的内容保持高度衔接与一致，根据教材内容，提炼每章学习目标、学习要点、学习重点与难点，帮助读者对教材内容融会贯通，抓住学习的要点和难点，加深对教材内容的理解，强化掌握重点知识。本书中的练习题是作者多年教学的积累，有利于读者熟练掌握财务管理学的基本原理和方法，具有较强的针对性。案例分析部分帮助读者开阔思路，提高理论联系实际的能力。

　　本书由刘迪、马春蕾担任主编，赵杰、何敏担任副主编，参加编写的人员具体分工如下：第1、3章由岳红编写，第2章由王颖编写，第4、7章由何敏编写，第5、8章由赵杰编写，第6、10章由马春蕾编写，第9章由商明蕊编写，第11、12章由刘爽编写，第13章由刘迪编写。全书由刘迪统稿，由周鲜华主审。

　　本书可以作为课后练习用书，也可以作为考试的复习参考书。

　　由于学识水平有限，书中难免存在不妥之处，真诚希望读者给予批评指正。

编　者
2019 年 10 月

目 录

前言

第一章 财务管理总论 1
    一、学习目标 1
    二、学习要点 1
    三、学习重点与难点 3
    四、练习题 3
    五、练习题参考答案 9

第二章 财务管理的价值观念 12
    一、学习目标 12
    二、学习要点 12
    三、学习重点与难点 17
    四、练习题 21
    五、练习题参考答案 27

第三章 财务估价 30
    一、学习目标 30
    二、学习要点 30
    三、学习重点与难点 32
    四、练习题 32
    五、练习题参考答案 42

第四章 财务分析 47
    一、学习目标 47
    二、学习要点 47
    三、学习重点与难点 55
    四、练习题 55
    五、练习题参考答案 60

第五章 财务预算 62
    一、学习目标 62

二、学习要点 ··· 62
　　三、学习重点与难点 ··· 65
　　四、练习题 ··· 66
　　五、练习题参考答案 ··· 76

第六章　筹资管理 ··· 80
　　一、学习目标 ··· 80
　　二、学习要点 ··· 80
　　三、学习重点与难点 ··· 91
　　四、练习题 ··· 91
　　五、练习题参考答案 ··· 107

第七章　资本成本与资本结构 ··· 115
　　一、学习目标 ··· 115
　　二、学习要点 ··· 115
　　三、学习重点与难点 ··· 119
　　四、练习题 ··· 119
　　五、练习题参考答案 ··· 125

第八章　项目投资管理 ··· 128
　　一、学习目标 ··· 128
　　二、学习要点 ··· 128
　　三、学习重点与难点 ··· 134
　　四、练习题 ··· 134
　　五、练习题参考答案 ··· 145

第九章　证券投资管理 ··· 148
　　一、学习目标 ··· 148
　　二、学习要点 ··· 148
　　三、学习重点与难点 ··· 152
　　四、练习题 ··· 153
　　五、练习题参考答案 ··· 167

第十章　营运资金管理 ··· 172
　　一、学习目标 ··· 172
　　二、学习要点 ··· 172
　　三、学习重点与难点 ··· 178
　　四、练习题 ··· 179
　　五、练习题参考答案 ··· 194

第十一章 股利政策与分配 ··· 199
 一、学习目标 ··· 199
 二、学习要点 ··· 199
 三、学习重点与难点 ··· 206
 四、练习题 ··· 206
 五、练习题参考答案 ··· 213

第十二章 企业设立、变更和终止 ··· 215
 一、学习目标 ··· 215
 二、学习要点 ··· 215
 三、学习重点与难点 ··· 221
 四、练习题 ··· 222
 五、练习题参考答案 ··· 224

第十三章 国际财务管理 ··· 225
 一、学习目标 ··· 225
 二、学习要点 ··· 225
 三、学习重点与难点 ··· 236
 四、练习题 ··· 236
 五、练习题参考答案 ··· 249

第一章 财务管理总论

一、学习目标

本章阐述财务管理的基本概念和一般原理,通过本章学习,应当达到如下的学习效果:了解企业财务活动的内容,了解企业的各种财务关系,在理解财务活动和财务关系的基础上,掌握财务管理的概念和特点。了解企业的各种组织形式,深入理解财务管理的目标,并对各种财务管理目标的优缺点进行比较。理解财务管理的原则,财务管理的方法,了解财务管理的环境。

二、学习要点

(一)核心概念

(1)财务活动。财务活动是企业资金的运动,包括资金的筹集、投放、耗费、收入和分配。

1)资金筹集。资金筹集主要包括自有资金的筹集和借入资金的筹集。自有资金是企业通过吸收拨款、接受直接投资、发行股票等方式从投资者那里取得的资金;借入资金是企业通过向银行借款、发行债券、产生应付款项等方式形成负债而从债权人那里取得的资金。

2)资金投放。资金投放包括在经营资产上的投资和对其他单位的投资,其目的是取得一定的收益。

3)资金耗费。资金耗费包括企业在生产过程和购销过程发生的耗费。生产过程的耗费是生产者消耗各种材料,损耗固定资产,支付职工工资和其他费用,使用劳动手段对劳动对象进行加工,生产出新产品时的耗费。企业购销过程中也会发生一定的耗费。

4)资金收回。资金收回是企业在销售过程中,企业将生产的产品销售出去,并按产品的价格取得销售收入,实现产品价值的过程;企业还可通过取得投资收益和其他收入完成资金收回。

5)资金分配。资金分配是指分配投资收益和还本付息。企业缴纳所得税,税后利润提取公积金,用于扩大积累、弥补亏损和职工集体福利设施,其余利润作为投资收益分配给投资者,此外企业还会向债权人还本付息。

(2)财务关系。财务关系是指企业在资金运动中与各有关方面发生的经济利益关系。包括:企业与投资者和受资者之间的财务关系;企业与债权人、债务人、往来客户之间的财务关系;企业与税务机关之间的财务关系;企业内部各单位之间的财务关系;企业与职工之间的财务关系。

(3)财务管理。财务管理是指基于企业再生产过程中客观存在的财务活动和财务关系而产生的,它是利用价值形式对企业再生产过程进行的管理,是组织财务活动、处理财务关系的一项综合性管理工作。

（4）企业目标。企业目标为生存、发展、获利。

（5）财务管理目标。财务管理目标目前存在三种观点，即企业利润最大化、股东价值最大化、企业价值最大化。

（6）委托代理关系。委托代理关系是指委托人将责任委托给代理人，授予其一定的决策权，使其代替雇主从事某种活动而形成的一种关系。现代企业由于所有权与经营权的分离，产生了委托代理关系。当委托人与代理人的利益目标不一致时，就产生了代理问题。

（7）风险收益均衡。一般来说项目的风险大、收益高，风险小、收益低。在对企业的每一项财务活动决策时，都应当对其风险和收益两方面作出全面的分析和权衡，以便选择最有利的方案，使风险与收益平衡，做到既降低风险，又能得到较高的收益，以提高企业的经济效益。

（二）关键问题

（1）财务管理的目标有哪几种观点？各种观点存在的原因、优缺点是什么？

财务管理的目标是一切财务活动的出发点和归宿。一般而言，最具有代表性的财务管理目标有以下几种观点：利润最大化、股东财富最大化、公司价值最大化。

1）利润最大化。

a. 追逐利润最大化的原因：

（a）符合人类生产经营活动的目的，即最大限度地创造剩余产品；

（b）资本的使用权最终属于获利最多的企业；

（c）只有获利，才能使整个社会财富实现最大化。

b. 以利润最大化为财务管理目标的缺陷：

（a）没有考虑货币的时间价值；

（b）没有反映创造的利润与投入的资本之间的关系；

（c）没有考虑风险因素；

（d）可能会导致公司的短期行为。

2）股东财富最大化。

表现：每股市价。

优点：考虑了时间价值和风险价值，克服了短期行为，体现了资本保值增值要求。

缺点：只适于上市公司，受到多因素控制，会产生所有者与其他利益主体的矛盾冲突。

3）公司价值最大化。

公司价值的确定：公司价值是指公司全部资产的市场价值，即股票与负债市场价值之和。它是以一定期间属于投资者的现金流量，按照资本成本或投资机会成本贴现后的现值表示的。

以公司价值最大化作为财务管理目标的优点：

a. 考虑了货币的时间价值；

b. 考虑了投资的风险价值；

c. 有利于克服公司的短期行为；

d. 有利于社会资源的合理配置。

（2）企业重要的财务关系有哪些？如何实现财务管理中各种利益关系的协调？

企业重要的财务关系主要有所有者与经营者的关系、所有者与债权人的关系和企业与社会的关系。

为了协调所有者与经营者在实现理财目标上存在的问题，应当建立激励和制约这两种机制。为了协调所有者与债权人之间的利益冲突，企业经营者在谋求股东财富的同时，必须公平对待债权人，遵守债务契约的条款和精神。为了协调企业与社会存在的利益关系，企业要受到商业道德的约束，要接受政府有关部门的行政监督，以及社会公众的舆论监督，进一步协调企业和社会的矛盾，促进构建和谐社会。

三、学习重点与难点

（一）学习重点

学习重点：本章的学习重点是在理解企业财务活动与财务关系的基础上，掌握财务管理的概念及特点，进而理解财务管理目标的主要观点和与之相关的利益冲突；掌握处理财务关系实现财务管理目标中各种利益关系协调的方法。财务管理环境对财务活动的影响也是需要重点掌握的内容之一。本章要求同学们能够建立起财务管理学习的一个系统性概念框架，以便在以后的章节中进行充实和完善。

（二）学习难点

学习难点：理解委托代理关系及其产生的代理问题，理解财务管理的目标产生的原因，并区分不同财务管理目标的特点、优缺点，理解财务管理环境对理财活动的影响，并在案例和实践分析中加以运用，是本章的学习难点。在学习过程中要注意理论学习与案例剖析有机结合。

四、练习题

（一）单项选择题

1. 以利润最大化作为财务管理目标其优点是（   ）。
   A. 考虑了资金的时间价值
   B. 考虑了资金的风险价值
   C. 有利于企业克服短期行为
   D. 反映了投入与产出的关系
2. 公司财务管理的最佳目标是（   ）。
   A. 企业产值最大化   B. 企业利润最大化
   C. 企业价值最大化   D. 股东财富最大化
3. 下列指标中，最能反映企业价值最大化目标实现程度的是（   ）。
   A. 资产利润率   B. 销售利润率   C. 每股市价   D. 净资产收益率
4. 企业财务管理的目标是（   ）。
   A. 利润最大化   B. 投资利润率最大化
   C. 股东财富最大化   D. 员工福利最大化
5. 影响企业价值的两个基本因素是（   ）。
   A. 风险和收益   B. 时间和投资额
   C. 报酬率和贴现率   D. 时间价值和风险价值
6. 以股东财富最大化作为企业财务管理目标的优点在于（   ）。
   A. 没有考虑资金时间价值   B. 没有考虑资金风险价值

C. 适用于所有的公司　　　　　　　　D. 能够避免企业的短期行为

7. 所有者与经营者之间的财务关系反映的是（　　）。
   A. 经营权与所有权关系　　　　　　　B. 债权债务关系
   C. 投资与受资关系　　　　　　　　　D. 雇佣关系

8. 代表利润最大化的指标（　　）。
   A. 股票价格　　　B. 每股市价　　　C. 投资报酬率　　　D. 权益资本增值率

9. 委托代理问题产生的主要原因是（　　）。
   A. 信息不对称　　　　　　　　　　　B. 所有权与经营权分离
   C. 股东与经营者利益目标不一致　　　D. 权利和义务不明确

10. 企业同其被投资企业之间的财务关系反映的是（　　）。
    A. 经营权与所有权关系　　　　　　　B. 债权债务关系
    C. 投资与受资关系　　　　　　　　　D. 债务债权关系

11. 从企业价值的未来报酬贴现值公式看，影响公司价值高低的两个最基本因素是（　　）。
    A. 投资时间价值和风险价值　　　　　B. 投资报酬率和风险报酬率
    C. 投资项目和资本结构　　　　　　　D. 项目未来现金流大小和折现率

12. 以利润最大化作为财务管理的目标的缺点说法错误的是（　　）。
    A. 没考虑资金的风险价值　　　　　　B. 没考虑企业未来价值
    C. 没考虑货币时间价值　　　　　　　D. 没考虑投入资本价值

13. 实现股东财富最大化目标的途径是（　　）。
    A. 增加股利分配　　　　　　　　　　B. 减少股利分配
    C. 提高投资报酬率和减少风险　　　　D. 提高股票价格

14. 交易期限不超过一年的资金交易场所是（　　）。
    A. 货币市场　　　B. 发行市场　　　C. 资本市场　　　D. 期货市场

15. 企业财务关系中反映的是所有权与经营权财务关系的是（　　）。
    A. 股东与经营者之间的关系
    B. 股东与债权人之间的关系
    C. 企业与经营者之间的关系
    D. 企业、政府、社会公众与经营者之间的关系

16. 下列哪项是财务管理的原则（　　）。
    A. 不断提高收益　　　　　　　　　　B. 收益与风险均衡
    C. 收益最大化　　　　　　　　　　　D. 风险最小化

17. 在下列经济活动中，能够体现企业与社会之间的财务关系的是（　　）。
    A. 国有企业向上级上缴利润　　　　　B. 企业向国家税务机关缴纳税款
    C. 企业投资治理环境污染　　　　　　D. 企业替职工支付保险

18. 企业与税务机关之间的财务关系体现的是（　　）。
    A. 债权与债务关系　　　　　　　　　B. 经营者与所有者的关系
    C. 收入和分配关系　　　　　　　　　D. 结算关系

19. 股东和经营者发生冲突的根本原因在于（　　）。

A. 目标不一致　　　B. 监管不到位　　　C. 信息不对称　　　D. 企业中的地位不同

20. 下列表述中，正确的是（　　）。
A. 企业利润最大化目标对社会有利，因为社会发展离不开企业获利
B. 股东和债权人目标不一致，股东会损害债权人的利益，债权人总会限制股东的发展
C. 股东给予经营者的股票期权是协调股东与经营者矛盾的有效方式
D. 企业价值最大化目标因为很难用数值来衡量所以是无效的目标

21. 相对于股东财富最大化目标而言，企业价值最大化目标的不足之处是（　　）。
A. 没有考虑货币的时间价值　　　　　B. 没有考虑投资的风险价值
C. 不能反映企业潜在的获利能力　　　D. 企业价值的估价方法很难确定

22. 用来协调所有者与经营者利益关系的两种常用方法是（　　）。
A. 惩罚和奖励　　B. 解聘和激励　　C. 激励和约束　　D. 监督和制约

23. 企业财务关系中最为重要的关系是（　　）。
A. 股东与经营者之间的关系
B. 股东与债权人之间的关系
C. 股东、经营者、债权人之间的关系
D. 企业与作为社会管理者的政府有关部门、社会公众之间的关系

24. 与企业财务管理直接相关的金融市场主要是指（　　）。
A. 外汇市场　　B. 黄金市场　　C. 资本市场　　D. 货币市场

（二）多项选择题

1. 有关企业总价值公式中预计未来现金流量与风险的关系正确表述是（　　）。
A. 企业总价值与预期现金流量成正比
B. 企业总价值与预期的风险成反比
C. 在风险不变时，预期现金流量越大企业总价值越大
D. 预期现金流量不变时，风险越大企业总价值越大
E. 在预期现金流量和风险达到最佳均衡时，企业的总价值达到最大

2. 关于企业委托代理关系表述正确的是（　　）。
A. 现代企业的委托代理关系是一种契约关系或合同关系
B. 委托代理关系产生的主要原因是资本的所有权与经营权相分离
C. 股东与债权人委托代理关系矛盾与冲突的原因是两者目标不一致
D. 解决委托代理关系问题的主要手段是建立激励机制和约束机制

3. 财务管理的特点包括（　　）。
A. 是一种价值管理，既管钱又管物
B. 涉及面广，是对企业过去及未来资金的管理
C. 灵敏度高，迅速提供反映生产经营状况的财务信息
D. 综合性强，能综合反映企业生产经营各方面的工作质量

4. 财务管理的原则包括（　　）。
A. 资金合理配置原则　　　　　B. 收大于支原则
C. 收益风险均衡原则　　　　　D. 收益最大风险最低原则
E. 利益关系协调原则

5. 以下各项活动中，属于筹资活动的有（   ）。
   A. 确定筹集资金的规模　　　　　　　B. 确定筹集资金的成本
   C. 选择资金筹集的方式　　　　　　　D. 选择筹集资金的对象
6. 股东财富最大化作为财务管理目标具有的优点有（   ）。
   A. 股东期望收益的计算包含了时间因素和风险因素
   B. 能够反映出企业未来的发展对股东财富的影响
   C. 反映了市场对公司的客观评价
   D. 既能反映股东的利益又能反映债权人的利益
7. 财务管理的方法主要有（   ）。
   A. 财务预测　　　B. 财务决策　　　C. 财务计划　　　D. 财务控制
   E. 财务分析
8. 企业的财务关系有（   ）。
   A. 企业与政府之间的财务关系
   B. 企业与投资者、受资者之间的财务关系
   C. 企业与债权人、债务人之间的财务关系
   D. 企业与内部各单位及职工之间的财务关系
9. 财务管理的职能包括（   ）。
   A. 财务分析、预测和财务计划　　　　B. 财务控制和财务监督
   C. 参与金融市场和风险管理　　　　　D. 财务决策
10. 企业的财务活动的内容有（   ）。
    A. 企业筹资活动　　B. 企业投资活动　　C. 企业经营活动　　D. 企业分配活动
    E. 企业销售活动
11. 企业筹集的资金主要来源于两种渠道，形成两种资金，包括（   ）。
    A. 企业的自有资金　　　　　　　　　B. 发行股票取得的资金
    C. 发行债券取得的资金　　　　　　　D. 取得的银行借款
    E. 企业借入的资金
12. 利润最大化作为财务管理的目标，其缺陷在于（   ）。
    A. 没有考虑利润所发生的风险
    B. 没有考虑利润所发生的时间
    C. 没有考虑边际收入与边际成本之间的关系
    D. 没有考虑未来现金流量
13. 下列各项中，可用来协调所有者与债权人矛盾的方法有（   ）。
    A. 在借款合同中加入限制性条款规定　B. 规定借款用途和信用条件
    C. 要求提供借款担保　　　　　　　　D. 发现违约提前收回借款或终止借款
14. 利润最大化作为财务管理目标的缺陷主要有（   ）。
    A. 有可能导致公司的短期行为　　　　B. 不能反映投入资本与产出效益之间的关系
    C. 没有考虑风险因素　　　　　　　　D. 没有反映企业未来价值
    E. 没有考虑货币的时间价值
15. 在金融市场上，影响利率的因素主要有（   ）。

A. 经济周期　　　　B. 资金的供求关系　　C. 通货膨胀　　　　D. 政府的财政政策
16. 能够代表股东财富的指标是（　　）。
A. 权益资本增值率　　　　　　　　　　B. 净利总额
C. 每股市价　　　　　　　　　　　　　D. 净资产报酬率
17. 下列对股东、经营者、债权人和社会利益关系的陈述正确的有（　　）。
A. 股东与经营者共同分享投资收益，他们利益一致没有矛盾，目标都是利润最大化
B. 经营者也会背离所有者的利益，这种背离主要是消极运作和逆向运作两种情况
C. 股东与债权人的矛盾主要表现在把借款投资于比债权人预期风险高的项目上，或发行新债，致使旧债券的价值下降，原有债权人蒙受损失
D. 企业生产伪劣产品，污染环境等行为产生了企业与社会的利益冲突
18. 企业目标与社会目标不一致的表现有（　　）。
A. 企业扩大规模增加职工人数解决社会的就业问题
B. 企业为了获利生产伪劣产品
C. 企业只顾生产效益不顾工人的健康和权益
D. 企业生产造成环境污染
19. 财务管理把股东财富最大化作为财务管理目标其原因是（　　）。
A. 反映了市场对公司价值的客观评价　　B. 反映了投入资本和取得收益之间的关系
C. 反映了资金的时间价值　　　　　　　D. 反映了资金的风险价值
20. 企业的财务关系包括（　　）。
A. 企业同其所有者之间的财务关系　　　B. 企业同其债权人债务人之间的财务关系
C. 企业同其被投资单位之间的财务关系　D. 企业同其职工之间的财务关系
E. 企业同政府税务机关之间的财务关系
21. 股东的哪些行为损害了债权人的利益（　　）。
A. 股东不经债权人同意，把借款投资于比债权人预期风险高的其他项目
B. 股东不征得原有债权人同意，要求经营者发行新债
C. 股东不向债权人说明情况和原因改变原有债务资金的用途
D. 股东为新项目发行新股筹集资金
22. 关于风险与收益均衡的原则下列论述正确的是（　　）。
A. 在企业的财务活动中，一般低风险只能获得低收益，高风险则往往可能得到高收益
B. 在企业的财务活动中，一般没有不含风险的收益，收益是指含有风险的收益
C. 无论是对投资者还是对受资者来说，都要求收益与风险相适应，风险越大，则要求的收益也越高
D. 不同的经营者对风险的态度有所不同，有的甘愿冒风险，有的回避风险
23. 企业价值最大化作为企业财务管理的目标，其特点有（　　）。
A. 考虑了时间价值　　　　　　　　　　B. 考虑了风险价值
C. 考虑了所获利润和投入资本额的关系　D. 非上市公司也可计算股票价值和债券价值
24. 预期利率上升对企业财务活动的影响主要体现为（　　）。
A. 加大资金筹集成本　　　　　　　　　B. 增加企业的资金需求量
C. 降低企业的资本成本　　　　　　　　D. 企业筹资更加困难

25. 下列各项中用于协调股东与经营者委托代理问题的措施有（　　）。
   A. 股东给经营者绩效股　　　　　　　B. 股东大会解聘经营者
   C. 股东委托会计师事务所对企业进行审计　D. 经营者拥有"股票期权"
26. 影响财务管理目标实现的因素有（　　）。
   A. 投资报酬率　　　B. 风险　　　C. 投资项目　　　D. 股利政策
   E. 资本结构
27. 影响企业财务管理的法律环境主要有（　　）。
   A. 企业组织方面的法律法规
   B. 税收征管方面的法律法规
   C. 公司上市交易与信息披露方面的法律及监管
   D. 会计核算与财务管理方面的法律法规
   E. 规范企业各种交易行为的法律法规
28. 甲企业投入 100 万元的资金，本年获利 20 万元，乙企业投入 500 万元的资金，本年获利也是 20 万元，利润最大化财务管理目标认为获利相同，经营效果相同，这种结论存在的缺陷是（　　）。
   A. 没有考虑利润的取得时间　　　　　B. 没有考虑利润的获得和所承担风险大小
   C. 没有考虑所获利润和投入资本的关系　D. 没有考虑所获利润与企业规模大小关系
29. 金融市场对企业财务管理的影响主要有（　　）。
   A. 提供企业筹资和投资的场所　　　　B. 促进企业资本灵活转换
   C. 引导企业资金流向提高资本利用效率　D. 为企业财务管理提供有用的决策信息

（三）判断题
1. 企业的目标就是企业财务管理的目标。（　　）
2. 资金的收回是指销售过程中，企业将生产的产品销售出去，并按产品的价格取得的销售收入。（　　）
3. 企业价值最大化强调的是企业预期的获利能力而非当前的利润。（　　）
4. 企业的目标是生存、发展、获利。（　　）
5. 企业与债权人之间的财务关系不涉及企业与商业信用者之间的关系。（　　）
6. 股票市场、债券市场和货币市场都是有价证券市场，这三个市场的金融工具主要发挥筹措资本。（　　）
7. 资金的时间价值和风险价值是企业财务管理人员进行财务管理的两大基本出发点。（　　）
8. 股东财富一般可由股东所拥有的股票数量和股票市场价格两方面来决定。（　　）
9. 企业向员工支付工资属于财务活动中的分配活动。（　　）
10. 企业应正确权衡风险和收益之间的关系，努力实现两者的最佳组合，即实现风险和收益的均衡，使得企业价值最大化。（　　）
11. 股东与经营者之间存在着委托—代理关系，由于双方利益目标存在差异，因此会产生委托代理问题，一般可以通过一套激励、约束机制来协调解决。（　　）
12. 金融市场按交易的性质可分为发行市场和流通市场。（　　）
13. 股票价格是衡量企业财务目标实现程度的客观指标。（　　）
14. 当存在大股东时，企业的委托–代理问题常常表现为中小股东与大股东之间的代理

冲突。 ( )
15. 金融市场按交割的时间划分，可分为初级市场和二级市场。 ( )
16. 从财务管理的角度来看，企业的价值评估完全可以用会计报表的数据来代替。( )
17. 普通合伙企业的合伙人必须对合伙企业的债务承担无限连带责任。 ( )
18. 股东与经营者之间的委托代理关系产生的首要原因是资本的所有权与经营权相分离。 ( )
19. 企业的风险和收益成正比，风险越高，收益越大，风险越小，收益也越小。( )
20. 委托代理关系的存在必然导致代理问题的出现。 ( )
21. 一项负债期限越长，债权人承受的不确定因素越多，承担的风险也越大。( )

（四）简答题
1. 简述企业的财务活动。
2. 简述企业的财务关系。
3. 简述企业财务管理的特点。
4. 简述以利润最大化作为企业财务管理目标的合理性及局限性。
5. 简述与利润最大化目标相比，以股东财富最大化作为企业财务管理目标的优缺点。

（五）论述题
1. 试论述股东财富最大化是财务管理的最优目标。
2. 试论述经济环境变化对企业财务管理的影响。

五、练习题参考答案

（一）单项选择题
1. D 2. C 3. C 4. C 5. D 6. D 7. A 8. C 9. B 10. C 11. D 12. D
13. C 14. A 15. A 16. B 17. C 18. C 19. A 20. C 21. D 22. C 23. C
24. C

（二）多项选择题
1. ABCE 2. ABCD 3. CD 4. ACE 5. ABC 6. AB 7. ABCDE 8. ABCD
9. ABCD 10. ABCDE 11. AE 12. ABD 13. ABCD 14. ACDE 15. ABC
16. ACD 17. BCD 18. BCD 19. ABCD 20. ABCDE 21. ABC 22. ABCD
23. ABC 24. AD 25. ABCD 26. ABCDE 27. ABCDE 28. BCD 29. ABCD

（三）判断题
1. × 2. × 3. √ 4. √ 5. × 6. × 7. √ 8. × 9. × 10. √ 11. √
12. √ 13. √ 14. √ 15. × 16. × 17. √ 18. √ 19. √ 20. × 21. √

（四）简答题

1. 简述企业的财务活动。
① 资金筹集；② 资金投放；③ 资金耗费；④ 资金分配；⑤ 资金收入。或者① 筹资活动；② 筹资活动；③ 营运资金管理；④ 利润分配。

2. 简述企业的财务关系。
（1）企业与投资者和受资者之间的财务关系。
（2）企业与债权人、债务人、往来客户之间的财务关系。

（3）企业与税务机关之间的财务关系。
（4）企业内部各单位之间的财务关系。
（5）企业与职工之间的财务关系。

3. 简述企业财务管理的特点？
涉及面广、灵敏度高、综合性强。

4. 简述以利润最大化作为财务管理目标的合理性和局限性。
以利润最大化作为财务管理目标的合理性：① 利润反映了当期经营活动中投入与产出对比的结果；在一定程度上体现了企业经济效益的高低，有利于资源的合理配置，有利于经济效益的提高；② 利润是增加业主投资收益、提高职工劳动报酬的来源，也是企业补充资本积累、扩大经营规模的源泉；③ 资本的逐利性导致资金总是流向高利润高回报的项目，利润最大化有利于资金的筹集。

利润最大化财务管理目标的局限性：① 利润最大化中的利润额是个绝对数，它没有反映出所得利润额同投入资本额的关系，因而不能科学地说明企业经济效益水平的高低，不便于在不同时期、不同企业之间进行比较；② 如果片面强调利润额的增加，有可能使得企业产生追求短期利益的行为；③ 利润是会计上的一个指标，是对过去经营成果的记录，没有考虑资金的时间价值和风险价值。

5. 简述与利润最大化目标相比以股东财富最大化作为财务管理目标的优缺点。
优点：
（1）股东财富最大化与利润最大化目标相比考虑了资金的时间价值。
（2）股东财富最大化与利润最大化目标相比考虑了资金的风险价值。
（3）股东财富最大化与利润最大化目标相比在一定程度上避免了企业追求利润的短期行为。
（4）股东财富最大化与利润最大化目标相比放映了资本的投入产出关系。
缺点：
（1）以股东财富最大化为财务管理的目标忽视了相关者的利益。
（2）以股东财富最大化为财务管理的目标指标的计算受到限制，一般适用于上市公司。

（五）论述题

1. 试论述股东财富最大化是财务管理的最优目标
从以下几个方面展开论述：
（1）根据委托代理理论，企业日常财务管理由受委托的经营者负责处理，基于受托责任，经营者应最大限度地谋求股东或委托人的利益，而股东或委托人的利益目标则是提高资本报酬，增加股东财富、实现权益资本的保值增值。因此，股东财富最大化这一理财目标受到人们的普遍关注。
（2）股东财富最大化的评价指标：
1）股票市场价格或每股市场价格。股票市场价格高低体现着投资大众对公司价值所作的客观评价，反映资本和利润之间的关系；它受预期每股盈余的影响，反映每股盈余大小和取得的时间；它受企业风险大小影响，可以反映每股盈余的风险。所以，人们往往用股票市场价格来代表股东财富，股东财富最大化的目标，在一定条件下也就演变成股票市场价格最大化这一目标。

2）权益资本利润率。采用权益资本利润率最大化目标的好处：

a. 权益资本是企业投入的自有资本，因此能全面反映企业劳动耗费、劳动占用和劳动成果的关系、投入产出的关系，能较好地考核企业经济效益的水平。权益资在利润率是企业综合性最强的一个经济指标，它也是杜邦分析法中所采用的综合性指标。

b. 权益资本利润率不同于资产报酬率，它反映企业自有资本的使用效益，同时也反映因改变资本结构而给企业收益率带来的影响。

c. 在利用权益资本利润率对企业进行评价时，可将年初所有者权益按资金时间价值折成现值，客观地考察企业权益资本的增值情况，较好地满足投资者的需要。

d. 与其他各种理财目标相比，权益资本利润率指标容易理解，便于操作，有利于把指标分解落实到各部门据以控制各项生产经营活动。

2. 试论述经济环境变化对企业财务管理的影响。

从以下几个方面展开论述：

经济发展状况、通货膨胀、利率波动、政府经济政策、市场竞争。

第二章 财务管理的价值观念

一、学习目标

通过本章学习,学生应理解货币时间价值的基本含义;熟悉货币时间价值的表示方法;掌握货币时间价值的所有计算;掌握利率的三大构成因素;了解利率的期限结构。

二、学习要点

(一)核心概念

(1)资金时间价值。资金时间价值是指一定量的资金在不同时点上具有不同的价值。

(2)复利。复利是指在一定期间(如一年)按一定利率将本金所生利息加入本金再计算利息,即"利滚利"。

(3)普通年金。普通年金是指从第一期起,在一定时期内每期期末等额发生的系列收付款项,又称后付年金。

(4)即付年金。即付年金是指从第一期起,在一定时期内每期期初等额收付的系列款项,又称先付年金。它与普通年金的区别仅在于付款时间的不同。

(5)名义利率。名义利率是指包含对通货膨胀补偿的利率。

(6)实际利率。实际利率是指在物价不变从而货币购买力不变情况下的利率,或是指在物价有变化时,扣除通货膨胀补偿以后的利率。

(7)风险报酬。风险报酬是指在风险普遍存在的情况下,诱使投资者进行风险投资而获得的超过时间价值的那部分额外报酬。

(8)可分散风险。可分散风险又叫非系统性风险或公司特别风险,是指某些因素对单个证券造成经济损失的可能性。

(9)不可分散风险。不可分散风险又称系统性风险或市场风险,指的是由于某些因素给市场上所有的证券都带来经济损失的可能性,如宏观经济状况、国家税法、国家财政政策和货币政策、世界能源状况的改变都会使股票收益发生变动。

(10)基准利率。基准利率又称基本利率,是指在多种利率并存的条件下起决定作用的利率。

(11)套算利率。套算利率是指基准利率确定后,各金融机构根据基准利率和借贷款项的特点而换算出的利率。

(二)关键问题

1. 资金时间价值的含义?

答:货币时间价值是指货币随着时间的推移而发生的增值,也指资金周转使用后的增值额,也称为资金时间价值。即货币的时间价值就是指当前所持有的一定量货币比未来获得的等量货币具有更高的价值。

2. 现值计算中，常将用以计算现值的利率称为贴现率，如何理解贴现率的含义？

答：贴现率有两种含义。第一种含义指的是一金融机构向该国央行作短期融资时，该国央行向金融机构收取的利率。贴现率的高低会影响各金融机构对客户收取的利率水准并间接影响其他金融市场，为一国的货币政策工具之一。但是各国央行对这种借款方式通常有所限制，所以当一金融机构需要短期资金时，一般会先寻求其他管道。各国央行制定的利率除了贴现率外，另外还有隔夜拆借利率，其中美国的隔夜拆借利率被称为联邦基金利率。第二种含义指的是将未来资产折算成现值的利率，一般是用当时零风险的利率来当作贴现率，但并不是绝对。

3. 普通年金、即付年金和永续年金的特点及他们在计算上的关系？

答：（1）普通年金是指从第一期起，在一定时期内每期期末等额收付的系列款项，又称为后付年金。

（2）即付年金是指从第一期起，在一定时期内每期期初等额收付的系列款项，又称先付年金。即付年金与普通年金的区别仅在于付款时间的不同。

（3）递延年金是指第一次收付款发生时间与第一期无关，而是隔若干期后才开始发生的系列等额收付款项。它是普通年金的特殊形式。

（4）永续年金是指无限期等额收付的特种年金。它是普通年金的特殊形式，即期限趋于无穷的普通年金。

4. 理解风险的含义？

答：一种定义强调了风险表现为不确定性；而另一种定义则强调风险表现为损失的不确定性。若风险表现为不确定性，说明风险产生的结果可能带来损失、获利或是无损失也无获利，属于广义风险，金融风险属于此类。而风险表现为损失的不确定性，说明风险只能表现出损失，没有从风险中获利的可能性，属于狭义风险。

5. 什么是系统风险、非系统风险，区分系统风险和非系统风险对于财务管理有何意义？

答：系统风险是外界的经济政治因素所导致的，对于投资者来说是不可以避免的，如果是有利的就能带来收益。非系统风险（可分散风险）是指由于某一种特定原因对某一特定资产收益造成影响的可能性。通过分散投资，非系统性风险能够被降低，如果分散充分有效，这种风险就能被完全消除。非系统风险的具体结构构成内容包括经营风险和财务风险两部分。

非系统风险在股市中的应用：非系统风险又称非市场风险或可分散风险。它是与整个股票市场的波动无关的风险，是指某一些因素的变化造成单个股票价格下跌，从而给股票持有人带来损失的可能性。非系统风险的主要特征是：① 它是由特殊因素引起的；② 它只影响某些股票的收益；③ 它可通过分散投资来加以消除。

6. β 系数[1]及其意义？

答：β 系数是统计学上的概念，它所反映的是一种证券或一个投资证券组合相对于大盘的表现情况。β 系数衡量股票收益相对于业绩评价基准收益的总体波动性，是一个相对指标。β 越高，意味着股票相对于业绩评价基准的波动性越大。β 大于1，则股票的波动性大于业绩评价基准的波动性。反之亦然。如果是负值，则显示其变化的方向与大盘的变化方向相反；

---

[1] β系数：也称为风塔系数，外文名"Beta coefficient"，是一种风险指数，用来衡量个别股票或股票基金，相对于整个股市的价格波动情况。β希腊字母中的第2个，中文音译"白塔、贝塔、毕塔"。

大盘涨的时候它跌，大盘跌的时候它涨。

β系数起源于资本资产定价模型（capital asset pricing model，CAPM），它的真实含义就是特定资产（或资产组合）的系统风险度量。

所谓系统风险，是指资产受宏观经济、市场情绪等整体性因素影响而发生的价格波动，换句话说，就是股票与大盘之间的联动性，系统风险比例越高，联动性越强。

与系统风险相对的就是个别风险，即由公司自身因素所导致的价格波动。

总风险＝系统风险＋个别风险

而β则体现了特定资产的价格对整体经济波动的敏感性，即市场组合价值变动1个百分点，该资产的价值变动了几个百分点，或者用更通俗的说法：大盘上涨1个百分点，该股票的价格变动了几个百分点。

简单来说：

$\beta=1$，表示该单项资产的风险收益率与市场组合平均风险收益率呈同比例变化，其风险情况与市场投资组合的风险情况一致；

$\beta>1$，说明该单项资产的风险收益率高于市场组合平均风险收益率，则该单项资产的风险大于整个市场投资组合的风险；

$\beta<1$，说明该单项资产的风险收益率小于市场组合平均风险收益率，则该单项资产的风险程度小于整个市场投资组合的风险。

7. 什么是证券投资组合，建立证券投资组合的目的是什么？

答：为了尽量做到风险最小化及收益最大化，基金买的股票和债券要科学合理组合搭配，即高风险高收益和低风险高低益的合理组合。对组合的分析就是基金证券投资组合分析。一般来说，实行分散投资的意义就在于降低投资风险，保证投资收益的稳定性。因为一旦一种证券不景气的时候，另一种证券的收益可能会上升，这样各种证券的收益和风险在相互抵消后仍能获得较好的投资收益。

证券投资组合管理的目的是要在风险一定的条件下实现资产收益最大化，或者是要在资产收益一定的条件下实现风险的最小化。

8. 什么是证券市场线？

答：证券市场线是资本资产定价模型的图示形式。可以反映投资组合报酬率与系统风险程度β系数之间的关系以及市场上所有风险性资产的均衡期望收益率与风险之间的关系。证券市场线方程对任意证券或组合的期望收益率和风险之间的关系提供了十分完整的阐述。任意证券或组合的期望收益率由两部分构成：一部分是无风险利率，它是由时间创造的，是对放弃即期消费的补偿；另一部分则是对承担风险的补偿，通常称为"风险溢价"。它与承担的风险的大小成正比。

9. 什么是利息率，如何合理的确定利率水平？

答：利率或利息率，是借款人需向其所借金钱所支付的代价，亦是放款人延迟其消费，借给借款人所获得的回报。利率通常以一年期利息与本金的百分比计算。利率是调节货币政策的重要工具，亦用以控制例如投资、通货膨胀及失业率等，继而影响经济增长。

从理论上说，利率水平的决定取决于以下因素：

（1）平均利润率。利润是借贷资本家和职能资本家可分割的总额，当资本量一定时，平均利润率的高低决定着利润总量，平均利润率越高，则利润总量越大。而利息实质上是利润的一部分，所以利息率要受到平均利润率的约束。

（2）借贷成本。它主要包括两类成本：一是借入资金的成本，二是业务费用。银行再贷款时必然会通过收益来补偿其耗费的成本，并获得利差，所以它在确定贷款利率水平时，就必然要求贷款利率高于存款利率和业务费用之和，否则银行就无利可图甚至出现亏损。

（3）通货膨胀预期。在金融市场上，由于本息均由名义量表示，借贷双方在决定接受某一水平的名义利率时，都考虑到对未来物价预期变动的补偿，以防止自己因货币实际价值变动而发生亏损。因此，在预期通货膨胀率上升时，利率水平有很强的上升趋势；在预期通货膨胀率下降时，利率水平也趋于下降。

（4）中央银行货币政策。中央银行通过运用货币政策工具改变货币供给量，从而影响可贷资金的数量。当中央银行想要刺激经济时，会增加货币投入量，这时可贷资金供给曲线向右移动，利率下降。当中央银行想要限制经济过度膨胀时，会减少货币供给，使可贷资金的供给减少，利率上升。

（5）商业周期。利率的波动表现出很强的周期性，在商业周期的扩张期上升，而在经济衰退期下降。

（6）借款期限和风险。由于期限不同，流动性风险、通胀风险和信用风险也不同，因此利息率随借贷期限的长短不同而不同，通常利息率随借贷期限增长而提高。

（7）借贷资金供求状况。在资本主义制度下，从总体上说，平均利润率等因素对利息率起决定和约束作用，但市场利率的变化在很大程度上是由资金供求状况决定的。市场上借贷资金供不应求时，利率就会上升；供过于求时，利率则要下降。

（8）政府预算赤字。如果其他因素不变，政府预算赤字与利率水平将会同方向运动，即政府预算赤字增加，利率将会上升；政府预算赤字减少，利率则会下降。

（9）国际贸易和国际资本流动状况。在产品市场上，当净出口增加时，会促进利率上升；当净出口减少时，会促进利率下降。国际资本流动状况对利率的影响与国际贸易状况的变动在货币市场上对利率变动的影响相类似。当外国资本流入本国时，将引起中央银行增加货币供应量，导致利率下降；当外国资本流出本国时，将引起货币供应量的减少，导致利率上升。

（10）国际利率水平。由于国际间资本流动日益快捷普遍，国际市场趋向一体化，国际利率水平及其趋势对一国国内的利率水平的确定有很大的影响作用，二者体现出一致的趋势。具体表现在两方面：一是其他国家的利率对一国国内利率的影响；二是国际金融市场上的利率对一国国内利率的影响。

10. 简述利率的决定因素。

资金的利率是由三部分构成的，即纯利率、通货膨胀补偿和风险报酬。其中风险报酬又包含三个具体内容，即违约风险报酬、流动性风险报酬和期限风险报酬三种。这样，利率的一般计算公式可表达为：

$$K = K_0 + IP + DP + LP + MP$$

式中　K——利率（指名义利率）；

　　　K_0——纯利率；

　　　IP——通货膨胀补偿（或称通货膨胀贴水）；

　　　DP——违约风险报酬；

　　　LP——流动性风险报酬；

MP——期限风险报酬。

现将上述构成利率的五个方面分述如下。

(1) 纯利率。纯利率是指没有风险和没有通货膨胀情况下的均衡点利率。影响纯利率的基本因素是资金的供求关系，纯利率随资金供求的变化不断变化。精确地测定纯利率是非常困难的，在实际工作中，通常用无通货膨胀情况下的无风险证券的利率来代表纯利率。

(2) 通货膨胀补偿。通货膨胀已成为世界上大多数国家经济发展过程中难以医治的病症。持续的通货膨胀，会不断降低货币的实际购买力，同时，对投资项目的投资报酬率也会产生影响。资金的供应者在通货膨胀情况下，必然要求提高利率水平以补偿其购买力损失，所以无风险证券利率，除纯利率之上还应加上通货膨胀因素，以补偿通货膨胀所受的损失。例如假设纯利率为4%，预计下一年度的通货膨胀率为5%，则一年无风险证券的利率应为9%。必须指出的是，计入利率的通货膨胀率，并不是过去实际的通货膨胀水平，而是对未来通货膨胀水平的预期值。因此，如果需要预期2年或2年以上的通货膨胀率，则应该取其平均值。例如2014年底纯利率为4%，2015~2017年各年的通货膨胀率预计为2%、4%和6%，则3年平均的通货膨胀率即为4%。这样，考虑了预期通货膨胀后的3年无风险证券利率应为8%。

事实上，利率的变化往往不严格的与通货膨胀率的变化同步，而是滞后于通货膨胀率的变化。另外，对通货膨胀的考虑，也未必总是参照上述方法具体计算。但是，利率随着通货膨胀率的上升而上升，是一种规律性现象。

(3) 违约风险。违约风险是指借款人无法按时支付利息或偿还本金而给投资人带来的风险。为了弥补违约风险，就必须提高利率，否则投资人就不愿投资，借款人也就无法获得资金。违约风险反映着借款人按期支付本金、利息的信用程度。借款人如经常不能按期支付本利，说明这个借款人违约风险高。通常，政府债券被视为无违约风险债券，故其利率较低。企业债务的违约风险则取决于由债券发行主体和发行条件决定的债券信用等级。信用等级越高，表明违约风险越低，从而利率也越低。在期限和流动性等因素相同的条件下，各信用等级债券的利率与国家公债利率之间的差额，即可视为违约风险报酬率。

(4) 流动性风险报酬。流动性是指某项资产迅速转化为现金的可能性。如果一项资产能迅速转化为现金，说明其变现能力强、流动性好、流动风险小；反之，则说明其变现能力弱、流动性不好、流动性风险大。政府债券、大公司的股票与债券，由于信用好，变现能力强，因此流动性风险小，而一些不知名的中小企业发行的证券，流动风险则较大。一般而言，在其他因素均相同的情况下，流动性风险小与流动性风险大的证券利率差距介于1%~2%之间，这就是所谓的流动性风险报酬。

(5) 期限风险报酬。债务到期日越长，债权人承受的不确定因素就越多，承担的风险也就越大。为弥补这种风险而增加的利率水平，就叫期限风险报酬。例如，同时发行的国债，5年期的利率就比3年期的利率高，银行存、贷款利率也一样。因此，长期利率一般要高于短期利率，这便是期限风险报酬。当然，在利率剧烈波动的情况下，也会出现短期利率高于长期利率的情况，但这种偶然情况并不影响上述结论。

综上所述，影响某一特定借款或投资利率的主要有以上五大因素，只要能合理预测上述因数，便能比较合理的测定利率水平。

三、学习重点与难点

（一）学习重点

1. 单利的终值和现值

为便于同后面介绍的复利计算方式相比较，加深对复利的理解，这里先介绍单利的有关计算。为计算方便，先设定如下符号标识：I 为利息；P 为现值；F 为终值；i 为每一利息期的利率（折现率）；n 为计算利息的期数。

按照单利的计算法则，利息的计算公式为：

$$I = P \cdot i \cdot n$$

单利终值的计算公式如下：

$$F = P + P \cdot i \cdot n = P(1 + i \cdot n)$$

单利现值的计算同单利终值的计算是互逆的，由终值计算现值的过程称为折现。单利现值的计算公式为：

$$P = F/(1 + i \cdot n)$$

2. 复利的终值和现值

（1）复利的终值（已知现值 P，求终值 F）。资金时间价值通常是按复利计算的。复利不同于单利，它是指在一定期间（如一年）按一定利率将本金所生利息加入本金再计算利息，即"利滚利"。

复利终值是指一定量的本金按复利计算若干期后的本利和。

第 n 年的本利和为：

$$F = P \cdot (1+i)^n$$

式中 $(1+i)^n$ 通常称作"一次性收付款项终值系数"，简称"复利终值系数"，用符号 $(F/P$[①]$, i, n)$ 表示。如本例 $(F/P, 6\%, 3)$ 表示利率为 6%、3 期复利终值的系数。复利终值系数可以通过查阅"1 元复利终值表"直接获得。

"1 元复利终值表"的第一行是利率 i，第一列是计息期数 n，相应的 $(1+i)^n$ 在其纵横相交处。通过该表可查出，$(F/P, 6\%, 3) = 1.191$。即在利率为 6% 的情况下，现在的 1 元和 3 年后的 1.191 元在经济上是等效的，根据这个系数可以把现值换算成终值。

（2）复利的现值（已知终值 F，求现值 P）。复利现值相当于原始本金，它是指今后某一特定时间收到或付出的一笔款项，按折现率 (i) 所计算的现在时点的价值。其计算公式为：

$$P = F \cdot (1+i)^{-n}$$

式中 $(1+i)^{-n}$ 通常称作"一次性收付款项现值系数"，记作 $(P/F$[②]$, i, n)$，可以直接查阅"1 元复利现值表"。上式也可写作：$P = F(P/F, i, n)$。

3. 普通年金的终值与现值

上面介绍了一次性收付款项，除此之外，在现实经济生活中，还存在一定时期内，在相等的时间间隔内发生多次收付的款项，即系列收付款项，如果每次收付的金额相等，则这样的系列收付款项便称为年金。简言之，年金是指一定时期内每次等额收付的系列款项，通常

[①] F/P：已知现值 P，求终值 F，读作"复利终值"。

[②] P/F：已知终值 F，求现值 P，读作"复利的现值"。

记作 A。值得注意的是，年金并未强调时间间隔为一年。

年金的形式多种多样，如保险费、养老金、折旧、租金、等额分期收款、等额分期付款以及零存整取或整存零取储蓄等，都存在年金问题。

年金按其每次收付发生的时点不同，可分为普通年金、即付年金、递延年金、永续年金等几种。

(1) 普通年金终值的计算（已知年金 A，求年金终值 F）。普通年金是指从第一期起，在一定时期内每期期末等额发生的系列收付款项，又称后付年金。

如果年金相当于零存整取储蓄存款的零存数，那么，年金终值就是零存整取的整取数，年金终值的计算公式为：

$$F = A \cdot (1+i)^0 + A \cdot (1+i)^1 + A \cdot (1+i)^2 + \cdots$$
$$A \cdot (1+i)^{n-2} + A \cdot (1+i)^{n-1}$$

整理上式，可得到：

$$F = A \cdot \frac{(1+i)^n - 1}{i}$$

式中的分式称作"年金终值系数"，记为 $(F/A$[❶]$, i, n)$，可通过直接查阅"1 元年金终值表"求得有关数值。上式也可写作：$F = A \cdot (F/A, i, n)$。

(2) 年偿债基金的计算（已知年金终值 F，求年金 A）。偿债基金是指为了在约定的未来某一时点清偿某笔债务或积聚一定数额的资金而必须分次等额形成的存款准备金。由于每次形成的等额准备金类似年金存款，因而同样可以获得按复利计算的利息，因此债务总额实际上等于年金终值，每年提取的偿债基金等于年金 A。也就是说，偿债基金的计算实际上是年金终值的逆运算。其计算公式为：

$$A = F \cdot \frac{i}{(1+i)^n - 1}$$

式中的分式称作"偿债基金系数"，记为 $(A/F, i, n)$，可直接查阅"偿债基金系数表"或通过年金终值系数的倒数推算出来。上式也可写作：

$$A = F \cdot (A/F, i, n)$$

或

$$A = F \cdot [1/(F/A, i, n)]$$

(3) 普通年金现值的计算（已知年金 A，求年金现值 P）。年金现值是指一定时期内每期期末等额收付款项的复利现值之和。年金现值的计算公式为：

$$P = A \cdot (1+i)^{-1} + A \cdot (1+i)^{-2} + \cdots + A \cdot (1+i)^{-(n-1)} + A \cdot (1+i)^{-n}$$

整理上式，可得到：

$$P = A \cdot \frac{1 - (1+i)^{-n}}{i}$$

式中的分式称作"年金现值系数"，记为 $(P/A$[❷]$, i, n)$，可通过直接查阅"1 元年金现值表"求得有关数值。上式也可以写作：$P = A \cdot (P/A, i, n)$。

(4) 年资本回收额的计算（已知年金现值 P，求年金 A）。资本回收是指在给定的年限内

---

❶ F/A：已知年金 A，求年金终值 F，读作"年金终值"。

❷ P/A：已知年金 A，求年金现值 P，读作"年金现值"。

等额回收初始投入资本或清偿所欠债务的价值指标。年资本回收额的计算是年金现值的逆运算。其计算公式为：

$$A = P \cdot \frac{i}{1-(1+i)^{-n}}$$

式中的分式称作"资本回收系数"，记为（A/P, i, n），可直接查阅"资本回收系数表"或利用年金现值系数的倒数求得。

上式也可写作：

$$A = P \cdot (A/P, i, n), \text{ 或 } A = P \cdot [1/(P/A, i, n)]$$

（二）学习难点

1. 即付年金

是指从第一期起，在一定时期内每期期初等额收付的系列款项，又称先付年金。它与普通年金的区别仅在于付款时间的不同。

（1）即付年金终值的计算。即付年金的终值是其最后一期期末时的本利和，是各期收付款项的复利终值之和。

n 期即付年金与 n 期普通年金的付款次数相同，但由于其付款时间不同，n 期即付年金终值比 n 期普通年金的终值多计算一期利息。因此，在 n 期普通年终值的基础上乘上（$1+i$）就是 n 期即付年金的终值。其计算公式为：

$$F = A \cdot \frac{(1+i)^n - 1}{i} \cdot (1+i)$$
$$= A \cdot \left[\frac{(1+i)^{n+1} - 1}{i} - 1 \right]$$

式中方括号内的内容称作"即付年金终值系数"，它是在普通年金终值系数的基础上，期数加 1，系数值减 1 所得的结果。通常记为 [（F/A, i, n+1）－1]。这样，通过查阅"一元年金终值表"得到（$n+1$）期的值，然后减去 1 便可得对应的即付年金系数的值。这时可用如下公式计算即付年金的终值：

$$F = A \cdot [(F/A, i, n+1) - 1]$$

（2）即付年金现值的计算。如前所述，n 期即付年金现值与 n 期普通年现值的期限相同，但由于其付款时间不同，n 期即付年现值比 n 期普通年金现值少折现一期。因此，在 n 期普通年金现值的基础上乘以（$1+i$），便可求出 n 期即付年金的现值。其计算公式为：

$$P = A \cdot \left[\frac{1-(1+i)^{-n}}{i} \right] \cdot (1+i)$$
$$= A \cdot \left[\frac{1-(1+i)^{-(n-1)}}{i} + 1 \right]$$

式中方括号内的内容称作"即付年金现值系数"，它是在普通年金系数的基础上，期数减 1，系数加 1 所得的结果。通常记为 [（P/A, i, n-1）＋1]。这样，通过查阅"一元年金现值表"得（$n-1$）期的值，然后加 1，便可得出对应的即付年金现值系数的值。这时可用如下公式计算即付年金的现值：

$$P = A \cdot [(P/A, i, n-1) + 1]$$

2. 折现率（利息率）的推算

对于一次性收付款项，根据其复利终值（或现值）的计算公式可得折现率的计算公式。

因此，若已知 F、P、n，不用查表便可直接计算出一次性收付款项的折现率（利息率）i。永续年金折现率（利息率）i 的计算也很方便。若 P、A 已知，则根据公式 $P=A/i$，既得 i 的计算公式 $i=A/P$。

普通年金折现率（利息率）的推算比较复杂，无法直接套用公式，而必须利用有关的系数表，有时还会涉及内插法的运用。下面着重对此加以介绍。

根据普通年金终值 F、年金现值 P 的计算公式可推算出年金终值系数（F/A, i, n）和年金现值系数（P/A, i, n）的算式：

$$(F/A, i, n) = F/A$$
$$(P/A, i, n) = P/A$$

根据已知的 F、A 和 n，可求出 F/A 的值。通过查年金终值系数表，有可能在表中找到等于 F/A 的系数值，只要读出该系数所在列的 i 值，即为所求的 i。

同理，根据已知的 P、A 和 n，可求出 P/A 的值。通过查年金终值系数表，可求出 i 值。

3. 期间的推算

期间 n 的推算，其原理和步骤同折现率（利息率）i 的推算相类似。

现以普通年金为例，说明在 P、A 和 i 已知情况下，推算期间 n 的基本步骤。

（1）计算出 P/A 的值，设其为 α。

（2）查普通年金现值系数表。沿着已知 i 所在的列纵向查找，若能找到恰好等于 α 的系数值，则该系数所在行的 n 值即为所求的期间值。

（3）若找不到恰好为 α 的系数值，则在该列查找最为接近 α 值的上下临界系数 β_1、β_2 以及对应的临界期间 n_1、n_2，然后应用内插法求 n，公式为：

$$n = n_1 + \frac{\beta_1 - \alpha}{\beta_1 - \beta_2} \cdot (n_2 - n_1)$$

4. 名义利率与实际利率的换算

上面讨论的有关计算均假定利率为年利率，每年复利一次。但实际上，复利的计息期间不一定是一年，有可能是季度、月份或日。比如某些债券半年计息一次，有的抵押贷款每月计息一次，银行之间拆借资金均为每天计息一次。当每年复利次数超过一次时，这样的年利率叫作名义利率，而每年只复利一次的利率才是实际利率。

对于一年内多次复利的情况，可采用两种方法计算时间价值。

第一种方法是按如下公式将名义利率调整为实际利率，然后按实际利率计算时间价值。

$$i = (1 + r/m)^m - 1$$

式中　i——实际利率；

　　　r——名义利率；

　　　m——每年复利次数。

5. 风险衡量

风险客观存在，广泛影响着企业的财务和经营活动，因此正视风险并将风险程度予以量化，进行较为准确的衡量，就成为企业财务管理中的一项重要工作。为了有效地做好财务管理工作,就必须弄清不同风险条件下的投资报酬率之间的关系,掌握风险报酬的计算方法。以下分别介绍单项资产的风险报酬和证券组合的风险报酬的计算方法。

(1) 单项资产的风险报酬。风险报酬的计算是一个比较复杂的问题,下面结合实例分步加以说明。

1) 首先,确定概率分布。在现实生活中,某一事件在完全相同的条件下可能发生也可能不发生,即可能出现这种结果也有可能出现那种结果,我们称这类事件为随机事件。概率就是用百分数或小数来表示随机事件发生可能性及出现某种结果可能性大小的数值。例如,一个企业的利润有60%的机会增加,有40%的机会减少。如果把所有可能的事件或结果都列示出来,且每一事件都给予一种概率,把它们列示在一起,便构成了概率分布。上例的概率分布详见表 2-1。

表 2-1　　　　　　　　　　概 率 分 布 表

可能出现的结果（i）	概率（P_i）
利润增加	60%
利润减少	40%
合计	100%

概率分布必须符合以下两个要求:

a. 所有的概率既 P_i 都在 0 和 1 之间,即 $0 \leq P_i \leq 1$。

b. 所有结果的概率之和应等于 1,即 $\sum_{i=1}^{n} P_i = 1$,这里,n 为可能出现的结果个数。

2) 其次,计算期望报酬率。期望报酬率是各种可能的报酬率按其概率进行加权平均得到的报酬率,它是反映集中趋势的一种量度,代表着投资者的合理预期。期望报酬率可按下列公式计算:

$$\bar{k} = \sum_{i=1}^{n} K_i P_i$$

式中　$\bar{k}$ ——期望报酬率;

　　　K_i ——第 i 种可能结果的报酬率;

　　　P_i ——第 i 种可能结果的概率;

　　　n ——可能结果的个数。

四、练习题

(一) 单项选择题

1. 将 100 元钱存入银行,利息率为 10%,计算 5 年后的终值应用 (　　)。
A. 复利终值系数　　B. 复利现值系数　　C. 年金终值系数　　D. 年金现值系数

2. 每年年底存款 1000 元,求第 10 年年末的价值,可用 (　　) 来计算。
A. $(P/F, i, n)$　　B. $(F/P, i, n)$　　C. $(P/A, i, n)$　　D. $(F/A, i, n)$

3. 下列项目中的 (　　) 称为普通年金。
A. 先付年金　　B. 后付年金　　C. 延期年金　　D. 永续年金

4. A 方案在三年中每年年初付款 100 元，B 方案在三年中每年年末付款 100 元，若利率为 10%，则 A、B 方案在第三年年末时的终值之差为（　　）。
   A. 33.1　　　　B. 31.3　　　　C. 133.1　　　　D. 13.31

5. 计算先付年金现值时，可以应用下列（　　）公式。
   A. $P=A（P/A，i，n）$
   B. $P=A（P/A，i，n）（1+i）$
   C. $P=A（P/F，i，n）（1+i）$
   D. $P=A（P/F，i，n）$

6. 假设最初有 m 期没有收付款项，后面 n 期有等额的收付款项，贴现率为 i，则此笔延期年金的现值为（　　）。
   A. $P=A（P/A，i，n）$
   B. $P=A（P/A，i，m）$
   C. $P=A（P/A，i，m+n）$
   D. $P=A（P/A，i，n）（P/F，i，m）$

7. 已知某证券的 β 系数等于 2，则该证券（　　）。
   A. 无风险
   B. 有非常低的风险
   C. 与金融市场所有证券的平均风险一致
   D. 是金融市场所有证券平均风险的 2 倍

8. 两种股票完全负相关时，则把这两种股票合理地组合在一起时，（　　）。
   A. 能适当分散风险
   B. 不能分散风险
   C. 能分散掉一部分市场风险
   D. 能分散掉全部可分散风险

9. 如果向一只 $\beta=1.0$ 的投资组合中加入一只 $\beta>1.0$ 的股票，则下列说法中正确的是（　　）。
   A. 投资组合的 β 值上升，风险下降
   B. 投资组合的 β 值和风险都上升
   C. 投资组合的 β 值下降，风险上升
   D. 投资组合的 β 值和风险都下降

10. 下列关于证券投资组合说法中，正确的是（　　）。
    A. 证券组合投资要求补偿的风险只是市场风险，而不要求对可分散风险进行补偿
    B. 证券组合投资要求补偿的风险只是可分散风险，而不要求对市场风险进行补偿
    C. 证券组合投资要求补偿全部市场风险和可分散风险
    D. 证券组合投资要求补偿部分市场风险和可分散风险

11. 无风险利率为 6%，市场上所有股票的平均收益率为 10%，某种股票的 β 系数为 1.5，则该股票的收益率为（　　）。
    A. 7.5%　　　　B. 12%　　　　C. 14%　　　　D. 16%

12. 甲公司对外流通的优先股每季度支付股利每股 1.2 元，年必要收益率为 12%，则该公司优先股的价值是（　　）元。
    A. 20　　　　B. 40　　　　C. 10　　　　D. 60

13. 资金时间价值与利率之间的关系是（　　）。
    A. 交叉关系
    B. 被包含与包含关系
    C. 主次关系
    D. 没有任何关系

14. 6 年分期付款购物，每年初付 200 元，设银行利率为 10%，该项分期付款相当于一次现金支付的购价是（　　）。
    A. 958.20 元　　　B. 758.20 元　　　C. 1200 元　　　D. 354.32 元

15. 关于递延年金，下列说法中不正确的是（　　）。
    A. 递延年金无终值，只有现值

B. 递延年金终值计算方法与普通年金终值计算方法相同
C. 递延年金终值大小与递延期无关
D. 递延年金的第一次支付是发生在若干期以后的

16. 已知（F/A, 10%, 5）=6.105 1，那么，i=10%，n=5 时的偿债基金系数为（　　）。
   A. 1.610 6　　　　B. 0.620 9　　　　C. 0.263 8　　　　D. 0.163 8

17. 某一投资项目，投资 5 年，每年复利四次，其实际年利率为 8.24%，则其名义利率为（　　）。
   A. 8%　　　　　　B. 8.16%　　　　　C. 8.04%　　　　　D. 8.06%

18. 在期望收益不相同的情况下，标准差越大的项目，其风险（　　）。
   A. 越大　　　　　B. 越小　　　　　　C. 不变　　　　　　D. 不确定

19. 如果（P/A, 5%, 5）=4.329 7，则（A/P, 5%, 5）的值为（　　）投资收回。
   A. 0.231 0　　　　B. 0.783 5　　　　C. 1.276 3　　　　D. 4.329 7

20. 普通年金现值系数的倒数称为（　　）。
   A. 普通年金终值系数　　　　　　　B. 复利终值系数
   C. 偿债基金系数　　　　　　　　　D. 投资回收系数

21. 关于标准离差和标准离差率，下列描述正确的是（　　）。
   A. 标准离差是各种可能报酬率偏离期望报酬率的平均值
   B. 如果选择投资方案，应以标准离差为评价指标，标准离差最小的方案为最优方案
   C. 标准离差率即风险报酬率
   D. 对比期望报酬率不同的各项投资的风险程序，应用标准离差同期望报酬率的比值，即标准离差率

22. 有一项年金，前 3 年无流入，后 5 年每年年初流入 500 元，年利率为 10%则其现值为（　　）元。
   A. 1994.59　　　　B. 1565.68　　　　C. 1813.48　　　　D. 1423.21

23. 甲方案的标准离差是 2.11，乙方案的标准离差是 2.14，如甲、乙两方案的期望值相同，则甲方案的风险（　　）乙方案的风险。
   A. 大于　　　　　B. 小于　　　　　　C. 等于　　　　　　D. 无法确定

24. 某人将 10 000 元存入银行，银行的年利率为 10%，按复利计算。则 5 年后此人可从银行取出（　　）元。
   A. 17 716　　　　B. 15 386　　　　C. 16 105　　　　D. 14 641

25. 下列投资中，风险最小的是（　　）。
   A. 购买政府债券　B. 购买企业债券　C. 购买股票　　　　D. 投资开发项目

26. 多个方案相比较，标准离差率越小的方案，其风险（　　）。
   A. 越大　　　　　B. 越小　　　　　　C. 二者无关　　　　D. 无法判断

27. 某人希望在 5 年后取得本利和 1000 元，用于支付一笔款项。若按单利计算，利率为 5%，那么，他现在应存入（　　）元。
   A. 800　　　　　B. 900　　　　　　C. 950　　　　　　D. 780

28. 普通年金是指在一定时期内每期（　　）等额收付的系列款项。
   A. 期初　　　　　B. 期末　　　　　　C. 期中　　　　　　D. 期内

29. 财务管理中的风险按照形成的原因分类，一般可分为（　　）和财务风险。
   A. 检查风险　　　　B. 固有风险　　　　C. 经营风险　　　　D. 筹资风险
30. 某企业借入年利率为10%的贷款，贷款期限为2年，贷款的利息按季度计算，则贷款的实际年利率为（　　）。
   A. 5.06%　　　　　B. 10.5%　　　　　C. 10.38%　　　　　D. 10%
31. 下列各项年金中，只有现值没有终值的年金是（　　）。
   A. 普通年金　　　　B. 即付年金　　　　C. 永续年金　　　　D. 先付年金
32. 财务风险是（　　）带来的风险。
   A. 通货膨胀　　　　B. 高利率　　　　　C. 筹资负债资金　　D. 销售决策
33. 风险报酬是指投资者因冒风险进行投资而获得的（　　）。
   A. 利润　　　　　　B. 额外报酬　　　　C. 利息　　　　　　D. 利益
34. 标准离差是各种可能的报酬率偏离（　　）的综合差异。
   A. 期望报酬率　　　B. 概率　　　　　　C. 风险报酬率　　　D. 实际报酬率
35. 某人购入债券，在名义利率相同的情况下，对其比较有利的复利计息期是（　　）。
   A. 一年　　　　　　B. 半年　　　　　　C. 一季　　　　　　D. 一月
36. 若年利率12%，每季复利一次，则每年实际利率比名义利率（　　）。
   A. 大0.55%　　　　B. 小0.55%　　　　C. 大12.5%　　　　D. 小12.5%
37. 一项100万元的借款，借款期5年，年利率为8%，若每半年复利一次，年实际利率会高出名义利率（　　）。
   A. 4%　　　　　　　B. 0.16%　　　　　C. 0.8%　　　　　　D. 0.816%
38. 若使复利终值经过4年后变为本金的2倍，每半年计息一次，则年利率应为（　　）。
   A. 18.10%　　　　　B. 18.92%　　　　　C. 37.84%　　　　　D. 9.05%
39. 某人年初存入银行1000元，假设银行按每年10%的复利计息，每年末取出200元，则最后一次能够足额提款的时间是第（　　）。
   A. 5年末　　　　　B. 8年末　　　　　C. 7年末　　　　　D. 9年末
40. 已知$(P/F, 10\%, 5) = 0.6209$，$(F/P, 10\%, 5) = 1.6106$，$(P/A, 10\%, 5) = 3.7908$，$(F/A, 10\%, 5) = 6.1051$，那么，偿债基金系数为（　　）。
   A. 1.6106　　　　　B. 0.6209　　　　　C. 0.2638　　　　　D. 0.1638

（二）多项选择题

1. 下列说法不正确的是（　　）。
   A. 风险越大，获得的风险报酬应该越高
   B. 有风险就会有损失，二是相伴相生的
   C. 风险是无法预计和控制的，其概率也不可预测
   D. 由于筹集过多的负债资金而给企业带来的风险不属于经营风险
   E. 风险与收益负相关
2. 某公司拟购置一处房产，付款条件是：从第4年开始，每年年初支付10万元，连续付10次，共100万元，假设该公司的资金成本率为10%，则相当于该公司现在一次付款的金额为（　　）万元。
   A. 10 [$(P/A, 10\%, 12) - (P/A, 10\%, 2)$]

B. $10(P/A,10\%,10)(P/F,10\%,2)$
C. $10[(P/A,10\%,13)-(P/A,10\%,3)]$
D. $10[(P/A,10\%,12)-(P/A,10\%,3)]$
E. $10[(P/A,10\%,10)-(P/A,10\%,3)]$

3. 递延年金的特点有哪些（　　）。
   A. 最初若干期没有收付款项
   B. 后面若干期等额收付款项
   C. 其终值计算与普通年金相同
   D. 其现值计算与普通年金相同
   E. 没有终值

4. 市场组合承担的风险包括（　　）。
   A. 只承担市场风险
   B. 只承担特有风险
   C. 只承担非系统风险
   D. 只承担系统风险
   E. 预期的通货膨胀率

5. 影响资金时间价值大小的因素主要包括（　　）。
   A. 单利
   B. 复利
   C. 资金额
   D. 利率和期限
   E. 风险

6. 在财务管理中，经常用来衡量风险大小的指标有（　　）。
   A. 标准离差
   B. 边际成本
   C. 风险报酬率
   D. 标准离差率
   E. 必要报酬率

7. 下列各项中，属于经营风险的有（　　）。
   A. 开发新产品不成功而带来的风险
   B. 消费者偏好发生变化而带来的风险
   C. 自然气候恶化而带来的风险
   D. 原材料价格变动而带来的风险
   E. 利率风险

8. 下列选项中，（　　）可以视为年金的形式。
   A. 折旧
   B. 租金
   C. 利滚利
   D. 保险费
   E. 零存整取储蓄存款的整取额

9. 利率的主要构成因素包括（　　）。
   A. 真实无风险利率
   B. 预期通货膨胀率
   C. 流动性风险溢价
   D. 期限风险溢价
   E. 货币时间价值

10. 下列表述正确的是（　　）。
    A. 年金现值系数与年金终值系数互为倒数
    B. 偿债基金系数是年金终值系数的倒数
    C. 偿债基金系数是年金现值系数的倒数
    D. 资本回收系数是年金现值系数的倒数
    E. 资本回收系数是年金终值系数的倒数

11. 等额系列现金流量又称年金，按照现金流量发生的不同情况，年金可分为（　　）。
    A. 普通年金
    B. 预付年金
    C. 增长年金
    D. 永续年金
    E. 递延年金

12. 货币时间价值是（　　）。
    A. 货币随着时间自行增值

B. 货币经过一段时间的投资和再投资所增加的价值
C. 现在的一元钱与几年后的一元钱的经济效用不同
D. 没有考虑通货膨胀条件下的社会平均资金利润率
E. 没有考虑通货膨胀和风险条件下的社会平均资金利润率

（三）判断题

1. 在利率和计息期相同的条件下，复利现值系数与复利终值系数互为倒数。（　）
2. 利率等于货币时间价值、通货膨胀附加率、风险报酬三者之和。（　）
3. 永续年金既无现值，也无终值。（　）
4. 偿债基金是年金现值计算的逆运算。（　）
5. 资金时间价值是指一定量的资金在不同时点上的价值量。（　）
6. 风险本身可能带来超出预期的损失，也可能带来超出预期的收益。（　）
7. 用来代表资金时间价值的利息率中包含着风险因素。（　）
8. 当利率大于零、计息期一定的情况下，年金现值系数大于1。（　）
9. 根据风险与收益对等的原理，高风险的投资项目必然会获得高收益。（　）
10. 在利率同为10%的情况下，第10年年末1元的复利现值系数大于第8年年末1元的复利现值系数。（　）

（四）计算题

1. 假设利民工厂有一笔123 600元的资金，准备存入银行，希望在7年后利用这笔款项的本利和购买一套生产设备，当时的银行存款利率为复利10%，7年后预计该设备的价格为240 000元。试用数据说明7年后利民工厂能否用这笔款项的本利和购买设备？

2. 某合营企业年初向银行借款50万元购买设备，第1年年末开始还款，每年还款一次，等额偿还，分5年还清，银行借款利率为12%。试计算每年应还款多少？

3. 小王现在准备存入一笔钱，以便在以后的20年中每年年底得到3000元，设银行存款利率为10%。计算：小王目前应存入多少钱？

4. 小李每年年初存入银行50元，银行存款利率为9%。计算：第10年年末的本利和为多少？

5. 时代公司需用一台设备，买价为1600元，可用10年。如果租用，则每年年初需付租金200元。除此之外，买与租的其他情况相同。假设利率为6%。用数据说明购买与租用何者为优？

6. 某企业向银行借入一笔款项，银行贷款的年利率为10%，每年复利一次。银行规定前10年不用还本付息，但从第11~20年每年年末偿还本息5000元。用两种方法计算这笔借款的现值。

7. 某企业在第1年年初向银行借入100万元，银行规定从第1~10年每年年末等额偿还13.8万元。当利率为6%时，年金现值系数为7.360；当利率为8%时，年金现值系数为6.710。计算这笔借款的利息率。

8. 时代公司目前向银行存入140 000元，以便在若干年后获得300 000元，假设银行存款利率为8%，每年复利一次。计算需要多少年存款的本利和才能达到300 000元？

9. 某公司拟购置一项设备，目前有A、B两种可供选择。A设备的价格比B设备高50 000元，但每年可节约维修保养费等费用10 000元。假设A设备的经济寿命为6年，利率为8%，该公司在A、B两种设备中必须择一的情况下，应选择哪一种设备？

10. 某人现在存入银行一笔现金，计算 5 年后每年年末从银行提取现金 4000 元，连续提取 8 年，在利率为 6% 的情况下，现在应存入银行多少元？

11. 某公司有一项付款业务，有甲乙两种付款方式可供选择。

甲方案：现在支付 15 万元，一次性结清。

乙方案：分 5 年付款，1～5 年各年初的付款分别为 3 万、3 万、4 万、4 万、4 万元，年利率为 10%。

要求：按现值计算，择优方案。

12. 某公司拟购置一处房产，房主提出两种付款方案：

（1）从现在起，每年年初支付 20 万元，连续支付 10 次，共 200 万元；

（2）从第 5 年开始，每年年初支付 25 万元，连续支付 10 次，共 250 万元。

假设该公司的资金成本率（即最低报酬率）为 10%，你认为该公司应选择哪个方案？

13. A、B 两个投资项目，投资额均为 10 000 元，其收益额的概率分布见表 2-2。

表 2-2　　　　　　　　　A、B 投资项目收益额的概率分布

概率	A 投资项目收益额	B 投资项目收益额
0.2	2000 元	3500 元
0.5	1000 元	1000 元
0.3	500 元	-500 元

要求：计算 A、B 两项目的预期收益与标准差。

14. 假定你想自退休后（开始于 20 年后），每月取得 2000 元。假设这是一个第一次收款开始于 21 年后的永续年金，年报酬率为 4%，则为达到此目标，在下 20 年中，你每年应存入多少钱？

五、练习题参考答案

（一）单项选择题

1. A　2. D　3. B　4. A　5. B　6. A　7. A　8. B　9. B　10. A　11. B　12. B
13. B　14. A　15. A　16. D　17. A　18. D　19. A　20. D　21. D　22. B　23. B
24. C　25. A　26. B　27. B　28. C　29. C　30. C　31. C　32. C　33. B　34. A
35. D　36. A　37. B　38. A　39. C　40. D

（二）多项选择题

1. ABC　2. AB　3. ABC　4. AD　5. ABD　6. AD　7. AD　8. ABD　9. ABCD
10. BD　11. ABDE　12. BCE

（三）判断题

1. √　2. √　3. ×　4. ×　5. ×　6. √　7. ×　8. ×　9. ×　10. ×

（四）计算题

1. 解　根据复利终值的计算公式：

$$F = P(F/P, i, n) = 123\,600 \times (F/P, 10\%, 7)$$
$$= 123\,600 \times 1.949 = 240\,896.4（元）$$

由以上计算可知，7 年后这笔存款的本利和 240 896.4 元，比设备价格高 896.4 元，故 7 年后利民工厂可以用这笔存款的本利和购买设备。

2. 解 根据普通年金现值的计算公式：
$$P=A（P/A, i, n）$$
$$500\,000=A（P/A, 12\%, 5）$$
$$A=500\,000/3.605=138\,696（元）$$

由以上可知，每年还款 138 696 元。

3. 解 根据普通年金现值的计算公式：
$$P=A（P/A, i, n）=3000×（P/A, 10\%, 20）=3000×8.514=25\,542（元）。$$

4. 解 根据先付年金终值的计算公式：
$$F=A（F/A, i, n）(1+i)=50×（F/A, 9\%, 10）(1+9\%)=50×15.193×1.09=828（元）$$
或 $F=A[（F/A, i, n+1）-1]=50×[（F/A, 9\%, 11）-1]=50×16.56=828（元）$。

5. 解 先利用先付年金现值的计算公式计算出 10 年租金的现值。
$$P=A[（P/A, i, n-1）+1]=200[（P/A, 6\%, 9）+1]$$
$$=200×7.801\,7=1560.34（元）$$

由计算结果可知，10 年租金现值低于买价，因此租用较优。

6. 解 此题属于延期年金现值的计算问题，两种方法分别为：

方法一：$P=A（P/A, i, n）（P/F, i, m）$
$$=5000（P/A, 10\%, 10）（P/F, 10\%, 10）$$
$$=5000×6.144\,6×0.385\,5=11\,844（元）$$

方法二：$P=A[（P/A, i, m+n）-（P/A, i, m）]$
$$=5000[（P/A, 10\%, 20）-（P/A, 10\%, 10）]$$
$$=5000（8.513\,6-6.144\,6）=11\,845（元）$$

两种方法计算结果相差 1 元，是由于对小数四舍五入造成的。

7. 解 根据年金现值计算公式：
$$100=13.8×（P/A, i, 10）$$
$$（P/A, i, 10）=100/13.8=7.246$$

已知利率为 6% 时，系数是 7.360，当利率为 8% 时，系数为 6.710，所以利率在 6%～8% 之间，设利率为 i，利用插值法计算：
$$（i-6\%）/（8\%-6\%）=（7.246-7.360）/（6.710-7.360）$$
$$i=6.35\%$$

8. 解 根据复利终值的计算公式：
$$F=P（F/P, i, n）$$
$$（F/P, 8\%, n）=F/P=300\,000/140\,000=2.143$$

查复利终值系数表知，在 8% 一栏中，与 2.143 接近但小于 2.143 的终值系数为 1.999，其期数为 9 年；与 2.143 接近但大于 2.143 的终值系数为 2.159，其期数为 10 年。故本题 n 值一定在 9～10 年之间，利用插值法进行计算。
$$（n-9）/（10-9）=（1.143-1.999）（2.159-1.999）$$
$$n=9.9（年）$$

由以上计算结果可知,需要 9.9 年存款的本利才能达到 300 000 元。

9. 解 $10\,000 \times (P/A, 8\%, 6) - 50\,000 = -3771$,应选 B 设备。

10. 解 $4000 \times (P/A, 6\%, 8)(P/F, 6\%, 4) = 19\,675.13$ 元。

11. 解 $3 + 3 \times (P/A, 10\%, 1) + 4 \times (P/A, 10\%, 3)(P/F, 10\%, 1) = 14.77$ 万元。

12. 解 (1) $20 \times (P/A, 105, 10)(1 + 10\%) = 135.18$ 万元。

(2) $25 \times (P/A, 10\%, 10)(P/F, 3) = 115.41$ 万元。

应选择第二种方案。

13. 解 $E_a = 1050$,$E_b = 1050$,$б_a = 522.02$,$б_b = 1386.54$。

14. 解 $A \times (F/A, 4\%, 20) = 2000 \div (4\%/12)$,故 $A = 20\,151$ 元。

第三章 财务估价

一、学习目标

通过本章的学习理解债券估价和股票估价在财务管理中的意义和作用，了解债券和股票的相关概念，掌握债券和股票的价值评估理论和方法，深入理解各种债券和股票估价模型的理论依据和应用价值。本章重点掌握以下内容：① 债券估价：债券估价基本模型，债券价值的影响因素；各种常见债券价值评估的计算方法，债券到期收益率的计算。② 股票估价：股票股价的基本模型，零成长股票价值计算与评价，固定成长股票的价值计算与评价，非固定成长后股票价值的计算与评价，股票收益率的计算方法。

二、学习要点

（一）债券估价

1. 债券投资的特点

与股票投资相比，债券投资风险比较小，本金安全性高，收入稳定性强，但其购买力风险较大，且投资者没有经营管理权。

2. 债券的价值

债券未来现金流入的现值，称为债券的价值或债券的内在价值。只有债券的价值大于购买价格时，才值得购买。债券价值是债券投资决策时使用的主要指标之一。

（1）到期一次还本付息（单利计息）。

$$债券价值 = M \cdot (1 + n \cdot i) \cdot (P/F, R, n)$$

（2）分期付息（一年付一次息）。

$$债券价值 = I \cdot (P/A, R, n) + M \cdot (P/F, R, n)$$

式中 I——每年的利息；

M——面值；

n——到期的年数；

i——票面利率；

R——市场利率或必要报酬率。

（3）分期付息（一年付两次息）。

$$债券价值 = I/2 \cdot (P/A, R/2, 2n) + M \cdot (P/F, R/2, 2n)$$

如果按上式计算出的债券价值大于市价，若不考虑风险问题，购买此债券是合算的。

（4）债券价值与利息支付频率：

1）纯贴现债券。纯贴现债券是指承诺在未来某一确定日期作某一单笔支付的债券，即"零息债券"。一次还本付息债券，实际上也是一种纯贴现债券。

2）平息债券。平息债券是指利息在到期时间内平均支付的债券。

3）永久债券。永久债券是指没有到期日,永不停止定期支付利息的债券。
4）流通债券的价值。

当其他条件不变时,市场利率或必要报酬率发生变动,即折现率发生变动时,债券的价值发生相反的变动。

3. 债券到期收益率

债券到期收益率是指购进债券后,一直持有该债券至到期日可获取的收益率。这个收益率是按复利计算的收益率,它是能使未来现金流入现值等于债券买入价格的贴现率。计算到期收益率的方法是求解含有贴现率的方程。

（1）到期一次还本付息（单利计息）。$V = M \cdot (1 + n \cdot i) \cdot (P/F, R, n)$,查复利现值系数表,然后利用插值法或用 Excel 函数即可求得。

（2）分期付息（一年付一次息）。$V = I \cdot (P/A, R, n) + M \cdot (P/F, R, n)$,查复利现值系数表,然后利用插值法或用 Excel 函数即可求得。如果计算出的债券到期收益率高于投资人要求的报酬率则应买进该债券,否则,就放弃。如果债券不是定期付息,而是到期时一次还本付息或用其他方法付息,那么,即使平价发行,到期收益率也与票面利率不同。到期收益率是指导选购债券的标准。它可以反映债券投资按复利计算的真实收益率。如果高于投资人要求的报酬率,则应买进该债券,否则,就放弃。

（二）股票估价

1. 股票的价值

（1）股票价值的概念。股票的价值是指其预期的未来现金流入的现值,又称为"股票的内在价值",它是股票的真实价值。购入股票预期未来现金流入包括每期预期股利和出售时得到的价格收入两部分。

（2）股票价值的计算。

1）股票评价的基本模式及各项因素的含义。

$$PV = \frac{D_1}{(1+R_S)^1} + \frac{D_2}{(1+R_S)^2} + \cdots + \frac{D_n}{(1+R_S)^n}$$
$$= \sum_{t=1}^{n} \frac{D_t}{(1+R_S)^t}$$

式中　D_t——t 年的股利;
　　　R_S——贴现率即投资者必要报酬率;
　　　t——年份。

2）零成长股票价值。假设未来股利不变,其支付过程是永续年金。则股票价值计算公式为:

$$PV = D/R_S$$

运用公式还可以计算零成长股票的预期报酬率:

$$R_S = D/PV$$

3）固定成长股票价值。假设股利按固定的成长率增长。计算公式为:

$$PV = \sum_{t=1}^{\infty} \frac{D_0(1+g)^t}{(1+R_S)^t}$$

当 g 为常数，并且 $R_S > g$ 时，上式可简化为

$$PV = \frac{D_0(1+g)}{R_S - g} = \frac{D_1}{R_S - g}$$

式中　D_0——上一年的股利；

　　　D_1——下一年的股利；

　　　g——股利增长率。

4）非固定成长股票价值。在现实的生活中，有的公司的股利是不固定的，应采用分段计算的方法。

2. 股票预期收益率

（1）股利增长模型。

$$R_S = D_1/PV + g$$

股票的总收益率可以分为两个部分：第一部分 D_1/PV，叫作股利收益率，它是根据预期现金股利除以当前股价计算出来的。第二部分是增长率 g，叫作股利增长率。由于股利的增长速度也就是股价的增长速度，因此 g 可以解释为股价增长率或资本利得增长率。g 的数值可以根据公司的可持续增长率估计。

（2）资本资产定价模型。

$$K = R_F + \beta(K_M - R_F)$$

式中　K——投资报酬率；

　　　R_F——无风险报酬率；

　　　K_M——所有股票的平均报酬率，也就是市场上所有股票组成的证券组合的报酬率，简称市场报酬率。

三、学习重点与难点

（一）学习重点

本章学习的重点是财务评价的目的、依据、财务指标、财务状况趋势分析、财务综合分析，使学生掌握正确评价企业财务状况的方法，以便为企业的财务决策、计划、控制提供重要依据。

（二）学习难点

本章难点是杜邦分析法。掌握杜邦分析法，可以了解企业各方面的财务状况，反映企业各方面财务状况之间的关系，通过杜邦分析可以掌握企业的净资产收益率与企业的筹资结构、销售规模、成本水平、资产管理等因素之间的关系，协调好这些关系，可以实现企业价值最大化的理财目标。

四、练习题

（一）单项选择题

1. 按债权人取得报酬的情况，可将利率分为（　　）。

　A. 基准利率和浮动利率　　　　　　B. 名义利率和实际利率

　C. 市场利率和官方利率　　　　　　D. 浮动利率和固定利率

2. 债券到期收益率计算的原理是（　　）。
   A. 到期收益率是购买债券后至持有到期的内含报酬率
   B. 到期收益率是能使利息收入的现值等于债券买入价格的贴现率
   C. 到期收益率是债券利息收益率与资本利得收益率之和
   D. 到期收益率的计算要以债券每年末计算并支付利息、到期一次还本为前提
3. 当市场利率大于票面利率时，定期付息的债券发行时的价格小于债券的面值，但随着时间的推移，债券价格将相应（　　）。
   A. 增加　　　　B. 减少　　　　C. 不变　　　　D. 不确定
4. 某企业准备购入甲股票，预计 3 年后出售可得 2200 元，该股票 3 年中每年可获现金股利收入可得 200 元，预期报酬率为 10%。该股票的价值为（　　）元。
   A. 2550　　　　B. 3050　　　　C. 2150　　　　D. 5210
5. 当市场利率上升时，长期固定利率债券价格的下降幅度（　　）短期债券的下降幅度。
   A. 不确定　　　B. 小于　　　　C. 等于　　　　D. 大于
6. 某企业长期持有 A 股票，目前每股现金股利 5 元，每股市价 50 元，在保持目前的经营效率和财务政策不变，且不从外部进行股权融资的情况下，其预计收入增长率为 10%，则该股票的股利收益率和期望报酬率分别为（　　）。
   A. 11%和 21%　B. 10%和 20%　C. 14%和 21%　D. 12%和 20%
7. 企业价值的估价更加强调资产的（　　）。
   A. 账面价值　　B. 市场价值　　C. 清算价值　　D. 折现价值
8. 企业对外长期投资的收益，主要来源于投资取得的利润、利息、股利和（　　）。
   A. 价格的变动　B. 利率的上升　C. 证券的升值　D. 资产的变卖
9. 有一 5 年期国债，面值 100 元，溢价 20%发行，票面利率 10%，单利计息，到期一次还本付息，其到期收益率是（　　）。
   A. 4.23%　　　B. 5.23%　　　C. 4.57%　　　D. 4.69%
10. 企业以债券对外投资，从其产权关系上看，属于（　　）。
    A. 债权投资　　B. 股权投资　　C. 证券投资　　D. 实物投资
11. 减少债券利率风险的方法是（　　）。
    A. 持有单一债券　　　　　　　B. 持有多种债券
    C. 集中债券的到期日　　　　　D. 分散债券的到期日
12. 估算股票价值时的贴现率，不能使用（　　）。
    A. 股票市场的平均收益率　　　B. 国债的利息率
    C. 债券收益率加适当的风险报酬率　D. 投资人要求的必要报酬率
13. 一张面值为 100 元的长期股票，每年可获利 10 元，如果折现率为 8%，则其估价为（　　）。
    A. 100 元　　　B. 125 元　　　C. 150 元　　　D. 108 元
14. 证券投资者购买证券时，可接受最高价格是（　　）。
    A. 出卖市价　　B. 到期价值　　C. 投资内在价值　D. 票面价值
15. 某股票的未来股利不变，当股票市价低于股票价值时，则股票的投资收益率比投资人要求的最低报酬率（　　）。

A. 高   B. 低   C. 相等   D. 可能高也可能低

16. 进行短期证券投资，可能会发生（   ）。

    A. 期限风险   B. 利率风险   C. 违约风险   D. 再投资风险

17. 某债券面值为100元，票面利率10%，市场利率也为10%，期限5年，每半年付息一次，该债券的发行价格（   ）。

    A. 高于面值   B. 等于面值   C. 低于面值   D. 无法判断

18. 某人持有一优先股股票，该优先股股票每年分配股利3元，股票的最低报酬率为10%。若该种优先股股票的市价为15元，则股票预期报酬率（   ）。

    A. 大于10%   B. 小于10%   C. 等于10%   D. 不确定

19. 优先股股东的权力不包括（   ）。

    A. 优先认股权   B. 优先分配权   C. 优先求偿权   D. 经营管理权

20. 股票估价模型中不可预见因素导致的误差会影响（   ）。

    A. 决策的正确性   B. 股票投资的优先顺序
    C. 股票市场价格   D. 股票价值的绝对值

21. 某股票为固定成长股，其成长率为8%，预期第一年后的股利为1.4元。假定目前国库券收益率为12%，平均风险股票的必要收益率为14%，而该股票的β系数为0.8，则该股票价值为（   ）元。

    A. 25   B. 27   C. 26   D. 30

22. 大部分优先股都是（   ）。

    A. 不可赎回优先股 B. 不可转换优先股 C. 可赎回优先股 D. 可转换优先股

23. 购买平价发行的每年付一次息的债券，其到期收益率和票面利率（   ）。

    A. 相等   B. 前者大于后者 C. 后者大于前者 D. 无关系

24. 若某股票的β系数等于1，则下列表述正确的是（   ）。

    A. 该股票的市场风险大于整个市场股票的风险
    B. 该股票的市场风险等于整个市场股票的风险
    C. 该股票的市场风险小于整个市场股票的风险
    D. 该股票的市场风险与整个市场股票的风险无关

25. 在相同的情况下，分期付息的债券比到期一次付息的债券的价值（   ）。

    A. 大   B. 小   C. 相等   D. 不确定

26. 债券期限越长，其利率风险（   ）。

    A. 越小   B. 越大   C. 为零   D. 越无法确定

27. 某公司股票的β系数为1.8，无风险利率为5%，市场上所有股票的平均收益率为8%，则该公司股票的收益率应为（   ）。

    A. 10.4%   B. 14.4%   C. 12%   D. 15%

28. 以贴现方式发行的债券，期内（   ）。

    A. 计算利息   B. 不用还本   C. 不计算利息   D. 利随本清

29. 某股票股利每年按6%增长，投资者准备长期持有、预期获得16%的报酬率，该股票最近支付的股利为10元，则该股票的价值为（   ）元。

    A. 100   B. 106   C. 160   D. 116

30. 某公司发行的股票，预期报酬率为 18%，最近刚支付的股利为每股 3 元，估计股利年增长率为 15%，则该种股票的价值（　　）元。
   A. 150　　　　　　B. 110　　　　　　C. 115　　　　　　D. 105

31. 债券的到期日越长，债券的价值（　　）。
   A. 越大　　　　　B. 越小　　　　　C. 与之无关　　　D. 不确定

（二）多项选择题

1. 以下投资方式中属于权益投资的有（　　）。
   A. 国库券　　　　B. 普通股　　　　C. 优先股　　　　D. 金融债券
   E. 公司债券

2. 影响债券价值的因素有（　　）。
   A. 每期利息　　　B. 到期本金　　　C. 公司债务比重　D. 贴现率
   E. 债券到期前年数

3. 下列表述正确的是（　　）。
   A. 对于分期付息的债券，随着到期日的临近，债券价值向面值回归
   B. 债券价值的高低受利息支付方式影响
   C. 一般而言，债券期限越大，受利率变化的影响越大
   D. 债券价值与市场利率反向变动
   E. 只要债券平价发行，其到期收益率与票面利率一定相等

4. 按照资本资产定价模式，影响个别股票预期收益率的因素有（　　）。
   A. 无风险的收益率　　　　　　　　B. 平均风险股票的必要收益率
   C. 整个股票市场的 β 系数　　　　D. 个别股票的 β 系数

5. 股票投资与债券投资相比的特点是（　　）。
   A. 风险大　　　　B. 易变现　　　　C. 收益高　　　　D. 价格易波动
   E. 能适当降低购买力风险

6. 进行债券投资时应考虑的因素有（　　）。
   A. 债券的信用等级　B. 变现能力　　　C. 债券的收益率　D. 债券到期日
   E. 债券利率是否随市场利率的变化而变化

7. 与长期证券投资相比，短期证券投资的特点有（　　）。
   A. 风险小　　　　B. 变现力高　　　C. 收益率较低　　D. 期限短
   E. 受通货膨胀影响大

8. 债券到期收益率是（　　）。
   A. 能够评价债券收益水平的指标
   B. 它是指购进债券后，一直持有该等有该债券至到期日所获取的收益率
   C. 它是指复利计算的收益率
   D. 它是能使未来现金流入现值等于债券买入价格的贴现率

9. 关于股票价值的计算方法，下述正确的是（　　）。
   A. 利用基本模式计算
   B. 零成长股票 $V = D/R$
   C. 固定成长股票 $V = D_1 / (R_o - g)$

D. 股票价值＝该股票市盈率×该股票每股盈利

E. 股票价值＝债券价值＋风险溢价

10. 一般固定利率债券比变动利率债券风险大，主要表现在（　　）。

A. 违约风险　　　　B. 利率风险　　　　C. 购买力风险　　　　D. 变现力风险

E. 再投资风险

11. 对于长期持有、股利固定成长的股票价值评估应考虑的因素有（　　）。

A. 基年的股利　　　　　　　　　　B. 增长率

C. 投资者期望的报酬率　　　　　　D. 预计持有期数

E. 股票价格

12. A 公司去年支付每股 5 元现金股利，固定成长率 6%，现行国库券收益率为 4%，市场平均风险条件下股票的必要报酬率为 8%，股票 β 系数等于 1.5，则（　　）。

A. 股票价值 132.5 元　　　　　　B. 股票价值 123.5 元

C. 股票预期报酬率为 8%　　　　　D. 股票预期报酬率为 10%

13. 购买五年期和三年期国库券，其（　　）。

A. 变现力风险相同　　B. 违约风险相同　　C. 利率风险不同　　D. 期限风险不同

E. 购买力风险相同

14. 影响股票的价格因素有（　　）。

A. 预期股利　　　　B. 市场利率　　　　C. 社会环境　　　　D. 违约风险

E. 经济环境

15. 证券投资的收益包括（　　）。

A. 现价与原价的价差　　　　　　　B. 股利或股息收入

C. 债券利息收入　　　　　　　　　D. 出售收入

E. 债券的本金收入

16. 与股票内在价值呈反方向变化的因素有（　　）。

A. 预期的报酬率　　B. β 系数　　　C. 股利年增长率　　D. 年股利

17. 证券估价中所使用的贴现率可选用（　　）。

A. 无风险收益率加风险报酬率　　　B. 市场利率

C. 历史上长期的平均收益率　　　　D. 资本资产定价模型

E. 票面利率

18. 评价债券收益水平的指标是（　　）。

A. 债券票面利率　　B. 债券内在价值　　C. 债券到期前年数　　D. 到期收益率

E. 债券目前的市价

19. 若按年支付利息，则决定债券投资的投资收益率高低的因素有（　　）。

A. 债券面值　　　　B. 票面利率　　　　C. 购买价格　　　　D. 偿付年限

E. 市场利率

20. 下列各项中，能够影响债券内在价值的因素有（　　）。

A. 债券的价格　　　　　　　　　　B. 债券的计息方式（单利还是复利）

C. 当前的市场利率　　　　　　　　D. 票面利率

E. 债券的付息方式（分期付息还是到期一次付息）

（三）判断题

1. 本金和利率一定的情况下，时间越长，复利终值越大。（　）
2. 在债券面值和票面利率一定的情况下，市场利率与债券的发行价格反向变化。（　）
3. 货币时间价值是由市场纯利率因素引起，其中不含通货膨胀因素。（　）
4. 股票的价值是指其实际股利所得和资本利得之和。（　）
5. 固定利率的债券没有利率风险。（　）
6. 每期期末等额的系列收付款项称为先付年金。（　）
7. 长期债券的利率高于短期债券的利率其原因是长期债券不易买到。（　）
8. 当投资者要求的收益率高于债券票面利率时，债券的市场价值会低于债券面值；当投资者要求的收益率低于债券票面利率时，债券的市场价值会高于债券面值；当债券接近到期日时，债券的市场价值向其面值回归。（　）
9. 名义利率是指包含对通货膨胀补偿的利率。（　）
10. 常见的股票估价模型都是以未来股利与股票买卖差价为基础计算的。（　）
11. 一般来说，利率风险对长期债券投资的影响要小于对短期债券投资的影响。（　）
12. 假设市场利率保持不变，溢价发行债券的价值会随时间的延续而逐渐下降。（　）
13. 当债券平价发行时，其实际收益率与票面利率相等。（　）
14. 股票的价值是指预期未来现金流入的现值，也称为股票的内在价值。（　）
15. 市场利率被认为是投资于金融证券的机会成本。（　）
16. 如果债券不是定期付息，而是到期时一次还本付息，那么即使平价发行，到期收益率也与票面利率不同。（　）
17. 从长期来看，公司股利的固定增长率不可能超过公司的资本成本率。（　）
18. 债券的面值是计息的依据。（　）
19. 如果物价水平高，经济形势不稳定，市场利率较低，企业一般应选择投资权益证券。（　）
20. 当市场利率大于票面利率时，债券应该溢价发行。（　）
21. 一种 10 年期的债券，票面利率为 10%；另一种 5 年期的债券，票面利率也为 10%。两种债券的其他方面没有区别，在市场利息率急剧上涨时，前一种债券价格下跌得更多。（　）
22. 由于股票价格的波动为股票投资者获取收益创造了条件。（　）
23. 再投资风险源于市场利率变动的风险。（　）
24. 一般来说短期证券变现力强，但收益率较低，长期证券一般收益率较高但风险较大。（　）
25. 当债券溢价发行时，债权人实际收益率大于票面利率。（　）
26. 在必要报酬率等于票面利率时，债券到期时间的缩短对债券价值没有影响。（　）
27. 当债券折价发行时，债权人实际收益率小于票面利率。（　）

（四）计算题

1. 假定无风险报酬率等于 6%，市场投资组合的必要报酬率等于 10%；而某股票的 β 系数等于 1.8，要求：

（1）若下年度的预期股利等于 5.80 元/股，且股利成长率固定为每年 5%，则该股票的价值是多少？

（2）若无风险利率由 6%下降为 4%，则该股票的价值会因而发生怎样的变化？

（3）假定市场平均收益由 10%下降 8%，此时该股票的价值是多少？

（4）假定公司打算实施新的经营战略，使公司的固定股利成长率由原来的 5%上升为 7%，而它的 β 系数也由 1.8 下降到 1.5，则在发生了上述改变后，该股票的价值是多少？

2. 某公司在 2010 年 1 月 1 日发行 5 年期债券，面值 1000 元，票面年利率率 8%，于每年 12 月 31 日付息，到期时一次还本。

（1）假定 2010 年 1 月 1 日金融市场上与该债券同类风险的利率是 9%，该债券的发行价应当定为多少？

（2）假定 1 年后该债券的市场价格为 1150 元，该债券于一年后的到期收益率是多少？

3. 某公司发行票面金额为 1000 元，票面利率为 8%的 3 年期债券，该债券每年计息一次。已知市场利率为 10%。要求：

（1）计算该债券的投资价值（计算结果取整）。

（2）如果该债券的发行价格为 1000 元，你是否购买？为什么？

（3）如果该债券是可转换债券，且约定转换率为 1:20，则转换价格是多少？

4. 某公司准备实施战略改革会使公司的 β 值从原来的 1.5 降为 0.5，但同时也会使收益的增长率从 9%下降为 6%，假设股利的增长与收益的增长同步，若当前政府国库券的利率为 5.8%，市场平均收益率为 10%，目前该公司已支付的股利为 3 元/股，该公司采用此项改革是否可行？

5. 某上市公司本年度的净收益为 20 000 万元，每股支付股利 2 元。预计该公司未来 3 年进入成长期，净收益第 1 年增长 14%，第 2 年增长 14%，第 3 年增长 8%。第 4 年及以后将保持其净收益水平。该公司一直采用固定支付率的股利政策，并打算今后继续实行该政策。该公司没有增发普通股和发行优先股的计划。要求：

（1）假设投资人要求的报酬率为 10%，计算股票的价值（精确到 0.01 元）。

（2）如果股票的价格为 24.89 元，计算股票的预期报酬率。

6. 某公司股票的 β 系数为 2.0，无风险利率为 5%，市场上所有股票的平均报酬率为 12%，要求：

（1）计算该公司股票的预期收益率。

（2）若该股票为固定成长股票，成长率为 6%，预计一年后的股利为 1.5，则该股票的价值是多少？

（3）若股票未来 3 年为零成长，每年股利额为 1.5 元，预计从第四年开始转为正常增长，增长率为 6%，则该股票的价值是多少？

7. 某公司持有某种股票，该股票最近一期股利为 3 元/股，其最低投资报酬率为 15%，预期该股票在未来四年股利将以 10%的成长率增长，以后趋于稳定增长，增长率为 6%，求该股票的内在价值。

8. 某公司持有的债券还有三年到期，面值为 1000 元，票面利率为 6%，每年付息一次。要求：

（1）若该债券当前市场为 960 元，请计算债券的到期收益率。

（2）如果当前你的期望报酬率应为 8%，你是否会以 1000 元价格购入？为什么？

（3）若该债券为可转换债券，转换比率为1:20，则其转换价格为多少？

9. 某公司在2010年1月1日平价发行债券，每张面值1000元，票面利率为10%，5年期，每年12月31日付息。要求：

（1）假定2014年1月1日的市场利率下降到8%，那么，此时债券的价值是多少？

（2）假定2014年1月1日的市价为900元，此时购买该债券的到期收益率是多少？

（3）假定2012年1月1日的市场利率为12%，债券市价950元，你是否购买该债券？

10. 某人欲投资购买股票，现有甲、乙两家公司的股票可供选择，从甲、乙公司的有关会计报表中可知，甲公司上一年的税后净利为1000万元，发放的每股股利为7元，市盈率为10，其发行在外的股数为100万股，每股股面值10元；乙公司上一年税后净利500万元，发放的每股股利为2元，市盈率为9，其对外发行股数共为100万股，每股面值10元。预期甲公司未来5年内股利固定不变，在此以后转为正常增长，增长率为6%，预期乙公司股利将持增长，年增长率为4%。假定目前无风险收益率为4%，股票的平均必要收益率为9%，甲公司股票的β系数为1.8，乙公司股票的β系数为0.6。要求：对两家公司的股票是否应购买作出决策。

11. 某公司2010年1月1日发行面值为1000元，票面利率为10%的5年期债券。假设：

（1）2012年1月1日投资者准备购买，市场利率14%，价格为980元，一次还本付息，单利计息，计算该债券的价值？判断是否购买？

（2）其他条件同上，但付息方式改为分期付息，即每年年末付息一次到期还本，计算该债券的价值？判断是否购买？

（3）2013年1月1日以1010元价格购买，一次还本付息，到期收益率是多少？

（4）其他条件同（3），分期付息，但付息方式改为分期付息，即每年年末付一次利息，到期收益率是多少？

12. 某公司在2000年1月1日平价发行新债券，每张面值1000元，票面利率为10%，5年到期，每年12月31日付息。要求：

（1）假定2004年1月1日的市场利率下降到5%，那么此时该债券的价值是多少？

（2）假定2004年1月1日的市价为1350元，此时购买该债券的到期收益率是多少？

（3）假定2002年1月1日的市场利率为12%，债券市价928元，你是否购买该债券？

（4）该债券2005年1月1日的到期收益率为多少？

13. 已知某公司拟购买另外一家公司债券作为长期投资并计划持有至到期日，要求的必要收益率为6%。现有三家公司同时发行5年期，面值均为1000元的债券。其中，甲公司债券的票面利率为8%，每年付息一次，到期还本，债券发行价格为1041元；乙公司债券的票面利率为8%，单利计息，到期一次还本付息，债券发行价格为1050元；丙公司债券的票面利率为零，债券发行价格为750元，到期按面值还本。部分货币时间价值系数如下：

要求：

（1）分别计算该公司购入甲、乙、丙三家公司债券的价值和收益率。

（2）根据上述计算结果，评价甲、乙、丙三公司债券是否具有投资价值，并为该公司做出购买哪家债券的决策。

（3）若该公司购买并持有甲公司债券，1年后将其以1050元的价格出售，计算该项投资收益率。

14. 某公司在 2000 年 7 月 1 日拟将 500 万元的资金进行证券投资,目前证券市场上有甲、乙两种股票可以买入。有关资料如下:

购买甲股票 100 万股,在 2001 年、2002 年和 2003 年的 6 月 30 日每股可分别分得 0.5 元、0.6 元和 0.8 元,并于 2003 年 6 月 30 日以每股 7 元的价格将甲股票全部出售。购买乙股票 62.5 万股,在未来的三年中,每年 6 月 30 日每股均可获得现金股利 1.2 元,并于 2003 年 6 月 30 日以每股 9 元的价格将乙股票全部抛出。

要求:分别计算甲、乙两种股票的投资收益率,并对该公司应投资于哪种股票做出决策。

15. 某公司股票的 β 系数为 1.8,无风险利率为 8%,市场上所有股票的平均报酬率为 12%。

要求:

(1) 计算该公司股票的预期收益率。

(2) 若该股票为固定成长股票,成长率为 6%,预计一年后的股利为 5.8 元,则该股票的价值为多少?

(3) 若股票未来三年股利为零成长,每年股利额为 1.5 元,预计从第 4 年起转为正常增长,增长率为 5%,则该股票的价值为多少?如按照每股 45 元的价格购入该股票,对于投资人来说是否合算?

16. 某人持有一张 2000 年 1 月 1 日发行的 10 年期的债券,债券的面值为 100 元,票面利率为 8%,每年付息一次,到期还本。2005 年 1 月 1 日,此人打算将债券转让,转让价格是 100 元,目前与之风险相当的债券利率为 10%。请问此时转让债券对于债券持有人来说是否合适?

案例分析　　万科公开发行公司债券分析

万科企业股份有限公司(简称万科)是一家著名的房地产公司,2008 年万科公开发行公司债券进行融资,其公开发行公司债券发行公告中的核心内容如下文所示,请结合其内容对其发行的公司债券进行相关分析与评价。

(1) 债券名称:2008 年万科企业股份有限公司公司债券。

(2) 发行规模:本期债券基本发行规模为 450 000 万元,根据市场情况可超额增发不超过 140 000 万元。

(3) 票面金额和发行价格:本期债券面值 100 元,平价发行。

(4) 债券品种的期限及规模:本期债券分为有担保和无担保两个品种。其中,有担保品种为 5 年期固定利率债券,发行规模为 300 000 万元;无担保品种为 5 年期固定利率债券,附发行人上调票面利率选择权及投资者回售选择权,基本发行规模为 150 000 万元。

本期债券无担保品种的最终发行规模将根据询价簿记结果,由发行人与主承销商协商一致,决定是否行使超额增发选择权,并报国家有关主管部门备案后最终确定,但无担保品种的最终发行规模不超过 290 000 万元。

(5) 发行人上调票面利率选择权:发行人有权决定是否在本期债券无担保品种存续期限的第 3 年末上调本期债券无担保品种后 2 年的票面利率,上调幅度为 1~100 个基点(含本数),其中一个基点为 0.01%。

(6) 发行人上调票面利率公告日期:发行人将于本期债券无担保品种的第 3 个计息年度的付息日前的第 10 个工作日刊登关于是否上调本期债券无担保品种票面利率以及上调幅度

的公告。

（7）投资者回售选择权：发行人发出关于是否上调本期债券无担保品种票面利率及上调幅度的公告后，投资者有权选择在本期债券无担保品种存续期的第3个付息日将其持有的债券全部或部分按面值回售给发行人。本期债券无担保品种存续期第3个付息日即为回售支付日，发行人将按照深圳证券交易所和债券登记机构相关业务规则完成回售支付工作。

（8）投资者回售申报日：发行人刊登是否上调本期债券无担保品种票面利率及上调幅度公告后，行使回售权的债券持有人应在回售申报日，即本期债券无担保品种存续期第3个付息日之前的第5个交易日，通过指定的交易系统进行回售申报，本期债券无担保品种的债券持有人的回售申报经确认后不能撤销，相应的公司债券面值总额将被冻结交易；回售申报日不进行申报的，则视为接受有关安排。

（9）债券形式：实名制记账式公司债券。

（10）发行方式：本期债券发行采取网上优先配售、网上公开发行和网下询价配售相结合的方式。具体发行安排将根据深交所的相关规定进行。

本期债券有担保品种网上优先配售、网上公开发行和网下询价配售预设的发行数量占有担保品种发行规模的比例分别为10%（30 000万元）、10%（30 000万元）和80%（240 000万元）。

本期债券无担保品种网上优先配售、网上公开发行和网下询价配售预设的发行数量占无担保品种基本发行规模的比例分别为15%（22 500万元）、不低于25%（37 500万元）和不高于60%（90 000万元），如发行人决定对无担保品种行使超额增发权，则该增发部分可由发行人和保荐人（主承销商）根据投资者网上和网下的认购情况协商确定网下询价配售和网上公开发行部分的数量。无担保品种的超额增发数量将不会超过140 000万元。

（11）回拨机制：发行人和保荐人（主承销商）将根据网上优先配售认购情况、网上公开发行情况及网下询价配售情况决定是否启动回拨机制。本期债券有担保品种：如网上优先配售认购总量不足30 000万元，则将剩余部分全部回拨至网下；如网上公开发行认购总量不足30 000万元，则将剩余部分全部回拨至网下；如网下询价配售认购总量不足240 000万元，则将剩余部分全部或部分回拨至网上公开发行。网上优先配售和网上公开发行之间不进行回拨。

本期债券无担保品种：如网上优先配售认购总量不足22 500万元，则将剩余部分全部回拨至网下；如网上公开发行认购总量不足37 500万元，则将剩余部分全部回拨至网下；如网下询价配售认购总量不足90 000万元，则将剩余部分全部或部分回拨至网上公开发行。网上优先配售和网上公开发行之间不进行回拨。

（12）债券利率及其确定方式：本期债券有担保品种票面利率询价区间为5.50%～6.00%，最终票面年利率将根据网下询价簿记结果，由发行人与保荐人（主承销商）按照国家有关规定协商一致，并经监管部门备案后在上述利率询价区间内确定，在债券存续期内固定不变。本期债券无担保品种票面利率询价区间为7.00%～7.50%，最终票面年利率将根据网下询价簿记结果，由发行人与保荐人（主承销商）按照国家有关规定协商一致，并经监管部门备案后在上述利率询价区间内确定，在债券存续期限前3年保持不变；如发行人行使上调票面利率选择权，未被回售部分债券存续期限后2年票面年利率为债券存续期限前3年票面年利率加上调基点，在债券存续期限后2年固定不变。本期债券采用单利按年计息，不计复利，逾期不另计利息。

（13）发行对象：

网上优先配售：股权登记日即2008年9月4日（T-1日）收市后在登记公司登记在册并且持有发行人无限售条件A股流通股的股东。

网上公开发行：持有登记公司A股证券账户的自然人、法人、证券投资基金、符合法律规定的其他投资者等（国家法律、法规禁止购买者除外）。

网下询价配售：持有登记公司A股证券账户的机构投资者（国家法律、法规禁止购买者除外）。

（14）还本付息方式及支付金额：采用单利按年计息，不计复利，每年付息一次，到期一次还本，最后一期利息随本金的兑付一起支付。本期债券于每年的付息日向投资者支付的利息金额为投资者截至利息登记日收市时各自所持有的本期债券票面总额分别与该品种对应的票面年利率的乘积之和；于兑付日向投资者支付的本息金额为投资者截至兑付登记日收市时各自所持有的本期债券到期各品种最后一期利息及等于该等到期品种票面总额的本金。

（15）起息日：2008年9月5日。

（16）付息日：本期债券存续期间，自2009年起每年9月5日为上一个计息年度的付息日（如遇法定节假日或休息日，则顺延至其后的第1个工作日）。

（17）兑付登记日：2013年9月5日之前的第6个工作日为本期债券本金及最后一期利息的兑付登记日。在兑付登记日当日收市后登记在册的本期债券持有人，均有权获得所持本期债券的本金及最后一期利息。

（18）兑付日：2013年9月5日（如遇法定节假日或休息休息日，则顺延至其后的第了个工作日）。

（19）担保人及担保方式：中国建设银行股份有限公司深圳市分行（经其总行授权）为本期债券有担保品种的债券本息兑付提供全额无条件不可撤销的连带责任保证担保。

（20）信用级别及资信评级机构：经中诚信证券评估有限公司综合评定（信评委函字〔2008〕004号），发行人的主体信用等级为AA+，本期债券中有担保品种的债券信用等级为AAA，无担保品种的债券信用等级为AA+。

（21）本期债券受托管理人：中信证券股份有限公司。

（22）承销方式：本次发行由主承销商组织的承销团以余额包销方式承销。

（23）上市安排：本次发行结束后，发行人将向深交所提出关于本期债券上市交易的申请。具体上市时间将另行公告。

（24）质押式回购：根据深交所和登记公司的有关规定，本期债券中的300 000万元有担保品种可以在上市后进行质押式回购交易，具体折算率等事宜按相关规定执行。

（25）与本期债券发行有关的时间安排：（略）。

请结合本公告对万科公开发行的债券进行估值和评价，并分析万科在公告中所陈述的一系列措施的原因和动机。

五、练习题参考答案

（一）单项选择题

1. B 2. A 3. A 4. C 5. D 6. A 7. B 8. C 9. C 10. A 11. D 12. B
13. B 14. C 15. A 16. D 17. B 18. A 19. A 20. D 21. A 22. C 23. A

24. B 25. A 26. B 27. A 28. C 29. B 30. C 31. B

（二）多项选择题

1. BC 2. ABD 3. ABCD 4. ABD 5. ACDE 6. ABCDE 7. ABCD 8. ABCD
9. ABCE 10. BC 11. ABC 12. AD 13. CD 14. ABCE 15. ABCE 16. AB
17. ABCD 18. BD 19. ABCD 20. BCDE

（三）判断题

1. √ 2. √ 3. √ 4. × 5. × 6. × 7. × 8. √ 9. √ 10. × 11. ×
12. × 13. × 14. √ 15. √ 16. √ 17. √ 18. × 19. × 20. × 21. √
22. √ 23. √ 24. √ 25. × 26. × 27. ×

（四）计算题

1. 解 （1）$K=6\%+1.8\times(10\%-6\%)=13.2\%$，
$P=5.8\div(13.2\%-5\%)=70.73$（元）。
（2）$K=4\%+1.8\times(10\%-4\%)=14.8\%$，
$P=5.8\div(14.8\%-5\%)=59.18$（元）。
（3）$K=6\%+1.8\times(8\%-6\%)=9.6\%$，
$P=5.8\div(9.6\%-5\%)=126.09$（元）。
（4）$K=6\%+1.5\times(10\%-6\%)=12\%$，
$P=5.8\div(12\%-7\%)=116$（元）。

2. 解 （1）发行价格$=1000\times8\%\times(P/A,9\%,5)+1000\times(P/F,9\%,5)$
$=80\times3.8897+1000\times0.6499$
$=961.076$（元）。
（2）$1150=80\times(P/A,i,4)+1000\times(P/F,i,4)$，
查复利现值系数年金现值系数表，然后利用插值法或用 Excel 函数即可求得计算得$i=9\%$。

3. 解 （1）债券投资价值$=1000\times8\%\times(P/A,10\%,3)+1000\times(P/F,10\%,3)=950$（元）。
（2）因为该债券的价值950元小于其价格，所以不购买。
（3）转换价格$=1000/20=50$（元）。

4. 解 改革之前$K=5.8\%+1.5\times(10\%-5.8\%)=12.1\%$，
股价$=3\times(1+9\%)\div(12.1\%-9\%)=105.48$（元），
改革后$K=5.8\%+0.5\times(10\%-5.8\%)=7.9\%$，
股价$=3\times(1+6\%)\div(7.9\%-6\%)=167.37$（元），
由于改革后股价上升，因此应该改革原来的经营策略。

5. 解 （1）假设投资人要求的报酬率为10%，计算的股票价值如下：

年份	0	1	2	合计
净收益（万元）	2000	22 800	25 992	28 071.36
每股股利（元）	2	2.28	2.6	2.81
现值系数		0.909 1	0.826 4	0.751 3
股利现值（元/股）	2.07	2.15	2.11	6.33
未来股价（元/股）			28.10	

续表

年份	0	1	2	合计
未来股价现值（元/股）			21.11	
股票价值（元/股）				27.44

（2）预期收益率＝10%。

6. 解 （1）根据资本资产定价模型公式：
该公司股票的预期收益率＝5%＋2.0×（12%－5%）＝19%。
（2）根据固定成长股票的价值计算公式：
该股票价值＝1.5/（19%－5%）＝10.72（元）。
（3）根据非固定成长股票的价值计算公式：
该股票价值＝1.5×（P/A，19%，3）＋[1.5×（1＋5%）]/（19%－5%）×（P/F，19%，3）
　　　　　＝1.5×2.140＋（1.5×1.05）/14%×0.593＝9.88（元）。

7. 解 （1）计算前4年股利的现值计算如下：

年份	股利	折现系数（P/F，15%，n）	现值
1	3（1＋10%）＝3.3	0.870	2.871
2	3（1＋10%）^{2}＝3.63	0.756	2.268
3	3（1＋10%）^{3}＝3.993	0.658	1.974
4	3（1＋10%）^{4}＝4.392 3	0.572	1.716
合计			8.829

（2）第4年底普通股的内在价值：
P＝4.392 3×（1＋6%）÷（15%－6%）＝51.73（元）。
（3）该股票的内在价值：
V＝8.829＋51.73（P/F，15%，4）＝38.48（元）。

8. 解 （1）960＝1000×6%×（P/A，I，3）＋1000（P/F，I，3），
用试误法或Excel计算得：i＝15%。
（2）由于到期收益率大于市场利率，因此会购买该债券。
（3）825×（1－2%）＝1000×8%×（P/A，k，4）＋1000（P/F，k，4），
用试误法得：k＝14.68%，
税后资金成本＝k（1－40%）＝14.65%×（1－40%）＝8.81%。
（4）转换价格＝1000÷20＝50（元/股）。

9. 解 （1）V＝（1000×10%/1.08）＋（1000/1.08）＝1019（元）。
（2）900＝1000×10%/（1＋i）＋1000/（1＋i）得i＝22%。
（3）V＝1000×10%（P/A，12%，3）＋1000（P/F，12%，3）＝952（元），
因债券的价值952元大于市价950元，故应购买。

10. 解 （1）利用资产定价模型：
$R_甲$＝4%＋1.8×（9%－4%）＝13%，

$R_乙 = 4\% + 0.6 \times (9\% - 4\%) = 7\%$。

利用固定成长股票及非固定成长股票模型公式计算：

甲股票价值 $= 7 \times (P/A, 13\%, 5) + 7 \times (1 + 6\%)/(13\% - 6\%)(P/F, 13\%, 5)$
$= 82.177$（元），

乙股票价值 $= 2 \times (1 + 4\%)/(7\% - 4\%) = 69.33$（元），

公司股票目前市价：

甲每股盈余 $= 1000/100 = 10$（元/股），

甲每股市价 $= 10 \times 10 = 100$（元），

乙每股盈余 $= 500/100 = 5$（元/股），

乙每股市价 $= 5 \times 9 = 45$（元）。

因为甲公司股票价值 82.18 低于其市价 100 元，所以，不应该购买。而乙公司股票价值 69.33 元高于其市价 69.33 元，所以应该购买。

11. 解 （1）一次还本付息：

债券的价值 $= 1000 \times (1 + 5 \times 10\%) \times (P/F, 14\%, 3) = 1012.5$（元），

高于价格 980 元，所以应该购买。

（2）分期付息，每年年末付一次利息：

债券的价值 $= 1000 \times 10\% \times (P/A, 14\%, 3) + 1000 \times (P/F, 14\%, 3)$
$= 100 \times 2.322 + 1000 \times 0.675 = 907.2$（元），

低于价格 980 元，所以不应该购买。

（3）一次还本付息：

根据 $1010 = 1000(1 + 5 \times 10\%) \times (P/F, i, 2) = 1500 \times (P/F, i, 2)$，

$(P/F, i, 2) = 1010/1500 = 0.673\ 3$，

求得：$i = 21.92\%$。

（4）分期付息，每年年末付一次利息：

根据 $1010 = 1000 \times 10\% \times (P/A, i, 2) + 1000 \times (P/F, i, 2)$

解得：$i = 9.44\%$。

12. 解 （1）债券价值 $= 1000 \times 10\% (P/F, 5\%, 1) + 1000 (P/F, 5\%, 1) = 1046.1$ 元。

（2）由 $1350 = 1000 \times 10\% (P/F, i, 1) + 1000 (P/F, i, 1)$，

解得：$i = 18\%$。

（3）债券价值 $P = D \times (P/A, K, n) + F \times (P/F, K, n)$
$= 1000 \times 10\% (P/A, 12\%, 3) + 1000 \times (P/F, 12\%, 3)$
$= 951.1$（元），

因为债券价值 951.1 大于市价 928 元，故应购买。

（4）平价购入且每期付息，其到期收益率与票面利率相等，也为 10%。

13. 解 （1）甲公司债券的价值 $= 1000 \times 8\% \times (P/A, 6\%, 5) + 1000 \times (P/F, 6\%, 5)$
$= 1084.29$（元）

发行价格 1041 元大于债券价值 1084.29 元，可以买。

$1041 = 1000 \times 8\% \times (P/A, i, 5) + 1000 \times (P/F, i, 5)$，

甲债券收益率为 7%，

乙公司债券的价值 = （1000 + 1000×8%×5）（P/F, 6%, 5）= 1046.22（元），

发行价格 1050 元大于债券价值 1046.22，所以不买。

1050 =（1000 + 1000×i×5）（P/F, i, 5）

解得：$i = 5.93\%$。

丙公司债券的价值：

$P = 1000×$（P/F, 6%, 5）= 747.3（元），

750 = 1000×（P/F, i, 5）。

解得：$i = 5.3\%$。

（2）因为甲公司债券收益高于该公司的必要收益率，发行价格低于债券价值，所以甲公司债券具有投资价值。

因为乙公司债券收益率低于该公司的必要收益率，发行价格高于债券价值，所以乙公司债券不具有投资价值。

因为丙公司债券的发行价格高于债券价值，所以丙公司债券不具有投资价值。

投资结论：该公司应当选择购买甲公司债券的方案。

（3）该公司的投资收益率 = [（1050 − 1041）+ 1000×8%×1] /1041 = 8.55%。

14. 解　甲股票：

$0.5×$（P/F, K, 1）+ $0.6×$（P/F, K, 2）+ $0.8×$（P/F, K, 3）+ $7×$（P/F, K, 3）= 500/100，

用试误法得：$K = 19\%$。

$1.2×$（P/A, K, 3）+ $9×$（P/F, K, 3）= 500/62.5，

用试误法计算得：$K = 17\%$。

因为甲的投资收益率大于乙的投资收益率，所以应购买甲股票。

15. 解　（1）根据资本资产定价模型公式：

$K = 8\% + 2.5×$（12% − 8%）= 8% + 10% = 18%，

按照固定成长股票估价模型该股票的价值 = 5.8/（18% − 6%）= 48.33（元）。

（2）根据非固定成长股票的价值计算公式：该股票价值该股票价值 = $5.8×$（P/A, 18%, 3）+ 5.8（1 + 5%）/（18% − 6%）（P/F, 18%, 3）= 43.52（元）。

因为发行价格 45 元大于 43.52 元，所以对于投资人来说不合算。

16. 解　债券的投资价值 = $100×8\%×$（P/A, 10%, 5）+ 100（P/F, 10%, 5）= 92.43（元），

因为债券的投资价值 92.43 大于债券市价 100，所以此时转让时合算的。

设投资收益率为 i，则有：

100 = $100×8\%×$（P/A, i, 5）+ 100（P/F, i, 5），

解得：$i = 14\%$。

案例分析答案

（略）。

第四章 财务分析

一、学习目标

理解财务分析的概念、作用、依据和程序；掌握财务指标分析的内容和方法；熟悉财务状况趋势分析的具体方法；掌握财务综合分析方法等。

二、学习要点

（一）核心概念

（1）财务分析。财务分析是财务管理的基础工作之一，它是以企业财务报表等会计资料为基础，对企业财务活动的过程及结果进行分析评价的一种管理活动。通过财务分析，计算各种分析指标，可以正确评价企业当前和过去的财务状况，权衡企业经营活动的利弊得失，以便进一步分析企业未来的发展趋势，为财务决策、计划和控制提供重要依据。

（2）偿债能力分析。偿债能力是指企业偿还到期债务（包括本息）的能力。偿债能力分析包括短期偿债能力和长期偿债能力分析。短期偿债能力是指企业流动资产对流动负债及时足额偿还的保证程度，是衡量企业当前财务能力，特别是流动资产变现能力的重要标志。长期偿债能力是指企业偿还长期负债的能力。企业的长期负债主要有长期借款、应付债券、长期应付款等。为使债权人和投资者全面了解企业的偿债能力及财务风险，在对企业进行短期偿债能力分析的同时，还需分析企业的长期偿债能力。

（3）营运能力分析。营运能力分析主要是为了反映企业资金运用、循环效率的高低。资金运用效率高、循环快，则企业可以用较小的投入获取较多的回报。一般情况下，企业营运能力侧重于分析评价生产资料的营运能力。企业拥有或控制的生产资料表现为各项资产占用。因此，生产资料的营运能力实际上就是企业的总资产及各个组成要素的营运能力。资产营运能力的强弱关键取决于周转速度。一般说来，周转速度越快，资产的使用效率越高，则资产营运能力越强；反之，营运能力就越差。

（4）获利能力分析。获利能力是指企业赚取利润的能力。利润的分析对所有者来说至关重要，因为所有者获取的收入来自利润，而且对股份公司、上市公司而言，利润增长能引起股价的上涨，从而使股东获取资本收益；对于债权人，利润的多少也非常重要，尤其是对长期债权人，盈利的大小是其债权收回的最后保证；对于政府部门，企业获利水平是其税收收入的直接来源，获利的多少直接影响财政收入的实现。因此获利能力分析是财务分析中的重要一环。

（5）企业财务状况的趋势分析。企业财务状况的趋势分析主要是通过比较企业连续几个会计期间的财务报表或财务比率，来了解企业财务状况变化的趋势，并以此来预测企业未来财务状况，判断企业的发展前景。一般来说，进行企业财务状况的趋势分析，主要应用比较财务报表、比较百分比财务报表、比较财务比率、图解法等方法。

（6）财务综合分析。单独分析任何一类财务指标，都不足以全面地评价企业的财务状况和经营效果，只有对各种财务指标进行系统的、综合的分析，才能对企业的财务状况作出全面的、合理的评价。因此，必须对企业进行综合的财务分析。财务综合分析方法常用的有财务比率综合评分法和杜邦分析法两种。

（二）关键问题

1. 财务分析的作用和目的是什么？

答：（1）财务分析的作用主要体现在如下几个方面：

1）通过财务分析可以正确评价企业过去。正确评价过去，目的是说明现在和揭示未来。财务分析通过对具体会计报表数据、指标的计算，能够较为准确地说明企业已经发生的业绩状况，指出企业的成绩和问题所在及其产生的主客观原因等。这不仅对于企业的经营管理者十分有益，还可以帮助企业投资者和债权人做出正确的决策。

2）通过财务分析可以较为全面的分析企业现状。财务会计报表及有关经济资料是企业各项生产经营活动的综合反映，但会计报表的格式及其提供的数据往往是根据会计的特点和管理的一般需要而设计的，它不可能全面提供不同目的报表使用者所需要的各方面数据资料。财务分析则根据不同分析主体的具体目的，采用不同的方法和手段，计算反映企业各个方面现状的具体指标，从而可以对企业现状做出较为全面地反映和评价。

3）通过财务分析可以评估企业潜力。企业理财的根本目标是努力实现企业价值最大化。通过财务指标的计算和分析、了解企业的盈利能力和资产周转状况，不断挖掘企业改善财务状况、扩大财务成果的内部潜力，充分认识未被利用的人力资源和物质资源，寻找利用不当的部分及原因，发现进一步提高利用效率的可能性，以便从各方面揭露矛盾、找出差距、寻求措施，促进企业生产经营活动按照企业价值最大化的目标实现良性运行。

4）通过财务分析可以在一定程度上揭示和防范企业风险。一些重要财务指标的计算如流动比率、速动比率、资产负债率、产权比率可以在一定程度上揭示企业经营所面临的风险，而这些指标数值的大小也代表着企业防范、抵御风险能力的大小。

（2）财务分析的目的阐述如下：

财务信息需求者出于不同的利益考虑，所关心问题的侧重点不同，因此，进行财务分析的目的也各不相同。企业经营管理者，必须全面了解企业的生产经营状况和财务状况，他们进行财务分析的目的和要求是全面的；企业投资者的利益与企业的经营成果密切相关，他们更关心企业的资本盈利能力、企业生产经营的前景和投资风险；企业的债权人则关心企业能否按期还本付息，他们一般侧重于分析企业的偿债能力。综合起来，进行财务分析主要出于以下目的。

1）评价企业的偿债能力。通过对企业的财务报表等会计资料进行分析，可以了解企业资产的流动性、负债水平以及偿还债务的能力，从而评价企业的财务状况和经营风险，为企业经营管理者、投资者和债权人提供财务信息。

2）评价企业的资产营运水平。企业的生产经营过程就是利用资产取得收益的过程。资产是企业生产经营活动的经济资源，资产的管理水平直接影响到企业的收益，它体现了企业的整体素质。进行财务分析，可以了解到企业资产的保值和增值情况，分析企业资产的管理水平、资金周转状况、现金流量情况等，为评价企业的经营管理水平提供依据。

3）评价企业的获利能力。获取利润是企业的主要经营目的之一，也是企业综合能力的集中反映。企业要生存和发展，必须努力获得较高的利润，这样才能在竞争中立于不败之地。投资者和债权人都十分关心企业的获利能力，获利能力强可以提高企业偿还债务的能力，提高企业信誉。对企业获利能力的分析不能仅看其获取利润的绝对数，还应分析其相对数，这些都可以通过财务分析来实现。

4）评价企业的发展趋势。无论是企业的经营管理者，还是投资者、债权人，都十分关注企业的发展趋势，这关系到他们的切身利益。企业通过对财务报表进行分析，可以判断出企业的发展趋势，预测企业的经营前景，从而为企业经营管理者和投资者进行经营决策和投资决策提供重要的依据，避免决策失误给其带来重大的经济损失。

2. 偿债能力分析所涉及的主要指标有哪些，如何判断这些指标的合理性？

答：短期偿债能力分析所涉及的指标有：流动比率、速动比率、现金比率和现金流量比率。长期偿债能力分析所涉及的指标有：资产负债率、产权比率和权益乘数、利息保障倍数。

（1）流动比率：流动比率是流动资产与流动负债的比值，它表明企业每一元流动负债有多少流动资产作为偿还的保证，用以反映企业可在短期内转变为现金的流动资产偿还到期流动负债的能力。一般情况下，流动比率越高，反映企业短期偿债能力越强，债权人的权益越有保证。但从企业经营角度来看，过高的流动利率通常意味着企业现金过量闲置，这将造成企业机会成本的增加和获利能力的降低。因此，企业应尽可能将流动比率维持在不使货币资金闲置的水平。

（2）速动比率：是企业速动资产与流动负债的比率。由于剔除了存货等变现能力较弱且不稳定的资产，因此，速动比率较之流动比率能够更加准确、可靠地评价企业资产的流动性及其偿还短期负债的能力。西方企业的传统经验认为，速动比率为1时是安全标准。因为如果速动比率小于1，必使企业面临很大的偿债风险；如果速动比率大于1，尽管债务偿还的安全性很高，但却会因企业现金及应收账款资金占用过多而大大增加企业的机会成本。

（3）现金比率：是企业现金类资产与流动负债的比率。由于应收账款存在着发生坏账损失的可能，故速动资产扣除应收账款后的现金类资产最能反映企业直接偿付流动负债的能力。但需注意的是，企业不可能、也无必要保留过多的现金类资产。如果这一比例过高，就意味着企业现金类资产未能得到合理的运用，导致企业机会成本增加。

（4）现金流量比率：是企业一定时期的经营现金净流量同流动负债的比率，它可以从现金流量角度反映企业当期偿付短期负债的能力。该指标越大，表明企业经营活动产生的现金净流量较多，能够保障企业按时偿还到期债务。但该指标也不是越大越好，太大则表示企业流动资金利用不充分，收益能力不强。

（5）资产负债率又称负债比率：是企业负债总额与资产总额的比率。它表明企业资产总额中，债权人提供资金所占的比重，以及企业资产对债权人权益的保障程度。负债比率的高低对企业的债权人与投资人有不同的影响。从债权人的角度看，应该是越低越好，这表明企业的长期偿债能力越强。而从投资人的角度来看，要结合企业总资产报酬率的高低进行判断。

（6）产权比率、权益乘数与资产负债率对评价偿债能力的作用基本相同，主要区别是：资产负债率侧重于分析债务偿付安全性的物质保障程度，产权比率则侧重于揭示财务结构的稳健程度以及自有资金对偿债风险的承受能力，权益乘数侧重于揭示企业利用财务杠杆的能力。

（7）利息保障倍数：是指企业息税前利润与利息费用的比率，它可以反映获利能力对债务偿付的保证程度。该指标不仅反映了企业获利能力的大小，而且反映了获利能力对偿还到期债务的保证程度。企业若要维持正常偿债能力，从长期看，已获利息倍数至少应当大于1，且比值越高，企业长期偿债能力一般也越强。如果利息保障倍数过小，企业将面临亏损、偿债的安全性与稳定性下降的风险。究竟企业利息保障倍数应是利息的多少倍，才算偿付能力强，这要根据往年经验结合行业特点来判断。

3. 影响企业偿债能力分析的其他因素有哪些？

答：企业进行偿债能力分析时，分析者可以比较最近几年的有关财务指标来判断企业偿债能力的变化趋势，也可以比较某一企业与同行业其他企业的财务指标，来判断企业在同行业偿债能力所处水平。此外，还应考虑以下因素对企业偿债能力的影响。

（1）或有负债。或有负债是指过去的交易或事项形成的潜在义务，其存在须通过未来不确定事项的发生或不发生予以证实。履行该义务很可能导致经济效益流出企业，或该债务的金额不能可靠的计量。常见的或有负债有，企业对售后商品提供担保，企业以本企业的资产为其他企业提供法律担保，已贴现的票据有可能发生追索等。这些或有负债在资产负债表日还不能确定未来的结果如何，一旦将来成为企业现实负债，就会对企业财务状况和经营结果产生重大影响，尤其是金额巨大的或有负债项目。因此，在财务分析时必须引起高度重视。

（2）租赁活动。企业在生产经营活动中，可以通过财产租赁的方式解决急需的设备。通常财产租赁有融资租赁和经营租赁两种形式。采用融资租赁方式，租入的固定资产是作为企业的固定资产核算，租赁费用作为长期应付款核算，这在计算前面有关的财务指标时已包括在内。但是，经营租赁的资产，其租赁费用直接计入当期损益，并未包含在负债之中，如果经营租赁的业务量较大、期限较长并具有经常性，则其租金虽然不包含在负债之中，但对企业的偿债能力也会产生较大的影响。在进行财务分析时，也应考虑这一因素。

（3）可动用的银行贷款指标。可动用的银行贷款指标是指银行已经批准而企业尚未办理贷款手续的银行贷款限额。这种贷款指标可以随时使用，增加企业的现金，这样可以提高企业的支付能力，缓解目前的财务困难。

4. 企业营运能力分析测算的主要指标是什么，如何分析评价？

答：企业营运能力分析的指标主要有：应收账款周转率、存货周转率、流动资产周转率、固定资产周转率和总资产周转率。

（1）应收账款周转率。应收账款周转率是指一定时期内商品或产品赊销收入净额与应收账款平均余额的比值，是反映应收账款周转速度的指标。它反映了企业在一个会计年度内应收账款的周转次数，可以用来分析企业应收账款的变现速度和管理效率。这一比率越高，说明企业收账速度越快，可以减少坏账损失，而且资产的流动性强，企业的短期偿债能力也会提高，在一定程度上，可以弥补流动比率低的不利影响。但是，如果应收账款周转率过高，可能是因为企业奉行了比较严格的信用政策、信用标准和付款条件过于苛刻的结果。这样会限制企业销售量的扩大，反而会影响企业的盈利水平。而应收账款周转天数表示应收账款周转一次所需天数，应收账款周转天数越短，表明企业的应收账款周转速度越快。

（2）存货周转率。存货周转率是指一定时期内企业营业成本与存货平均资金余额的比率，是反映存货流动性的一个指标，也是衡量企业生产经营各环节中存货运营效率的一个综合性指标。一般来讲，存货周转率越高越好，存货周转率越高，表明其变现的速度越快，而周转额越大，资金占用水平则越低。因此通过存货周转率分析，有利于找出存货管理存在的问题，尽可能降低资金占用水平。

（3）流动资产周转率。流动资产周转率是指流动资产在一定时期所完成的营业收入与流动资产平均余额之间的比率，是反映企业流动资产周转速度的指标。在一定时期内，流动资产周转次数越多，表明以相同的流动资产完成的周转额越多，流动资产利用效果越好；流动资产周转用周转期表示时，周转一次所需要的天数越少，表明流动资产在经历生产和销售阶段时所占用的时间越短。

（4）固定资产周转率。固定资产周转率是指企业年营业收入净额与固定资产平均净值的比率。它是反映企业固定资产周转情况，从而衡量固定资产利用效率的一项指标。固定资产周转率高，表明企业固定资产利用充分，同时也表明企业固定资产投资得当，固定资产结构合理，能够充分发挥效率。反之，如果固定资产周转率不高，则表明固定资产使用效率不高，提供的生产成果不多，企业的营运能力不强。

（5）总资产周转率。总资产周转率是指企业营业收入净额与资产总额的比率，它可用来反映企业全部资产的利用效率。总资产周转率高，表明企业全部资产的使用效率高，如果这个比率较低，说明使用效率较差，最终会影响企业的盈利能力。企业应采取各项措施来提高企业的总资产利用程度，如提高营业收入或处理多余的资产。

5. 分析企业获利能力的指标有哪些，如何进行获利能力分析？

答：可以按照会计基本要素设置营业利润率、成本费用利润率、总资产收益率、自有资金利润率和资本保值增值率等指标，借以评价企业各要素的获利能力及资本保值增值情况。

（1）营业利润率。营业利润率是企业营业利润与营业收入净额的比率。利润包括营业利润、利润总额和净利润三种形式。其中利润总额和净利润包含着非生产经营利润因素，营业利润率更直接反映生产经营业务的获利能力，而以利润总额和净利润为基础计算的利润率则侧重于反映企业综合获利能力。通过考察营业利润占整个利润总额比重的升降，可以发现企业经营理财状况的稳定性、面临的危险或可能出现的转机迹象。

（2）成本费用利润率。成本费用利润率是指利润与成本费用的比率。同利润一样，成本也可以分为几个层次：营业成本、成本费用（营业成本＋营业税金及附加＋销售费用＋管理费用＋财务费用）、总成本等，成本费用利润率反映了企业主要成本的利用效果，是企业加强成本管理的着眼点。

（3）总资产报酬率。总资产报酬率也称总资产收益率，是企业一定时期内获得的报酬总额与企业平均资产总额的比率。它是反映企业资产综合利用效果的指标，也是衡量企业利用债权人和股东权益总额所取得盈利的重要指标。该比率越高，表明企业的资产利用效益越好，整个企业盈利能力越强，经营管理水平越高。

（4）净资产收益率。净资产收益率是企业一定时期内的净利润同平均净资产的比率。它可以反映投资者投入企业的自有资本获取净收益的能力，即反映投资与报酬的关系，因而是评价企业资本经营效益的核心指标。该指标通用性强，适应范围广，不受行业局限。通过对该指标的综合对比分析，可以看到企业获利能力在同行业中所处的地位，以及与同类企业的差异水平。一般认为，企业净资产收益率越高，企业自有资本获取收益的能力越强，运营效益越好，对企业投资人、债权人的保证程度越高。

（5）资本保值增值率。资本保值增值率是指企业本年末股东权益同年初股东权益的比率。资本保值增值率表示企业当年资本在企业自身努力下的实际增减变动情况，是评价所有者投资获利状况的辅助指标。资本保值增值是根据"资本保全"原则设计的指标，更加谨慎、稳健地反映了企业资本保全和增值状况。它充分体现了对股东权益的保护，能够及时、有效地发现侵蚀股东权益的现象。该指标越高，表明企业的资本保全状况越好，股东的权益增长越快，债权人的债务越有保障，企业发展后劲越强。该指标如为负值，表明企业资本受到侵蚀，没有实现资本保全，损害了股东的权益，也妨碍了企业进一步发展壮大，应予充分重视。

（6）市盈率。市盈率是指普通股每股市价与每股利润的比率，它是反映股份公司获利能力的一个重要财务指标，投资者对这个指标十分重视。这一比率是投资者做出投资决策的重要参考因素之一。一般来说，市盈率高，说明投资者对该公司的发展前景看好，愿意出较高的价格购买该公司股票，所以一些成长性较好、盈利水平高的公司的股票的市盈率通常要高一些。但是，值得注意的是，如果某一种股票的市盈率过高，通常也意味着这种股票具有较高的投资风险。

运用市盈率指标衡量股份公司盈利能力时还应注意，市盈率变动因素之一是股票市场价格的高低，而影响股价升降的原因除了公司经营成效和发展能力外，还受整个经济环境、政府的宏观政策、行业发展前景以及意外因素，如灾害、战争等的制约，因此必须对股票市场整个形势做出全面分析，才能对市盈率指标做出正确的评价。

6. 进行企业财务状况趋势分析的主要方法有哪些？

答：一般来说，进行企业财务状况趋势分析，主要应用比较财务报表、比较百分比财务报表、比较财务比率、图解法等方法。

（1）比较财务报表。比较财务报表是指通过比较企业连续几期财务报表的数据，分析其增减变化的幅度及其变化原因，来判断企业财务状况的发展趋势。这种方法选择的期数越多，分析结果的准确性越高。但是，在进行比较分析时，必须考虑到各期数据的可比性。

（2）比较百分比财务报表。比较百分比财务报表是指在比较财务报表的基础上发展而来的，百分比财务报表是将财务报表中的数据用百分比来表示，比较各项目百分比的变化，以此来判断企业财务状况的发展趋势。可见，这种方法比前者更加直观地反映了企业的发展趋势。比较百分比财务报表既可用于同一企业不同时期财务状况的纵向比较，也可以用于不同企业之间或与同行业平均数之间的横向比较。

（3）比较财务比率。比较财务比率是指将企业连续几个会计期间的财务比率进行对比，从而分析企业财务状况的发展趋势。这种方法实际上是比率分析法与比较分析法的结合。与前面两种方法相比，这种方法更加直观地反映了企业各方面财务状况变动趋势。

（4）图解法。图解法是指将企业连续几个会计期间的财务数据或财务比率绘制成图，并根据图形走势来判断企业财务状况的变动趋势。这种方法比较简单、直观地反映出企业财务状况的发展趋势，使分析者能够发现一些通过比较法所不易发现的问题。

7. 什么是财务比率综合评分法，运用该方法对企业财务状况进行评价的程序如何？

答：财务比率综合评分法，最早是在 20 世纪初，亚历山大·沃尔在其《信用晴雨表研究》和《财务报表比率分析》等著作中提出了信用能力指数概念，将流动比率、产权比率、固定资产比率、存货周转率、应收账款周转率、固定资产周转率、自有资金周转率七项财务比率用线性关系结合起来，并分别给定各自的分数比重，然后通过与标准比率进行比较，确定各项指标的得分及总体指标的累计分数，从而对企业的信用水平作出评价，这种方法也称为沃尔比重分析法或沃尔评分法。这种方法到目前为止已经有了很大的发展和变化。

采用财务比率综合评分法，进行企业财务状况的综合分析，一般要遵循如下程序。

（1）选定评价企业财务状况的财务比率。在选择财务比率时，一要具有全面性，要求反映企业的偿债能力、营运能力和获利能力的三大类财务比率都应当包括在内；二要具有代表性，即要选择能够说明问题的重要的财务比率；三要具有变化方向的一致性，即当财务比率增大时，表示财务状况的改善，反之，财务比率减小时，表示财务状况的恶化。

（2）根据各项财务比率的重要程度，确定其标准评分值，即重要性系数。各项财务比率的标准评分值之和等于100分。各项财务比率评分值的确定是财务比率综合评分法的一个重要问题，它直接影响到企业财务状况的评分多少。对各项财务比率的重要程度，不同的分析者会有截然不同的态度。但是，一般来说，应根据企业的经营活动的性质、企业的生产经营规模、市场形象和分析者的分析目的等因素来确定。

（3）规定各项财务比率评分值的上限和下限，即最高评分值和最低评分值。这主要是为了避免个别财务比率的异常而给总分造成不合理的影响。

（4）确定各项财务比率的标准值。财务比率的标准值是指各项财务比率在本企业现时条件下最理想的数值，亦即最优值。财务比率的标准值，通常可以参照同行业的平均水平，并经过调整后确定。

（5）计算企业在一定时期各项财务比率的实际值。

（6）计算各项财务比率的实际值与标准值的比率，即关系比率。

（7）计算出各项财务比率的实际得分。各项财务比率的实际得分是关系比率和标准评分值的乘积。每项财务比率的得分都不得超过上限或下限，所有各项财务比率实际得分的合计数就是企业财务状况的综合得分。企业财务状况的综合得分就反映了企业综合状况是否良好。如果综合得分等于或接近于100分，说明企业的财务状况是良好的，达到了预先确定的标准；如果综合得分低于100分很多就说明企业的财务状况较差，应当采取适当的措施加以改善；如果综合得分超过100分很多，就说明企业的财务状况很理想。

8. 什么是杜邦分析法，运用该方法对企业财务状况进行评价可以得到哪些财务信息？

杜邦分析法是利用几种主要的财务指标之间的内在关系，对企业综合经营理财及经济效益进行系统分析评价的方法。这种综合分析方法最初由美国杜邦公司创造并成功运行，故称杜邦分析法。这种分析法一般用杜邦系统图来表示。

杜邦分析是对企业财务状况进行综合分析。它通过几种主要的财务指标之间的关系，直观、明了地反映出企业的财务状况。从杜邦分析系统可以了解到下面的财务信息。

（1）从杜邦系统图可以看出，其中，净资产收益率是一个综合性最强的财务比率，是杜邦分析系统的核心指标。其他各项指标都是围绕这一核心，通过研究彼此间的依存制约关系，而揭示企业的获利能力及其前因后果。净资产收益率取决于企业总资产报酬率和权益乘数。资产报酬率主要反映企业在运用资产进行生产经营活动的效率如何，而权益乘数则主要反映了企业的资金来源结构如何。

（2）总资产报酬率是反映企业获利能力的一个重要财务比率，它揭示了企业生产经营活动的效率，综合性也极强。企业的营业收入、成本费用、资产结构、资产周转速度以及资金占用量等各种因素，都直接影响到总资产报酬率的高低。总资产报酬率是营业净利率与总资产周转率的乘积。因此，可以从企业的销售活动与资产管理两个方面来进行分析。

（3）从企业的销售方面看，营业净利率反映了净利润与营业收入之间的关系。一般来说，营业收入增加，企业的净利润也会随之增加，但是，要想提高营业净利率，必须一方面提高营业收入，另一方面降低各种成本费用，因此在杜邦分析图的最后一个层次中，可以分析企业的成本费用结构是否合理，以便发现企业在成本费用管理方面存在的问题，为加强成本费用管理提供依据。同时，要严格控制企业的管理费用、财务费用等各种期间费用，降低耗费，增加利润。这里尤其要研究分析企业的利息费用与利润总额之间的关系，如果企业所承担的利息费用太多，就应当进一步分析企业的资金结构是否合理，负债比率是否过高，不合理的资金结构当然会影响到企业所有者的收益。

（4）在企业资产方面，主要应该分析以下两个方面：

1）分析企业的资产结构是否合理，即流动资产与非流动资产的比例是否合理。资产结构实际上反映了企业资产的流动性，它不仅关系到企业的偿债能力，也会影响企业的获利能力。一般说来，如果企业流动资产中货币资金占的比重过大，就应当分析企业现金持有量是否合理，有无现金闲置现象，因为过量的现金会影响企业的获利能力；如果流动资产中的存货与应收账款过多，就会占用大量的资金，影响企业的资金周转。

2）结合营业收入，分析企业的资产周转情况。资产周转速度直接影响到企业的获利能力，如果企业资产周转较慢，就会占用大量资金，增加资金成本，减少企业的利润。资产周转情况的分析，不仅要分析企业总资产周转率，更要分析企业的存货周转率与应收账款周转率，并将其周转情况与资金占用情况结合分析。

从上述两方面分析，可以发现企业资产管理方面存在的问题，以便加强管理，提高资产的利用效率。

总之，从杜邦分析系统可以看出，企业的获利能力涉及生产经营活动的方方面面。净资产收益率与企业的筹资结构、销售规模、成本水平、资产管理等因素密切相关，这些因素构成一个完整的系统，系统内部各因素之间相互作用。只有协调好系统内部各个因素之间的关系，才能使净资产收益率得到提高，从而实现企业价值最大化的理财目标。

9. 试述杜邦分析体系中各指标间的关系，在杜邦分析图中，哪一项是核心指标，为什么？

答：杜邦分析体系主要反映以下几种主要的财务比率关系：

（1）净资产收益率与总资产报酬率及权益乘数之间的关系。

$$净资产收益率 = 总资产报酬率 \times 平均权益乘数$$

$$平均权益乘数 = 资产平均总额 \div 股东权益平均总额 = 1 \div (1 - 资产负债率)$$

（2）总资产报酬率与营业净利率及总资产周转率之间的关系。

$$总资产报酬率 = 营业净利率 \times 总资产周转率$$

（3）营业净利率与净利润及营业收入之间的关系。

$$营业净利率 = \frac{净利润}{营业收入净额}$$

（4）总资产周转率与营业收入及资产总额之间的关系。

$$总资产周转率 = \frac{营业收入净额}{资产平均总额}$$

杜邦分析体系这在揭示上述几种关系之后，再将净利润、总资产进行层层分解，这样就可以全面、系统地揭示出企业的财务状况以及财务状况这个系统内部各个因素之间的相互关系。

杜邦分析图中的净资产收益率是一个综合性最强的财务比率，是杜邦分析系统的核心指标。其他各项指标都是围绕这一核心，通过研究彼此间的依存制约关系，而揭示企业的获利能力及其前因后果。财务管理的目标是所有者财富最大化，净资产收益率反映所有者投入资金的获利能力，反映筹资、投资、资产运营等活动的效率，提高净资产收益率是实现财务管理目标的基本保证。

三、学习重点与难点

（一）学习重点

本章学习重点是，通过学习使学生掌握评价财务报表等信息作为企业财务分析基础的方法；掌握偿债能力、营运能力和获利能力的各种分析指标及评价方法；掌握企业财务状况进行趋势分析和综合分析的方法；通过财务分析为企业财务决策提供基本依据。

（二）学习难点

本章的学习难点是如何对企业财务报表信息的准确的认识、判断和理解；运用各种财务分析指标分析时如何对指标的计算结果进行评价和协调；如何熟练掌握对企业财务状况进行整体评价的综合分析方法。

四、练习题

（一）单项选择题

1. 投资人作为企业财务信息的需求主体，其最关心的是（　　）。
   A. 盈利能力　　　　B. 营运能力　　　　C. 偿债能力　　　　D. 发展能力
2. 债权人作为企业财务信息的需求主体，其最关心的是（　　）。
   A. 盈利能力　　　　B. 营运能力　　　　C. 偿债能力　　　　D. 发展能力
3. 财务分析依据的企业的财务报表不包括（　　）。
   A. 现金流量表　　　　　　　　　　　B. 资产负债表
   C. 利润表　　　　　　　　　　　　　D. 比较百分比会计报表
4. 下列流动资产项目中，变现能力最强的是（　　）。
   A. 短期投资　　　　B. 货币资金　　　　C. 应收账款　　　　D. 预付账款
5. 下列财务比率中反映企业短期偿债能力的是（　　）。
   A. 资产负债率　　　B. 流动比率　　　　C. 偿债保障比率　　D. 利息保障倍数
6. 下列财务比率中可以分析评价长期偿债能力的指标是（　　）。
   A. 存货周转率　　　B. 流动比率　　　　C. 速动比率　　　　D. 利息保障倍数
7. 某公司去年每股利润为 5 元，每股发放股利 2.5 元，留用利润在过去一年中增加了 750 万元，年底每股账面价值为 30 元，负债总额为 6000 万元，则该公司的资产负债率为（　　）。
   A. 30%　　　　　　B. 33%　　　　　　C. 40%　　　　　　D. 44%
8. 公司年初负债总额为 800 万元（流动负债 220 万元，长期负债 580 万元），年末负债总额为 1060 万元（流动负债 300 万元，长期负债 760 万元）。年初资产总额 1680 万元，年末资产总额 2000 万元。则权益乘数为（　　）。
   A. 2.022　　　　　B. 2.128　　　　　C. 1.909　　　　　D. 2.1
9. 下列财务比率中能反映企业营运能力的是（　　）。

A. 资产负债率　　　B. 流动比率　　　C. 存货周转率　　　D. 资产报酬率

10. 某企业 2015 年主营业务收入净额为 36 000 万元，流动资产平均余额为 4000 万元，固定资产平均余额为 8000 万元。假定没有其他资产，则该企业 2008 年的总资产周转率为（　　）次。

A. 3.0　　　　　　B. 3.4　　　　　　C. 2.9　　　　　　D. 3.2

11. 企业的应收账款周转率高，说明（　　）。

A. 企业的信用政策比较宽松　　　　B. 企业的盈利能力比较强
C. 企业的应收账款周转速度较快　　D. 企业的坏账损失较多

12. 企业 2015 年销售收入净额为 10 000 万元，应收账款周转率为 5，期初应收账款余额 1500 万元，则期末应收账款余额为（　　）万元。

A. 1500　　　　　B. 2000　　　　　C. 2500　　　　　D. 3000

13. 某公司年末会计报表上部分数据为：流动负债 60 万元，流动比率为 2，速动比率为 1.2，销售成本 100 万元，年初存货为 52 万元，则本年度存货周转次数为（　　）。

A. 1.65　　　　　B. 2　　　　　　　C. 2.3　　　　　　D. 1.45

14. 企业某年初存货余额为 125 万元，年末 185 万元，营业成本为 465 万元，则年末存货周转天数为（　　）。

A. 100 天　　　　B. 120 天　　　　C. 180 天　　　　D. 360 天

15. 某公司 2015 年的营业收入为 5840 万元，其年初资产总额为 540 万元，年末资产总额为 780 万元，该公司总资产周转率及周转天数分别为（　　）。

A. 8.85 次，40.68 天　　　　　　B. 6.55 次，54.14 天
C. 8.35 次，43.11 天　　　　　　D. 7.75 次，46.45 天

16. 下列财务比率中，既反映企业盈利能力，又是杜邦分析体系核心指标的是（　　）。

A. 资本保值增值率　B. 总资产报酬率　C. 销售利润率　D. 净资产收益率

17. 下列财务比率中，既能反映企业资产综合利用的效果，又能衡量债权人权益和所有者权益的报酬情况的是（　　）。

A. 销售利润率　　　B. 总资产报酬率　C. 产权比率　　　D. 利息保障倍数

18. 企业去年的销售净利率为 5.5%，资产周转率为 2.5；今年的销售净利率为 4.5%，资产周转率为 2.4。若两年的资产负债率相同，则今年的净资产收益率比去年的变化趋势为（　　）。

A. 下降　　　　　　B. 不变　　　　　　C. 上升　　　　　　D. 难以确定

19. 销售利润率一定时，资产报酬率的高低直接取决于（　　）。

A. 销售收入的多少　　　　　　B. 营业利润的高低
C. 投资收益的大小　　　　　　D. 资产周转率的快慢

20. 股票市场价格与每股利润之比称为（　　）。

A. 股利发放率　　　B. 股利报偿率　　　C. 市盈率　　　　D. 股利与市价比率

21. 企业本年末股东权益与年初股东权益的比率称为（　　）。

A. 股东收益率　　　B. 资本保值增值率　C. 市盈率　　　　D. 权益变动率

22. 企业当年实现营业收入 2800 万元，净利润 260 万元，资产周转率为 2，则总资产收益率为（　　）。

A. 6.35%　　　　　B. 12.61%　　　　　C. 18.57%　　　　　D. 25.45%

(二) 多项选择题

1. 关于财务分析的目的表述正确的有（　　）。
   A. 评价企业的偿债能力　　　　　B. 评价企业的资产营运水平
   C. 评价企业的获利能力　　　　　D. 评价企业的发展趋势
2. 财务分析的依据主要包括（　　）。
   A. 资产负债表　　　B. 利润表　　　C. 现金流量表　　　D. 其他企业信息
3. 财务分析方法主要包括（　　）。
   A. 回归分析法　　　B. 趋势分析法　　　C. 比较分析法　　　D. 比率分析法
4. 分析者通过对资产负债表的分析，可以了解企业的（　　）。
   A. 偿债能力　　　B. 盈利能力　　　C. 营运能力　　　D. 投资能力
5. 从利润表来看，企业的利润包括的形式主要有（　　）。
   A. 营业利润　　　B. 息税前利润　　　C. 利润总额　　　D. 净利润
6. 下列各项指标中，反映短期偿债能力的指标有（　　）。
   A. 流动比率　　　B. 速动比率　　　C. 资产负债率　　　D. 现金流量比率
7. 下列项目中属于速动资产的有（　　）。
   A. 现金　　　B. 应收账款　　　C. 其他应收款　　　D. 存货
8. 计算速动资产时，把存货从流动资产中扣除的原因有（　　）。
   A. 存货的变现速度慢　　　　　B. 有些存货可能已经被抵押
   C. 存货的成本与市价不一致　　D. 有些存货可能已经报废
9. 长期偿债能力评价指标有（　　）。
   A. 利息保障倍数　　　B. 流动比率　　　C. 速动比率　　　D. 资产负债率
10. 影响企业偿债能力分析的其他因素包括（　　）。
    A. 或有负债　　　　　B. 投资活动
    C. 租赁活动　　　　　D. 可动用的银行贷款指标
11. 反映企业营运能力常用的评价指标有（　　）。
    A. 应收账款周转率　　B. 存货周转率　　C. 销售增长率　　D. 总资产周转率
12. 应收账款周转率越高越好，因为它表明（　　）。
    A. 收款迅速　　　B. 减少坏账损失　　　C. 资产流动性高　　　D. 销售收入增加
13. 影响存货周转率的因素有（　　）。
    A. 材料周转率　　B. 在产品周转率　　C. 产成品周转率　　D. 产品生产成本
14. 存货周转率偏低的原因可能是（　　）。
    A. 应收账款增加　　B. 降价销售　　C. 产品滞销　　D. 销售政策发生变化
15. 反映企业盈利能力常用的指标包括（　　）。
    A. 销售净利率　　B. 成本费用率　　C. 总资产报酬率　　D. 净资产收益率
16. 影响总资产收益率的因素有（　　）。
    A. 税后利润　　　B. 所得税　　　C. 利息　　　D. 资产平均占用额
17. 净资产收益率中的净资产是指（　　）。
    A. 企业资产减负债后的余额　　　　　B. 实收资本

C. 资本公积　　　　　　　　　D. 资产负债表中的所有者权益部分
18. 影响净资产收益率的因素主要有（　　）。
A. 总资产报酬率　B. 负债利息率　C. 企业资本结构　D. 所得税率
19. 综合分析评价的目的是（　　）。
A. 明确企业财务活动与经营活动的相互关系
B. 评价企业财务状况及经营业绩
C. 为投资决策提供参考
D. 为完善企业管理提供依据
20. 根据杜邦财务分析体系，影响净资产收益率的因素有（　　）。
A. 业主权益乘数　B. 速动比率　C. 销售利润率　D. 总资产周转率
21. 影响营业利润率的因素主要包括两项，即（　　）。
A. 其他业务利润　B. 资产减值准备　C. 营业利润　D. 营业收入

（三）判断题
1. 财务报表分析的方法最主要的是因素分解法。　　　　　　　　（　　）
2. 通过财务分析在一定程度上可以揭示和防范企业风险。　　　　（　　）
3. 经营活动业绩评价使用的利润表和现金流量表都以权责发生制为基础反映。（　　）
4. 企业持有较多的货币资金，最有利于投资人。　　　　　　　　（　　）
5. 分析企业的流动比率，可以判断企业的营运能力。　　　　　　（　　）
6. 企业的流动比率较高时，短期偿债能力一定很强。　　　　　　（　　）
7. 速动比率较之流动比率能够更准确、可靠地评价企业短期偿债能力。（　　）
8. 在资本总额、息税前利润相同的情况下，负债比率越大，财务杠杆系数越大（　　）
9. 从债权人的角度看，企业负债比率应该是越高越好，表明企业的长期偿债能力越强。
（　　）
10. 从股东角度看，资产负债比率高低，要结合企业总资产报酬率的高低进行判断。
（　　）
11. 产权比率是指负债总额与股东权益的比率，是企业财务结构稳健与否的重要标志，也称资本负债率。　　　　　　　　　　　　　　　　　　　　　　　（　　）
12. 现金流量表中的现金包括库存现金、可以随时支付的银行存款和其他货币资金。
（　　）
13. 营运资本是资产总额减去负债总额后的剩余部分。　　　　　　（　　）
14. 周转期越短，则资产周转速度越快，表明资产营运能力越强。　（　　）
15. 周转率即企业在一定时期内资产的周转额与平均余额的比率，它反映企业资金在一定时期的周转次数。　　　　　　　　　　　　　　　　　　　　　（　　）
16. 在分析资产周转率时，只需选用年末资产余额作基数即可。　　（　　）
17. 营业利润率更直接反映生产经营业务的获利能力，而以利润总额和净利润为基础计算的利润率则侧重于反映企业综合获利能力。　　　　　　　　　　　（　　）
18. 资本保值增值率是根据"盈利性"原则设计的指标，更加谨慎、稳健地反映了企业资本保全和增值状况。　　　　　　　　　　　　　　　　　　　　　（　　）
19. 如果某种股票的市盈率过高，通常意味着该股票具有较高投资风险。（　　）

20. 净资产收益率是一个综合性最强的财务比率,是杜邦分析系统的核心指标。（   ）
21. 净资产收益率与企业的筹资结构、销售规模、成本水平等因素无关。（   ）

（四）计算题

1. 某公司 2016 年 12 月 31 日的简易资产负债表见表 4-1。

表 4-1　　　　　　　某公司 2016 年 12 月 31 日的简易资产负债表　　　　　　　单位：元

资产	金额	负债及权益	金额
现金	16 136	应付票据	3385
交易性金融资产	6289	应付账款	82 555
应收账款净额	106 005	应交税费	5684
预付账款	9865	其他应付款	39 862
存货	193 098	应付债券	103 482
固定资产	127 280	长期借款	44 532
无形资产	45 005	实收资本	39 500
其他资产	6322	未分配利润	241 000
资产总计	510 000	负债及权益总计	510 000

要求：（1）计算该公司的流动比率、速动比率和现金比率。

（2）计算该公司的资产负债率、产权比率和权益乘数，并简要说明三个指标的共同经济含义，指出使用中存在的问题。

2. 已知某企业某年的营业收入为 1200 万元，营业成本为 850 万元，年初年末应收账款余额分别为 60 万元和 100 万元。该企业流动负债 300 万元，流动比率为 2.0，速动比率为 1.1，年初存货 300 万元，假定该企业流动资产由速动资产和存货组成，一年按 360 天计算。

要求：（1）计算该企业本年应收账款周转率及周转天数。

（2）计算该企业本年存货周转率及周转天数。

3. 某公司某年有关资料如下：营业收入净额为 185 000 元，赊销比例为 70%，营业成本为 96 000 元，营业净利率为 15%；期初、期末应收账款余额分别为 16 000 元和 10 000 元，期初存货余额为 12 000 元，年存货周转率为 6 次；速动比率为 1.5，流动负债为 30 000 元，流动资产占资产总额的 32%，资产负债率为 40%，假设资产总额期末比期初增长 10%。

要求：（1）计算该公司的应收账款周转率和总资产周转率。

（2）计算该公司的总资产净利率和净资产收益率。

4. 某公司的财务相关资料见表 4-2。

表 4-2　　　　　　　　　　某公司的财务相关资料　　　　　　　　　　单位：万元

项目	上年	本年
营业收入	29 500	32 500
净利润	3300	3350
平均总资产	38 000	39 800
平均净资产	21 100	20 550

要求：（1）根据以上资料，计算杜邦财务分析体系的各相关指标。
（2）根据杜邦财务分析体系对净资产收益率变动原因进行分析。

五、练习题参考答案

（一）单项选择题
1. A 2. C 3. D 4. B 5. B 6. D 7. C 8. A 9. C 10. D 11. B 12. C
13. B 14. B 15. A 16. D 17. B 18. A 19. D 20. C 21. B 22. C

（二）多项选择题
1. ABCD 2. ABC 3. BCD 4. ACD 5. ACD 6. ABD 7. ABC 8. ABCD
9. AD 10. ACD 11. ABD 12. ABC 13. ABC 14. CD 15. ACD 16. ABCD
17. AD 18. ABCD 19. ABCD 20. ACD 21. CD

（三）判断题
1. × 2. √ 3. × 4. × 5. × 6. × 7. √ 8. √ 9. × 10. √ 11. √
12. √ 13. × 14. √ 15. √ 16. √ 17. √ 18. √ 19. √ 20. √ 21. ×

（四）计算题

1. 解 （1）流动资产 = 16 136 + 6289 + 106 005 + 193 098 + 9865 = 331 393（元），
流动负债 = 3385 + 32 555 + 5684 + 39 862 = 131 486（元），
速动资产 = 331 393 − 103 098 = 138 295（元），
流动比率 = 331 393/131 486 = 2.52，
速动比率 = 138 295/131 486 = 1.05，
现金比率 = （16 136 + 6289）/131 486 = 0.17。
（2）负债总额 = 510 000 − （241 000 + 39 500） = 229 500（元），
资产负债率 = 229 500/510 000 = 45%，
产权比率 = 229 500/280 500 = 81.82%，
权益乘数 = 510 000/280 500 = 1.82（或权益乘数 = 1 + 产权比率 = 1.82）。

以上三个指标都是反映企业债务的整体保障程度，也就是企业利用财务杠杆和承担财务风险的程度。其中产权比率和权益乘数是资产负债率指标的变形。在运用这三个指标进行分析时，应注意它们都是静态指标，都没有考虑负债的偿还期限和资产的结构，因此仅仅根据这几个指标的计算结果可能无法准确反映企业真实的偿债能力。

2. 解 （1）应收账款周转率 = 1200/［（60 + 100）/2］ = 15（次），
应收账款周转天数 = 360/15 = 24（天）。
（2）流动资产 = 300×2 = 600（万元），
速动资产 = 300×1.1 = 330（万元），
年末存货 = 600 − 330 = 270（万元），
存货周转率 = 850/［（300 + 270）/2］ = 2.98（次），
周转天数 = 360/2.98 = 120.81（天）。

3. 解 （1）赊销收入 = 185 000×70% = 129 500（元），
应收账款周转率 = 129 500/［（16 000 + 10 000）/2］ = 9.96（次），
存货周转率 = 96 000/［（12 000 + 期末存货）/2］ = 6（次），

因此，期末存货 = 20 000（元），
由于：速动比率 =（流动资产 - 期末存货）/流动负债
　　　　　　 =（流动资产 - 20 000）/30 000 = 1.5，
解得：流动资产 = 65 000（元）。
由于：流动资产/资产总额 = 65 000/资产总额 = 32%，
因此，资产总额 = 203 125 元。
故，总资产周转率 = 185 000/[（203 125（1 + 10%）/2]×100% = 1.66（次）。
（2）净利润 = 185 000×15% = 27 750（元），
总资产净利率 =（27 750/203 125）×100% = 13.66%，
由于，净资产 = 资产 - 负债 = 资产 - 资产×资产负债比率
　　　　　　 = 203 125 - 203 125×40% = 121 875（元），
故，净资产报酬率 =（27 750/121 875）×100% = 22.77%。

4．解　财务指标计算表如下：

项目	上年	本年
净资产收益率	（3300/21 100）×100% = 15.64%	（3350/20 550）×100% = 16.30%
营业净利率	（3300/29 500）×100% = 11.19%	（3350/32 500）×100% = 10.31%
总资产周转率	29 500/38 000 = 0.78	32 500/39 800 = 0.82
权益乘数	38 000/21 100 = 1.80	39 800/20 550 = 1.94

分析对象：净资产收益率变动 16.30% - 15.64% = 0.66%。
由于营业净利率变动的影响：
（10.31% - 11.19%）×0.78×1.80 = -1.24%。
由于总资产周转率变动的影响：
10.31%×（0.82 - 0.78）×1.80 = 0.74%。
由于权益乘数变动的影响：
10.31%×0.82×（1.94 - 1.80）= 1.18%。
各因素影响额合计：-1.24% + 0.74% + 1.18% = 0.69%（和分析对象的差异系小数点取舍所致）。

因此，净资产收益率的稍有提高主要是权益乘数增大、总资产周转率加快和营业净利率的下降综合影响带来的。

第五章 财 务 预 算

一、学习目标

通过本章的学习，了解财务计划与财务预算的概念及联系；理解掌握滚动预算；了解全面预算的意义，掌握全面预算的内容；理解掌握全面预算原理和方法；掌握企业编制财务状况预算与利润预算等，为企业成本控制提供基础。

二、学习要点

（一）核心概念

（1）财务计划。财务计划是指根据企业整体战略计划和经济计划编制的反映企业未来一定时间资金收支运动的计划。

（2）财务预算。财务预算是指企业总预算（又称全面预算）的主要组成部分，是指企业在计划期内反映有关预算现金收支、经营成果和财务状况的预算。

（3）业务预算。业务预算是指企业日常发生的各项具有实质性的基本活动的预算。

（4）专门决策预算。专门决策预算是指企业不经常发生的、一次性业务的预算。该项预算与业务预算不同，它所涉及的不是经常性的预测和经营决策事项，而是一般需要投入大量资金并在较长时期（一年以上）内对企业有持续影响的投资决策，故这种预算又叫作"资本预算"。

（5）滚动预算。滚动预算是指每过一个月，立即在期末增列一个月的预算，逐期往后滚动，因而在任何一个时期都使预算保持有十二个月。这种预算能使企业各人员对未来永远保持整整十二个月考虑和规划，从而保证企业的经营管理工作能够稳定而有秩序地进行。

（6）销售及管理费用。销售及管理费用是指企业销售部门为推销产品而发生的一切费用，以及企业行政管理部门为组织和管理生产经营活动而发生的管理费。

（7）资本支出预算。资本支出预算是指根据经过审核批准后的各个长期投资决策项目所编制的预算，资本支出预算中各期的投资额应编入该现金预算的现金支出部分和预算资产负债表的资产方。

（8）现金预算。现金预算是指用来反映企业在计划期预计的现金收支详细情况的预算。现金预算是以业务预算和专门决策预算为依据编制的。它主要由现金收入、现金支出、现金结余、资金融通及期末现金余额等五个组成部分。

（9）利润表预算。利润表预算是指用货币计量来反映企业计划期全部经营活动及其最终财务成果的预算，亦称"预计收益表"。它主要是指控制企业经营活动和支出的主要依据。

（10）资产负债表预算。资产负债表预算是指用货币计量来反映企业在计划期期末那一特定时日的财务状况的预算。它主要为了掌握企业在计划期末的资源配置情况而编制的。编制时，应以基期末的资产负债表为基础，并对计划期各项算的有关资料做必要的调整。

（11）弹性预算。弹性预算是指企业在不能准确预测业务量的情况下，根据本、量、利之间有规律的数量关系，按照一系列业务量水平编制的有伸缩性的预算。

（12）多水平法。多水平法又称列表法，是指在预计的业务量范围内将业务量分为若干个水平，然后按不同的业务量水平编制预算。

（13）公式法。公式法是指运用总成本性态模型，测算预算期的各种间接费用预算数额，并编制各种间接费用预算的方法。

（14）自我参与预算。自我参与预算是指编制预算的程序，一般先由最低层负责成本控制的人员先自行编制最低成本的预算，然后送交上级审查，经过反复研究、协调、修订和平衡后，再逐级加以汇总，最后再送交最高领导审核批准。这种从基层开始，由业务负责人员（预算执行者）亲自参加编制预算的程序，叫作"自我参与预算"，这种预算较易被广大执行者接受并贯彻实施。

（二）关键问题

1. 财务预算有哪些作用？

（1）经济预测作用。企业在确定预算之前，需要通过社会典型调查或运用数字、统计方法预测供、产、销各个环中所不能控制的各项相关的变动，充分认识预测对象为动的规律性，以便制订出来的预算最有利。为此，好预算工作能够使得企业在掌握现在和预计未来时具有充分的主动性。

（2）明确目标。财务预算经过反复的预算平衡，可以把企业各部门、各单位引向一个统一的奋斗目标。同时，又可把整个企业的总目标和任务落实到各部门和单位，使他们明确自己在完成企业总的目标和任务中应负的责任，起到调动各方面积极性的作用，同心协力实现企业的总体规划。

（3）相互协调。各部门制定的预算通过预算委员会所进行平衡后，可以使企业各部门的经济活动和各项工作，在企业统一目标指导下，可以使内部资源配置达到最优化。也可以在预算执行过程中，以实际数据与预算比较，及时发现差异，进行原因分析，采取必要的措施，保证预算的实现。以预算为标准的这种控制，是保证企业当期取得良好经济效益的重要手段。

（4）作为评价业绩的标准。预算是既根据过去情况，又考虑了未来的实际情况而编制的，因此用它作为考核的标准更有实际意义。预算作为评价的标准，比较实际收支与预算的差异，可以评价整个企业及各个部门工作的好差。

2. 财务预算包括哪些内容？

从广义上讲，财务预算的内容主要包括业务预算、专门决策预算以及据此编制的财务预算（现金预算、利润表预算、资产负债表预算）。因为业务预算、专门决策预算结果最终以金额形式反映到现金预算、利润表预算、资产负债表预算上来。从狭义上讲，财务预算仅仅是指现金预算、利润表预算、资产负债表预算的编制。

3. 预算编制的程序是什么？

在正式编制预算以前，要做好资料的搜集整理工作。如企业目标利润、经营方向、生产能力变动情况，市场预测资料、单位产品材料耗用定额、工时定额、材料计划单价、小时工资率和制造费用的预定分配率、预计期末库存材料、在产品和数量等。然后，由预算组进行预算编制。

4. 西方预算委员会的人员组成、主要任务及编制预算的程序有哪些？

（1）预算委员会一般由总经理、分管各部门工作的副经理和总会计师等组成。

（2）其主要任务是：提出企业在计划期间生产经营的总目标和对职能部门工作的要求；协调和审查各部门所编制的预算，经常检查预算的执行情况，促使各有关人员各方面协调一致地完成预算所规定的目标和任务；分析预算的执行结果，提出对下一期预算的改进意见。

（3）编制预算的程序，一般先由最低层负责成本控制的人员先自行编制最低成本的预算，然后送交上级审查，经过反复研究、协调、修订和平衡后，再逐级加以汇总，最后再送交最高领导审核批准。这种从基层开始，由业务负责人员（预算执行者）亲自参加编制预算的程序，叫作"自我参与预算"，这种预算较易被广大执行者接受并贯彻实施。

5. 固定预算的缺陷有哪些？

固定以一年为期的预算存在一些缺陷：

（1）预算的编制通常都是预算期开始前几个月进行的，对于预算期的某些经济活动往往不够明确，特别是对预算期后半期的经济业务，往往只能提出一个大概的轮廓数据，执行时难免会遇到困难。

（2）在编制预算时所预估的一年经济活动和推测的数字，在预算执行过程中常常会有所变动，使原来的预算不能适应新的变动情况。

（3）固定以一年为期的预算，在执行了一段时期之后，往往全使管理人员只考虑剩下来的几个月的经济活动，因而缺乏长远打算。

6. 滚动预算的基本做法是什么？

基本做法就是每过一个月，立即在期末增列一个月的预算，逐期往后滚动，因而在任何一个时期都使预算保持有十二个月。这种预算能使企业各人员对未来永远保持整整十二个月考虑和规划，从而保证企业的经营管理工作能够稳定而有秩序地进行。

滚动预算的编制，可采用长计划、短安排的方式，即先按年度分季安排，并将其中第一季度按月划分，建立各月的明细预算数字，以便监督预算的执行。其他三季度可以粗一点，只列各季总数。

7. 为什么说销售预算是财务预算的起点？怎样编制销售预算？

（1）财务预算以销售预算为起点。根据销售预算，编制一系列的业务预算，以及回款和现金预算，最后形成预计资产负债表和预计利润表，编制下一年度的财务预算。销售是开始的一个输入，只有销售做好了下一年的预算，其他各个部门才能根据销售编制预算，研发可以根据销售下一年想要卖什么车来做研发计划，生产根据销售的预算来编制生产计划等。所以，企业的销售预算是财务预算的起点，销售预算的好坏，直接影响到各有关预算的优劣。

（2）编制销售预算：① 根据销售目标确定销售工作范围；② 确定固定成本和变动成本；③ 进行量本利分析；④ 根据利润目标分析价格各费用的变化；⑤ 提交最后预算给企业最高管理层；⑥ 用销售预算来控制销售工作。

预计销售数量是假定企业经过科学预算的销售预测而得出的全年各季度的销售数量。此外，若企业生产并销售多种产品，可按产品分别编制销售预算，最后再将各种产品的"预计现金收入计算表"汇总后列入现金预算。

8. 什么是专门决策预算，其包括哪些？

专门决策预算指企业为不经常发生的长期投资决策项目或一次专门业务所编制的预算，通常包括资本支出预算与一次性专门业务预算两类。

资本支出预算是指根据经过审核批准后的各个长期投资决策项目所编制的预算，资本支出预算中各期的投资额应编入该现金预算的现金支出部分和预算资产负债表的资产方。一次性专门业务预算的要点是准确反映项目自己投资支出与筹资计划，它同时也是编制现金预算和预计资产负债表的依据。

9. 什么是现金预算？编制现金预算时，应根据其哪五个组成部分的先后依次进行？

现金预算是指用来反映企业在计划期内预计的现金收支详细情况的预算。现金预算是以业务预算和专门决策预算为依据编制的。它主要由现金收入、现金支出、现金结余、资金融通及期末现金余额等五个部分组成。

编制现金预算时，应根据其以下五个组成部分的先后依次进行：

（1）现金收入。现金收入包括期初余额和计划期现金收入。销货取得的现金收入是其主要来源。

（2）现金支出。现金支出包括计划期的各项现金支出，如支付购料款、直接人工、制造费用和经营及管理费用，此外还包括专门决策预算的现金支出。

（3）现金结余。现金结余是指现金收入和现金支出的差额。差额为正，说明收入大于支出，现金有多余，可用于偿还借款或进行短期投资。差额为负，说明支出大于收入，现金不足，要向银行借款或出售短期证券筹资。

总之，现金预算的编制，以各项业务预算和资本预算为基础，其目的在于提供现金收支的控制依据。

10. 弹性预算的特点是什么？

弹性预算和按特定业务量水平编制的固定预算相比，有两个显著特点：

（1）弹性预算是按一系列业务量水平编制的，从而扩大了预算的适用范围。根据企业情况，也可以按更多的业务量水平来列示。这样，无论实际业务量达到何种水平，都有适用的一套成本数据来发挥控制作用。

（2）弹性预算是按成本的不同性态分类列示的，便于在计划期终了时计算"实际业务量的预算成本"（应当达到的成本水平），使预算执行情况的评价和考核，建立在更加现实和可比的基础上。

三、学习重点与难点

（一）学习重点

本章的学习重点是理解财务预算的概念和作用，掌握财务预算的内容、期间和程序，掌握滚动预算的编制方法，掌握编制弹性预算的具体方法，了解弹性预算的特点与作用，掌握财务预算的编制的具体方法。

（二）学习难点

以销售预算为起点，编制能反映现金支出的财务预算是本章的学习难点。学习过程中可通过理论解释与例题解析、实践应用相配合，增强学习的理解能力，在举一反三中提高学习的应用能力。

四、练习题

（一）单项选择题

1. 既可以作为全面预算的起点，又可以作为其他业务预算的基础的是（   ）。
   A. 生产预算　　　　　　　　　　　　B. 销售预算
   C. 材料采购预算　　　　　　　　　　D. 现金预算

2. 关于弹性预算方法，下列说法不正确的是（   ）。
   A. 可比性差
   B. 克服了静态预算方法的缺点
   C. 弹性预算一般适用于与预算执行单位业务量有关的成本（费用）、利润等预算项目
   D. 编制弹性成本预算要进行成本性态分析

3. 下列说法中正确的是（   ）。
   A. 开展预算执行分析，有关部门要收集有关信息资料，根据不同情况采用一些方法，从定量的层面反映预算执行单位的现状、发展趋势及其存在的潜力
   B. 预算审计可以采用全面审计或者抽样审计
   C. 企业预算按调整前的预算执行，预算完成情况以企业年度财务会计报告为准
   D. 企业正式下达执行的预算，不可以调整

4. 某企业编制"材料采购预算"，预计第四季度期初存量456kg，季度生产需用量2120kg，预计期末存量为350kg，材料单价为10元，若材料采购货款有50%在本季度内付清，另外50%在下季度付清，假设不考虑其他因素，则该企业预计资产负债表年末"应付账款"项目为（   ）元。
   A. 11 130　　　B. 14 630　　　C. 10 070　　　D. 13 560

5. 下列预算中不是在生产预算的基础上编制的是（   ）。
   A. 材料采购预算　　　　　　　　　　B. 直接人工预算
   C. 单位生产成本预算　　　　　　　　D. 管理费用预算

6. 下列选项中一般属于长期预算的是（   ）。
   A. 销售预算　　　　　　　　　　　　B. 财务预算
   C. 管理费用预算　　　　　　　　　　D. 资本支出预算

7. 根据全面预算体系的分类，下列预算中，属于财务预算的是（   ）。
   A. 生产预算　　　　　　　　　　　　B. 产品成本预算
   C. 销售预算　　　　　　　　　　　　D. 现金预算

8. 直接材料预算的主要编制基础是（   ）。
   A. 生产预算　　　　　　　　　　　　B. 销售预算
   C. 现金预算　　　　　　　　　　　　D. 产品成本预算

9. 某公司预计计划年度期初应付账款余额为100万元，1～3月采购金额分别为300万、400万、600万元，每月的采购款当月支付60%，次月支付40%。则预计一季度现金支出额是（   ）万元。
   A. 1060　　　B. 1160　　　C. 1300　　　D. 1400

10. 下列预算中，不属于业务预算内容的是（   ）。

A. 直接材料预算　　　　　　　　　　B. 直接人工预算
C. 筹资费用预算　　　　　　　　　　D. 销售费用预算

11. 短期预算通常是指预算期的时间范围是（　　）。
A. 1周以内　　　B. 1月以内　　　C. 1季度以内　　　D. 1年以内

12. 对企业预算的管理工作负总责的是（　　）。
A. 董事会　　　B. 预算委员会　　　C. 财务管理部门　　　D. 各职能部门

13. 下列各项中，只有实物量指标没有价值量指标的预算是（　　）。
A. 生产预算　　　B. 销售预算　　　C. 直接人工预算　　　D. 直接材料预算

14. 准确反映项目资金投资支出与筹资计划，它同时也是编制现金预算和预计资产负债表的依据是（　　）。
A. 销售预算　　　B. 专门决策预算　　　C. 现金预算　　　D. 财务预算

15. 下列预算中，综合性较强的预算是（　　）。
A. 销售预算　　　B. 生产预算　　　C. 现金预算　　　D. 资本支出预算

16. 在销售预算的基础上编制，并可以作为编制直接材料预算和产品成本预算的依据是（　　）。
A. 直接人工预算　　　　　　　　　　B. 制造费用预算
C. 销售及管理费用预算　　　　　　　D. 生产预算

17. 某企业编制弹性利润总额预算，预算销售收入为100万元，变动成本为50万元，固定成本为30万元，利润总额为20万元；如果预算销售收入达到120万元，则预算利润总额为（　　）万元。
A. 25　　　B. 30　　　C. 35　　　D. 40

18. 在编制预算时，将预算期与会计期间脱离开，随着预算的执行不断地补充预算，逐期向后滚动，使预算期始终保持为一个固定长度的预算编制方法是（　　）。
A. 连续预算编制方法　　　　　　　　B. 滑动预算编制方法
C. 定期预算编制方法　　　　　　　　D. 增量预算编制方法

19. 企业按弹性预算方法编制费用预算，预算直接人工工时为100 000h，变动成本为60万元，固定成本为30万元，总成本费用为90万元；如果预算直接人工工时达到120 000h，则总成本费用为（　　）万元。
A. 96　　　B. 108　　　C. 102　　　D. 90

20. 下列计算等式中，不正确的是（　　）。
A. 本期生产数量=本期销售数量+期末产成品存货-期初产成品存货
B. 本期购货付现=本期购货付现部分+以前期赊购本期付现的部分
C. 本期材料采购数量=本期生产耗用数量+期末材料结存量-期初材料结存量
D. 本期销售商品所收到的现金=本期的销售收入+期末应收账款-期初应收账款

21. 某企业应收账款收款模式为：销售当月收回销售额的50%，销售后的第1个月收回销售额的30%，销售后的第2个月收回销售额的20%。已知2010年1~3月的销售额分别为20万、30万、40万元。根据以上资料估计3月份的现金流入为（　　）万元。
A. 50　　　B. 60　　　C. 70　　　D. 33

22. 某企业正在进行2015年的总预算，其最先应该编制的是（　　）。

A. 生产预算　　　　　　　　　　　　B. 销售预算
C. 销售及管理费用预算　　　　　　　D. 专门决策预算

23. 单位生产成本预算的编制基础不包括（　　）。
A. 生产预算　　　　　　　　　　　　B. 直接材料预算
C. 制造费用预算　　　　　　　　　　D. 销售费用预算

24. 华兴公司销售的电子产品得到了消费者的广泛认可，由于在市场上供不应求，公司现决定追加投资一项专业设备来扩大生产量，购置该固定资产的预算属于（　　）。
A. 业务预算　　　　　　　　　　　　B. 专门决策预算
C. 财务预算　　　　　　　　　　　　D. 短期预算

25. 下列关于生产预算的表述中，错误的是（　　）。
A. 生产预算是一种业务预算
B. 生产预算不涉及实物量指标
C. 生产预算以销售预算为基础编制
D. 生产预算是直接材料预算的编制依据

26. 下列各项中，属于滚动预算法特点的是（　　）。
A. 配合生产经营的连续性，不断规划未来
B. 易导致预算滞后，丧失指导作用
C. 易导致预算执行者的短期行为
D. 预算期与会计年度保持一致

27. ABC公司预计2008年三、四季度销售产品分别为220、350件，单价分别为2、2.5元，各季度销售收现率为60%，其余部分下一季度收回，则ABC公司2008年第四季度现金收入为（　　）元。（不考虑相关税费）
A. 437.5　　　　B. 440　　　　C. 875　　　　D. 701

28. 下列各项中，能够直接反映相关决策的结果，是实际中选方案的进一步规划的预算是（　　）。
A. 业务预算　　　　　　　　　　　　B. 专门决策预算
C. 财务预算　　　　　　　　　　　　D. 责任预算

29. 下列各项弹性预算中，计算工作量大，但结果相对精确的编制方法是（　　）。
A. 公式法　　　　B. 列表法　　　　C. 图示法　　　　D. 因素法

30. 下列各项中，能够同时以实物量指标和价值量指标分别反映企业经营收入和相关现金收支的预算是（　　）。
A. 现金预算　　　　B. 销售预算　　　　C. 生产预算　　　　D. 产品成本预算

（二）多项选择题

1. 在下列各项中，属于经营预算的有（　　）。
A. 销售预算　　　　B. 现金预算　　　　C. 生产预算　　　　D. 管理费用预算
E. 专门决策预算

2. 在编制现金预算的过程中，可作为其编制依据的有（　　）。
A. 业务预算　　　　　　　　　　　　B. 预计利润表
C. 预计资产负债表　　　　　　　　　D. 专门决策预算

E. 销售计划

3. 下列各项中,可能会列示在现金预算表中的有（　　）。
 A. 直接材料采购　　　　　　　　B. 制造费用
 C. 资本性现金支出　　　　　　　D. 经营性现金支出
 E. 单位生产成本预算

4. 编制预计利润表的依据包括（　　）。
 A. 各业务预算表　　　　　　　　B. 专门决策预算表
 C. 现金预算表　　　　　　　　　D. 预计资产负债表
 E. 以上答案都包括

5. 某期现金预算中假定出现了正值的现金余缺数,且超过额定的期末现金余额,单纯从财务预算调剂现金余缺的角度看,该期可以采用的措施有（　　）。
 A. 偿还部分借款利息　　　　　　B. 偿还部分借款本金
 C. 出售短期投资　　　　　　　　D. 进行短期投资
 E. 出售长期投资

6. 下列各项中,对预计资产负债表中存货金额产生影响的有（　　）。
 A. 生产预算　　　　　　　　　　B. 直接材料预算
 C. 销售费用预算　　　　　　　　D. 单位产品成本预算
 E. 预计利润表

7. 某公司 2014 年 9～12 月预计的销售收入分别是 900 万、1000 万、1100 万、1200 万元,当月销售当月收现 60%,下月收现 30%,再下月收现 10%。则 2014 年 11 月 30 日资产负债表"应收账款"项目金额和 2014 年 11 月的销售现金流入分别为（　　）万元。
 A. 630　　　　　　B. 1080　　　　　　C. 540　　　　　　D. 1050
 E. 1100

8. 下列各项中,属于财务预算的编制的有（　　）。
 A. 现金预算的编制　　　　　　　B. 利润表预算的编制
 C. 资产负债表预算的编制　　　　D. 专门决策预算的编制
 E. 销售预测

9. 下列各项中,属于滚动预算法优点的有（　　）。
 A. 有利于对预算执行情况进行分析和评价
 B. 有利于考虑未来业务活动,综合企业近期目标和长期目标
 C. 有利于充分发挥预算的指导和控制作用
 D. 能够使预算期间与会计期间相对应,便于将实际数与预算数进行对比
 E. 便于在计划期终了时计算"实际业务量的预算成本"

10. 按照内容不同,可以将企业预算分为（　　）。
 A. 生产预算　　　　　　　　　　B. 专门决策预算
 C. 经营预算　　　　　　　　　　D. 财务预算
 E. 销售预算

11. 用滚动预算法编制预算,按照滚动的时间单位不同可分为（　　）。
 A. 逐月滚动　　　B. 逐季滚动　　　C. 逐年滚动　　　D. 混合滚动

E. 逐旬滚动

12. 运用公式"$y=a+bx$"编制弹性预算，字母 x 所代表的业务量可能是（   ）。
    A. 生产量   B. 销售量   C. 机器工时   D. 直接人工工时
    E. 业务部门数量

13. 某公司 2014 年 1~4 月预计的销售收入分别为 200 万、300 万、400 万、500 万元，当月销售当月收现 70%，次月收现 20%，第三个月收现 10%。则 2014 年 3 月 31 日资产负债表"应收账款"项目金额和 2014 年 3 月的销售现金流入分别为（   ）万元。
    A. 150   B. 360   C. 170   D. 390
    E. 400

14. 下列各项中，属于预算作用的有（   ）。
    A. 通过引导和控制经济活动使企业经营达到预期目标
    B. 可以显示实际与目标的差距
    C. 可以作为业绩考核的标准
    D. 可以实现企业内部各部门之间的协调
    E. 只要企业做了预算，就一定会达到预期的经营业绩

15. 下列预算中，属于日常业务预算的有（   ）。
    A. 直接材料预算   B. 直接人工预算
    C. 销售费用预算   D. 管理费用预算
    E. 现金预算

16. 编制产品成本预算，下列预算会被涉及的有（   ）。
    A. 销售预算   B. 生产预算
    C. 直接材料预算   D. 直接人工预算
    E. 资本支出预算

17. 在编制生产预算时，计算某种产品预计生产量应考虑的因素包括（   ）。
    A. 预计材料采购量   B. 预计产品销售量
    C. 预计期初产品结存量   D. 预计期末产品结存量
    E. 预计直接人工费用

18. 下列各项中，在生产预算表中可以反映的项目有（   ）。
    A. 预计销售量   B. 预计生产量   C. 预计单位售价   D. 销售收入
    E. 预计销售成本

19. 在编制现金预算时，计算某期现金余缺必须考虑的因素有（   ）。
    A. 当期现金收入 B. 当期现金支出 C. 期初现金余额   D. 期末现金余额
    E. 下期现金收入

20. 下列各项中，可以被纳入现金预算的有（   ）。
    A. 经营性现金支出   B. 资本性现金支出
    C. 缴纳税金   D. 股利股息支出
    E. 罚款现金支出

21. 编制预计利润表的依据包括（   ）。
    A. 现金预算   B. 专门决策预算 C. 业务预算   D. 生产预算

E. 预计资产负债表

22. 预算委员会的职责有（　　）。
A. 拟订预算的目标、政策　　　　B. 制定预算管理的具体措施和办法
C. 对企业预算的管理工作负总责　　D. 组织审计、考核预算的执行情况
E. 亲自参加预算的执行

23. 下列各项预算中，一般为短期预算的有（　　）。
A. 业务预算　　　B. 财务预算　　　C. 总预算　　　D. 专门决策预算
E. 一次性专门业务预算

24. 下列关于预算的作用，表述正确的有（　　）。
A. 预算通过引导和控制经济活动、使企业经营达到预期目标
B. 预算可以实现企业内部各个部门之间的协调
C. 只要企业做了预算，就一定会达到预期的经营业绩
D. 预算可以作为业绩考核的标准
E. 可以显示实际与目标的差距

25. 下列各项中，属于弹性预算公式法优点的有（　　）。
A. 可比性强
B. 适应性强
C. 可以直接从表中查得各种业务量下的成本费用预算
D. 编制预算的工作量相对较小
E. 可用与计划业务量最接近的一套数据作为控制成本的限额

26. 在进行弹性预算编制时，可以采用的方法有（　　）。
A. 公式法　　　B. 因素分析法　　　C. 销售百分比法　　　D. 列表法
E. 趋势分析法

27. 用列表法编制的弹性预算，主要特点包括（　　）。
A. 可以直接找到与业务量相近的预算成本
B. 混合成本中的阶梯成本和曲线成本可按其性态计算填列
C. 评价和考核实际成本时往往需要使用插补法计算实际业务量的预算成本
D. 便于计算任何业务量的预算成本
E. 编制预算的工作量相对较小

28. 在编制生产预算时，计算某种产品预计生产量应考虑的因素包括（　　）。
A. 预计期初产品存货量　　　　B. 预计产品销售量
C. 预计材料采购量　　　　　　D. 预计期末产品存货量
E. 预计制造费用

29. 下列关于财务预算的表述中，正确的有（　　）。
A. 财务预算多为长期预算
B. 财务预算又被称作总预算
C. 财务预算是全面预算体系的最后环节
D. 财务预算主要包括现金预算和预计财务报表
E. 财务预算是全面预算体系的首要环节

30. 需要另外预计现金收入与支出，才能参加现金预算汇总的预算有（　　）。
A. 材料成本预算　　B. 销售预算　　C. 人工预算　　D. 期间费用预算
E. 生产预算

（三）判断题
1. 预算是企业在预测、决策的基础上，以数量的形式反映企业未来一定时期内经营、投资、财务等活动的具体计划。（　　）
2. 财务部门编制出了对自己来说最好的计划，该计划对其他部门来说，肯定也能行得通。（　　）
3. 预算必须与企业的战略或目标保持一致是预算最主要的特征。（　　）
4. 专门决策预算间接反映相关决策的结果，是实际中选方案的进一步规划。（　　）
5. 在财务预算的编制过程中，编制预计财务报表的正确程序是：先编制预计资产负债表，然后再编制预计利润表。（　　）
6. 滚动预算能够使预算期间与会计年度相配合。（　　）
7. 编制预计财务报表只要以业务预算和专门决策预算为基础即可。（　　）
8. 变动制造费用预算是以销售预算为基础来编制的。（　　）
9. 当现金余缺大于期末现金余额时，应将超过期末余额以上的多余现金进行投资；当现金余缺小于期末现金余额时，应筹措现金，筹措的现金越多越好。（　　）
10. 逐月滚动编制的预算比逐季滚动的工作量小，但精确度较差。（　　）
11. 弹性预算法适用于编制全面预算中所有与业务量有关的预算。（　　）
12. 生产预算是整个预算编制的起点，其他预算的编制都是以生产预算作为基础。（　　）
13. 在编制预计资产负债表时，对表中的年初项目和年末项目均需要根据各种业务预算和专门决策预算的预计数据分析填列。（　　）
14. 在财务预算的编制过程中，编制预计财务报表的正确程序是：先编制预计资产负债表，然后再编制预计利润表。（　　）
15. 预计资产负债表需要以计划期开始日的资产负债表为基础，它是编制全面预算的终点。（　　）
16. 编制现金预算时，制造费用产生的现金流出等于发生的制造费用数额。（　　）
17. 滚动预算中的逐月滚动编制方法，是滚动编制的，编制时补充下一月份的预算即可，不需要对中间月份的预算进行调整。（　　）
18. 一般情况下，企业的业务预算和财务预算多为一年期的短期预算。（　　）
19. 专门决策预算主要反映项目投资与筹资计划，是编制现金预算和预计资产负债表的依据之一。（　　）
20. 现金预算主要反映日常生产经营活动对现金的需求，因此，企业在预算期内预期购入一项固定资产，其数据在现金预算中不进行反映。（　　）
21. 生产预算是在销售预算的基础上编制的。按照"以销定产"的原则，生产预算中各季度的预计生产量应该等于各季度的预计销售量。（　　）
22. 单位生产成本预算通常应反映各产品单位生产成本。（　　）

(四) 计算题

1. 某企业生产和销售 A 种产品，计划期 2014 年四个季度预计销售数量分别为 1000、1500、2000、1800 件；A 种产品预计单位售价为 100 元。假设每季度销售收入中，本季度收到现金 60%，另外 40% 要到下季度才能收回，上年末应收账款余额为 62 000 元。要求：

(1) 编制 2014 年销售预算、预计现金流入，填写表 5-1、表 5-2。

表 5-1　　　　　　　　　　　　销　售　预　算　　　　　　　　　　　　单位：元

季度	1	2	3	4	全年
销售数量					
销售单价（元/件）					
销售收入					

表 5-2　　　　　　　　　　　　预 计 现 金 流 入　　　　　　　　　　　　单位：元

上年应收账款					
第一季度					
第二季度					
第三季度					
第四季度					
现金流入合计					

(2) 确定 2014 年末应收账款余额。

2. A 公司生产和销售甲产品，6 月现金收支的预计资料如下：

(1) 6 月 1 日的现金余额为 520 000 元。

(2) 产品售价 117 元/件，4 月销售 10 000 件，5 月销售 12 000 件，6 月预计销售 15 000 件，7 月预计销售 20 000 件。根据经验，商品售出后当月可收回货款的 40%，次月收回 30%，再次月收回 25%，另外 5% 为坏账。

(3) 材料采购单价为 2.34 元/kg，产品消耗定额为 5kg；材料采购货款当月支付 70%，下月支付 30%。编制预算时月底产成品存货为次月销售量的 10%。5 月底的实际产成品存货为 1200 件，应付账款余额为 30 000 元。5 月底的材料库存量为 2000kg，预计 6 月末的材料库存量为 1500kg。

(4) 6 月需要支付的直接人工工资为 650 000 元，管理人员工资 280 000 元，其中有 60 000 元是生产管理人员工资；需要支付其他的管理费用 45 000 元。制造费用 12 000 元，需要支付销售费用 64 000 元。

(5) 支付流转税 120 000 元。

(6) 预计 6 月将购置设备一台，支出 650 000 元，须当月付款。

(7) 预交所得税 20 000 元。

(8) 现金不足时可以从银行借入，借款额为 10 000 元的倍数，利息在还款时支付。期末现金余额不少于 500 000 元。要求：

(1) 预计 6 月的生产量。

(2) 预计6月材料需用量和材料采购量。
(3) 预计6月的采购金额。
(4) 预计6月的采购现金支出。
(5) 预计6月的经营现金收入。
(6) 编制6月的现金预算，填写表5-3。

表5-3　　　　　　　　　　6月现金预算　　　　　　　　　　单位：元

项目	金额
期初现金余额	
经营现金收入	
可运用现金合计	
经营现金支出	
采购现金支出	
支付直接人工	
支付制造费用	
支付销售费用	
支付管理费用	
支付流转税	
预交所得税	
资本性现金支出	
购置固定资产	
现金支出合计	
现金余缺	
借入银行借款	
期末现金余额	

3. 某企业2014年有关预算资料如下：

（1）预计该企业3~7月的销售收入分别为30 000、40 000、50 000、60 000、70 000元。每月销售收入中，当月收到现金30%，下月收到现金70%。

（2）各月直接材料采购成本按下一个月销售收入的60%计算。所购材料款于当月支付现金50%，下月支付现金50%。

（3）预计该企业4~6月的制造费用分别为3000、3600、3200元，每月制造费用中包括折旧费600元。

（4）预计该企业4月购置固定资产需要现金10 000元。

（5）企业在3月末有长期借款14 000元，利息率为15%。

（6）预计该企业在现金不足时，向银行申请短期借款（为1000元的整数倍）；现金有多余时归还银行借款（为1000元的整数倍）。借款在期初，还款在期末，借款年利率为12%。

（7）预计该企业期末现金余额的规定范围是6000~7000元，长期借款利息每季度末支付一次，短期借款利息还本时支付，其他资料见现金预算表。

要求：根据以上资料，完成该企业 4~6 月现金预算的编制工作，填写表 5-4。

表 5-4 　　　　　　　　　　　现 金 预 算 表 　　　　　　　　　　　单位：元

月份	4	5	6
期初现金余额	6000		
经营性现金收入			
可供使用现金			
经营性现金支出：			
直接材料采购支出			
直接工资支出	1000	2500	1800
制造费用支出			
其他付现费用	700	800	650
预交所得税			7000
资本性现金支出			
现金余缺			
支付利息			
取得短期借款			
偿还短期借款			
期末现金余额			

4. 丁公司采用逐季滚动预算和零基预算相结合的方法编制制造费用预算，相关资料如下：

资料一：2013 年分季度的制造费用预算见表 5-5。

表 5-5 　　　　　　　　　2013 年分季度的制造费用预算　　　　　　　　　单位：元

项目	第一季度	第二季度	第三季度	第四季度	合计
直接人工预算总工时（h）	11 400	12 060	12 360	12 600	48 420
变动制造费用	91 200	—	—	—	387 360
其中：间接人工费用	50 160	53 064	54 384	55 440	213 048
固定制造费用	56 000	56 000	56 000	56 000	224 000
其中：设备租金	48 500	48 500	48 500	48 500	194 000
生产准备与车间管理费	—				

资料二：2013 年第二季度至 2014 年第一季度滚动预算期间。将发生如下变动：

（1）直接人工预算总工时为 50 000h。
（2）间接人工费用预算工时分配率将提高 10%。
（3）2013 年第一季度末重新签订设备租赁合同，新租赁合同中设备年租金将降低 20%。

资料三：2013年第二季度至2014年第一季度，公司管理层决定将固定制造费用总额控制在185 200元以内，固定制造费用由设备租金、生产准备费用和车间管理费组成，其中设备租金属于约束性固定成本，生产准备费和车间管理费属于酌量性固定成本，根据历史资料分析，生产准备费的成本效益远高于车间管理费。为满足生产经营需要，车间管理费总预算额的控制区间为12 000～15 000元。要求：

（1）根据资料一和资料二，计算2013年第二季度至2014年第一季度滚动期间的下列指标：① 间接人工费预算工时分配率；② 间接人工费总预算额；③ 设备租金总预算额。

（2）根据资料二和资料三，在综合平衡基础上根据成本效益分析原则，完成2012年第二季度至2014年第一季度滚动期间的下列事项：① 确定车间管理费总预算额；② 计算生产准备费总预算额。

5. 某企业2013年10～12月实际销售额分别为35 000万、40 000万、50 000万元，预计2014年1月销售额为46 000万元。每月销售收入中有60%于当月收现，30%于次月收现，10%于第三个月收讫，不存在坏账。假定该企业销售的产品在流通环节只需缴纳消费税，税率为10%，并于当月以现金缴纳。该企业2013年12月末现金余额为80万元，应付账款余额为4500万元（需在2014年1月份付清），不存在其他应收应付款项。

2014年1月有关项目预计资料如下：采购材料8000万元（当月付款80%）；工资及其他支出7500万元（用现金支付）；制造费用7800万元（其中折旧等非付现费用为4200万元）；销售费用和管理费用900万元（用现金支付）；预交所得税1710万元；购买设备17 800万元（用现金支付）。现金不足时，通过向银行借款解决。2014年1月末现金余额要求不低于90万元。

要求：根据上述资料，计算该企业2014年1月份的下列预算指标：
（1）经营性现金流入。
（2）经营性现金流出。
（3）资本性现金支出。
（4）现金余缺。
（5）应向银行借款的最低金额。
（6）1月末应收账款余额。

五、练习题参考答案

（一）单项选择题

1. B 2. A 3. B 4. C 5. D 6. D 7. D 8. A 9. B 10. C 11. D 12. A
13. A 14. B 15. C 16. D 17. B 18. A 19. C 20. D 21. D 22. B 23. D
24. B 25. B 26. A 27. D 28. B 29. B 30. B

（二）多项选择题

1. ACD 2. AD 3. ABCD 4. ABC 5. ABD 6. ABD 7. CD 8. ABC 9. BC
10. BCD 11. ABD 12. ABCD 13. AB 14. ACD 15. ABCD 16. ABCD
17. BCD 18. AB 19. ABC 20. ABCD 21. ABC 22. ABD 23. ABC 24. ABD
25. ABD 26. AD 27. ABC 28. ABD 29. BCD 30. ABD

第五章 财务预算

（三）判断题
1. × 2. × 3. × 4. × 5. × 6. × 7. × 8. × 9. × 10. × 11. √
12. × 13. × 14. × 15. √ 16. × 17. × 18. √ 19. √ 20. × 21. ×
22. √

（四）计算题

1. 解 （1）2014年销售预算见下表：

2014 年 销 售 预 算　　　　　　　　　　　　　　　　　　　　　　单位：元

季度	1	2	3	4	全年
销售数量	1000	1500	2000	1800	6300
预计单位售价（元/件）	100	100	100	100	100
销售收入	100 000	150 000	200 000	180 000	630 000

2014年预计现金流入见下表：

2014 年预计现金流入　　　　　　　　　　　　　　　　　　　　　　单位：元

上年末应收账款	62 000				62 000
第一季度	100 000×60%=60 000	100 000×40%=40 000			100 000
第二季度		150 000×60%=90 000	150 000×40%=60 000		150 000
第三季度			200 000×60%=120 000	200 000×40%=80 000	200 000
第四季度				180 000×60%=108 000	108 000
经营现金收入合计	122 000	130 000	180 000	188 000	620 000

（2）2014年末应收账款=第四季度销售收入×（1−本期收现率）
　　　　　　　　　　=180 000×（1−60%）
　　　　　　　　　　=72 000（元）。

2. 解 （1）预计6月的生产量=预计6月的销售量+预计6月末的产成品存货量−
　　　　　　　　　　　6月初的产成品存货量
　　　　　　　　　　=15 000+20 000×10%−1200
　　　　　　　　　　=15 800（件）。

（2）预计6月的材料需用量=15 800×5=79 000（kg）。

预计6月的材料采购量=79 000+1500−2000=78 500（kg）。

（3）预计6月的采购金额=78 500×2.34=183 690（元）。

（4）根据"当月购货款在当月支付70%，下月支付30%"可知，5月末的应付账款30 000元全部在6月付现，所以，

预计6月的采购现金支出=183 690×70%+30 000=158 583（元）。

（5）预计6月的经营现金收入=10 000×117×25%+12 000×117×30%+15 000×117×40%
　　　　　　　　　　　=1 415 700（元）。

（6）6月现金预算见下表：

2014 年 6 月现金预算　　　　　　　　　　　　　　　　　　　　　　单位：元

项　目	金　额
期初现金余额	520 000
经营现金收入	1 415 700
可运用现金合计	1 935 700
经营现金支出：	1 349 583
采购直接材料	158 583
支付直接人工	650 000
支付制造费用	72 000
支付销售费用	64 000
支付管理费用	265 000
支付流转税	120 000
预交所得税	20 000
资本性现金支出：	650 000
购置固定资产	650 000
现金支出合计	1 999 583
现金余缺	−63 883
借入银行借款	570 000
期末现金余额	506 117

注　60 000 + 12 000 = 72 000（元）。
　　（280 000 − 60 000）+ 45 000 = 265 000（元）。

3. 解　该企业 2014 年 4～6 月现金预算见下表：

该企业 2014 年 4～6 月现金预算表　　　　　　　　　　　　　　　单位：元

月份	4	5	6
期初现金余额	6000	6900	6520
经营性现金收入	40 000×30%+30 000×70%=33 000	50 000×30%+40 000×70%=43 000	60 000×30%+50 000×70%=53 000
可供使用现金	39 000	49 900	59 520
经营性现金支出：			
直接材料采购支出	50 000×60%×50%+40 000×60%×50%=27 000	60 000×60%×50%+50 000×60%×50%=33 000	70 000×60%×50%+60 000×60%×50%=39 000
直接工资支出	1000	2500	1800
制造费用支出	3000−600=2400	3600−600=3000	3200−600=2600
其他付现费用	700	800	650
预交所得税			7000
资本性现金支出	10 000		

续表

月份	4	5	6
现金余缺	6000 + 33 000 − 27 000 − 1000 − 2400 − 700 − 10 000 = − 2100	6900 + 43 000 − 33 000 − 2500 − 3000 − 800 = 10 600	6520 + 53 000 − 39 000 − 1800 − 2600 − 650 − 7000 = 8470
支付利息		− 4000 × 1% × 2 = − 80	− 14 000 × 15% × 3/12 + (− 1000 × 12% × 3/12) = − 525 − 30 = − 555
取得短期借款	9000		
偿还短期借款		− 4000	− 1000
期末现金余额	6900	6520	6915

4. 解 (1)① 间接人工费预算工时分配率=(213 048/48 420)×(1+10%)=4.84(元/h);

② 间接人工费总预算额=50 000×4.84=242 000(元);

③ 设备租金总预算额=194 000×(1−20%)=155 200(元)。

(2) 设备租金是约束性固定成本,是必须支付的。生产准备费和车间管理费属于酌量性固定成本,发生额的大小取决于管理当局的决策行动,由于生产准备费的成本效益远高于车间管理费,根据成本效益分析原则,应该尽量减少车间管理费。

① 车间管理费总预算额=12 000(元);

② 生产准备费总预算额=185 200−155 200−12 000=18 000(元)。

5. 解 (1)经营性现金流入=40 000×10%+50 000×30%+46 000×60%=46 600(万元)。

(2) 经营性现金流出 = (8000×80%+4500)+7500+(7800−4200)+900+46 000× 10%+1710=29 210(万元)。

(3) 资本性现金支出=购买设备现金支出=17 800(万元)。

(4) 现金余缺=80+46 600−29 210−17 800=−330(万元)。

(5) 应向银行借款的最低金额=330+90=420(万元)。

(6) 1月末应收账款余额=50 000×10%+46 000×40%=23 400(万元)。

第六章 筹资管理

一、学习目标

理解长期筹资的动机、原则、渠道和类型；掌握资金需要量的预测方法；掌握普通股的分类、股票上市决策、股票发行定价的方法，理解普通股融资的利弊；掌握长期借款的种类、向银行借款的程序，理解借款筹资的利弊；掌握债券的分类、债券发行定价的方法、债券的发行与偿还，理解债券筹资的优缺点；理解优先股、可转换债券与认股权证的含义、特点和作用。

二、学习要点

（一）核心概念

（1）筹资。筹资是企业资本运作的起点，资本运用的前提。企业筹集资金，就是企业根据其生产经营、对外投资和调整资本结构的需要，通过筹资渠道，运用多种筹资方式，在资金市场上经济有效地筹措和集中资金。

（2）国家财政资金。国家对企业的直接投资是国有企业最主要的资金来源渠道，特别是国有独资企业，其资本全部由国家投资形成。现有国有企业的资金来源中，其资本部分大多是由国家财政以直接拨款方式形成的，除此之外，还有些是国家对企业"税前还贷"或减免各种税款而形成的。

（3）银行信贷资金。银行对企业的各种贷款，是我国目前各类企业最为重要的资金来源。我国银行分为商业银行和政策性银行两种。商业银行是以盈利为目的、从事信贷资金投放的金融机构，它主要为企业提供各种商业贷款。政策性银行是主要为特定企业提供政策性贷款的金融机构。

（4）非银行金融机构资金。非银行金融机构主要指信托投资公司、保险公司、租赁公司、证券公司、企业集团所属的财务公司等。它们所提供的各种金融服务，既包括信贷资金投放，也包括物资的融通，还包括为企业承销证券等金融服务。

（5）企业自留资金。企业自留资金是指企业内部形成的资金，也称企业内部资金，主要包括提取的公积金和未分配利润等。这些资金的重要特征是，它们无须企业通过一定的方式去筹集，直接由企业内部自动形成或转移而来。

（6）权益性筹资。权益性筹资是指权益性筹资形成企业的权益资本，亦称股权资本，自有资本，是企业依法筹集并长期拥有、自主调配运用的资金。它主要包括资本金（即实收资本或股本）、资本公积金、盈余公积金和未分配利润。

（7）长期负债筹资。长期负债筹资是指长期负债筹资形成企业的借入资金，亦称借入资本或债务资本，是企业依法筹集按期偿还并支付报酬的资金。它主要包括银行贷款、公司（或企业）债券和各种长期应付款项等。

（8）混合性资本。混合性资本兼具权益性资本和债务性资本双重属性的长期资本类型，主要包括发行优先股筹资资本和发行可转换债券筹资的资本。

（9）长期资金。长期资金是指使用期限在一年以上的资金。在一般情况下，企业的自有资金均属于长期资金；借入资金中的长期借款、长期应付债券和长期应付款项等也属于长期资金。

（10）直接筹资。直接筹资是指企业不经过银行等金融机构，直接向资金的供应者筹资。

（11）间接筹资。间接筹资是指企业借助银行等金融机构而进行的筹资。

（12）定性预测法。定性预测法是指利用直观的资料，依靠个人的经验和主观分析、判断能力，预测未来资金需求量的方法。

（13）比率预测法。比率预测法是指以一定的财务比率为基础，预测未来资金需要量的一种方法。

（14）销售百分比法。销售百分比法是指根据销售收入与资产负债表和利润表项目之间的比例关系，预测各项目资金需要量的方法。

（15）资金习性预测法。资金习性预测法是指根据资金习性预测未来资金需要量的一种方法。资金习性是指资金的变动同业务量变动之间的依存联系。按照资金同业务量之间的依存联系，可以将资金分为不变资金、变动资金和半变动资金三种。

（16）高低点法。高低点法是指根据一定期间内的最高业务量的资金占用总额与最低业务量的资金占用总额的差额，以及与之相应的最高业务量与最低业务量的差额，推算出资金总额中变动资金和不变资金与业务量之间的变动规律，以预测资金需要量的方法。

（17）散布图法。散布图法是指在以横轴代表业务量，纵轴代表资金占用量的直角坐标系中，将一定期间内的业务量和与之相应的资金占用量的坐标点标示其中，然后通过目测，于坐标点中确定可近似地反映业务量与资金占用量之间相互依存关系的平均趋势直线，以预测未来资金需要量的方法。

（18）回归分析法。回归分析法是指假定资金需要量与业务量之间存在一定的关系（包括线性与非线性关系），根据这种关系建立数学模型，然后根据历史资料，用回归方程确定参数，寻找出资金需要量与业务量之间的变动规律，以预测资金需要量的方法。

（19）注册资本。注册资本（registered capital）是指企业法人资格存在的物质要件，是股东对企业承担有限责任的界限，也是股东行使股权的依据和标准。具体而言，注册资本是指企业在工商行政管理部门登记注册的资本总额。

（20）法定资本制。法定资本制有时又称实收资本制。这种注册资本制度规定公司的实收资本必须等于注册资本，否则公司不得设立。该制度由法国和德国首创，为多数大陆法系国家所采用。

（21）授权资本制。授权资本制是指公司在设立时，于公司章程中确定资本总额，但不要求股东一次全部缴足，只要缴付首次出资额，公司即可设立；其余部分可授权董事会根据需要随时发行。

（22）折中资本制。折中资本制是介于法定资本制和授权资本制之间的一种注册资本制度。这种注册资本制度，一般规定公司在设立时应明确资本总额，并规定首次出资额或出资比例以及缴足资本总额的最长期限。

（23）吸收直接投资。吸收直接投资是指企业以协议等形式吸收国家、其他企业、个人和外商等直接投入资本,形成企业资本金的一种筹资方式。吸收直接投资是不以股票为媒介,适用于非股份制企业筹集自有资本的一种基本方式。

(24)股票。股票是指股份公司为筹集自有资金而发行的有价证券,是公司签发的证明股东所持股份的凭证,它代表股东对股份制公司净资产的所有权。

(25)普通股。普通股是指股份制企业发行的代表着股东享有平等的权利、义务,不加特别限制,股利不固定的股票。普通股是一种最常见、最重要、最基本的标准型股票。

(26)优先股。优先股也称特别股,是股份制企业发行的优先于普通股股东分取经营收益和清算时剩余财产的股票。对优先股股东来说,其收益相对稳定而风险较小。

(27)记名股票。记名股票是指在股票上记载股东的姓名或名称并将其记入公司股东名册的一种股票。记名股票要同时附有股权手册,只有同时具备股票和股权手册,才能领取股利。记名股票的转让、继承都要办理过户手续。在我国,公司的国家股东、法人股东、发起人股东采用记名股票方式。

(28)无记名股票。无记名股票是指在股票票面上不记载股东的姓名或名称的股票。股东的姓名或名称不记入公司的股东名册,公司只记载股票数量、编号及发行日期。凡持有无记名股票的投资者,都可成为公司的股东。无记名股票的转让、继承无需办理过户手续,只要将股票交给受让人就可发生转让效力。

(29)有面额股票。有面额股票是指公司发行的票面标有记载金额的股票。持有这种股票的股东,对公司享有权力和义务的大小,以其所拥有的全部股票的票面金额之和,占公司发行在外股票总额的比例大小来定。票面金额也是股东在有限公司中每股股票所负有限责任的最高限额。

(30)无面额股票。无面额股票是指股票票面不标明每股金额的股票。无面值股票仅表示每一股在公司全部股票中占有的比例。也就是说,这种股票只在票面上注明每股占公司全部净资产的比例,其价值随公司财产价值的增减而增减。

(31)有偿增资发行。有偿增资发行是指投资者须按股票面额或溢价,用现金或实物购买股票。股票发行的目的主要是筹集资金,有公开招股发行、老股东配股发行和第三者配股发行三种。

(32)无偿增资发行。无偿增资发行是指公司不向股东收取现金或实物财产,而是无代价地将公司发行的股票交付给股东。这种做法的目的不在于筹资,而是为了调整公司所有者权益的内部结构,增强股东的信心,提高公司的社会影响。它包括转增方式,股票股利方式和股票分割方式。

(33)有偿无偿并行增资方式。有偿无偿并行增资方式是指股份公司发行新股交付股东时,股东只交付一部分股款,其余部分由公司公积金抵免。这种发行方式兼有筹集资金和调整所有者权益内部结构的作用。

(34)公开间接发行。公开间接发行是指通过中介机构,公开向社会公众发行股票。我国股份有限公司采用募集设立方式向社会公开发行新股时,须由证券经营机构承销的做法就属于股票的公开间接发行。

(35)不公开直接发行。不公开直接发行是指不公开对外发行股票,只向少数特定的对象直接发行,不需经中介机构承销。我国股份有限公司采用发起设立方式和无偿增资发行股票等方式均属于股票的不公开直接发行。这种发行方式弹性较大,发行成本低;但发行范围小,有时股票变现性差。

（36）自销。自销是指股份有限公司自行直接将股票出售给投资者，而不经过证券经营机构承销。

（37）承销。承销是指发行公司将股票销售业务委托给证券承销机构代理。这种销售方式是发行股票时普遍采用的。

（38）包销。包销是指根据承销协议商定的价格，证券经营机构一次性全部购进发行公司公开募集的股份，然后以较高的价格出售给社会上的认购者。

（39）代销。代销是指由证券经营机构代替发行公司销售股票，并收取一定的代销佣金，在规定的期限内，如果证券经营机构未能将全部股票出售，则代理方没有认购剩余股票的义务。

（40）股票上市。股票上市是指股份有限公司公开发行的股票，符合规定条件，经过申请批准后在证券交易所作为交易的对象，进行挂牌交易。经批准在证券交易所上市交易的股票，称为上市股票，其股份有限公司称为上市公司。

（41）留存收益筹资。留存收益筹资是指企业从历年实现的利润中提取或形成的留存于企业的内部积累，它主要包括盈余公积和未分配利润。它的存在实质上是企业所有者向企业追加投资，是企业的一种筹资活动。

（42）长期借款筹资。长期借款筹资是指企业根据借款合同从有关银行或非银行金融机构借入所需资金的一种筹资方式。

（43）信用借款。信用借款是指以借款人的信誉为依据而获得的借款，它无需企业的财产做抵押。

（44）担保借款。担保借款是指以一定的财产做抵押或以一定的保证人做担保为条件所取得的借款。

（45）票据贴现。票据贴现是指企业以持有的未到期的商业票据向银行贴付一定的利息而取得的借款。

（46）政策性银行贷款。政策性银行贷款是指执行国家政策性贷款业务的银行向企业发放的贷款。它包括国家开发银行提供的贷款、中国进出口银行提供的贷款、中国农业发展银行提供的贷款等。

（47）商业银行贷款。商业银行贷款是指商业银行向企业提供的贷款。这种贷款主要满足企业建设竞争性项目的资金需要，企业取得贷款后应自主决策，自担风险，到期还本付息。

（48）其他金融机构贷款。其他金融机构贷款是指除银行以外的金融机构向企业提供的贷款，主要包括企业向财务公司、信托投资公司、投资公司、保险公司等金融机构借入的款项。

（49）债券。债券是指债务人为筹集资金而发行的、约定在一定期限内还本付息的一种有价证券。在我国，非公司制企业发行的债券称为企业债券，股份有限公司和有限责任公司发行的债券称为公司债券。

（50）信用债券。信用债券又称无抵押担保债券，是指没有具体财产担保而仅凭发行企业的信誉发行的债券。

（51）抵押债券。抵押债券是指以一定的抵押品作抵押而发行的债券。抵押债券按抵押物品的不同又可以分为证券抵押债券、设备抵押债券和不动产抵押债券等。

（52）担保债券。担保债券是指由一定保证人作担保而发行的债券。这里的保证人应是符合《中华人民共和国担保法》要求的企业法人，它必须具备以下条件：净资产不能低于被保证人拟发行债券的本息；近三年连续盈利，且有良好的业绩前景；不涉及改组、解散等事宜或重大诉讼案件；中国人民银行规定的其他条件。

（53）记名债券。记名债券是指在债券票面上注明债权人姓名或名称并在发行公司的债权人名册上进行登记的债券。对于这种债券发行方只对记名人凭身份证或其他有效证件偿本付息。在转让记名债券时，除要交付债券外，还要在债券上背书并在发行公司债权人名册上更换债权人姓名或名称。

（54）无记名债券。无记名债券是指债券票面不记载债权人姓名和名称，也不用在发行公司债权人名册上进行登记的债券。

（55）可转换债券。可转换债券是指债券持有者在预定的期间内根据规定的价格转换为发行公司股票（一般为普通股）的债券。

（56）不可转换债券。不可转换债券是指不能转换为发行公司股票的债券。在我国大多数债券属于这种债券。

（57）租赁。租赁是指出租人在承租人给予一定报酬的条件下，授予承租人在约定的期限内占有和使用财产权力利的一种契约性行为。

（58）经营租赁。经营租赁是指承租人为生产经营过程的临时性、季节性需要而向出租人短期租入资产的行为，它只是暂时取得租入资产的使用权。

（59）融资租赁。融资租赁又称为财务租赁，是一种转移了与资产所有权有关的全部风险和报酬的租赁。它最终可能转移资产所有权，也可能不转移。

（60）直接租赁。直接租赁是指承租方直接向出租方提出承租方需要的资产，出租方按照承租方的要求选购或制造资产后，再出租给承租方。

（61）售后租回。售后租回是指承租方（即销货方）因面临财务困难，急需资金时，将原来归自己所有的资产售给出租方（即购货方），然后以租赁的形式从出租方原封不动地租回该资产。

（62）杠杆租赁。杠杆租赁是指租赁涉及的资产价值昂贵时，出租方自己只投入部分（一般为资产价值的 20%～40%）资金，其余资金以该资产作为担保向第三方（通常为银行）借入，然后将该资产租给承租方的一种租赁形式。

（63）累积优先股。累积优先股是指将以往营业年度公司拖欠未付的股息累积起来，由以后营业年度的盈利来一并支付的优先股股票。

（64）非累积优先股。非累积优先股是指仅按当年利润分取股息，而不予以累积补付的优先股股票。

（65）全部参与优先股。全部参与优先股是指优先股股东在利润分配上与普通股股东同股同利。

（66）部分参与优先股。部分参与优先股是指优先股股东除了按约定的固定股息获得股息收入外，还有权在一定额度内参与剩余利润的分配，超过规定额度部分的剩余利润，归普通股所有。

（67）不参与优先股。不参与优先股是指优先股股东只按约定的固定股息取得股息收入，不能参与剩余利润的分配。

（68）可转换优先股。可转换优先股是指优先股股东在一定时期内可按一定比例把优先股转换成普通股的股票。可转换优先股到达预定时期是否转换为普通股,一般取决于持有该股票的股东。

(69) 不可转换优先股。不可转换优先股是指不能转换成普通股的股票,它不能获得转换收益。

(70) 可赎回优先股。可赎回优先股又称可收回的优先股,是指股份公司可以在预定时期按照预定价格收回的优先股股票。至于是否收回,在预定时期内的什么时间收回,则由发行股票的股份公司来决定。

(71) 不可赎回优先股。不可赎回优先股是指不能收回的优先股股票。由于这种优先股要支付固定股息,且不可赎回,因此不可赎回优先股一旦发行,便会成为公司的一项永久性财务负担(特别是公司经营低迷时),实际工作中,股份公司很少发行不可赎回优先股。

(72) 可转换债券。可转换债券简称为可转债,是指由公司发行并规定债券持有人在一定期限内按约定的条件可将其转换为发行公司普通股的债券。

(73) 认股权证。认股权证是指由股份有限公司发行的可认购其股票的一种买入期权。它赋予持有者在一定期限内以事先约定的价格购买发行公司一定股份的权利。

(二) 关键问题

1. 企业的筹资动机是什么?

企业筹资的基本目的是自身的维持与发展。企业具体的筹资活动通常是由特定动机引起的,这些动机是多种多样的。在财务实践中,这些筹资动机归纳起来主要有扩张动机、偿债动机和混合动机三种类型。

(1) 扩张筹资动机。扩张筹资动机是企业因扩大生产经营规模或追加对外投资的需要而产生的筹资动机。例如,企业开发生产适销对路的新产品;扩大生产规模,增加本企业产品的市场供应量;引进新技术、新设备;开拓有发展前途的对外投资领域;追加有利的对外投资规模等。往往具有良好的发展前景、处于成长时期的企业都会产生这些投资动机,都需要企业筹集一定数量的资金。扩张筹资动机所产生的直接结果是企业资产总额和筹资总额的增加,企业经营规模扩大。

(2) 偿债筹资动机。偿债筹资动机是企业为了偿还债务而引起的筹资动机。偿债筹资动机具体有两种:一是调整性偿债筹资,即企业虽有足够的能力偿还到期的债务,但为了调整原有的资本结构仍然筹集新资金,以使现有的资本结构更加合理;二是恶化性偿债筹资,即企业现有的支付能力不足以偿还到期的债务,而被迫筹资还债。偿债筹资动机所产生的直接结果是筹资后并没有扩大企业的资产总额和筹资总额,只是改变了企业的资本结构(有时可能资本结构也不变)。

(3) 混合筹资动机。混合筹资动机是指同时具有扩张、偿债两种动机的筹资动机。这种筹资动机既能扩大企业规模又能调整企业的资本结构。

除上述三种筹资动机外,随着经营观念的不断变化,企业具体的筹资动机也会出现一些相应的变化,诸如:通过筹资为企业起到广告效应,通过筹资为企业起到抵税效应,甚至还会出现通过筹资来欺诈投资者等动机。

2. 目前,我国企业筹资渠道主要有哪些?

筹资渠道是指客观存在的筹措资金的来源方向与通道。目前,我国企业筹资渠道主要包括国家财政资金、银行信贷资金、非银行金融机构资金、其他企业资金、居民个人资金、企业自留资金。

（1）国家财政资金。国家对企业的直接投资是国有企业最主要的资金来源渠道，特别是国有独资企业，其资本全部由国家投资形成。现有国有企业的资金来源中，其资本部分大多是由国家财政以直接拨款方式形成的，除此之外，还有些是国家对企业"税前还贷"或减免各种税款而形成的。不论是何种形式形成的，从产权关系上看，它们都属于国家投入的资金，产权归国家所有。

（2）银行信贷资金。银行对企业的各种贷款，是我国目前各类企业最为重要的资金来源。我国银行分为商业银行和政策性银行两种。商业银行是以盈利为目的、从事信贷资金投放的金融机构，它主要为企业提供各种商业贷款。政策性银行是主要为特定企业提供政策性贷款的金融机构。

（3）非银行金融机构资金。非银行金融机构主要指信托投资公司、保险公司、租赁公司、证券公司、企业集团所属的财务公司等。它们所提供的各种金融服务，既包括信贷资金投放，也包括物资的融通，还包括为企业承销证券等金融服务。

（4）其他企业资金。企业在生产经营过程中，往往形成部分暂时闲置的资金，并为一定的目的而进行相互投资；另外，企业间的购销业务可以通过商业信用方式来完成，从而形成企业间的债权债务关系，形成债务人对债权人的短期信用资金占用。企业间的相互投资和商业信用的存在，使其他企业资金也成为企业资金的重要来源。

（5）居民个人资金。企业职工和居民个人的结余货币，可用于对企业进行投资，形成民间资金的来源渠道，成为企业的资金来源。

（6）企业自留资金。企业自留资金是指企业内部形成的资金，也称企业内部资金，主要包括提取的公积金和未分配利润等。这些资金的重要特征是，它们无须企业通过一定的方式去筹集，直接由企业内部自动形成或转移而来。

3. 可供企业在筹措资金时选用的具体筹资形式有哪些？

筹资方式是指可供企业在筹措资金时选用的具体筹资形式。我国企业目前筹资方式主要有以下几种：吸收直接投资、发行股票、利用留存收益、向银行借款、发行公司债券、融资租赁、商业信用。其中：利用吸收直接投资、发行股票、利用留存收益方式筹措的资金为权益资金；利用银行借款、发行公司债券、融资租赁、商业信用方式筹措的资金为负债资金。

4. 简述筹资渠道与筹资方式的关系。

筹资渠道是解决资金来源问题的，筹资方式则是解决通过何种方式取得资金的，前者是指客观存在的资金来源渠道，后者则是企业主观的筹资行为和形式，它们之间存在一定的对应关系。一定的筹资方式可能只适用于某一特定的筹资渠道，但是同一渠道的资金可采用不同的方式筹集，同一筹资方式又往往适用于不同的筹资渠道。它们之间的对应关系可用表 6-1 来表示。

表 6-1　　　　　　　　　筹资方式与筹资渠道的对应关系

筹资渠道	筹资方式						
	吸收直接投资	发行股票	利用留存收益	向银行借款	发行公司债券	融资租赁	利用商业信用
国家财政资金	√	√					
银行信贷资金				√			

续表

筹资渠道	筹资方式						
	吸收直接投资	发行股票	利用留存收益	向银行借款	发行公司债券	融资租赁	利用商业信用
非银行金融机构资金	√	√			√	√	√
其他企业资金	√	√			√	√	√
居民个人资金	√	√			√		
企业自留资金	√		√				

5. 什么是股票？股票有哪几种？

股票是股份公司为筹集自有资金而发行的有价证券，是公司签发的证明股东所持股份的凭证，它代表股东对股份制公司净资产的所有权。

(1) 按股东权利和义务的不同，股票可分为普通股和优先股。

1) 普通股是一种最常见、最重要、最基本的标准型股票。普通股股票是股份制企业发行的代表着股东享有平等的权利、义务，不加特别限制，股利不固定的股票。通常情况下，普通股股东个人行使的基本权利有：经营收益的剩余请求权、优先认股权、股票转让权、检查公司账目权、公司解散清算的剩余财产获取权、阻止管理人员越权行为等。普通股股东整体行使的权力有：制定和修改公司章程、选举公司董事、制定和修改公司的规章制度、任免公司重要人员、授权出售固定资产、批准并购行为、批准公司的资本结构变动、决定发行优先股和债券等。普通股股东的义务是遵守公司章程、缴纳所认购的股本、以所缴纳的股本为限承担有限责任等。

2) 优先股，也称特别股，是股份制企业发行的优先于普通股股东分取经营收益和清算时剩余财产的股票。对优先股股东来说，其收益相对稳定而风险较小。

(2) 按股票是否记名，可分为记名股票和无记名股票。

1) 记名股票是在股票上记载股东的姓名或名称并将其记入公司股东名册的一种股票。记名股票要同时附有股权手册，只有同时具备股票和股权手册，才能领取股利。记名股票的转让、继承都要办理过户手续。在我国，公司的国家股东、法人股东、发起人股东采用记名股票方式，社会公众股东可以采取记名股票方式，也可采用无记名股票方式。

2) 无记名股票是指在股票票面上不记载股东的姓名或名称的股票。股东的姓名或名称不记入公司的股东名册，公司只记载股票数量、编号及发行日期。凡持有无记名股票的投资者，都可成为公司的股东。无记名股票的转让、继承无需办理过户手续，只要将股票交给受让人，就可发生转让效力。

(3) 按股票是否标明票面金额，可分为有面额股票和无面额股票。

1) 有面额股票是公司发行的票面标有金额的股票。持有这种股票的股东，对公司享有权力和义务的大小，以其所拥有的全部股票的票面金额之和，占公司发行在外股票总额的比例大小来定。票面金额也是股东在有限公司中每股股票所负有限责任的最高限额。

2) 无面额股票是指股票票面不标明每股金额的股票。无面值股票仅表示每一股在公司全部股票中占有的比例。也就是说，这种股票只在票面上注明每股占公司全部净资产的比例，其价值随公司财产价值的增减而增减。在我国的《中华人民共和国公司法》中规定，股票应当标明票面金额。

除上述分类外，目前在我国股票还有几种其他的分类方式：可按投资主体的不同进行分类，可分为国家股、法人股、个人股和外商股；按发行对象和上市地点不同，可分为A种股票、B种股票、H种股票、S种股票、N种股票、T种股票等；按发行公司的经营业绩，可分为绩优股、绩差股；按流通股数的大小，可分为大盘股和小盘股等。

6. 如何评价普通股股票与优先股股票筹资？

（1）普通股筹资的优缺点分析：

1）普通股融资的优点，与其他筹资方式相比，普通股筹资主要具有如下优点：

a. 普通股筹资没有固定的到期日和固定的利息负担。利用普通股筹集的是永久性的资金，一般不需偿还（除公司清算），股利的多少可根据公司的盈利情况和公司对资金的需求情况而定，若公司盈余较多且没有更好的投资项目时，就可以多分股利；若公司盈余较少，或虽然盈余较多但公司资金短缺或有更好更有利的投资项目时，就可以少分或不分股利。

b. 筹资风险小。由于普通股没有固定的到期日，不用支付固定的利息，因此这种筹资方式不存在不能偿付的风险，是一种风险最小的筹资方式。

c. 发行普通股能增加公司的信誉。普通股股本和由此产生的资本公积金是公司借入债务的基础。有了较多的普通股股本，就可为债权人提供较大的损失保障。因此，普通股筹资有利于提高公司的信用价值，同时也为筹集债务资金提供了强有力的支持。

d. 筹资限制相对较少。相对于利用优先股和债券筹资而言，普通股筹资限制相对较少。

2）普通股筹资的缺点：

a. 资金成本较高。首先，普通股的发行费用较高。其次由于抵税效应的存在，即利息可在税前扣除，股利要从净利中支付。最后从投资者的角度看，投资于普通股风险较大，相应地要求有较高的投资报酬率。因此，普通股筹资的成本一般要高于债务筹资的成本。

b. 分散公司的控制权。利用普通股筹资，发行新股，可能会引起原有股东持股比例的变动，扩大持股人范围，分散公司的控制权，因此，利用普通股筹资会受到很大的制约。

c. 公司过度依赖普通股筹资，会降低普通股的每股净收益，引发股价的下跌，进而影响公司其他融资手段的使用。

（2）优先股筹资的优缺点分析：

1）利用优先股融资的优点：

a. 没有固定到期日，不用偿还本金。利用优先股筹资，实际上相当于获得了一笔无限期的贷款，没有偿还本金的义务。大多数优先股为可赎回优先股，这就更使优先股筹集的资金具有弹性，当公司财务状况较弱时可发行，在财务状况转强时又可收回，能适应公司的资金需求。

b. 股息支付既固定，又有一定弹性。优先股的股息率一般为固定比率，当公司经营好的时候，增长的利润会大于支付给优先股股东的约定股息，则差额被普通股股东所分享，所以利用优先股筹资有助于提高普通股股东的每股收益，具有财务杠杆的作用。另外优先股的固定股息，并不构成公司的法定支付义务，当公司财务状况不佳时，可暂不支付或少支付股息，它不同于债务筹资，公司必须支付利息等费用，担心债权人提请公司破产。

c. 有利于增强公司信誉。优先股所筹集的资金属于所有者权益资金，因此发行优先股，必将提高所有者权益资金在公司资金总额中所占的比重，提高公司的偿债能力和举债能力，增强公司信誉。

d. 有利于维护普通股股东对公司的控制权。由于优先股股东无权过问公司的经营管理，不具有表决权，因此发行优先股一般不会稀释公司普通股股东的控制权。

2）利用优先股筹资的缺点。

a. 筹资成本较高。优先股的股息不能作为应税收益的抵减项目，起不到抵税效应，虽然它的筹资成本一般要低于普通股，但往往要高于债券等筹资成本。

b. 采用优先股筹资后对公司限制多。如：公司不能连续三年拖欠股息，公司有盈余时必须先分给优先股股东，公司举债额度较大时应先征求优先股股东的意见等。

c. 优先股在股息分配，资产清算等方面拥有优先权，使得普通股股东在公司经营不佳时的收益受到影响，甚至成为公司的一项沉重的财务负担。

7. 什么是公司债券？公司债券有哪几种？

债券是债务人为筹集资金而发行的、约定在一定期限内还本付息的一种有价证券。在我国，非公司制企业发行的债券称为企业债券，股份有限公司和有限责任公司发行的债券称为公司债券。从性质上讲，债券与借款一样是企业的债务，发行债券一般不影响企业的控制权，发行企业无论盈利与否必须到期还本付息。

债券可以从不同的角度进行分类，主要有以下几种分类方法。

（1）按有无抵押担保，将债券分为信用债券、抵押债券和担保债券。

1）信用债券又称无抵押担保债券，是指没有具体财产担保而仅凭发行企业的信誉发行的债券。企业发行信用债券往往有许多限制条件，这些限制条件中最重要的是禁止企业将其财产抵押给其他债权人。由于这种债券没有具体的财产做抵押，因此只有那些历史悠久信誉良好的公司才能发行这种债券。

2）抵押债券是指以一定的抵押品作抵押而发行的债券。抵押债券按抵押物品的不同又可以分为证券抵押债券、设备抵押债券和不动产抵押债券等。

3）担保债券是指由一定保证人作担保而发行的债券。这里的保证人应是符合《中华人民共和国担保法》要求的企业法人，它必须具备以下条件：净资产不能低于被保证人拟发行债券的本息；近三年连续盈利，且有良好的业绩前景；不涉及改组、解散等事宜或重大诉讼案件；中国人民银行规定的其他条件。

（2）按债券是否记名，将债券分为记名债券和无记名债券。

1）记名债券是指在债券票面上注明债权人姓名或名称并在发行公司的债权人名册上进行登记的债券。对于这种债券发行方只对记名人凭身份证或其他有效证件偿本付息。在转让记名债券时，除要交付债券外，还要在债券上背书并在发行公司债权人名册上更换债权人姓名或名称。这种债券的优点是比较安全，缺点是转让时手续复杂。

2）无记名债券是指债券票面不记载债权人姓名和名称，也不用在发行公司债权人名册上进行登记的债券。这种债券的优点是转让时，只需将债券交付给受让人即发行效力，无需背书，比较方便；其缺点是丢失后不便于查找。我国发行的债券一般是无记名债券。

（3）按债券是否可以转换为股票，将债券分为可转换债券和不可转换债券。

1）可转换债券是指债券持有者在预定的期间内根据规定的价格转换为发行公司股票（一般为普通股）的债券。

2）不可转换债券是指不能转换为发行公司股票的债券。在我国大多数债券属于这种债券。

8. 如何评价债券筹资？

（1）债券筹资的优点：

1）资金成本低。与股票相比，债券的利息允许在税前扣除，并且发行费用也相对较低，因此，公司实际负担的资金成本一般低于股票。

2）保证控制权。债券持有者一般无权参与发行公司的经营管理，因此发行债券一般不会分散公司股东的控制权。

3）可以发挥财务杠杆作用。无论发行公司的盈利是多是少，债券持有者一般只收取固定的利息，而使更多的盈利用于分配给股东或留归企业。

（2）债券筹资的缺点：

1）筹资风险高。债券通常有固定的到期日和票面利率，需按期还本付息。在发行企业不景气时，还本付息将成为企业严重的财务负担，甚至有可能会导致企业破产。

2）限制条件多。发行债券往往会有一些严格的限制性的条款，从而限制了企业对债券筹资的使用，甚至有些会影响企业的正常发展和今后的再筹资活动。

3）筹资额有限。公司利用债券筹集资金一般要受到额度的限制。在我国的有关法规中明确指出，公司累计发行在外的债券总额不得超过公司净资产的40%。

9. 如何计算股票的发行价格？

股票的发行价格，是股份公司发行股票时，将股票出售给投资者所采用的价格。股票发行价格通常是发行公司根据股票的面额、每股税后利润、市盈率的大小进行测算，与证券经营公司协商确定后，报国务院证券管理机构核准。在测算时一般用下列计算公式：

$$新股发行价格 = 每股税后利润 \times 市盈率$$

其中每股税后利润以发行前一年每股税后利润和发行当年摊销后每股税后利润加权平均数计算，一般前者的权数为70%，后者的权数为30%。所谓"摊销"是指由于流通在外普通股股数增加而导致每股税后利润等指标的下降。市盈率的规定较为复杂，可考虑股市行情、流通盘大小、所属地区、所属行业和其他因素等分析确定，实际工作中，一般取值在14～22倍之间。

另外，初次发行时，少数公司有平价（按面值）发行股票的情况。再次发行股票时还有时价发行和中间价发行两种情况。在我国，股票发行价格可以等于票面金额（平价），也可以超过票面金额（溢价），但不得低于票面金额（折价）。

10. 如何计算债券的发行价格？

资金市场上的利息率是经常变化的，而企业债券一经印制，就不便于再调整票面利息率。从债券的开始印刷到正式发行，往往需要经过一段时间，在这段时间内如果资金市场上的利率发生变化，就要靠调整发行价格的方法来使债券顺利发行。因此，债券的发行价格可有等价发行、折价发行和溢价发行三种。

等价发行亦称面值发行或平价发行，是指按债券的面值出售，此时票面利率与市场利率二者相等；折价发行是指以低于债券面值的价格出售，此时的票面利率低于市场利率；溢价发行是指以高于债券面值的价格出售，此时的票面利率高于市场利率。

在分期付息、到期一次还本，且不考虑发行费用的情况下，债券发行价格的计算公式为：

$$债券发行价格 = \frac{票面金额}{(1+市场利率)^n} + \sum_{i=1}^{n} \frac{票面金额 \times 票面利率}{(1+市场利率)^n}$$

或
$$= 票面金额 \times (P/F, i_1, n) + 票面金额 \times i_2 \times (P/A, i_1, n)$$

式中　n——债券期限；
　　　i_1——市场利率；
　　　i_2——票面利率。

在到期一次还本付息，且不考虑发行费用的情况下，债券发行价格的计算公式为：

$$债券发行价格 = \frac{票面金额 \times (1+票面利率 \times n)}{(1+市场利率)^n}$$

或
$$= 票面金额 \times (1+i_2 \times n) \times (P/F, i_1, n)$$

经过上述公式测算后的发行价格，还应结合一些其他因素（如债券的流动性、期限长短、未来市场利率的变动趋势等）做出适当调整。

11. 许多企业都发行可转换公司债券，为什么企业选择发行可转换公司债券，而不是从一开始就发行普通股？

可转换债券有时简称为可转债，是指由公司发行并规定债券持有人在一定期限内按约定的条件可将其转换为发行公司普通股的债券。

从筹资公司的角度看，发行可转换债券具有债务与股权筹资的双重属性，属于一种混合性筹资。利用可转换债券筹资，发行公司赋予可转换债券的持有人可将其持有的债券转换为该公司股票的权利。因而，对发行公司而言，在可转换债券转换之前需要定期向持有人支付利息。如果在规定的转换期限内，持有人未将可转换债券转换为股票，发行公司还需要到期偿付债券本金，在这种情况下，可转换债券与普通债券筹资相似，具有债务筹资的属性。如果在规定的转换期限内，持有人将可转换债券转换为股票，则发行公司将债券负债转化为股东权益，从而具有股权筹资的属性。

三、学习重点与难点

（一）学习重点

本章的学习重点是理解和掌握普通股的分类、股票上市决策、股票发行定价的方法，理解普通股筹资的优缺点；掌握债券的种类、债券发行定价的方法、债券的评级，理解债券筹资的优缺点；掌握长期借款的种类、银行借款的信用条件、企业对贷款银行的选择，理解长期借款筹资的优缺点；掌握租赁的种类、租金的确定，理解租赁筹资的优缺点；理解混合性筹资方式中的优先股筹资、可转换债券筹资和认股权证筹资的相关种类、方式、特点和优缺点等。

（二）学习难点

本章的学习难点是对企业长期筹资中各种筹资方式的种类、方法、特点、优缺点的认识和理解，学会整体把握各种筹资方式之间的联系和区别，学会灵活选择和综合应用各种筹资方式。

四、练习题

（一）单项选择题

1. 政府财政资本通常只有（　　）（企业类型）才能利用。

A. 外资企业 B. 民营企业
C. 国有独资或国有控股企业 D. 非营利组织

2. 企业外部筹资的方式很多，但不包含以下（　　）项。
A. 投入资本筹资 B. 企业利润再投入
C. 发行股票筹资 D. 长期借款筹资

3. 下列关于直接筹资和间接筹资的说法中，错误的是（　　）。
A. 直接筹资是指企业不借助银行等金融机构，直接与资本所有者协商融通资本的一种筹资活动
B. 间接筹资是指企业借助银行等金融机构而融通资本的筹资活动
C. 相对于间接筹资，直接筹资具有广阔的领域，可利用的筹资渠道和筹资方式比较多
D. 间接筹资因程序较为繁杂，准备时间较长，故筹资效率较低，筹资费用较高

4. 筹集股权资本是企业筹集（　　）的一种重要方式。
A. 长期资本　　B. 短期资本　　C. 债权资本　　D. 以上都不是

5. 国内联营企业吸收参与联营的企事业单位各方的投资即形成联营企业资本金，这种资本金属于（　　）。
A. 国家资本金　　B. 法人资本金　　C. 个人资本金　　D. 外商资本金

6. 采用筹集投入资本方式筹措股权资本的企业不应该是（　　）。
A. 股份制企业 B. 国有企业
C. 集体企业 D. 合资或合营企业

7. 筹集投入资本时，要对（　　）的出资形式规定最高比例。
A. 现金　　B. 流动资产　　C. 固定资产　　D. 无形资产

8. 筹集流入资产时，各国法规大都对（　　）的出资形式规定了最低比例。
A. 流动资产　　B. 固定资产　　C. 现金　　D. 无形资产

9. 无记名股票中，不记载的内容是（　　）。
A. 股票数量 B. 编号
C. 发行日期 D. 股东的姓名或名称

10. 根据《中华人民共和国公司法》的规定，我国市场上的股票不包括（　　）。
A. 记名股票　　B. 无面额股票　　C. 国家股　　D. 个人股

11. 证券发行申请未获核准的上市公司，自中国证监会作出不予核准的决定之日起（　　）个月后，可再次提出证券发行申请。
A. 1　　B. 3　　C. 6　　D. 12

12. 在股票发行中的溢价发行方式下，发行公司获得发行价格超过股票面额的溢价款应列入（　　）。
A. 资本公积　　B. 盈余公积　　C. 未分配利润　　D. 营业外收入

13. 借款合同所规定的保证人，在借款方不履行偿付义务时，负有（　　）责任。
A. 监督借贷双方严格遵守合同条款 B. 催促借款方偿付
C. 连带偿付本息 D. 以上都不对

14. 在几种筹资方式中，兼具筹资速度快、筹资费用和资本成本低、对企业有较大灵活性的筹资方式是（　　）。

A. 发行股票　　　　B. 融资租赁　　　　C. 发行债券　　　　D. 长期借款

15. 按照国际惯例，银行对借款企业通常都约定一些限制性条款，其中不包括（　　）。
A. 一般性限制条款　　　　　　　　B. 附加性限制条款
C. 例行性限制条款　　　　　　　　D. 特殊性限制条款

16. 抵押债券按（　　）的不同，可分为不动产抵押债券、动产抵押债券、信托抵押债券。
A. 有无担保　　　　　　　　　　　B. 抵押品的担保顺序
C. 担保品的不同　　　　　　　　　D. 抵押金额的大小

17. 根据《中华人民共和国公司法》的规定，不具备债券发行资格和条件的公司是（　　）。
A. 股份有限公司
B. 国有独资公司
C. 两个以上的国有投资主体投资设立的有限责任公司
D. 国有企业和外商共同投资设立的有限责任公司

18. 债券发行价格的计算公式为（　　）。
A. 债券发行价格 $=\sum_{t=1}^{n}\dfrac{年利息}{(1+市场利率)^t}+\dfrac{债券面额}{(1+市场利率)^n}$

B. 债券发行价格 $=\sum_{t=1}^{n}\dfrac{年利息}{(1+市场利率)^t}-\dfrac{债券面额}{(1+市场利率)^n}$

C. 债券发行价格 $=\sum_{t=1}^{n}\dfrac{年利息}{(1+市场利率)^t}\times\dfrac{债券面额}{(1+市场利率)^n}$

D. 债券发行价格 $=\sum_{t=1}^{n}\dfrac{年利息}{(1+市场利率)^t}\div\dfrac{债券面额}{(1+市场利率)^n}$

19. 根据《中华人民共和国公司法》的规定，累计债券总额不超过公司净资产的（　　）。
A. 60%　　　　B. 40%　　　　B. 50%　　　　D. 30%

20. 融资租赁又称为财务租赁，有时也称为资本租赁。下列不属于融资租赁范围的是（　　）。
A. 根据协议，企业将某项资产卖给出租人，再将其租回使用
B. 由租赁公司融资融物，由企业租入使用
C. 租赁满期，租赁物一般归还给出租者
D. 在租赁期间，出租人一般不提供维修设备的服务

21. 由出租人向承租企业提供租赁设备，并提供设备维修保养和人员培训等的服务性业务，这种租赁形式称为（　　）。
A. 融资租赁　　　　B. 营运租赁　　　　C. 直接租赁　　　　D. 资本租赁

22. 配股权证是确认股东配股权的证书，它按（　　）定向派发，赋予股东以优惠的价格认购发行公司一定份数的新股。
A. 优先股的持有比例　　　　　　　B. 公司债券的持有比例
C. 公司管理层的级别　　　　　　　D. 股东的持股比例

（二）多项选择题

1. 上市公司配股融资应具备的条件有（　　）。
   A. 上市公司配股距上一次发行时间的时间间隔不得少于一个完整会计年度
   B. 上市公司最近三个会计年度连续盈利
   C. 上市公司最近三年以现金和股票方式累计分配的利润，不少于最近三年实现的年均可分配利润的 20%
   D. 上市公司募集资金用途应符合国家的产业政策，配股比例的上限为 10:3
   E. 发行前最近一年财务报表中资产负债率不低于同行业上市公司的平均水平

2. 非公开发行股票融资的对象有（　　）。
   A. 风险投资者　　　　　　　　　　B. 机构投资者
   C. 天使投资者　　　　　　　　　　D. 公司的关联方
   E. 公司的战略投资者

3. 实施配股时，如果除权后股票交易市价高于该除权基准价格，这种情形（　　）。
   A. 使得参与配股的股东财富较配股前有所增加
   B. 会减少参与股配股东的财富
   C. 一般称之为"填权"
   D. 不会影响参与配股股东的财富
   E. 一般称之为"贴权"

4. 关于债券的特征，下列说法中正确的是（　　）。
   A. 债券代表着一种债权债务关系
   B. 债券不能折价发行
   C. 债券持有人无权参与企业决策
   D. 债券具有分配上的优先权
   E. 债券必须溢价发行

5. 债券发行单位偿还或收回债券的方法有（　　）。
   A. 建立债券基金，以偿还债务本息
   B. 转换成普通股
   C. 债券随时赎回或推迟赎回
   D. 分批偿还债券
   E. 发行新债券替换旧债券

6. 企业为发行抵押债券而用以抵押的财产可以是（　　）。
   A. 企业持有的有价证券等金融资产　　B. 企业拥有的存货
   C. 机器设备　　　　　　　　　　　　D. 应收账款、应收票据
   E. 房屋、建筑物等不动产

7. 下列关于租赁的说法中，正确的有（　　）。
   A. 在经营租赁方式下，与租赁资产有关的折旧费、维修费等一般由出租人负担
   B. 经营租赁契约一般包括解约条款
   C. 融资租赁期满时，承担人对租赁资产有廉价购买选择权
   D. 融资租赁的融资成本较低，有利于减轻所得税负担

E. 融资租赁降低了设备被淘汰的风险
8. 下列融资方式中，资产成本很高而财务风险很低的融资方式有（　　）。
   A. 发行债券　　　　B. 长期借款　　　　C. 商业信用　　　　D. 发行股票
   E. 吸收直接投资
9. 可转换债券的性质主要是（　　）。
   A. 债券性　　　　　B. 期权性　　　　　C. 回购性　　　　　D. 股权性
   E. 强制性
10. 影响融资租赁每期租金的因素有（　　）。
    A. 设备原价　　　　　　　　　　　　B. 预计租赁设备的残值和租赁期限
    C. 租赁手续费　　　　　　　　　　　D. 租金的支付方式
    E. 租赁公司融资成本
11. 可以筹措长期资金的融资方式有（　　）。
    A. 吸收直接投资　　　　　　　　　　B. 商业信用
    C. 融资租赁　　　　　　　　　　　　D. 应付票据
    E. 发行可转换债券
12. 企业在持续经营过程中，会自发地直接产生一些资金来源，部分地满足企业的资金需要，如（　　）。
    A. 应付税金　　　　B. 应付利息　　　　C. 应付债券　　　　D. 应付工资
    E. 应付账款
13. 下列资产中属于临时性流动资产的是（　　）。
    A. 季节性存货　　　　　　　　　　　B. 最佳现金余额
    C. 保险储备存货量　　　　　　　　　D. 销售旺季增加的应收账款
    E. 销售旺季增加的存货
14. 下列情形中，企业应享受现金折扣的有（　　）。
    A. 借入资金利率低于放弃现金折扣的机会成本
    B. 借入资金利率高于放弃现金折扣的机会成本
    C. 短期投资收益率高于放弃现金折扣的机会成本
    D. 短期投资收益率低于放弃现金折扣的机会成本
    E. 企业延期付款形成的损失大于放弃现金折扣的机会成本
15. 短期负债融资具有的特点是（　　）。
    A. 融资速度快，容易取得
    B. 短期负债的借款利率随市场利率的变化而变化，财务风险加大
    C. 短期负债融资所发生的利息支出低于长期负债融资的利息支出
    D. 对于季节性生产企业，短期借款比长期借款灵活性更强
    E. 短期负债融资数额小
16. 商业信用融资的具体形式有（　　）。
    A. 应付账款　　　　　　　　　　　　B. 应付票据
    C. 预收账款　　　　　　　　　　　　D. 商业银行信用贷款
    E. 应收账款让售借款

17. 延期付款可降低资金使用成本，但由此却可能带来一定的风险或增加潜在的融资成本，如（   ）。
   A. 若企业过度延期支付，则企业的信用将大幅下降
   B. 企业可能招致延期付款的利息罚金
   C. 供应商可能将停止供货
   D. 供应商可能利用法律手段进行追索
   E. 可能影响企业与其他供应商和金融机构的关系

18. 商业信用融资的特点有（   ）。
   A. 商业信用与商品买卖同时进行，不用做非常正规的安排，融资便利
   B. 如果没有现金折扣，或企业不放弃现金折扣，则利用商业信用融资没有实际成本
   C. 利用商业信用融集的资金的使用期限较短
   D. 商业信用融资的限制条件少于银行借款融资的限制条件
   E. 商业信用融资不存在风险

19. 补偿性余额的约束使借款企业所受的影响有（   ）。
   A. 减少了可用资金　　　　　　　　B. 提高了融资成本
   C. 减少了应付利息　　　　　　　　D. 增加了应付利息
   E. 降低了融资成本

20. 下列关于租赁融资的说法中，正确的有（   ）。
   A. 经营性租赁融资杯称为"资产负债表外的融资"
   B. 经营租赁对资产负债表中资产和负债均不产生影响
   C. 融资租赁对资产负债表的影响与负债融资的影响相同
   D. 租赁是一种融资与融物相结合的融资方式，融资速度比较快
   E. 租赁融资支出可以抵减所得税

21. 股票按发行对象和上市地区的不同，可分为（   ）。
   A. A股　　　　B. ST股　　　　C. B股　　　　D. N股
   E. H股

22. 股票按股东权利和义务的不同可分为（   ）。
   A. 始发股　　　B. 新股　　　　C. 普通股　　　D. 优先股
   E. 法人股

23. 股票发行价格的种类，通常包括（   ）。
   A. 最高价　　　B. 等价　　　　C. 最低价　　　D. 时价
   E. 中间价

（三）判断题

1. 某公司的股本总额为 10 亿元，近一年多来其社会公众持股为 1 亿元，则该公司会被交易所决定终止其股票上市交易。　　　　　　　　　　　　　　　　　　　　（   ）
2. 资本金是指企业在工商行政管理部门登记的注册资金，是投资者用以进行企业生产经营、承担民事责任而投入的资金。　　　　　　　　　　　　　　　　　　　　　（   ）
3. 发行优先股的上市公司如不能按规定支付优先股股利，优先股股东有权要求公司破产。　　　　　　　　　　　　　　　　　　　　　　　　　　　　　　　　　　（   ）

第六章　筹资管理　　97

4. 按照国际惯例，大多数长期借款合同中，为了防止借款企业偿债能力下降，都严格限制借款企业资本性支出规模，但不限制借款企业经营性支出的规模。（　　）

5. 杠杆租赁的情况下，如果出租人不能按期偿还借款，那么资产的所有权就要转归资金出借者。（　　）

6. 融资租赁方式下，租赁期满，设备必须作价转让给承租人。（　　）

7. 如果上市公司最近1个会计年度的财务报告被注册会计师出具无法表示意见或否定意见的审计报告，则该上市公司的股票交易将被交易所"特别处理"，股票名称将改为原股票名前加"ST"。（　　）

8. 提前偿还债券所支付的价格通常高于债券的面值，且支付的价格因到期日的临近而逐渐上升。（　　）

9. 公司资金有结余时，即可提前赎回其发行的债券。（　　）

10. 按照筹资管理的结构合理原则企业要根据生产经营及其发展的需要，合理安排资金需求。（　　）

11. 实施IPO的公司，自股份有限公司成立后，持续经营时间应当在5年以上（经国务院特别批准的除外），应当符合中国证监会《首次公开发行股票并上市管理办法》规定的相关条件，并经中国证监会核准。（　　）

12. 按照中国证监会的规则解释，战略投资者需具备的条件之一是必须是法人。（　　）

13. 资本公积转增股本不属于留存收益的筹资途径。（　　）

14. 到期分批偿还债券比到期一次偿还债券发行费较高，但便于发行。（　　）

15. 抵押债券还可按抵押品的先后担保顺序分为第一抵押债券和第二抵押债券。（　　）

16. 公募发行是世界各国通常采用的公司债券发行方式。但我国有关法律、法规尚未要求公开发行债券。（　　）

17. 发行公司债券所筹集到的资金，公司不得随心所欲地使用，必须按审批机关批准的用途使用，不得用于弥补亏损和非生产性支出。（　　）

18. 当其他条件一样时，债券期限越长，债券的发行价格就可能越低；反之，可能越高。（　　）

19. 一般来说，债券的市场利率越高，债券的发行价格越低；反之，可能越高。（　　）

20. 债券的发行价格与股票的发行价格一样，只允许等价和溢价发行，不允许折价发行。（　　）

21. 融资租赁实际上就是由租赁公司筹资购物，由承租企业租入并支付租金。（　　）

22. 融资租赁的固定资产视为企业自有固定资产管理，因此，这种筹资方式必然会影响企业的资本结构。（　　）

23. 融资租赁合同期满时，承租企业根据合同约定，可以对设备续租、退租或留购。（　　）

24. 优先股和可转换债券既具有债务筹资性质，又具有权益筹资性质。（　　）

25. 发行认股权证是上市公司的一种特殊筹资手段，其主要功能是辅助公司的股权性筹资，但不可以直接筹措现金。（　　）

26. 长期认股权证的认股期限通常持续几年，有的是永久性的。短期认股权证的认股期限比较短，一般在90天以内。（　　）

(四) 计算题

1. 向阳公司 2011~2015 年的产销数量和资本需要额见表 6-2。假定该公司 2016 年预计产销数量为 82 000 件。要求：试预测该公司 2016 年资本需要总额。

表 6-2　　　　　　　　　向阳公司产销量与资本需要额的历史资料表

年份	产销量（x）（万件）	资本需要总额（y）（万元）
2011	1.8	280
2012	4.5	480
2013	7.7	610
2014	9.2	730
2015	6.8	600

2. 宏巨公司 2014 年实际利润表（简表）和实际资产负债表（简表）的主要项目金额见表 6-3、表 6-4，企业所得税税率为 25%。该公司 2015 年预计营业收入为 50 000 万元，税后利润的留用比率为 40%。要求：

(1) 试在表 6-3 中填制宏巨公司 2015 年预计利润表（简表）部分，并给出预测留用利润的算式。

(2) 试在表 6-4 中填制宏巨公司 2015 年预计资产负债表（简表）部分，并给出预测需要追加的外部筹资额的算式。

(3) 若宏巨公司按照这两张预计财务报表中的数据分别作为 2015 年的利润预算和财务状况预算的对应数据，试计算宏巨公司 2015 年财务结构预算中的五项财务结构，即资产期限结构、债务资本期限结构、全部资本属性结构、长期资本属性结构和权益资本结构。

(4) 假设在 2015 年，宏巨公司情况有所变化，敏感资产项目中的存货与营业收入的比例提高为 220%，敏感负债项目中应付账款与营业收入的比例降低为 50%，预计固定资产（系非敏感资产项目）增加 2000 万元、长期借款（系非敏感负债项目）增加 1000 万元。针对这些变动，宏巨公司 2015 年对资产总额、负债总额和追加外部筹资额的预测分别需要做哪些调整？

表 6-3　　　　　　　　　2015 年宏巨公司预计利润表（简表）　　　　　　　　单位：万元

项目	2014 年实际数	占营业收入的比例（%）	2015 年预计数
营业收入	40 000		
减：营业成本	25 000		
营业税金及附加	4500		
销售费用	1900		
管理费用	1500		
财务费用	600		
营业利润	6500		
加：投资收益	550		
营业外收入	50		
减：营业外支出	100		
利润总额	7000		
减：所得税	1750		
税后净利	5250		

表6-4　　　　　　　　　2015年宏巨公司预计资产负债表（简表）　　　　　　　单位：万元

项目	2014年实际数	占营业收入的比例（%）	2015年预计数
资产			
现金	20 000		
应收账款	1000		
存货	86 000		
固定资产	15 000		
其他长期资产	2000		
资产合计	124 000		
负债及所有者权益			
短期借款	5000		
应付票据	13 000		
应付账款	24 000		
长期负债	35 000		
负债合计	77 000		
实收资本	11 000		
资本公积	23 000		
盈余公积	7000		
未分配利润	6000		
所有者权益合计	47 000		
追加外部筹资额			
负债及所有者权益总额	124 000		

3. 某公司发行面值为1000元的债券，票面利率为8%，债券发行期限为5年。要求：

（1）分别计算市场利率为6%、8%、10%时的债券发行价格。

（2）假设发行时的实际市场利率为10%，若某投资者购买该债券后保持至到期日，计算投资者购买该债券的到期收益率为多少？

4. 红星公司的资产负债情况见表6-5。

表6-5　　　　　　　　　　红星公司的资产负债情况表（简表）　　　　　　　　　单位：百万元

资产		债务与股权	
现金	20	债务	70
财产、厂房和设备	175	股权	125

要求：如果A公司花费8000万元融资租赁一座仓库，则资产负债情况表将怎样变化？它的账面债务股权比率将是多少？如果采取经营租赁，资产负债情况表和债务股权比率又将怎样变化？

5. 某公司正与某银行协商一笔价值为12 000元的一年期贷款，银行提供了下列几种贷款条件供公司选择：

（1）年利率等于12%的贷款，没有补偿性余额规定，利息费用在年底支付。

（2）年利率等于10%的货款，补偿性余额为贷款额的15%，利息费用在年底支付。

（3）年利率为7%，利息费用在年底支付但借款本金要每月平均偿还。

（4）年利率等于9%的贴现利率贷款，补偿性月为贷款额的10%。

要求：计算分析哪种货款条件下具有最低实际利率？

6. 某公司目前拥有资金2000万元，其中，长期借款800万元，年利率为10%；普通股1200万元，每股面值1元，发行价格为每股10元，目前价格也是每股10元，上年发放股利每股1元，预计股利增长率为5%，所得税税率为25%。该公司计划筹集资金100万元，有下面两种筹资方案：

（1）增加长期借款100万元，借款利率上升到12%。

（2）增发普通股4万股，预计股利将上升为每股2.1元，普通股市价增加到每股25元。

要求：

（1）计算该公司筹资前加权平均资本成本。

（2）采用比较资本成本法确定该公司最佳的资本结构。

7. 假设表6-6的数据取自经营同一行业的三家企业的财务报表。假定该行业流动比率为2.0。

表6-6　　　　　　　　　　　　　相 关 资 料 表　　　　　　　　　　　单位：万元

企业	资产合计	流动资产	短期融资	长期融资
A	125 000	22 000	11 000	114 000
B	90 000	15 900	17 700	72 300
C	170 000	30 000	13 000	157 000

要求：请根据上面的数据对三个企业的流动资本筹资加以简单的说明和评价。

案例分析1　　蒙牛引入私募股权投资（private equity，PE）

1. 案例资料

1999年5月成立的蒙牛乳业集团，在短短9年时间里，取得了中国乳制品发展史上前所未有的完美境界。蒙牛乳业集团销售收入从1999年的0.37亿元飙升至2009年的257.1亿元，增长了695倍！在中国乳制品企业中的排名由第1116位上升为第2位。从最初900万元注册的蒙牛乳业集团，到成为中国乳业界在海外上市的第一家企业，其超常规的发展速度和骄人的业绩为世人所惊叹。

蒙牛乳业集团之所以能够快速发展，除了天时、地利、人和等因素之外，借助现代化的资本运营手段是其根本原因——蒙牛乳业集团通过吸收风险投资，公开上市，在市场上迅速获得竞争优势和实现快速增长。

2. 公司简介

1999年8月，蒙牛乳业集团成立，总部设在中国乳都核心区——内蒙古和林格尔经济开发区，拥有总资产100多亿元，职工近3万人，乳制品年生产能力达600万t。到目前为止，包括和林基地在内，蒙牛乳业集团已经在全国16个省区市建立生产基地20多个，拥有液态奶、酸奶、冰激凌、奶品、奶酪五大系列400多个品项，产品以其优良的品质覆盖国内市场，并出口到美国、加拿大、东南亚等多个国家。本着"致力于人类健康的牛奶制造服务商"的企业定位，蒙牛乳业集团在短短十年中，创造出了举世瞩目的"蒙牛速度"和"蒙牛奇迹"。从创业初"零"的开始，至2009年年底，主营业务收入实现257.1亿元，年均递增超过100%，是全国首家收入过200亿元的乳品企业。其主要产品的市场占有率超过35%；UHT牛奶销量全球第一，液体奶、冰激凌和酸奶销量居全国第一；乳制品出口量、出口的国家和地区居全国第一。

据2006年9月国家统计局发布的"中国大企业集团首届竞争力500强"，蒙牛乳业集团位居第11位，名列全国同行业之首。另据权威机构公布的数据显示，蒙牛乳业集团跻身2009年全国大企业集团500强第241位，2009年全球乳业20强第19位，居全国同行业之首。蒙牛股票被国际著名金融服务公司摩根士丹利评选为止2012年全球50只最优质股票之一。

3. 筹资与资本运作

（1）蒙牛乳业集团的第一轮资本运作。

1）初始股权结构。1999年8月18日蒙牛乳业集团（上市公司主营子公司）成立，股份主要由职员、业务联系人、国内独立投资公司认购，股权结构也十分简单。当时注册资本1398万股，筹集到的资金仅为1000多万元，当时的股权结构如图6-1所示。

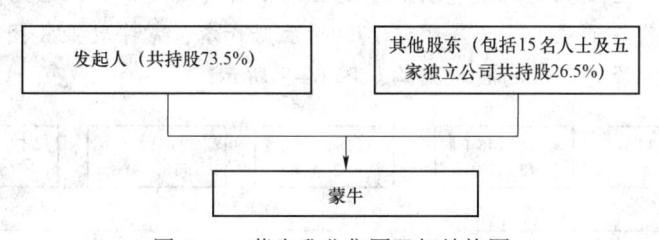

图6-1 蒙牛乳业集团股权结构图

2）首轮投资前股权架构。为了成功地在海外上市，首先要有资金让它运转过来，然而原始的资本结构过于僵硬，对大量的资金注入以及资本运作活动都将产生桎梏作用，因此蒙牛乳业集团在PE投资团队的指导下，自2002年起就开始逐步改变股权架构，以便为日后的上市创造一个灵活的股权基础。

蒙牛乳业集团为避税注册了四家子公司，即金牛公司、银牛公司、开曼群岛公司及毛里求斯公司。其中，金牛公司的发起人主要是股东，银牛公司的发起人主要是其他投资者、业务联络人员和职员等，这样使得蒙牛乳业集团管理层、其他投资者、业务联系人员、职员的利益都被悉数流入到两家公司中，透过金牛公司和银牛公司对蒙牛乳业集团的间接持股，蒙牛乳业集团管理层理所当然成为公司股东。开曼群岛公司和毛里求斯公司为两家典型的海外子公司，作用主要在于构建二级产权平台，以方便股权的分割与转让。这样，蒙牛乳业集团不但可以对风险进行一定的分离，更重要的是可以在不同情况下根据自己需要灵活运用两个平台吸收外部资金。蒙牛乳业集团四家子公司的关系如图6-2所示。

3）首轮注资。2002年9月24日，开曼群岛公司进行股权拆细，将1000股每股面值0.001美元的股份划分为同等面值的5200股A类股份和99 999 994 800股B类股份（根据开曼公司法，A类1股有10票投票权，B类1股有1票投票权）。次日，金牛公司与银牛公司以每股1美元的价格认购了开曼群岛公司4102股A类股票（加上成立之初的1000股，共5102

股），而 Ms Dairy、CDH 和 CIC 三家海外战略投资者则用每股约为 530.3 美元的价格分别认购了 32 685、10 372、5923 股 B 类股票（共 48 980B 股），总注资约为 25 973 712 美元。

```
┌─────────────────────────┐      ┌─────────────────────────┐
│ 金牛公司（2002年9月2日在英│      │ 银牛公司（2002年9月23日在│
│ 属维京群岛注册,共持股50%）│      │ 英属维京群岛注册,共持股50%）│
└───────────┬─────────────┘      └───────────┬─────────────┘
            └──────────────┬──────────────────┘
                           ▼
            ┌──────────────────────────────┐
            │ 开曼群岛公司（2002年6月5日在 │
            │ 开曼群岛,100%持股毛里求斯公司）│
            └──────────────┬───────────────┘
                           ▼
            ┌──────────────────────────────┐
            │ 毛里求斯公司（2002年6月14日  │
            │ 在毛里求斯注册）              │
            └──────────────────────────────┘
```

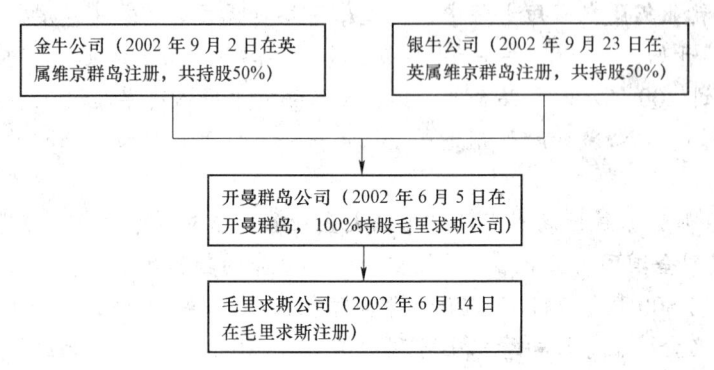

图 6-2　蒙牛乳业集团四家子公司的关系架构图

至此，蒙牛乳业集团完成了首轮增资，三家战略投资者 MS Dairy、CDH、CIC 被成功引进，而蒙牛乳业集团管理层与 PE 机构在开曼群岛公司的投票权是 51%:49%（即蒙牛乳业集团管理层拥有对开曼群岛公司的绝对控制权）；股份数量比例分别是 9.4% 和 90.6%。紧接着开曼群岛公司用三家金融机构的投资认购了毛里求斯公司的股份，而后者又用该款项在一级市场和二级市场中购买了蒙牛乳业集团 66.7% 的注册资本，蒙牛乳业集团第一轮引资与股权重组完成，这一轮注资完成后的股权架构如图 6-3 所示。

```
┌──────────┐ ┌──────────┐ ┌──────────┐ ┌──────────┐ ┌──────────┐
│金牛公司3.0%│ │银牛公司6.4%│ │MS Dairy60.4%│ │CDH19.2% │ │CIC11.0% │
│ (16.3%)  │ │ (34.7%)  │ │ (32.7%)  │ │ (10.4%)  │ │ (5.9%)   │
└─────┬────┘ └─────┬────┘ └─────┬────┘ └─────┬────┘ └─────┬────┘
      └────────────┴────────────┼────────────┴────────────┘
                                ▼
                  ┌──────────────────────────┐
                  │      开曼群岛公司         │
                  │ (100%持股毛里求斯公司)    │
                  └────────────┬─────────────┘
                               ▼
                  ┌──────────────────────────┐
                  │      毛里求斯公司         │
                  │ (66.7%持股蒙牛公司)       │
                  └────────────┬─────────────┘
                               ▼
                  ┌──────────────────────────┐
                  │       蒙牛乳业集团        │
                  └──────────────────────────┘
```

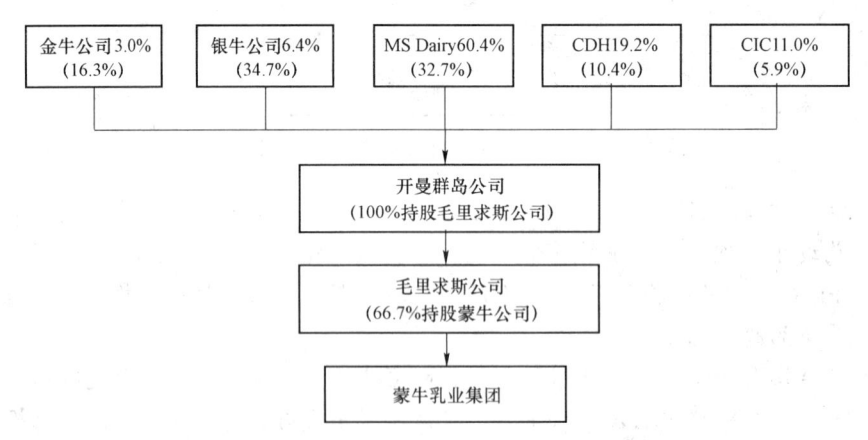

图 6-3　蒙牛乳业集团第一轮注资完成后的股权架构图

金牛公司 3.0%、银牛公司 6.4%、MS Dairy60.4%、CDH19.2%、CIC11.0%，是按面值计算占公司股本的比例；金牛公司 16.3%、银牛公司 34.7%、MS Dairy32.7%、CDH10.4%、CIC5.9%，是各股东的投票权；MS Dairy 由摩根士丹利投资，CDH 为鼎辉投资，CIC 为英联投资。值得一提的是，首轮注资的引入，还有一份 PE 和蒙牛乳业集团管理层的协议也随之产生：如果蒙牛乳业集团管理层没有实现维持蒙牛乳业集团高速增长，开曼公司及其子公司毛里求斯公司账面上剩余的大笔投资现金将要由投资方完全控制，届时外资系将拥有蒙牛乳业集团股份 60.4%（90.6%×66.7%）的绝对控制权。如果蒙牛乳业集团管理层实现蒙牛乳业集团的高速增长，一年后，蒙牛乳业集团可将 A 类股按 1:10 的比例转换为 B 类股。这样，蒙牛乳业集团管理层可以实现在开曼群岛公司的投票权与股权比例一致，即蒙牛将真正地持有开曼群岛公司的51%的股权。2003年8月，蒙牛乳业集团管理层提前完成任务，同年9月19日，金牛公司、银牛公司将所持有的开曼群岛公司A类股的5102股转换成B类股（51 020股），持有开曼公司51%股权和投票权。至此，蒙牛乳业集团通过自身及开曼群岛公司共持有蒙牛乳业集团股份的股权为67.32%（51%×66.7%+（1－66.7%）），外资持有蒙牛乳业集团股份为32.68%（49%×66.7%）。

（2）蒙牛乳业集团的第二轮资本运作——二次注资。为了促使三家战略投资者的二次注资，2003年9月30日，开曼群岛公司重新划分股票类别，以900亿股普通股和100亿股可换股证券分别代替已发行的A类、B类股票，每股面值0.001美元。金牛、银牛、MS Dairy、CDH和CIC原持有的B类股票对应各自面值转换成普通股。

2003年10月，三家战略投资者认购开曼群岛公司发行的可换股证券，再次注资3523万美元，认购"蒙牛乳业"发行的3.67亿可换股证券，约定未来转股价为0.74亿港元（2004年12月后可转换30%，2005年6月后可全部转换）。9月18日，毛里求斯公司以每股2.177 5元的价格购得蒙牛乳业集团股份的80 010 000股。10月20日，毛里求斯公司再次以3.038元的价格购买了96 000 000股蒙牛乳业集团股份，对于蒙牛乳业集团的持股比例上升至81.1%，至此二次注资完成。第二轮注资完成后的股权架构如图6－4所示。

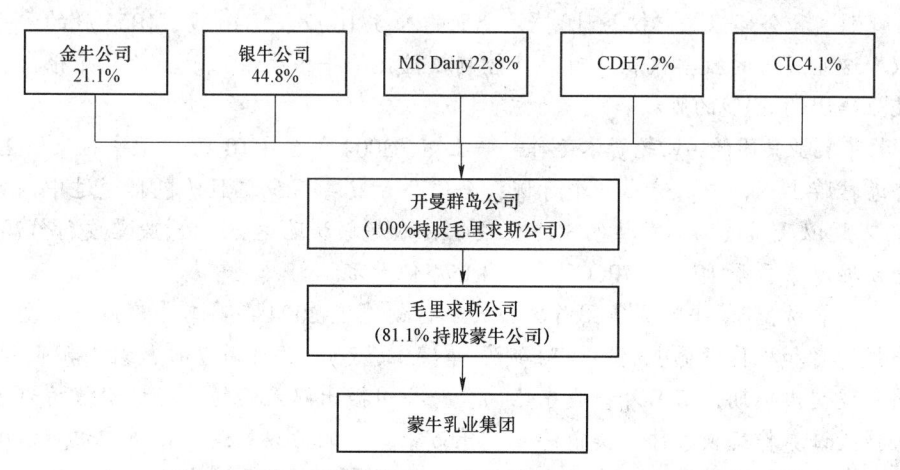

图6－4　蒙牛乳业集团第二轮注资完成后的股权架构图

金牛公司21.1%、银牛公司44.8%、MS Dairy22.8%、CDH7.2%、CIC4.1%，是按面值计算占公司股本的比例。二次增资最大特点显然是发行可换股证券，根据当时的协议，PE在开曼群岛公司股份首次公开售股（IPO）完成后第180天以后最多可转化30%的可换股证券，而IPO完成一年后则可转化剩余部分。此次增资方案没有在发行同期增加公司股本规模，并且同时暗藏了三大玄机：其一，暂时不摊薄管理层的持股比例，保证管理层的绝对控制与领导；其二，确保公司每股经营业绩稳定增长，做好上市前的财务准备；其三，可换股计划锁定了三家风险投资者的成本。

首先，这笔可转债是以蒙牛乳业集团海外母公司——毛里求斯公司的全部股权为抵押的，如果股价不尽如人意，那么此可转债，将维持债券的模式，蒙牛乳业集团有义务还本付息，这在最大程度上减少了三家机构的投资风险；其次，本金为3523万美元的票据在蒙牛乳业集团上市后可转为 3.68 亿股蒙牛乳业集团股份，按 2004 年蒙牛乳业集团的 IPO 价格 3.925 港元计算这部分股票价值达 14.4 亿港元。三家机构取得巨额收益的同时还获得增持蒙牛乳业集团股权、巩固控制权的机会。此可换股证券还设有强制赎回及反摊薄条款，可以说是在最大程度上维护了投资者的利益，因此这种可换股证券更像是一种延期换股凭证，也从另一个角度反映了 PE 和蒙牛乳业集团管理层在博弈过程中的优势地位。

随后，蒙牛乳业集团创始人牛根生又与三家海外投资商签署了一份被媒体称之为"对弈国际投资巨头，牛根生豪赌 7000 万股权"的协议。大致内容是：如果蒙牛乳业集团股份今后三年的复合增长超过某一数值，三家海外投资商将赔偿金牛公司 7800 万股的蒙牛乳业集团股份；否则，金牛公司要向三家海外投资商赔偿同样数量的股份或相当数量的资金。

（3）蒙牛乳业集团的第三轮资本运作——股改。2004 年，蒙牛乳业集团为上市做了最后的准备。2004 年 1 月 15 日，牛根生从谢秋旭手中购得 18 100 920 股蒙牛乳业集团股份，占蒙牛乳业集团总股本的 8.2%。2004 年 3 月 22 日，金牛与银牛扩大法定股本，由 5 万股扩至 10 万股。同日，金牛和银牛向原股东发行 32 294 股和 32 184 股新股，金牛、银牛分别推出公司"权益计划""以酬谢金牛、银牛的管理层人员、非高级管理人员、供应商和其他投资者对蒙牛集团发展做出的贡献"。

2004 年 3 月 23 日，"牛氏信托"诞生，牛根生本人以 1 美元/份的价格买下了绝大部分金牛"权益计划"和全部银牛"权益计划"，分别购入 5816 股、1846 股、1054 股的蒙牛乳业集团的股权。这些股份的投票权和绝对财产控制权信托给牛根生本人。至此，牛根生直接控制了蒙牛乳业集团的 6.1%的股权。

（4）蒙牛乳业集团的第四轮资本运作——上市。2004 年 6 月 10 日，"蒙牛乳业"（2319.HK）在中国香港挂牌上市，并创造出一个奇迹：全球公开发售 3.5 亿股（包括通过中国香港公开发售 3500 万股以及通过国际发售的 3.15 亿股），公众超额认购达 206 倍，股票发行价高达 3.925 港元，全面摊薄市盈率 19 倍，IPO 融资近 13.74 亿港元。

摩根士丹利称："蒙牛乳业集团首次公开发行创造了 2004 年第二季度以来，全球发行最高的散户投资者和机构投资者超额认购率。"事实上，2005 年 4 月 7 日，蒙牛乳业集团宣布，由于公司表现超出预期，三名外资股东已向金牛公司提出以无偿转让一批价值约为 598.8 万美元的可换股证券作交换条件，提前终止"千万豪赌"的协议。这则报道应该可以解读为三家海外投资商已经承认了失败。牛根生先后两次与国际资本进行博弈，最终大获全胜。

4. 分析

（1）查找资料，解释什么是 PE？
（2）查找资料，解释什么是 IPO？IPO 的利弊有哪些？
（3）蒙牛与风险投资机构的对赌结果怎样？
（4）查找资料结合案例内容计算分析 PE 的收益。

案例分析 2　　N 公司发行而可转换债券筹资案例分析

1. 案例资料

N 公司是我国第一家正式发行可转换公司债券的公司，是我国可转换债券市场上的一座里程碑。经中国证券监督管理委员会批准，公司于 1998 年 8 月 3～7 日向社会公开发行可转换期限为5年（1998年8月3日至2003年8月2日）的公司债券（以下简称"N转债"）15 000万元人民币，债券每张面值100元，共计150万张，并于1998年9月2日在上海证券交易所挂牌交易。本次可转换债券发行所筹集到的资金，将主要用于三项扩大再生产建设项目，见效时间分别为1998、2000年。另外，还将其中的6900万元用于偿还长期借款。

（1）资料一：可转换债券的主要条款介绍。

1）利率及付息。可转债按面值从1998年8月3日开始计息，首年票面利率为1%，以后每年增0.2个百分点。每年8月2日及到期后15个交易日内付息。利息计算公式为：

$$I = B \times I_0$$

式中　I——支付的利息额；

　　　B——可转债持有人持有的可转债票面总金额；

　　　I_0——按上述执行利率。

2）申请转股的程序。

a. 转股申请的手续及转股申请的申明事项。转股申请通过上海证券交易所交易系统以报盘方式进行。可转债持有人可将自己账户内的可转债全部或部分申请转为公司股票。申请转换的股份数额是整数（每股面值1元）。不足转换1股的可转债，公司将于到期日后15个交易日内兑付这部分可转债剩余的票面金额。转股申请一经确认不得撤单。

b. 转股申请时间。自愿申请转股时间为该公司股票上市日至可转债到期日之间的交易日内，但该公司股票因送红股、增发新股、配股而调整转股价格公告暂停转股的时期除外。

c. 可转债的冻结及注销。上海证券交易所对转股申请确认有效后，将减记（冻结并注销）投资者的债券数额，同时加记投资者相应的股份数额。

d. 股份登记事项及因转股而配发的股份所享有的权益。可转债经申请转股或强制性转股后所增加的股票将自动记入投资者的股票账户。因可转债转换而增加的该公司股票享有与该公司原股票同等的权益，并可于转股后下一个交易日与该公司已上市交易的股票一同上市流通。

3）转股价格的确定和调整方法。

a. 初始转股价格的确定。初始转股价确定为该公司将来公开发行人民币普通股（即A股）时发行价的一定比例的折扣（发行价将根据中国证监会当时规定的计算方式确定）。设定发行价为P，初始转股价为P_0，如该公司股票在：

1999年8月3日（含此日）至2000年8月2日（含此日）间发行，则$P_0 = P \times 98\%$；

2000年8月3日（含此日）至2001年8月2日（含此日）间发行，$P_0 = P \times 96\%$；

2001年8月3日（含此日）至2002年8月2日（含此日）间发行，$P_0 = P \times 94\%$；

2002年8月3日（含此日）至2003年8月2日（含此日）间发行，$P_0 = P \times 92\%$。

一旦该公司A股发行并上市，初始转股价格将按照上述条件之一计算确定，在以后的可转债存续期内不再根据折扣率逐年变化。

b. 转股价格的调整方法。当该公司初次发行A股后，每当送红股、增发新股或配股时，转股价格将进行如下调整：

设初始转股价格为P_0，送股率为N，配股或增发新股率为K，配股或增发价为A，则调整价P_1为：

送股 $P_1 = P_0 \div (1+N)$

增发新股或配股 $P_1=(P_0+A_A)\div(1+K)$

二项同时进行时 $P_1=(P_0+A_A)\div(1+N+K)$

c. 转股价格调整的手续。因送红股、配股或增发新股而调整转股价时，该公司将公告确定股权登记日，并从公告日开始至股权登记日止暂停可转债抓股。从股权登记日的下一个交易日开始恢复转股并执行调整后的转股价。

4) 强制性转股条款。

a. 到期日前有条件强制性转股。条件为：该公司股票上市后，如收盘价在1999年8月3日（含此日）至2000年8月2日（含此日）之间持续高于转股价250%或250%以上达35个交易日以上；收盘价在2000年8月3日（含此日）至2001年8月2日（含此日）之间持续高于转股价180%或180%以上达25个交易日以上；收盘价在2001年8月3日（含此日）至2002年8月2日（含此日）之间持续高于转股价100%或100%以上达15个交易日以上；收盘价在2002年8月3日（含此日）至2003年8月2日（含此日）之间持续高于转股价30%或30%以上达10个交易日以上。则该公司有权将剩余可转债强制性地全部或部分转换为该公司股票。

到期日前有条件强制性转股的转股价格：强制性转股价格为强制性转股登记日正在生效的转股价。

到期日前有条件强制性转股手续：如该公司决定行使强制性转股，在条件满足后10个交易日内，该公司将在中国证券监督管理委员会指定的上市公司信息披露报刊上刊登强制性转股公告3次。公告正式刊登后，股价变化不影响该公司行使强制性转股的决定。

b. 到期无条件强制性转股。在可转债到期日（2003年8月2日）前未转换为股票的，将于到期日强制转换为公司股票，若2003年8月2日并非上海证券交易所的交易日，则于该日之下一个交易日强制转换为该公司股票。可转债持有人无权要求该公司以现金清偿可转债的本金，但对于转股时不足1股的剩余可转债，该公司将兑付剩余的票面金额。实施到期无条件强制性转股时，转股价将进行调整，即以可转债到期日前30个交易日股票收盘价的平均值及当时生效的转股价两者中较低者作为转股价格。但该转股价不应低于当时生效的转股价的80%。

5) 回售条款。公司股票未在可转债到期日12个月以前上市，投资者有权将部分或全部可转债回售给发行公司，其回售价计算公式为：

$$可转债回售价=可转债面值\times(1+4\times5.60\%)-公司已支付利息$$

式中 5.60%——年利率，且为单利。

$$可转债回售价=100\times(1+4\times5.60\%)-100\times(1.0\%+1.2\%+1.4\%+1.6\%)$$
$$=117.2（元/张）$$

注：公司发行可转换债券上市流通时，其股票尚未上市流通。

（2）资料二："N转债"的实际发行情况。

根据1998年9月1日"N转债"上市公告书，截至1998年8月11日止，本次公开发行的150万张"N转债"已经全部由社会公正认购。经深圳同人会计师事务所审验，N公司已收到投资者投入资金15 000万人民币，扣除发行费用后的实际可使用筹集资金为14 528万元人民币。

2. 分析

请查找相关资料，分析该公司"N转债"筹资取得成功的因素主要有哪些？

五、练习题参考答案

（一）单项选择题

1. C 2. B 3. D 4. A 5. B 6. A 7. D 8. C 9. D 10. B 11. C 12. A
13. C 14. D 15. B 16. C 17. D 18. A 19. B 20. C 21. B 22. D

（二）多项选择题

1. ABCD 2. ABCDE 3. AC 4. ACD 5. ABCDE 6. ABCE 7. ABCE 8. DE
9. ABCD 10. ABCDE 11. ACE 12. ABDE 13. ADE 14. ADE 15. ABCDE
16. ABC 17. ABCDE 18. ABCD 19. AB 20. ABCDE 21. ACDE 22. CD
23. BDE

（三）判断题

1. × 2. √ 3. × 4. × 5. √ 6. √ 7. √ 8. × 9. × 10. × 11. ×
12. √ 13. √ 14. √ 15. × 16. √ 17. √ 18. √ 19. √ 20. √ 21. ×
22. √ 23. × 24. √ 25. √ 26. × 27. √

（四）计算题

1. 答 由于在资本需要额与产品产量之间存在线性关系，且有足够的历史资料，因此该公司适合使用回归分析法，预测模型为 $Y=a+bX$。整理出的回归方程数据计算表见表6-7。

表6-7　　　　　　　　　　回归方程数据计算表

年度	产销量 X（万件）	资本需要总额 Y（万元）	XY	X^2
2011	1.8	280	504	3.24
2012	4.5	480	2160	20.25
2013	7.7	610	4697	59.29
2014	9.2	730	6716	84.64
2015	6.8	600	4080	46.24
$n=5$	$\sum X=30$	$\sum Y=2700$	$\sum XY=18\ 157$	$\sum X^2=213.66$

然后计算不变资本总额和单位业务量所需要的可变资本额。将表6-7的数据代入下列联立方程组：

$$\begin{cases} \sum Y = na + b\sum X \\ \sum XY = a\sum X + b\sum X^2 \end{cases}$$

则

$$\begin{cases} 2700 = 5a + 30b \\ 18\ 157 = 30a + 213.66b \end{cases}$$

求得

$$\begin{cases} a = 191.16 \\ b = 58.14 \end{cases}$$

即不变资本总额为 191.16 万元,单位可变资本额为 58.14 万元。

其次,确定资本需要总额预测模型。将 $a=191.16$,$b=58.14$ 代入 $Y=a+bX$,得到预测模型为:

$$Y=191.16+58.14X$$

最后,计算资本需要总额。将 2016 年预计产销量 8.2 万件代入模型中,经计算,资本需要总额为:

$$191.16+58.14\times 8.2=667.91(万元)$$

2. 答 宏巨公司填制好的 2015 年预计利润表(简表)部分和 2015 年预计资产负债表(简表)部分如下:

表 6-8　　　　　　　　2015 年宏巨公司预计利润表(简表)　　　　　　　　(万元)

项目	2014 年实际数	占营业收入的比例(%)	2015 年预计数
营业收入	40 000	100.00	50 000
减:营业成本	25 000	62.50	31 250
营业税金及附加	4500	11.25	5625
销售费用	1900	4.75	2375
管理费用	1500	3.75	1875
财务费用	600	1.50	750
营业利润	6500	16.25	8125
加:投资收益	550	1.38	550
营业外收入	50	0.13	50
减:营业外支出	100	0.25	100
利润总额	7000	17.50	8750
减:所得税	1750		2187.5
税后净利	5250		6562.5

表 6-9　　　　　　　　2015 年宏巨公司预计资产负债表(简表)　　　　　　　　(万元)

项目	2014 年实际数	占营业收入的比例(%)	2015 年预计数
资产			
现金	20 000	50.00	25 000
应收账款	1000	2.50	1250
存货	86 000	215.00	107 500
固定资产	15 000		15 000
其他长期资产	2000		2000
资产合计	124 000		150 750
负债及所有者权益			
短期借款	5000	32.50	5000
应付票据	13 000	60.00	16 250

续表

项目	2014 年实际数	占营业收入的比例（%）	2015 年预计数
应付账款	24 000		30 000
长期负债	35 000		35 000
负债合计	77 000		86 250
实收资本	11 000		11 000
资本公积	23 000		23 000
盈余公积	7000		7000
未分配利润	6000		8625
所有者权益合计	47 000		49 625
追加外部筹资额			14 875
负债及所有者权益总额	124 000		150 750

宏巨公司 2015 年预测留用利润为：6562.5×40%＝2625（万元），

宏巨公司 2015 年预测外部筹资额为：150 750－8250－49 625＝14 875（万元），

其中资产合计 150 750（万元）＝50 000×（50%＋2.5%＋215%）＋15 000＋2000。

负债合计 86 250（万元）＝50 000×（32.5%＋60%）＋35 000＋5000，

所有者权益合计 49 625（万元）＝11 000＋23 000＋7000＋6000＋6562.5×40%。

若宏巨公司按照这两张预计财务报表中的数据分别作为 2015 年的利润预算和财务状况预算的对应数据，则宏巨公司 2015 年财务结构预算中的五项财务结构分别为：

资产期限结构＝流动资产÷全部资产＝133 750÷150 750＝88.72%，

债务资本期限结构＝流动负债÷全部负债＝51 250÷86 250＝59.42%，

全部资本属性结构＝全部负债÷全部资产＝86 250÷150 750＝57.21%，

长期资本属性结构＝长期负债÷（长期负债＋所有者权益）

＝35 000÷（35 000＋49 625）＝41.36%，

权益资本结构＝永久性所有者权益÷全部所有者权益

＝（11 000＋23 000＋7000）÷49 625＝82.62%。

假设在 2015 年，宏巨公司情况出现变化，那么宏巨公司 2015 年预测值将相应调整为：

资产总额＝150 750＋50 000×（220%－215%）＋2000＝155 250（万元）；

负债总额＝86 250－50 000×（60%－50%）＋1000＝82 250（万元）；

追加外部筹资额＝155 250－82 250－49 625＝23 375（万元）。

3. 答 （1）当市场利率为 6%时：

债券发行价格＝1000×（P/F，6%，5）＋80×（P/A，6%，5）＝1084（元）。

当市场利率为 8%时：

债券发行价格＝1000×（P/F，8%，5）＋80×（P/A，8%，5）＝1000（元）。

当市场利率为 10%时：

债券发行价格＝1000×（P/F，10%，5）＋80×（P/A，10%，5）＝924（元）。

（2）假设发行时的实际市场利率为10%，若某投资者购买该债券后保持至到期日，计算投资者购买该债券的到期收益率为：

$$到期收益率 = \frac{1000 \times 8\% + \frac{1000 - 924}{5}}{\frac{1000 + 924}{2}} \times 100\% = 9.9\%。$$

4. 答　融资租赁下：资产负债情况表变化见下表：

红星公司的资产负债表（简表）　　　　　　　　　　　（百万元）

资　　产		债务与股权	
现金	20	债务	150
财产、厂房和设备	255	股权	125

债务股权比率 = 150 ÷ 125 = 1.2。
经营租赁下资产负债表没有发生变化。
账面债务股权比率 = 70 ÷ 125 = 0.56。

5. 答　（1）实际利率 = 12%。
（2）实际利率 = 10% ÷ （1 − 15%） = 11.8%。
（3）实际利率 = 12 000 × 7% ÷ （12 000 ÷ 2） = 14%。
（4）实际利率 = 9% ÷ （1 − 9% − 10%） = 11.1%。
因此（4）的实际利率最低。

6. 答　（1）筹资前：
银行借款资本成本 = 10% × （1 − 25%） = 7.5%；
股权资本成本 = 1 × （1 + 5%） ÷ 10 + 5% = 15.5%。
（2）筹资后：
第一种情况，若单纯以银行借款融资，则：
银行借款成本 = 12% × （1 − 25%） = 9%，
股权成本 = 15.5%，
综合资本成本 = 800 ÷ 2100 × 7.5% + 100 ÷ 2100 × 9% + 1200 ÷ 2100 × 15.5% = 12.14%。
第二种情况，若单纯以发行股票筹资，则：
股权资本成本 = 2.1 ÷ 25 + 5% = 13.4%，
综合资本成本 = 800 ÷ 2100 × 7.5% + 1300 ÷ 2100 × 13.4% = 11.15%，
应该选择普通股筹资方式，此种筹资方式下，资本结构较优。

7. 答　计算每个公司的流动比率如下：
A公司的流动比率 = 22 000 ÷ 11 000 = 2.0；
B公司的流动比率 = 15 900 ÷ 17 700 = 0.9；
C公司的流动比率 = 30 000 ÷ 13 000 = 2.3。
结论：B公司采取激进型融资策略，流动资产主要由流动负债融资，在其他因素不变的情况下，利息支出比别的公司低；C公司采用稳健型融资策略，57%的流动资产通过长期筹资来解决，财务风险较低，但利息负担较重；A公司反映了行业平均水平，50%的流动资产由流动负债筹集，另外一半由长期资金来满足，是一种折中的筹资策略。

案例分析 1 答案

（1）私募股权投资（private equity，PE），是指投资于非上市股权，或者上市公司非公开交易股权的一种投资方式。私募股权投资的资金来源，既可以向社会不特定公众募集，也可以采取非公开发行方式，向有风险辨别和承受能力的机构或个人募集资金。

私募股权投资基金的投资方向是企业股权而非股票市场，即它购买的是股权而非股票。PE 的这个性质客观上决定了其投资回报周期较长。私募股权投资基金主要通过以下三种方式退出：一是上市（IPO）；二是被收购或与其他公司合并；三是重组。投资者需注意，私募股权投资基金与私募证券投资基金（也就是股民常讲的"私募基金"）是两种名称上容易混淆，但实质完全不同的两种基金。

私募股权投资基金的主要组织形式是有限合伙制，其中私人股权投资公司作为普通合伙人，基金整体作为有限合伙存在。基金主要从有限合伙人除募集款项，并由普通合伙人作出全部投资决策。基金在其存续周期中一般会做出 15～25 项不同的投资，每项投资的金额一般不超过基金总额的 10%。普通合伙人报酬的主要来源是基金管理费和业绩佣金（一般情况下，普通合伙人可获得基金总额的 2%～4%的年度管理佣金以及 20%的基金利润）。私人股权投资基金的投资回报率常超过 20%，如从事杠杆收购或早期投资则回报率有望更高。

（2）首次公开发行股票（initial public offerings，IPO），是指一家企业第一次将它的股份向公众出售。通常，上市公司的股份是根据向相应证监会出具的招股说明书或登记声明中约定的条款通过经纪商或做市商进行销售。一般来说，一旦首次公开上市完成后，这家公司就可以申请到证券交易所或报价系统挂牌交易。

对于企业为何要进行 IPO，学者提出了各种理论进行解释，比较有名的有以下三种理论：第一，生命周期理论。生命周期四个阶段即创业期、早期成长期、稳定成长期和成熟期。IPO 成为成长期中风险资本提出的最佳选择。一方面，通过二级市场实行股份转让，风险资本可以退出；另一方面，进入稳定发展期的企业也便于成为上市公司。所以，企业一般在成长期谋取上市。第二，控制权理论。这一理论认为企业上市能够给企业家提供资本扩张的平台。对于有风险资本支持的企业，企业家通过 IPO 从风险投资家手中重新获得控制权，同时 IPO 使得所有权更加分散，使得经理层不易被逐出公司。第三，价值提升理论。上市能够提升企业的竞争优势，增强其他投资者、顾客、债权人、供应商等对企业的信心。

IPO 的利弊：

大多数的企业都会发现随着公司的成长，规模的扩大，他们在筹资能力方面存在诸多限制，这时他们会倾向于通过 IPO 并在交易所挂牌交易成为上市公司，获得上市公司所具备的更强的融资能力和公司治理方面的优势。但是并不是所有的公司都适合上市，对于公司来说 IPO 有利也有弊。

上市的优势在于：第一，IPO 便于筹措新的资金。由于信息不对称、风险规避等因素的存在，私有化公司在筹措新资金时，可供其选择的融资方式十分有限。公司上市后，受到一些政府部门的监管，并执行有关财务披露和股票上市的很多规定，从而使以上影响问题大大减少，大众也乐意购买其发行的股票。第二，IPO 便于确定公司的价值。证券市场上，投资者认为企业的价值超过当时的市价，他就会购买，否则就会抛出股票，并且这种评估体系是相对比较好的。通过上市就可以知道自己公司的市场价值，便于经营者及时发现经营中的不足，及时调整经营方针，使企业稳定发展。第三，IPO便于原始股东分散投资风险。上市后，公司的创办人员可以将其持有的部分股票转售给其他投资者，再将他们所得资金投资到其他资产上去，如此一来，原来的股东就可以通过投资组合达到分散投资风险的目的。第四，IPO可以提高股权的变现能力。私有化公司的股权由于无法在股票市场上公开交易，因此变现能力差，上市后持有的股票可以公开交易，大大提高了股权的变现能力。

上市的不利之处有：第一，IPO会稀释原有股东的控制权。上市后，原有股东的控制权会被稀释，从而威胁到老股东对公司的控制，原来的控制者要想继续维持对公司的控制，可能要付出更高的成本。第二，维持上市地位需要支付很高的费用。上市公司必须依法定期将财务报表或有关报告提交给证券管理部门、政府主管机关及大众投资者，印制并发送这些报表的成本相当高昂，对于小公司而言，信息披露成本更是一种沉重的负担，从而加大公司成本的支出。第三，IPO后公司必须对外公开公司的经营状况与财务资料。对外公布公开的经营状况并制定出相应的应对策略。此外，法律规定，上市公司的一些内部人员，如公司的董事、经理及主要股东等，必须对外公布持有的公司股份，这就使这些人所拥有的财富因此而曝光。第四，降低公司决策的效率。上市后，公司决策时必须考虑到对股价等因素的影响，因此会降低决策的效率。

（3）对赌协议就是收购方（包括投资方）与出让方（包括融资方）在达成并购（或者融资）协议时，对于未来不确定的情况进行的一种约定。如果约定的条件出现，投资方可以行使一种权利；如果约定的条件不出现，融资方则行使一种权利。所以，对赌协议实际上就是期权的一种形式。

当时的对赌协议中的融资方为蒙牛乳业集团，投资方为摩根士丹利等三家国际投资机构，对赌协议于2003年签订，协议的主要内容：2003~2006年，如果蒙牛乳业集团业绩的复合增长率低于50%，以牛根生为首的蒙牛乳业集团管理层要向外资方赔偿7800万股蒙牛乳业集团股票，或以等值现金代价支付；反之，外方将蒙牛乳业集团股票赠予以牛根生为首的蒙牛乳业集团管理团队。结果蒙牛乳业集团业绩超额完成对赌协议的标的，蒙牛乳业集团高管获得了价值数十亿元股票，该对赌协议于2005年终止。

（4）2004年6月10日，蒙牛乳业集团在中国香港联交所实现上市，发售价定在最高端（3.925港元），发行新股2.5亿股。作为第一家在海外上市的内地乳制品企业，蒙牛乳业集团共募集国际资本13.74亿港元，约折合人民币14.56亿元。

第一轮资本运作。上市首日，PE机构即实现了退出收益，因为在蒙牛乳业集团IPO发行的3.5亿股股份中，2.5亿股为新股，另外1亿股则来自三家境外投资机构的资金减持。经此操作，境外资金已经收回大约3.9亿港元。

第二轮资本运作。在蒙牛乳业集团上市6个月之后的2004年12月16日，PE机构行使当时仅有的30%的换股权，获得1亿多股，同时，三公司以每股6.06港元的价格，减持1.68亿股股份，套现10.2亿港元。

第三轮资本运作。2005年6月13日，PE在剩余的70%可转债换股权刚刚到期三天，就迫不及待地转换成股份，并减持完成了第三次套现。此番，三家以每股4.95港元的价格，抛售了1.94亿股股份，又套现近10亿港元。

三次主要的资金退出后，PE机构还持有蒙牛乳业集团股份大约131万股，持股比例下降至不到总股本的0.1%。这是出于一项对三家机构在蒙牛乳业集团上市12个月至18个月之间的禁售协议限制,三家机构在未来半年还必须保留这些股份不能出售。

从2002年的初始正式投资,到2005年的主要退出,三家PE机构在对蒙牛乳业集团的投资中最终收益为20多亿港元,相比总投资的资金(约合4.78亿港元),回报率达到了500%。还有一个重要的隐含收益:PE机构获取了蒙牛乳业集团股份的认购权。2004年,三家国际投资机构取得了在十年内一次或分多批按每股净资产(摊薄前为1.24港元/股)购买上市公司股票的权利,这一权利显然也要算为PE机构的投资收益。

案例分析2答案

(1) N公司低成本筹资策略。N转债"附带公司的股票期权"和"回售条款"为N公司的低成本筹资策略提供了基本前提,即:发行的可转换债券附带了公司的股票期权,使其可转换债券的利率低于普通的公司债券;"附带回售条款"是对到期可转债持有者收益的保护性条款,附带回售条款的转债对投资者的吸引力更强。因此,"N转债"采用的是"变动"的票面利率,即:第一年为1%,以后逐年递增0.2%。而1998年8月3日发行可转债时的银行存款利率为4.3%,同期上市的国债票面利率为5.26%,N公司的现有长期债务(绝大部分为银行贷款)的年利率多在10%左右。由此可判断,"N转债"的票面利率是很低的,实现了低成本筹资的目的。

(2) N公司可转债发行时间决策。选择适宜的发债时机,是N公司取得成功的关键之一。一般来说,可转债的发行时机应该选择在宏观经济由谷底开始启动,股市由熊转牛时期为最佳时机。此时,宏观经济处于启动阶段,股市疲软,交易清淡,投资者对股权投资热情低下,发行可转债容易被市场认可,这样既能降低筹资成本,又能降低债券发行风险。N公司就是利用了投资者对股票投资的"淡季",成功地发行了1.5亿元人民币低成本可转债,这不仅为公司的各项扩大再生产建设项目及到期债筹集到所需资金,缓解了公司对资金的需求,而且突破了公司以前筹资渠道单一、简单依赖银行借款的被动局面。通过资本市场直接融资,实现了筹资渠道的多元化,还有助于公司资本结构的自然优化。当然,也不排除当公司经营出现困难时,投资者放弃股票期权,继续持有公司债券。这样,可转债的转换失败将导致公司的负债比率继续偏高,削减公司的再融资能力,在可转债缺乏"强制性转股条款"的情况下,将公司带来巨大的到期本还本压力,使公司承担的财务风险大大提高。

(3) N公司可转债票面利率决策,对于发行人来说,债券表面利率越低越好。由于可转债为投资者提供了一个可以将债权投资转换为股权投资的期权,使投资者有可能享受到公司股票溢价的好处。为此,发行人的确可以相应降低可转债的票面利率,使其低于普通债券利率,甚至低于银行利率。《可转换公司债券管理暂行办法》(以下简称《暂行办法》)第9条规定可转换公司债券的利率不超过银行同期存款的利率水平,但是企业也不可能一味地追求更低票面利率,因为票面利率低虽可降低资金成本,但会加大债券发行的风险,甚至可能导致发债的失败。作为"N转债",确定可转债票面利率第一年为1%,以后逐年递增0.2%,每年8月2日及到期日后的15个交易日内完成付息工作,当N公司股票未能在距可转债到期12个月(即2000年8月2日)以前上市,可转债持有人有权将持有的可转债全部或部分回售给N公司,回售价为可转债面值加上按年利率5.6%(该利率为单利)计算的4年期利息再减去公司已支付的利息,即按117.2元/张的价格回售,如果按照5年期利息兑付计算,其收益率可达 7%，高于同期的银行存款利率 5.22%，也高于 1998 年 7 月 3 日后凭证式国债同期利率 6.42%，显然，N 转债的票面利率选择很明智。

（4）N 公司可转债期限决策。《暂行办法》第 14 条规定："可转换公司债券的最短期限为 3 年，最长期限为 5 年"。发行公司可根据筹资用途、自身财务能力和《暂行办法》的规定，设计可转债的期限。因为如果可转债的期限过短，对于发行人来说，不仅不利于将所筹资金用于生产性部门和长期项目，而且还可能降低可转债转换成功的概率，加大公司还本付息的压力。为此，一般认为可转债期限偏长为宜。"N 转债"本次向社会公众公开发行的可转债预计可募集资金 14 258 万元，将投入由年产 5 万 t 扩建至 8 万 t 烧碱技改项目、由 5000t 扩建至 1000 万 t 三氯异氰尿酸项目和年产 2000 万 t AC 发泡剂技改项目，此外还用于偿还 1998 年度到期长期借款 6900 万元，以减轻烧碱由年产 5 万 t 扩建至年产 8 万 t 技改项目前期投入的财务费用负担。从投资回收期来看，前两项都在 5 年以内，只有第三项达到 5.66 年，但第三项投入募集资金占总募集资金的比重只有 6.71%，由此，"N 转债"以《暂行办法》所允许的上限（5 年）为期就是比较合理的。

第七章 资本成本与资本结构

一、学习目标

理解资本成本的概念、性质和作用,掌握资本成本的内容和计算方法;熟悉杠杆原理,掌握营业杠杆、财务杠杆和复合杠杆的内涵和计算方法;理解资本结构的含义和作用,掌握资本结构决策中的最佳资本结构选择方法等。

二、学习要点

（一）核心概念

（1）资本成本。资本成本是指企业为筹集和使用资本而付出的代价。资本成本有广义和狭义之分,其中广义的资本成本包括各种资本的资本成本;狭义的资本成本仅指长期资本的资本成本,它包括资本的取得成本和占用成本。

（2）综合资本成本。综合资本成本是以各种个别资本占全部资本的比重为权数,对个别资本成本进行加权平均确定的资本成本,又称加权平均资本成本或整体资本成本。

（3）边际资本成本。边际资本成本是企业追加筹措资本的成本,即每增加一个单位的资本而增加的成本。边际资本成本也是按加权平均法计算的,是追加筹资所使用的加权平均成本。速度越快,资产的使用效率越高,则资产营运能力越强;反之,营运能力就越差。

（4）营业杠杆。营业杠杆又称经营杠杆或营运杠杆,是企业在经营决策时对经营成本中固定成本的利用。运用营业杠杆,企业可以获得一定的营业杠杆利益,同时也承受相应的营业风险。

（5）营业杠杆利益。营业杠杆利益是指在其他条件不变的情况下,业务量的增加虽然不会改变固定成本总额,但会降低单位固定成本,提高单位利润,使息税前利润的增长率大于业务量的增长率,从而为企业创造更多的经济利益。

（6）营业风险。营业风险又称经营风险,是指在其他条件不变的情况下,业务量的减少虽然不会改变固定成本总额,但会提高单位固定成本,降低单位利润,使息税前利润的下降率大于业务量的增长率,从而给企业带来更大的营业风险。

（7）营业杠杆系数。营业杠杆系数又称营业杠杆程度,是息税前利润的变动率与业务量变动率之间的比率。

（8）财务杠杆。财务杠杆又称融资杠杆或资本杠杆,是企业在制定资本结构决策时对债务筹资的利用。运用财务杠杆,企业可以获得一定的财务杠杆利益,同时也承受相应的财务风险。

（9）财务杠杆利益。财务杠杆利益是指利用债务筹资这个杠杆而给股权资本带来的额外收益。在企业资本结构一定的条件下,企业从息税前利润中支付的债务利息（及优先股股息,下同）是相对固定的,当息税前利润增长时,每一元息税前利润所负担的债务利息就会相应的降低，使普通股的每股收益以更快的速度增长，从而给普通股股东带来更多的经济利益。

（10）财务风险。财务风险又称融资风险或筹资风险，是指在企业资本结构一定的条件下，企业从息税前利润中支付的债务利息是相对固定的，当息税前利润下降时，每一元息税前利润所负担的债务利息就会相应的增长，使普通股的每股收益以更快的速度下降，从而给企业带来更大的财务风险。

（11）财务杠杆系数。财务杠杆系数又称财务杠杆程度，是指普通股每股利润变动率（或普通股本利润率的变动率或非股份制企业的净资产利润率的变动率）与息税前利润变动率之间的比率。

（12）复合杠杆。复合杠杆又称联合杠杆，是指综合利用经营杠杆和财务杠杆给企业普通股股东收益造成的影响。

（13）资本结构。资本结构是指企业各种资本的构成及其比例关系。一个企业的资本结构既可以用各种资本的绝对数（金额）来表示，也可用各种资本的相对数（所占比例）来表示。资本结构有广义和狭义之分，广义的资本结构是指企业全部资本的构成；狭义的资本结构是指长期资本结构，即不包括短期资本。

（14）每股利润无差别点。每股利润无差别点是指两种资本结构下，每股收益相等时的息税前利润点（或销售额点），也称息税前利润平衡点或筹资无差别点。

（二）关键问题

1. 什么是资本成本？资本成本的作用有哪些？

资本成本是指企业为筹集和使用资本而付出的代价。资本成本有广义和狭义之分，其中广义的资本成本包括各种资本的资本成本；狭义的资本成本仅指长期资本的资本成本，它包括资本的取得成本和占用成本。

资本的取得成本是指企业在筹集资本过程中所发生的各种费用，也称之为筹资费，如发行股票、债券支付的印刷费、发行手续费、律师费、资信评估费、公证费、担保费、广告费和行政费用等。取得成本与筹资的次数相关，与所筹集资本的数量关系不大，一般属于一次性支付的固定成本。

资本的占用成本是指企业因占用资本而支付的费用，如普通股票的股利、优先股的股息、债券的利息和银行借款的利息等，资本占用成本具有经常性、定期性支付的特征，与筹资本额、使用期限的长短有关，可视为变动成本。

资本成本是财务管理中的重要概念，它在企业筹资决策和投资决策中具有重要作用。

（1）资本成本在企业筹资决策中的作用。不同的资本来源，具有不同的资本成本。企业为了以较少的支出取得企业所需要的资本，就必须认真分析各种资本成本的高低。因此，资本成本对企业筹资决策具有重大影响，是筹资决策时需要考虑的首要问题，其作用具体表现在以下四个方面：

1）资本成本是企业选择资本来源的基本依据。企业的资本可以从不同的来源渠道来筹集，企业究竟选择何种来源渠道，首先要考虑各种来源渠道所筹集资本的资本成本。

2）资本成本是企业选用筹资方式的参考因素。企业在筹集资本时，可选用不同的筹资方式，如发行股票、债券和向银行借款等。企业最终选择何种方式，必须充分考虑资本成本这一因素。

3）资本成本是影响企业筹资总额的重要因素。即使通过同一资本来源渠道，采用同一筹资方式来筹集资本，资本成本也会随着筹资总额的变动而变动。因此，企业必须根据自身的经营需要，在不超过企业资本成本的承受限度内，合理确定筹资总额，节约使用资本。

4）资本成本是确定最优资本结构的主要依据。一个企业的资本结构是否合理，是否达到最优状态，不仅要看企业的财务风险，还要看企业的资本成本，最优的资本结构必然是资本成本低、财务风险小和企业价值高。

（2）资本成本在投资决策中的作用。资本成本是评价投资方案和进行投资决策的重要标准。对多个相容的投资项目进行评价时，只要预期投资报酬率大于资本成本，则该投资项目就具有经济上的可行性；对多个不相容投资项目进行评价时，可以将各自投资报酬率与其资本成本相比较，其中正差额最大的项目是效益最高的，应予以首选。因此，资本成本是企业投资项目的"最低收益率"，或者是判断投资项目可行性的"取舍率"。

（3）资本成本是评价企业经营业绩的重要依据。资本成本是企业使用资本应获得收益的最低界限。资本成本的高低不仅能反映企业资本管理人员的管理水平，还可以用于衡量企业整体的经营业绩，反映企业整体的经营理念。

2. 试比较长期借款、债券和普通股三种筹资方式资本成本的大小。

（1）长期借款成本。长期借款指借款期在5年以上的借款，其成本包括两部分，即借款利息和借款费用。一般来说，借款利息和借款费用高，会导致筹资成本高，但因为符合规定的借款利息和借款费用可以计入税前成本费用扣除或摊销，所以能起到抵税作用。长期借款的筹资费用率一般比较低，远低于债券。

（2）债券的资本成本。发行债券的成本主要指债券利息和筹资费用。债券利息的处理与长期借款利息的处理相同，即可以在所得税前扣除，应以税后的债务成本为计算依据。由于债券利息和筹资费用可以在所得税前扣除，企业可以少缴所得税。若债券溢价或折价发行，为更精确地计算资本成本，应以实际发行价格作为债券筹资额。

（3）普通股的资本成本。企业发行股票筹集资本，普通股成本一般按照"股利增长模型法"计算。发行股票的筹资费用较高，在计算资本成本时要考虑筹资费用。企业发行股票筹集资本，发行费用可以在企业所得税前扣除，但资本占用费即普通股股利必须在所得税后分配，相应增高了成本。因此，三种筹资方式依资本成本从低到高依次排序为长期借款、债券和普通股。

3. 计算综合资本成本时权数的确定形式有哪些？各有何优缺点？

计算综合资本成本的关键是权数的确定，即以个别资本的何种价值来确定个别资本成本的权数的问题。现主要介绍以下四种价值形式：

（1）按账面价值确定权数。按个别资本的账面价值来确定权数的优点是资料容易取得，可以直接从资产负债表的右方得到。其缺点是账面价值反映的是过去的资本结构，不适应未来的筹资决策；当债券和股票市场价格脱离账面价值较大时，影响计算结果的准确性。

（2）按现行市价确定权数。按个别资本的现行市价来确定权数的优点是能够反映实际的资本成本。其缺点是现行市价经常处于变动之中，不易取得；现行市价只反映现实的资本结构，也不适应未来的筹资决策。

（3）按目标价值确定权数。按目标价值确定权数就是以未来预计的目标市场价值来确定权数。这种价值形式计算的综合资本成本，对企业筹措新资本，反映期望的资本结构是非常有益的。其不足之处就在于目标价值的确定难免有主观性。

（4）按修正的账面价值确定权数。按修正的账面价值确定权数就是以各个别资本的账面价值为基础，根据债券和股票的市价脱离账面价值的程度，适当对账面价值予以修正，据以计算权数的一种形式。这种方法能比较好地反映实际资本成本和资本结构，但修正时也往往带有一些主观性。

4. 什么是每股利润无差别点？如何计算每股利润无差别点？如何利用其进行决策？

每股利润无差别点是指两种资本结构下，每股收益相等时的息税前利润点（或销售额点），也称息税前利润平衡点或筹资无差别点。其计算公式为：

$$\frac{(\overline{EBIT}-I_1)(1-T)}{N_1}=\frac{(\overline{EBIT}-I_2)(1-T)}{N_2}$$

或

$$\frac{(\overline{S}-VC-F-I_1)(1-T)}{N_1}=\frac{(\overline{S}-VC-F-I_2)(1-T)}{N_2}$$

式中　$\overline{EBIT}$——每股利润无差别点或息税前利润平衡点；

$\overline{S}$——每股利润无差别点的销售额；

I_1、I_2——两种资本结构下的长期债务年利息；

N_1、N_2——两种资本结构下的普通股股数。

当预期息税前利润（或销售额）大于每股利润无差别点时，资本结构中债务比重高的方案为较优方案；当预期息税前利润（或销售额）小于每股利润无差别点时，资本结构中债务比重低的方案为较优方案。这种方法侧重于从资本产出的角度对资本结构进行优化选择分析，每股利润无差别点是最佳资本结构决策的一种有效方法。

5. 企业应如何衡量和规避财务风险？

财务风险又称融资风险或筹资风险，是指在企业资本结构一定的条件下，企业从息税前利润中支付的债务利息是相对固定的，当息税前利润下降时，每一元息税前利润所负担的债务利息就会相应地增长，使普通股的每股收益以更快的速度下降，从而给企业带来更大的风险。财务风险一般用财务杠杆系数来衡量，即用普通股每股利润变动率（或普通股本利润率的变动率或非股份制企业的净资产利润率的变动率）与息税前利润变动率之间的比率来衡量。

财务杠杆系数越大，对财务杠杆利益的影响就越强，财务风险也就越高。因此，企业所有者为了规避财务风险，往往要适当调整资本结构，降低债务资本比率，以降低财务杠杆系数，以达到降低财务风险的目的。

6. 什么是企业的最佳资本结构？最佳资本结构的选择的方法有哪些？

在我国，最佳资本结构是指企业在一定条件下，使企业的加权平均资本成本最低，企业价值最大的资本结构。在西方国家，主要有MM理论和权衡理论。MM理论认为：在无公司税的情况下，资本结构不影响企业价值和资本成本；在有公司税的情况下，负债会因税赋节约而增加企业价值，负债越多，企业价值越大，权益资本的所有者获得的收益也越大。权衡理论认为：负债企业的价值等于无负债企业价值加上税赋节约，减去预期财务拮据成本（指因财务拮据而发生的成本）的现值和代理成本（指为处理股东和经理之间，债券持有者与经理之间的关系而发生的成本，即监督成本）的现值。最优资本结构存在于税赋节约与财务拮据成本和代理成本相互平衡的点上。

最佳资本结构的选择可用下面几种方法：

（1）每股利润分析法。资本结构是否合理，可以通过每股利润的变化进行分析。一般情况下，凡是能够提高每股利润的资本结构是合理的；反之，则认为是不合理的。然而，每股利润的高低，不仅要受资本结构的影响，还要受销售收入的影响。要处理这三者的关系，则必须运用"每股利润无差别点"的方法来分析。每股利润无差别点是指两种资本结构下，每股收益相等时的息税前利润点（或销售额点），也称息税前利润平衡点或筹资无差别点。当预期息税前利润（或销售额）大于（小于）该无差别点时，资本结构中债务比重高（低）的方案为较优方案。这种方法侧重于从资本的产出角度进行分析。

（2）综合资本成本比较法。综合资本成本比较法是指计算和比较企业的各种可能的筹资组合方案的综合资本成本，从中选择综合资本最低的方案为资本结构的最优方案。这种方法计算简便，但只从资本投入的角度对资本结构进行优选分析，较为片面。因此，这种方法在实际应用时还应考虑企业的其他因素，对上述分析结果进行修正。

（3）综合分析法。每股利润分析法与综合资本成本比较法都没有考虑风险因素，显然是不够全面合理的。综合分析法正好克服了这个缺点，是将综合资本成本、企业总价值和风险综合考虑进行资本结构决策的一种方法。

（4）因素分析法。在实际工作中，通过计算准确地确定最佳资本结构几乎是不可能的，其主要原因是选择企业的资本结构不仅要在风险和报酬之间进行权衡，还要认真考虑影响资本结构的其他因素，并根据这些因素的定性分析来合理的确定企业的资本结构。因为采用这种方法时，关键是要科学地分析影响资本结构的各种因素，所以通常把这种方法称为因素分析法。

三、学习重点与难点

（一）学习重点

本章学习重点是，通过学习使学生掌握个别资本成本、综合资本成本和边际资本成本的计算分析方法；掌握营业杠杆、财务杠杆和复合杠杆的计算分析方法；掌握资本结构决策的分析方法。

（二）学习难点

本章的学习难点是边际资本成本的理解和计算；营业杠杆系数、财务杠杆系数和复合杠杆系数的含义、计算方法及其之间的关系；最佳资本结构的决策方法及选择。

四、练习题

（一）单项选择题

1. 下列筹资方式的资金成本计算中，不必考虑筹资费用影响的是（   ）。
   A. 长期借款   B. 债券   C. 留存收益   D. 普通股
2. 一般情况下，下列筹资方式中，资金成本最低的是（   ）。
   A. 发行优先股   B. 发行债券   C. 长期借款   D. 发行普通股
3. 某公司发行总面额为 300 万元的 5 年期债券，票面利率为 10%，发行费用率为 5%，公司所得税率为 25%。该债券采用溢价发行，发行价格为 350 万元，该债券的资金成本为（   ）。
   A. 6.11%   B. 6.43%   C. 8.14%   D. 8.57%

4. 某公司发行普通股 500 万元，每股面值 1 元，发行价格为 10 元，筹资费率为 5%，预计第一年年末每股发放股利为 0.5 元，以后每年增长 5%，则该普通股成本为（　　）。
   A. 10%　　　　　B. 10.26%　　　　　C. 11.26%　　　　　D. 12.26%

5. 公司增发的普通股的市价为 15 元/股，筹资费用率为 6%，最近发放的股利为每股 0.80 元，已知该股票的资金成本率为 13%，则该股票的股利年增长率为（　　）。
   A. 6%　　　　　B. 6.89%　　　　　C. 6.93%　　　　　D. 7.28%

6. 某公司发行普通股股票，上年股利率为 12%，预计股利每年增长 4%，筹资费率为 5%，所得税率为 25%。该公司年末留存未分配利润用作发展之需，则该笔留存收益的成本率为（　　）。
   A. 15.86%　　　B. 16%　　　　　C. 16.48%　　　　D. 17.14%

7. 某企业负债的市场价值为 4800 万元，股东权益的市场价值为 5200 万元。债务的平均利率为 9.5%，β 系数为 1.25，所得税税率为 25%，市场平均风险收益率是 8%，国库券利率为 3%，则加权平均资本成本为（　　）。
   A. 8.15%　　　　B. 8.23%　　　　　C. 9.37%　　　　　D. 10.55%

8. 企业在追加筹资时，需要计算（　　）。
   A. 个别资本成本　　　　　　　B. 综合资本成本
   C. 边际资本成本　　　　　　　D. 平均资本成本

9. 企业全部资本中，权益资本与债务资本各占 50%，则企业（　　）。
   A. 只存在经营风险　　　　　　B. 只存在财务风险
   C. 经营风险和财务风险可以相互抵消　　D. 存在经营风险和财务风险

10. 下列关于经营杠杆系数的说法，正确的是（　　）。
    A. 在产销量相关范围内，提高单位变动成本，可降低企业经营风险
    B. 在相关范围内，提高产销量，会加大经营风险
    C. 在相关范围内，经营杠杆系数与产销量呈反方向变动
    D. 对某一特定企业而言，经营杠杆系数是固定的，不随产销量的变动而变动

11. 在正常经营情况下，只要企业存在固定成本，那么经营杠杆系数必然（　　）。
    A. 大于 1　　　　B. 小于 1　　　　　C. 等于 1　　　　　D. 等于 0

12. 某公司的经营杠杆系数为 2，预计销售量将增长 8%，在其他条件不变的情况下，息税前利润将增长（　　）。
    A. 4%　　　　　B. 8%　　　　　　C. 16%　　　　　　D. 20%

13. 某公司全部资本为 200 万元，负债比率为 50%，负债利率 8%；当销售额为 110 万元时，息税前利润为 24 万元，则该公司的财务杠杆系数为（　　）。
    A. 1.5　　　　　B. 2　　　　　　　C. 2.5　　　　　　D. 3

14. 财务杠杆系数同企业资本结构密切相关，须支付固定资金成本的债务资金所占比重越大，企业的财务杠杆系数（　　）。
    A. 越小　　　　B. 越大　　　　　C. 不变　　　　　D. 不确定

15. 某企业本期财务杠杆系数为 1.6，本期息税前的利润为 600 万元，则本期实际利息费用为（　　）。
    A. 375　　　　　B. 360　　　　　　C. 300　　　　　　D. 225

16. 财务杠杆影响企业的是（　　）。
   A. 税前利润　　　　B. 税后利润　　　　C. 息税前利润　　　　D. 财务费用
17. 某公司的权益和负债筹资额的比例为 5∶4，负债增加在 80 万以内时，综合资金成本率为 9%。当资金成本和资本结构不变，增加 80 万的负债时，筹资突破点为（　　）万元。
   A. 180　　　　　　B. 200　　　　　　C. 225　　　　　　D. 300
18. 经营杠杆系数（DOL）、财务杠杆系数（DFL）和复合杠杆系数（DCL）之间的关系是（　　）。
   A. $DCL=DOL-DFL$　　　　　　B. $DCL=DOL+DFL$
   C. $DCL=DOL\times DFL$　　　　　　D. $DCL=DOL/DFL$
19. 最佳资本结构是指企业在一定条件下（　　）。
   A. 企业价值最大的资本结构
   B. 企业目标资本结构
   C. 加权平均资金成本最低的资本结构
   D. 加权平均资金成本最低，企业价值最大的资本结构
20. 当预计息税前利润大于每股利润无差异点时，较为有利的筹资选择是（　　）。
   A. 负债　　　　　　　　　　　　B. 权益
   C. 负债或权益均可　　　　　　　D. 无法确定

（二）多项选择题
1. 狭义的资本成本仅指长期资本的资本成本，它包括资本的（　　）。
   A. 取得成本　　　B. 固定成本　　　C. 变动成本　　　D. 占用成本
2. 资本的取得成本是指企业在筹集资本过程中所发生的各种费用，也称之为筹资费，如一般包括（　　）。
   A. 发行股票、债券支付的印刷费　　　　B. 发行手续费
   C. 律师费　　　　　　　　　　　　　　D. 债券利息
3. 计算个别资本成本时，需要考虑所得税抵减作用的筹资方式有（　　）。
   A. 长期借款　　　B. 债券　　　　　C. 优先股　　　　D. 普通股
4. 普通股成本的计算方法通常有（　　）。
   A. 评价法　　　　　　　　　　　B. β 系数法
   C. 风险溢价法　　　　　　　　　D. 历史报酬率法
5. 下列各项中，会直接影响综合资本成本的有（　　）。
   A. 个别资本成本　　　　　　　　B. β 系数
   C. 筹资速度　　　　　　　　　　D. 各种资本占全部资本的比重
6. 在企业资本结构中，适当安排负债资金，可使企业（　　）。
   A. 降低资本成本　　　　　　　　B. 加大财务风险
   C. 扩大销售规模　　　　　　　　D. 发挥财务杠杆的作用
7. 复合杠杆的作用在于（　　）。
   A. 用来估计销售变动对税息前利润的影响
   B. 用来估计销售变动对每股利润造成的影响
   C. 揭示经营杠杆与财务杠杆之间的相互关系

D. 用来估计税息前利润变动对每股利润造成的影响

8. 某企业的资金总额中长期借款占15%，其中：当长期借款在4.5万元以内时，借款的资本成本为3%；当长期借款在4.5～9万元时，借款的资本成本为5%；当长期借款在9万元以上时，借款的资本成本为7%。则其筹资突破点分别为（　　）元。
   A. 30万元　　　　B. 60万元　　　　C. 150万元　　　　D. 180万元

9. 下列各项中，可用于确定企业最佳资本结构的方法主要有（　　）。
   A. 高低点法　　　　　　　　　　B. 每股利润无差别点法
   C. 综合资本成本比较法　　　　　D. 综合分析法

10. 如果企业调整资本结构，则企业的资产总额（　　）。
    A. 可能同时增加　　　　　　　　B. 可能同时减少
    C. 可能保持不变　　　　　　　　D. 一定会发生变动

11. 利用每股利润无差别点进行企业资本结构分析时（　　）。
    A. 当预计销售额高于每股利润无差别点时，采用负债筹资方式比采用权益筹资方式有利
    B. 当预计销售额低于每股利润无差别点时，采用权益筹资方式比采用负债筹资方式有利
    C. 当预计销售额低于每股利润无差别点时，采用负债筹资方式比采用权益筹资方式有利
    D. 当预计销售额等于每股利润无差别点时，两种筹资方式报酬率相同

12. 下列指标可以用来衡量财务风险大小的有（　　）。
    A. 经营杠杆系数　　　　　　　　B. 财务杠杆系数
    C. 息税前利润的标准离差　　　　D. 每股利润的标准离差

13. 下列有关杠杆的表述正确的有（　　）。
    A. 经营杠杆表明销量变动对息税前利润变动的影响
    B. 财务杠杆表明息税前利润变动对每股利润的影响
    C. 复合杠杆表明销量变动对每股利润的影响
    D. 经营杠杆系数、财务杠杆系数以及复合杠杆系数恒大于1

14. 比较资金成本法（　　）。
    A. 根据加权平均资金成本的高低来确定最优资本结构
    B. 考虑了风险因素
    C. 根据每股利润最高来确定最优资金结构
    D. 根据个别资金成本的高低来确定最优资金结构

15. 下列有关资金结构的表述正确的有（　　）。
    A. 企业资金结构应同资产结构相适应
    B. 资金结构变动不会引起资金总额的变动
    C. 资金成本是市场经济条件下，资金所有权与使用权相分离的产物
    D. 因素分析法是一种定性分析法

16. 企业如果调整资本结构则会影响（　　）。
    A. 财务风险　　　　B. 经营风险　　　　C. 资金成本　　　　D. 融资弹性

17. 在其他因素不变的情况下，固定成本越高，则（　　）。
    A. 经营杠杆系数越小　　　　　　B. 经营风险越大
    C. 经营杠杆系数越大　　　　　　D. 经营风险越小

（三）判断题

1. 资本成本不仅包括资金时间价值，而且还包括风险价值、筹资费用等因素的影响。（   ）

2. 通过同一资本来源渠道或采用同一筹资方式来筹集资本，资本成本不会随着筹资总额的变动而变动。（   ）

3. 如果预期通货膨胀水平上升，由于货币购买力下降，因此企业资本成本也会降低。（   ）

4. 资本成本是企业使用资本应获得收益的最低界限。（   ）

5. 普通股股东对企业的投资风险大于债券投资者，因而会在债券投资者要求的收益率上再要求一定的风险溢价。（   ）

6. 计算加权平均资本成本时，可以有三种权数，即账面价值权数、市场价值权数和目标价值权数，其中账面价值权数既方便又可靠。（   ）

7. 由于经营杠杆的作用，当息税前利润下降时，普通股每股利润会下降得更快。（   ）

8. 当债务资本比率较高时，经营风险较大。（   ）

9. 企业一般可以通过增加销售额、增加产品单位变动成本和降低固定成本比重等措施降低经营风险。（   ）

10. 只要在企业的筹资方式中有固定财务支出的债务，就存在财务杠杆作用。（   ）

11. 企业最优资本结构是指在一定条件下使企业自有资金成本最低的资本结构。（   ）

12. 企业进行筹资和投资决策时，须计算的企业综合资本成本为各种资本成本之和。（   ）

13. 当固定成本为零或业务量为无穷大时，息税前利润的变动率应等于产销量的变动率。（   ）

14. 每股利润无差别点进行最优资本结构决策方法侧重于从资本的投入角度进行分析。（   ）

15. 综合分析法是将综合资本成本、企业总价值及风险综合考虑进行资本结构决策的一种方法。（   ）

（四）计算题

1. 某公司计划通过多种筹资方式筹集资本共 1000 万元，公司所得税税率为 25%。具体筹资情况如下：

向银行借款 200 万元，借款年利率为 8%，手续费率 2%；按面值发行 5 年期利率为 10% 的债券 300 万元，溢价发行，实际筹得资金 350 万元，发行费率为 3%；发行普通股 20 万股，每股市价 20 元，筹资费率为 6%，上一年每股股利为 1.8 元，预计以后每年增长 5%；其余所需资金通过留存收益取得。要求：

（1）分别计算上述每种筹资方式的个别资本成本。

（2）计算该公司筹资的综合资本成本。

2. 某公司目前的资本结构为长期债券 800 万元，普通股 1000 万元，留存收益 200 万元，公司所得税税率为 25%。其他有关信息如下：公司债券面值为 100 元，票面利率为 10%，期限为 10 年，每年付息一次，到期还本，发行价为 95 元，发行费率为 4%；普通股的 β 系数为 1.8，国库券的利率为 5%，股票的市场风险附加率为 6%；由于股东比债权人承担更大的风险所要求的风险溢价为7%。要求：

(1) 按准确的方法计算债券的税后资本成本（提示：介于8%～9%之间）。

(2) 按照资本资产定价模型计算普通股成本。

(3) 按照风险溢价法计算留存收益成本。

(4) 计算加权平均资本成本（计算时单项资本成本百分数保留2位小数）。

3. 某公司拟追加筹资，并要求维持目前的目标资本结构。随着筹资数额的增加，各种资本的个别资金成本变化情况见表7–1。

表7–1　　　　　　　　某公司个别资金成本变化情况

资本种类	目标资本结构（%）	新筹资额（万元）	资本成本（%）
长期债券	40	15以下	8
		15～30	9
		30以上	10
普通股	60	30以下	14
		30～60	15
		60以上	16

请计算各筹资分界点及相应各筹资范围的边际资金成本。

4. 某公司某年的净利润为750万元，全年固定成本总额为1700万元，所得税税率为25%，计算得出该公司财务杠杆系数为1.85。要求：

(1) 计算该年利润总额、息税前利润和利息总额。

(2) 计算该年经营杠杆系数和复合杠杆系数。

5. 某企业某年资产总额为1500万元，资产负债率为40%，负债平均利息率7%，实现的销售收入为1200万，全部的固定成本和费用为260万元，变动成本率为30%。若预计下一年销售收入将提高20%，其他条件不变。要求：

(1) 计算 DOL、DFL、DCL。

(2) 预计下一年的每股利润增长率。

6. 某公司现有资金800万元，其中债务资本300万元（每年负担利息30万元）普通股资本500万元（每股面值50元）。由于业务需要需追加筹资400万元，其筹资方案有两个：方案一是全部发行普通股，具体是增发8万股，每股面值50元；方案二是全部筹借长期债务，筹得的债务利率为12%，所得税率为25%。请确定每股利润无差别点的息税前利润，并做出筹资决策。

7. 某公司现拥有资金2000万元，其中，长期借款1000万元，年利率10%；普通股1000万元，上年支付的每股股利为2元，预计股利增长率为6%，发行价格20元，现价格为20元。该公司拟筹集资金300万元，企业所得税率为25%，有两种筹资方案可供选择：方案一是增加长期借款300万元，借款利率上升到12%，假设其他条件不变；方案二是增发普通股12万股，普通股市价增加到每股25元。要求：

(1) 计算该公司筹资前加权平均资本成本。

(2) 用比较资金成本法确定该公司最佳资本结构。

五、练习题参考答案

（一）单项选择题

1. C 2. C 3. A 4. B 5. C 6. C 7. B 8. C 9. D 10. C 11. A 12. C
13. A 14. B 15. D 16. B 17. A 18. C 19. D 20. A

（二）多项选择题

1. AD 2. ABCD 3. AB 4. ABCD 5. AD 6. ABD 7. BC 8. AB 9. BCD
10. ABC 11. ABD 12. BD 13. ABC 14. AB 15. ACD 16. ACD 17. BC

（三）判断题

1. √ 2. × 3. × 4. √ 5. √ 6. × 7. × 8. × 9. × 10. √ 11. ×
12. × 13. √ 14. × 15. √

（四）计算题

1. 答 （1）银行借款的资金成本 = 8% × （1 − 25%） / （1 − 3%） = 6.19%，

债券的资金成本 = 300 × 10% × （1 − 25%） / （350 × （1 − 3%）） = 6.63%，

普通股的资金成本 = （1.8 × （1 + 5%） / 20 × （1 − 6%）） + 5% = 15.05%，

留存收益的资金成本 = （1.8 × （1 + 5%）） / 20 + 5% = 14.45%。

（2）该公司筹资的综合资本成本 = 6.19% × 20% + 6.63% × 30% + 15.05% × 40% + 14.45% × 10% = 10.69%。

2. 答 （1）95 × （1 − 3%） = 100 × 10% × （1 − 25%） × （P/A, K, 10） + 100 × （P/S, K, 10），

　　　　　92.15 = 7.5 × （P/A, K, 10） + 100 × （P/S, K, 10），

由于 7.5 × （P/A, 8%, 10） + 100 × （P/S, 8%, 10） = 7.5 × 6.710 + 100 × 0.463 = 96.625，

7.5 × （P/A, 9%, 10） + 100 × （P/S, 9%, 10） = 7.5 × 6.418 + 100 × 0.422 = 90.335，

所以 （K − 8%） / （9% − 8%） = （92.15 − 96.625） / （90.335 − 96.625），

解得债券的税后成本 K = 8.71%。

（2）普通股成本 = 5% + 1.8 × 6% = 15.8%。

（3）留存收益成本 = 8.71% + 7% = 15.71%。

（4）资本总额 = 800 + 1000 + 200 = 2000（万元）。

加权平均资本成本 = 800/2000 × 8.71% + 1000/2000 × 15.8% + 200/2000 × 14.91% = 12.88%。

3. 答 （1）债券的筹资分界点 = 15/40% = 37.5（万元），

债券的筹资分界点 = 30/40% = 75（万元），

普通股的筹资分界点 = 30/60% = 50（万元），

普通股的筹资分界点 = 60/60% = 100（万元）。

（2）各筹资范围及边际资本成本见下表：

各筹资范围的边际资本成本计算表

筹资总额（万元）	资本种类	资本结构（%）	资本成本（%）	边际资本成本（%）	
37.5 以下	长期债券	40	8	8 × 40% = 3.2	11.6
	普通股	60	14	14 × 60% = 8.4	
37.5～50	长期债券	40	9	9 × 40% = 3.6	12.0
	普通股	60	14	14 × 60% = 8.4	

续表

筹资总额（万元）	资本种类	资本结构（%）	资本成本（%）	边际资本成本（%）	
50～75	长期债券 普通股	40 60	9 15	9×40%=3.6 15×60%=9.0	12.6
75～100	长期债券 普通股	40 60	10 15	10×40%=4.0 15×60%=9.0	13.0
100以上	长期债券 普通股	40 60	10 16	10×40%=4.0 16×60%=9.6	13.6

4. 答 （1）2016年利润总额=750÷（1-25%）=1000（万元），

$EBIT \div (EBIT-I) = DFL$，

$EBIT \div 1000 = 1.85$，

息税前利润 $EBIT = 1850$（万元），

利息总额 $I = 1850 - 1000 = 850$（万元）。

（2）经营杠杆系数=（1850+1700）÷1850=1.92

复合杠杆系数=1.92×1.85=3.55

5. 答 （1）年利息=1500×40%×7%=42，

固定成本=260-42=218（万元），

息税前利润 $EBIT = 1200 - 1200 \times 30\% - 218 = 622$（万元），

$DOL = (1200 - 1200 \times 30\%)/(1200 - 1200 \times 30\% - 218) = 1.35$ 或 $(622+218)/622 = 1.35$，

$DFL = 622/(622-42) = 1.07$，

$DCL = 1.35 \times 1.07 = 1.44$。

（2）每股利润增长率=1.44×20%=28.8%。

6. 答 根据公式：

（息税前利润-方案一的利息）×（1-25%）/方案一流通在外的普通股股数

=（息税前利润-方案二的利息）×（1-25%）/方案二流通在外的普通股股数

将有关数据代入式中：

（息税前利润-30）×（1-25%）/18=（息税前利润-30-400×12%）×（1-25%）/10

解得每股利润无差别点的息税前利润=138（万元）。

此时的每股利润=（138-78）×（1-25%）/10=4.5（元）。

根据计算，该公司当预计下一年的息税前利润高于138万元（每股利润无差别点的息税前利润）时，应采用方案二的负债筹资方式，以获得高于4.5元的每股利润；当息税前利润低于138万元时，应采用方案一的权益筹资方式，以获得高于4.5元的每股利润。

7. 答 （1）目前资金结构为：长期借款和普通股各占50%，

借款成本=10%×（1-25%）=7.5%，

普通股成本=2×（1+6%）÷20+6%=16.6%，

加权平均资金成本=7.5%×50%+16.6%×50%=12.05%。

（2）方案一：新借款成本=12%×（1-25%）=9%，

增加借款筹资方案的加权平均资本成本=7.5%×（1000/2300）+16.6%×（1000/2300）+

9%×（300/2300）=11.65%。

方案二：普通股资金成本=［2×（1+6%）］/25+6%=14.48%。

增加普通股筹资方案的加权平均资本成本=7.5%×（1000/2300）+14.48%×（1000+300）/2300=11.45%。

故该公司应选择方案二，增发普通股筹资。

第八章 项目投资管理

一、学习目标

通过本章的学习，应理解项目投资的相关概念，了解项目管理的基本内容，掌握项目投资财务可行性评估的基本程序；掌握投资现金流量的内容和估算方法；掌握各种折现，非折现评价指标的含义、特点及计算方法；掌握项目投资的风险分析方法。熟悉项目投资决策指标的含义与类型；熟悉项目投资决策评价指标在不同情况下的具体运用。

二、学习要点

（一）核心概念

（1）项目。项目是指在特定条件下，具有特定目标的一次性工作任务。

（2）固定资产投资。一般企业而言，其项目投资通常可以分为以新增生产能力为目的新建项目投资。而新建项目按其涉及内容进一步细分为单纯的固定资产项目投资。

（3）初始现金流量。初始现金流量是指在项目投资建设期内发生的现金流量。

（4）营业现金流量。营业现金流量是指项目建成投产后，在其使用周期内由于生产经营所带来的现金流入和流出的数量。这种现金流量通常按年计算。

（5）营业成本。营业成本是指企业为取得收入而付出的代价。

（6）付现成本。付现成本是指企业为取得营业收入而发生的成本中，当年实际支付现金的部分。

（7）终结现金流量。终结现金流量是指投资项目在清理报废或变卖时所发生的现金流入和流出增加的数量。

（8）现金流入量。一个投资项目的现金流入量是指投资项目所引起的企业现金流入增加的数量，如生产经营引起的营业现金流入、项目清理时的残值收入。

（9）现金流出量。现金流出量是指投资项目所引起的企业现金流出增加的数量。如项目建设期内为购建固定资产而发生的款项支出、项目投产前投入的垫支营运资金等。

（10）现金净流量。现金净流量是指一定期间项目引起的企业现金流入量与现金流出量之间的差额。这里所说的"一定期间"通常指一年内，有时指投资项目持续的整个年限内。

（11）净现值。净现值是指特定方案未来现金流入的现值与未来现金流出的现值之间的差额。

（12）净现值法。净现值法使用净现值作为评价方案优劣的指标。所谓净现值，是指特定方案未来现金流入的现值与未来现金流出的现值之间的差额。按照这种方法，所有未来现金流入和流出都要按预定贴现率折算成它们的现值，然后再计算它们的差额。如果净现值为正数，即贴现后的现金流入大于贴现后的现金流出，表明该投资项目的实际报酬率大于预定的贴现率。如果净现值为零，即贴现后的现金流入等于贴现后的现金流出，表明该投资项目的实际报酬率相当于预定的贴现率。如果净现值为负数，即贴现后的现金流入小于贴现后的现金流出，表明该投资项目的实际报酬率小于预定的贴现率。

（13）内含报酬率。内含报酬率是指能够使未来现金流入量现值等于未来现金流出量现值的贴现率，或者说是使投资方案净现值为零的贴现率，即投资项目的实际报酬率。

（14）现值指数。现值指数是指未来现金流入量的现值与现金流出量的现值的比率，也称现值比率、获利指数和贴现后收益–成本比率等。

（15）投资利润率。投资利润率又称投资报酬率，是指达产期正常年度利润或年均利润占投资总额的百分比。

（16）投资回收期。投资回收期是指回收全部初始投资所需要时间，一般以年为单位，它代表回收投资所需要的时间，回收期限越短，方案越有利。

（17）固定资产更新。固定资产更新是指对技术上或经济上不宜继续使用的旧设备用新的设备更新，或用先进的技术对原有设备进行局部改造。

（18）按风险调整贴现率法。按风险调整贴现率法是指投资项目风险分析的常用方法，这种方法的基本思想就是在计算评价指标时，对于高风险的项目，采用较高的贴现率去计算；对于低风险的项目，采用较低的贴现率去计算。

（19）按风险调整现金流量法。按风险调整现金流量法的基本思路是由于不确定性或风险的客观存在，使得投资项目各年的现金流量变得不确定，在这种情况下，可以按照一定方法将有风险情况下的现金流量调整为无风险情况下的现金流量，然后根据无风险贴现率进行贴现，计算有关的评价指标，进行财务评价。

（20）肯定当量法。肯定当量法是指按风险调整现金流量法中最常用的方法。使用肯定当量法，关键是利用一个系数，称之为肯定当量系数，将各年不肯定现金流量折算成肯定的现金流量。

（二）关键问题

1. 什么是项目，其基本属性如何？

项目指在特定条件下，具有特定目标的一次性工作任务。一般具有以下基本属性：

（1）一次性。这是项目与其他重复性操作工作最大的区别。项目有明确的起点和终点，通常都没有可以完全照搬的先例，将来也不可能有相同的重复，这使得项目具有一次性的特征。正是基于这一特征，使得大多数项目具有某种创业和创新的性质。

（2）独特性。有些项目即使所提供的产品和服务是类似的，也会在时间和地点、内部环境和外部环境、自然和社会条件等方面都会存在差别。因而项目的过程总是具有它自身的独特性。

（3）目标的确定性。项目必须要有明确的目标，即必须明确实施项目预期要达到什么样的结果，其涵义不仅指时间目标，也包括成果性目标、约束性目标以及其他需要满足的条件。当然，目标也允许修改，一旦项目目标发生实质性改变，它就不再成为原来的项目，修改后的目标也就成了新项目的目标。

（4）成果的不可挽回性。项目必须确保成功，主要是因为在项目特定的条件下资源是有限的，一旦项目失败了，就可能永远失去了重新实施项目的机会。即使可以卷土重来，也可能因时过境迁，再也没有可能实现预期的项目目标了，这些都决定了项目具有较大的不确定性，它的过程是渐近的，具有各种潜在的风险。

2. 什么是项目投资，项目投资管理的基本内容是什么？

（1）个人或组织为了实现预期的目标，通过投入人力、物力、财力和信息等资源，实施某一项目的活动称为项目投资。为确保预期的项目目标得以实现，就必须对项目投资的全过程进行管理。

（2）对一个投资项目进行管理，从过程来看，包括从项目开始构想到项目结束的各个阶段，而每一个阶段又包括若干环节，通常会涉及各种具体的管理内容。如一项基础设施建设项目，它要经过发起、可行性研究、规划与设计、施工、移交和投入使用各个阶段。就发起和可行性研究而言，具体又包括项目可行性调研、项目评估等各项内容。财务管理角度对投资项目进行管理，主要是对其在财务上的可行性进行论证，因而投资项目的财务可行性评估便成为企业财务管理人员进行项目投资管理的基本内容。

3. 项目投资财务可行性评估的基本程序是什么？

对投资项目进行财务可行性评估通常按以下步骤进行：提出拟实现投资目标的各个备选项目投资方案；估算出各方案投资有效期各年的现金流量；估计预期现金流量的风险；确定资本成本的一般水平或必要报酬率；计算备选方案的评价指标；将评价指标与可接受标准进行比较，进行方案取舍。

4. 在对投资项目预期现金流量进行分析时，应特别关注的内容有哪些？

（1）现金流量与投资项目之间的相关性。相关性是指列入投资项目评价的现金流量必须是与项目投资有关的，是由项目投资所引起的，而且是在项目评价时必须要考虑的现金流入或现金流出。现金流量的相关性与投资项目的一次性有关，离开相关性来考虑现金流量，往往容易导致现金流量估计的不准确，对项目评估带来不良结果。

之所以强调现金流量的相关性，是因为如果在项目评估时，把不相关的现金流量纳入项目评估中，则可能会使一个有利的项目方案变得不利，反之可能使一个不利的方案，从项目评估的结果来看，判定为一个在财务上可行的方案，最终误导决策。

（2）全面考虑机会成本。企业用于投资的资源是有限的，而一项资源在具体投资项目的使用上，只能用于一个项目，而不可能同时用于几个项目。在对资源的具体使用上，如果企业选择了某个项目投资，则必须放弃其他可能的投资机会，其他投资机会可能取得的收益，是实行本方案的一种代价，这一代价则称为本投资项目的机会成本。

在全面考虑投资项目的机会成本时，应注意两点：第一，机会成本不是通常意义上理解的成本概念，它不是一种现实的支出，并没有实际发生，而是一种潜在的收益；第二，机会成本总是针对被放弃的具体方案而言的，这个具体方案是被放弃的所有方案中的最佳方案，该方案可能取得的收益才是拟建项目的机会成本。

在项目投资评估中，之所以要全面考虑机会成本，旨在全面考虑可能采取的各种方案，以便为企业的既定资源找到最有利的使用途径。

（3）必须考虑拟建项目对本企业其他部门的影响。当一个新的项目被采纳后，该项目可能对公司的其他部门造成有利或不利的影响。在对投资项目进行财务可行性评价时，必须考虑这种影响。例如，若新建生产线生产的产品上市后，原有的其他产品的销路可能减少，而且公司的销售额不增反降。因此，公司在进行投资分析时，不应将新生产线的销售收入作为增量收入来处理，而应扣除其他部门因此减少的销售收入。当然，也可能生相反情况，新产品上市后将促进其他部门的销售增长。具体的影响要看新项目和原有部门之间是竞争关系还是互补关系。

企业在进行项目投资时,必须考虑这种影响,这有助于企业对拟建项目进行全面、有效地评估。

(4)项目需要垫支的营运资金也是项目投资的一部分。在一般情况下,当公司开办一项新业务并使销售额扩大后,对于存货和应收账款等流动资产的需求也会增加,公司必须筹措新的资金以满足这种额外的资金需求;另外,公司扩充的结果,应付账款与一些应付费用等流动负债也会同时增加,从而降低公司对营运资金的实际需要,其结果可能导致企业垫支一部分营运资金,其数额等于增加的流动资产与增加的流动负债之间的差额。

5. 项目投资评估中使用现金流量的原因是什么?

在项目投资中,在对投资项目进行财务评价时,是按以收付实现制原则确定的现金净流量作为评价项目经济性的基础指标,在此基础上评价投资项目经济效益的。在项目投资评价中之所以把现金流量作为研究重点,而把对利润的研究作为次重点,主要基于以下原因:

(1)整个项目投资有效年限内,利润总计与现金净流量总计是相等的,因而可以使用现金净流量取代利润指标作为评价项目净收益的指标。

(2)采用现金流量作为基础性指标研究,有利于科学地考虑时间价值因素。资金时间价值是客观存在的,科学地进行项目投资评价,必须认真考虑资金时间价值因素。这就要求在项目评价时,一定弄清每笔预期现金流出和现金流入的具体时间,因为不同时点上的资金在价值量上是不相同的。因此,在衡量方案优劣时,应根据各投资项目寿命周期内各年的现金流量,按照资本成本,结合时间价值来确定项目投资评估的各项指标,进而对投资项目各方案作出评估。利用利润作为评价项目投资收益的指标,在这一点上是做不到的。可见,在项目投资评价中考虑时间价值因素,就必须使用现金流量指标。

(3)采用现金流量指标对投资项目进行评估更符合客观实际。由于受到折旧方法等人为因素的影响,即使同一个项目的折旧,由于固定资产折旧方法的不同,使得每期计提的折旧额不同,从而导致按权责发生制计算的项目各年利润的分布则存在很大差异。而在考虑时间价值的情况下,早期的收益与晚期的收益有明显的区别,为确保评估的正确性,收益的分布应当具有客观性,不受人为选择的影响,由于现金流量的分布不受以上诸多人为因素影响,正好能适应这种需要,可以保证评估的客观性。

6. 投资项目评估的一般方法有哪些?

投资项目评估主要是通过一系列的评估指标来进行的。用于项目投资评估的评价指标是衡量和比较项目可行性,据此进行方案评估的量化标准和尺度,通常是由一系列综合反映项目投资效益、投入产出比的量化指标所构成。这些指标又根据计算时是否考虑时间价值因素,将其区分为两类:一类是贴现指标,即计算时考虑时间价值因素的指标,主要包括净现值、现值指数、内含报酬率等指标;另一类是非贴现指标,即没有考虑时间价值因素的指标,主要包括投资利润率、投资回收期等指标。根据分析指标的差别,投资项目评价的方法,也区分为贴现的分析评价方法和非贴现的分析评价方法两种。

7. 投资项目净现值的计算包括哪些步骤?

投资项目净现值的计算步骤为:估算投资项目每年的现金流量,包括现金流入量和现金流出量;选用适当的贴现率,将投资项目各年的折现系数通过查表确定下来;将各年现金流量乘以相应的折现系数求出现值;汇总各年现金流量的现值,得出投资项目的净现值。

8. 采用净现值法进行项目财务可行性评价的优缺点有哪些？

采用净现值法进行项目财务可行性评价的优点表现为以下三个方面：① 考虑了资金时间价值因素，增强了投资经济性的评价；② 考虑了项目计算期的全部现金流量，体现了流动性与收益性的统一；③ 考虑了投资风险，因为贴现率的大小与风险大小有关，风险越大贴现率越高。

净现值法的缺点也是明显的，主要表现为以下三个方面：不能从动态的角度直接反映投资项目的实际收益率水平，当各项目投资额不等时，仅用净现值无法确定投资方案的优劣；现金流量的估算和贴现率的确定比较困难，而它们的正确性对计算净现值有着重要影响；净现值法计算麻烦，且较难理解和掌握。

9. 采用内含报酬率法进行项目财务可行性评价的优缺点有哪些？

内含报酬率法的优点是非常注重资金时间价值，能从动态的角度直接反映投资项目的实际收益水平，且不受行业基准收益率高低的影响，比较客观。但该指标的计算过程十分麻烦，当经营期大量追加投资时，又有可能会导致多个 IRR 出现，或偏高偏低，缺乏实际意义。

10. 采用现值指数法进行项目财务可行性评价的优缺点有哪些？

现值指数法的优缺点与净现值法的优缺点基本相同，但有一重要区别是，现值指数法可以从静态的角度反映项目投资的资金投入与总产出之间的关系，可以弥补净现值法在投资额不同的方案之间不能比较的缺陷，使投资方案之间可直接用现值指数进行比较；其缺点是无法直接反映投资项目的实际报酬率，且计算复杂。

11. 采用投资利润率法进行项目财务可行性评价的优缺点有哪些？

投资利润率法的优点是简单，明了，易于掌握，且该指标不受建设期的长短、投资方式、回收额的有无以及净现金流量的大小等条件的影响，能够说明各投资方案的收益水平。

投资利润率法的缺点是：① 没有考虑资金时间价值因素，不能正确反映建设期长短及投资方式不同对项目的影响；② 该指标的分子、分母的时间特征不一致（分子是时期指标，分母是时点指标），因而在计算口径上可比基础较差；第三，该指标的计算无法直接利用净现金流量信息。

12. 采用投资回收期法进行项目财务可行性评价的优缺点有哪些？

投资回收期法容易理解，计算也比较简单，但因其没有考虑时间价值因素，没有考虑回收投资后项目的获利情况，因而缺点也是显而易见的。事实上，有战略意义的长期投资往往早期收益较低，而中后期收益较高。投资回收期法容易导致先考虑急功近利的项目，有可能放弃长期有利的方案。

13. 什么是现金流量，如何估算一个投资项目的现金流量？

（1）项目投资中，现金流量是指投资项目在其计算期内（即从项目投资建设开始到最终清理结束整个过程的全部时间）引起企业现金流入和现金流出增加的数量。

（2）在一项投资中估算现金流量：

1）估算初始现金流量。一般包括以下三个部分：① 用于固定资产的投资；② 用于营运资产的投资；③ 其他投资。

2）再计算营业现金流量。项目的年营业现金净流量可用以下公式来计算：年营业现金净流量＝营业收入－付现成本－所得税。

在对投资项目进行财务评估时，可以对投资项目预期的营业收入，付现成本作出预测，年折旧额也可以通过计算取得，这样就可以很方便地利用上式确定投资项目的年营业现金净流量，这使上式在投资项目的财务可行性评价中具有重要的作用。

3）计算终结现金流量。通常由以下几部分构成：① 固定资产残值的变价收入；② 收回垫支的营运资金；③ 其他与项目清理有关的资金收回。

14. 贴现分析方法和非贴现分析方法在现代投资项目分析评价中的地位如何，为什么？

在实际的项目投资评价中，是以贴现分析评价方法为主，而将非贴现分析评价方法作为辅助方法使用的，实践证明两类分析评价方法结合使用，可收到很好的评价效果。

因为投资利润率的标准是投资项目的投资利润率越高越好，低于无风险投资利润率的方案为不可行方案。投资回收期法有战略意义的长期投资往往早期收益较低，而中后期收益较高。投资回收期法容易导致先考虑急功近利的项目，有可能放弃长期有利的方案。该方法是过去评价投资方案最常用的方法，目前是作为辅助方法使用的，主要用来测定方案的流动性而非营利性。

而在不存在资本限量情况下，净现值法是首选分析评价方法。在互斥方案选择中，选择净现值为正数且最大的投资项目方案为可行方案；在独立方案的分析评价中，净现值为正者均可入选。在存在资本限量情况下，对于互斥方案的选择，在资本限量内应选择净现值为正且最大的投资项目作为入选方案；而对于独立方案的分析评价，在资本限量内取净现值为正数且最大的投资组合为入选投资方案。项目投资的优先顺序应按内含报酬率或现值指数的大小排定。

15. 固定资产更新决策主要研究的问题是什么？

固定资产更新决策主要研究两个问题：① 是否更新，即继续使用旧资产还是更换新资产；② 研究选择什么样的资产来更新。实际上这两个问题是结合在一起考虑的，如果市场上没有比现有设备更合适的设备，那么就继续使用旧设备。由于旧设备总可以通过修理继续使用，因此更新决策就成为一个继续使用旧设备还是购置新设备的选择问题。

16. 在实务中，一般按哪几种方法确定项目的贴现率？

在实务中，一般按以下几种方法确定项目的贴现率：

（1）以投资项目的资金成本作为折现率。

（2）以投资的机会成本作为折现率。

（3）根据不同阶段采用不同的折现率。在计算项目建设期现金流量的现值时，以贷款的实际利率作为贴现率；在计算项目经营期现金流量现值时，以全社会资金的平均收益率作为贴现率。

（4）以行业平均资金收益率作为项目的贴现率。

17. 有风险情况下进行项目投资财务评价的常用方法有哪些？

有风险情况下进行项目投资财务评价的方法很多，常用的方法有按风险调整贴现率法和按风险调整现金流量法两种。

（1）按风险调整贴现率法。按风险调整贴现率法是投资项目风险分析的常用方法，这种方法的基本思想是在计算评价指标时，对于高风险的项目，采用较高的贴现率去计算；对于低风险的项目，采用较低的贴现率去计算。相应贴现率的确定，通常思路是将与投资项目风险相当的风险报酬率加到无风险情况下的企业资本成本或必要报报酬率中，从而形成与项目风险相当的贴现率，并据以进行投资项目的财务评价。

（2）按风险调整现金流量法。这种方法的基本思路是由于不确定性或风险的客观存在，使得投资项目各年的现金流量变得不确定，这时可以按照一定方法将有风险情况下的现金流量调整为无风险情况下的现金流量，然后根据无风险贴现率进行贴现，计算有关的评价指标，进行财务评价。

三、学习重点与难点

（一）学习重点

本章的学习重点是理解项目投资的相关概念，了解项目管理的基本内容，掌握项目投资财务可行性评估的基本程序；掌握投资现金流量的内容和估算方法，能够运用投资评价指标进行项目投资决策；掌握各种折现，非折现评价指标的含义、特点及计算方法；掌握项目投资的风险分析方法；熟悉项目投资决策指标的含义与类型；熟悉项目投资决策评价指标在不同情况下的具体运用。

（二）学习难点

现金流量的估算方法是本章的学习难点之一；净现金流量的计算是本章的学习难点之二；折现评价指标的计算是本章学习的难点之三。学习过程中可通过理论解释与例题解析、实践应用相配合，增强学习的理解能力，在举一反三中提高学习的应用能力。

四、练习题

（一）单项选择题

1. 某公司新建一条生产线，预计投产后第一年末、第二年末流动资产分别为40万元和50万元，结算性流动负债分别为15万元和20万元，则第二年新增的营运资金是（　　）万元。

  A. 5   B. 15   C. 20   D. 30

2. 已知某投资项目的固定资产投资为2000万元，无形资产为200万元，开办费投资为100万元。预计投产后第3年的营运成本为1000万元，同年的折旧额为200万元、无形资产摊销额为40万元，则投产后第3年用于计算营业现金净流量的付现营运成本为（　　）万元。

  A. 1300   B. 760   C. 700   D. 300

3. 若某投资项目的投资期为零，则直接利用年金现值系数计算该项目内含报酬率指标所要求的前提条件是（　　）。

  A. 投产后现金净流量为普通年金形式   B. 投产后现金净流量为递延年金形式
  C. 投产后各年的现金净流量不相等   D. 在建设起点没有发生任何投资

4. 某投资项目，贴现率为10%时，净现值为500元，贴现率为15%时，净现值为-480元，则该项目的内含报酬率是（　　）。

  A. 13.15%   B. 12.75%   C. 12.55%   D. 12.25%

5. 当贴现率为10%时，某项目的净现值为500元，则说明该项目的内含报酬率（　　）。

  A. 高于10%   B. 低于10%   C. 等于10%   D. 无法界定

6. 某投资项目各年的预计现金净流量分别为：NCF_0为-200万元，NCF_1为-50万元，NCF_2、NCF_3为100万元，$NCF_4 \sim NCF_{11}$为250万元，NCF_{12}为150万元，则该项目包括投资期的静态回收期为（　　）。

A. 2.0 年 B. 2.5 年 C. 3.2 年 D. 4.0 年

7. 下列各项中，不属于静态回收期优点的是（　　）。
A. 计算简便
B. 便于理解
C. 直观反映返本期限
D. 正确反映项目总回报

8. 下列各项中，其计算结果等于项目投资方案年金净流量的是（　　）。
A. 该方案净现值×年金现值系数
B. 该方案净现值×年金现值系数的倒数
C. 该方案每年相等的现金净流量×年金现值系数
D. 该方案每年相关的现金净流量×年金现值系数的倒数

9. 某公司拟进行一项固定资产投资决策，设定贴现率为10%，有四个方案可供选择。其中甲方案的现值指数为0.92；乙方案的内含报酬率为9%；丙方案的寿命期为10年，净现值为960万元，$(P/A, 10\%, 10) = 6.1446$；丁方案的寿命期为11年，年金净流量为136.23万元。最优的投资方案是（　　）。
A. 甲方案 B. 乙方案 C. 丙方案 D. 丁方案

10. 已知某投资项目按14%折现率计算的净现值大于零，按16%折现率计算的净现值小于零，则该项目的内部收益率肯定（　　）。
A. 大于14%，且小于16%
B. 小于14%
C. 等于15%
D. 大于16%

11. 一般情况下，使某投资方案的净现值小于零的折现率（　　）。
A. 一定小于该投资方案的内含报酬率
B. 一定大于该投资方案的内含报酬率
C. 一定等于该投资方案的内含报酬率
D. 可能大于也可能小于该投资方案的内含报酬率

12. 某公司对某投资项目的分析与评价资料如下：该投资项目适用的所得税率为30%，年税后营业收入为700万元，税后付现成本为350万元，税后净利润210万元。那么，该项目年营业现金净流量为（　　）。
A. 1000 B. 500 C. 210 D. 410

13. 某投资项目原始投资额为100万元，使用寿命10年，税法残值为10万元，已知该项目第10年的营业收入为80万元，付现成本25万元。最后一年全部收回第一年垫付的流动资金8万元，预计回收固定资产变现余值为7万元。假设甲公司适用企业所得税税率为25%元，则该投资项目第10年的净现金流量为（　　）万元。
A. 43.5 B. 53.5 C. 59.25 D. 51.5

14. 甲企业计划投资一条新的生产线，项目一次性总投资500万元，投资期为3年，营业期为10年，营业期每年可产生现金净流量130万元。若甲企业要求的年投资报酬率为9%，则该投资项目的现值指数是（　　）[已知$(P/A, 9\%, 13) = 7.4869$，$(P/A, 9\%, 10) = 6.4177$，$(P/A, 9\%, 3) = 2.5313$]。
A. 0.29 B. 0.67 C. 1.29 D. 1.67

15. 某投资方案，当贴现率为8%时，其净现值为108元，当贴现率为10%时，其净现值为−25元。该方案的内含报酬率为（　　）。

A. 9.78%　　　　B. 9.12%　　　　C. 9.62%　　　　D. 10.14%

16. 丁公司拟投资一个项目，投资在初始一次投入，经测算，该项投资的营业期为4年，每年年末的现金净流量相等，静态投资回收期为2.6667年，则该投资项目的内含报酬率为（　　）%。

A. 17.47　　　　B. 18.46　　　　C. 19.53　　　　D. 19.88

17. 某企业计划投资一个项目，初始投资额为100万元，年折旧率为10%，无残值，项目寿命期10年，预计项目每年可获净利15万元，公司资本成本率为8%，则该项目动态投资回收期为（　　）。

A. 3.93年　　　　B. 5.13年　　　　C. 4.85年　　　　D. 5.01年

18. 列各项中，不会对投资项目内部收益率指标产生影响的因素是（　　）。

A. 原始投资　　B. 现金流量　　C. 项目计算期　　D. 设定贴现率

19. 年末ABC公司正在考虑卖掉现有的一台闲置设备。该设备于8年前以40 000元购入，税法规定的折旧年限为10年，按直线法计提折旧，预计残值率为10%，已提折旧28 800元；目前可以按10 000元价格卖出，假设所得税率30%，卖出现有设备对本期现金流量的影响是（　　）。

A. 减少360元　　B. 减少1200元　　C. 增加9640元　　D. 增加10 360元

20. 下列计算营业现金流量的公式中，正确的是（　　）。

A. 营业期的现金流量=税后营业利润+非付现成本

B. 营业期的现金流量=（营业收入–付现成本）×（1–所得税税率）+非付现成本

C. 营业期的现金流量=营业收入×（1–所得税税率）–付现成本×（1–所得税税率）–非付现成本×（1–所得税税率）

D. 营业期的现金流量=营业收入×（1–所得税税率）–付现成本×（1–所得税税率）+非付现成本×（1–所得税税率）

21. 某公司正在考虑卖掉现有的一台闲置设备。该设备于8年前以40 000元购入，税法规定的折旧年限为10年，按直线法计算折旧，预计残值率为10%，目前可以按10 000元价格卖出，假设所得税税率为25%，卖出现有设备对本期现金流量的影响是（　　）元。

A. 减少360　　　B. 减少1200　　　C. 增加9640　　　D. 增加10 300

22. 下列不适合作为财务可行性评价中计算净现值作为贴现率的是（　　）。

A. 市场利率

B. 投资者希望获得的预期最低投资报酬率

C. 企业平均资本成本率

D. 投资项目的内含报酬率

23. 下列指标中不受特定贴现率影响的是（　　）。

A. 净现值　　B. 年金净流量　　C. 现值指数　　D. 内含报酬率

24. 下列指标中没有直接考虑投资风险大小的是（　　）。

A. 净现值　　B. 年金净流量　　C. 现值指数　　D. 内含报酬率

25. 下列说法中不正确的是（　　）。

A. 内含报酬率是能够使未来现金流入量现值等于未来现金流出量现值的贴现率

B. 内含报酬率是方案本身的投资报酬率

C. 内含报酬率是使方案净现值等于零的贴现率

D. 内含报酬率是使方案现值指数等于零的贴现率

26. 动态回收期是（　　）。

A. 净现值为零的年限　　　　　　　B. 净现金流量为零的年限

C. 累计现金净流量为零的年限　　　D. 累计现金净流量现值为零的年限

27. 某投资方案的年营业收入为 50 000 元，年营业成本为 30 000 元，其中年折旧额 5000 元，所得税税率为 25%，该方案的每年营业现金流量为（　　）元。

A. 16 250　　　　B. 20 000　　　　C. 15 000　　　　D. 43 200

28. 下列各项中，不属于投资项目现金流出量内容的是（　　）。

A. 固定资产投资　　B. 折旧与摊销　　C. 无形资产投资　　D. 递延资产投资

29. 在一般投资项目中，当一项投资方案的净现值等于零时，即表明（　　）。

A. 该方案的年金净流量大于 0　　　　B. 该方案动态回收期等于 0

C. 该方案的现值指数大于 1　　　　　D. 该方案的内含报酬率等于设定贴现率

30. 对于单一项目来说，下列（　　）说明该项目是可行的。

A. 方案的实际报酬率高于所要求的报酬率

B. 方案的实际投资报酬率低于所要求的报酬率

C. 方案的年金净流量小于 0

D. 净现值是负数

31. 下列各项因素中不会影响年金净流量的大小的是（　　）。

A. 每年的现金流量　　B. 折现率　　C. 原始投资额　　D. 投资的实际报酬率

32. 若设定贴现率为 i 时，NPV>0，则（　　）。

A. IRR>i，应降低贴现率继续测试　　B. IRR>i，应提高贴现率继续测试

C. IRR<i，应降低贴现率继续测试　　D. IRR<i，应提高贴现率继续测试

33. 肯定当量法的基本思想是用肯定当量系数，将各年不肯定现金流量折算成肯定的现金流量（无风险的支出），其肯定当量系数与变化系数之间的对应关系表述不正确的是（　　）。

A. 与风险大小呈反向变动关系　　　　B. 没有客观公认标准

C. 与时间的推移呈反向变动关系　　　D. 与公司管理当局对风险的好恶程度有关

34. 可以根据各年不同的风险程度对方案进行评价的方法是（　　）。

A. 风险调整折现率法

B. 调整现金流量法

C. 内含报酬率法

D. 与公司管理当局对风险的好恶程度有关现金指数法

35. 某公司拟按 15% 的资本成本率进行一项固定资产投资决策，所计算的净现值指标为 100 万元，若无风险利率为 8%，则下列表述正确的是（　　）。

A. 该项目的现值指标小于 1　　　　　B. 该项目的内含报酬率小于 8%

C. 该项目的风险报酬率为 7%　　　　D. 该公司不应进行该项投资

（二）多项选择题

1. 某公司拟投资一个项目，需要投资 75 000 元，预计使用寿命为 5 年，折旧采用直线法，预计残值为 3000 元，预计年销售收入为 140 000 元，年付现成本为 105 000 元。方案投入营

运时，需垫支营运资金为 25 000 元。假设不考虑所得税。根据上述资料计算的下列各项，正确的有（　　）。
A. 折旧抵税为 3600 元
B. NCF_0 为 750 000 元
C. NCF_1 为 35 000 元
D. NCF_5 为 63 000 元
E. NCF_1 为 36 000 元

2. 下列各项中会影响项目终结点的现金流量的有（　　）。
A. 最后一期的营业现金流量
B. 固定资产的变价净收入
C. 垫支的营运资金的收回
D. 营业期间的现金流量
E. 初始现金流量

3. 下列评价指标的计算与项目事先给定的折现率有关的有（　　）。
A. 内含报酬率
B. 净现值
C. 现值指数
D. 静态投资回收期
E. 投资利润率

4. 下列各个指标中是用来衡量投资的效率的有（　　）。
A. 净现值
B. 年金净流量
C. 现值指数
D. 内含报酬率
E. 连环替代法

5. 内含报酬率是指（　　）。
A. 投资报酬与总投资的比率
B. 能使未来现金流入量现值与未来现金流出量现值相等的贴现率
C. 未来现金流入量现值与现金流出量现值的比率
D. 使投资方案净现值为零的贴现率
E. 使投资方案净现值大于零的贴现率

6. 下列属于静态回收期缺点的有（　　）。
A. 没有考虑回收期满后继续发生的现金流量
B. 无法直接利用现金净流量信息
C. 不能计算出较为准确的投资经济效益
D. 没有考虑货币时间价值因素
E. 考虑货币时间价值因素

7. 下列属于项目投资决策评价动态指标的有（　　）。
A. 净现值
B. 年金净流量
C. 现值指数
D. 内含报酬率
E. 投资收益率

8. 净现值指标的缺点有（　　）。
A. 所采用的贴现率不易确定
B. 不适宜于原始投资额不相等的独立投资方案的比较决策
C. 不能对寿命期不同的互斥投资方案进行直接决策
D. 没有考虑投资的风险性
E. 没有考虑了投资风险

9. 投资项目中的非付现成本主要包括（　　）。
A. 固定资产折旧费用
B. 长期资产摊销费用
C. 资产减值准备
D. 回收营运资金

E. 营业收入

10. 下列属于投资活动现金流量的构成的有（   ）。
    A. 投资期的现金流量　　　　　　　　B. 营业期的现金流量
    C. 终结期的现金流量　　　　　　　　D. 利息的支付
    E. 利息收入

11. 下列属于净现值计算过程中的折现率的参考标准的有（   ）。
    A. 以市场利率为准
    B. 以投资者希望获得的预期收益率
    C. 以投资者希望获得的预期最低投资报酬率为标准
    D. 以企业平均资本成本为标准
    E. 以行业最高资金收益率作为项目的贴现率

12. 如果其他因素不变，一旦贴现率提高，则下列指标中数值将会变小的有（   ）。
    A. 现值指数　　　B. 净现值　　　C. 内含报酬率　　　D. 动态投资回收期
    E. 投资利润率

13. 下列关于评价投资项目的静态回收期法的说法中，正确的有（   ）。
    A. 它忽略了货币时间价值
    B. 它需要一个主观上确定的最长的可接受回收期作为评价依据
    C. 它不能测度项目的盈利性
    D. 它考虑了回收期满以后的现金流量
    E. 它能测度项目的盈利性

14. 在一般情况下，投资决策中的现金流量通常指现金净流量。投资决策中的现金包括（   ）。
    A. 库存现金　　　　　　　　　　　　B. 应收款项
    C. 相关非货币性资产的变现价值　　　　D. 银行存款
    E. 应付账款

15. 甲公司拟投资一个项目，需要一次性投入 100 万元，全部是固定资产投资，没有投资期，假设没有利息，投产后每年净利润为 110 000 元，预计寿命期 10 年，按直线法提折旧，残值率为 10%。适用的所得税税率为 25%，要求的报酬率为 10%。则下列说法中正确的有（   ）。
    A. 该项目营业期年现金净流量为 200 000 元
    B. 该项目静态投资回收期为 5 年
    C. 该项目现值指数为 1.68
    D. 该项目净现值为 267 470 元
    E. 该项目净现值为 367 470 元

16. 下列关于净现值法的说法中，正确的有（   ）。
    A. 净现值法没有考虑投资风险
    B. 净现值法的适用性强
    C. 净现值法不适宜于独立投资方案的比较决策
    D. 如采用净现值法对寿命期不同的投资方案进行决策，需要将各方案均转化为相等寿命

期进行比较

E. 净现值法适宜于独立投资方案的比较决策

17. 下列各项中，其计算结果等于项目投资方案年金净流量的是（   ）。

    A. 该方案净现值×资本回收系数

    B. 该方案净现值×年金现值系数的倒数

    C. 该方案每年相等的净现金流量×年金现值系数

    D. 该方案每年相关的净现金流量×年金现值系数的倒数

    E. 该方案净现值×年金现值系数

18. 下列指标在计算时，需要事先估计资本成本的有（   ）。

    A. 内含报酬率　　　B. 净现值　　　C. 现值指数　　　D. 静态投资回收期

    E. 动态投资回收期

19. 计算营业现金流量时，应该（   ）。

    A. 无需考虑折旧的影响　　　　　　B. 需要考虑折旧的影响

    C. 需要考虑利息的影响　　　　　　D. 需要考虑所得税的影响

    E. 无需考虑所得税的影响

20. 某公司拟于 2014 年初新建一生产车间用于某种新产品开发，则与该投资有关的现金流量是（   ）。

    A. 需购置新生产线价值为 200 万元

    B. 垫付 50 万元流动资金

    C. 利用现有的库存商品，该库存商品市场价值为 117 万元

    D. 占有企业自身土地，该土地若不使用可以 300 万元出售

    E. 2013 年公司曾支付 5 万元的咨询费请专家论证过此事

21. 投资项目初始现金流量的组成部分主要有（   ）。

    A. 固定资产投资　　B. 流动资产投资　　C. 其他投资费用　　D. 原有设备变价收入

    E. 营业现金流量

22. 在肯定当量法下，其肯定当量系数与变化系数之间的对应关系表述不正确的是（   ）。

    A. 变化系数越大，肯定当量系数越大

    B. 变化系数越小，肯定当量系数越小

    C. 变化系数越小，肯定当量系数越大

    D. 变化系数与肯定当量系数呈反向变动关系

    E. 变化系数越大，肯定当量系数越小

23. 下列各因素中影响内含报酬率的有（   ）。

    A. 银行存款利率　　　　　　　　　B. 银行贷款利率

    C. 投资项目有效年限　　　　　　　D. 项目的原始投资

    E. 银行存款年限

24. 净现值法的优点有（   ）。

A. 考虑了货币时间价值
B. 考虑了项目计算期的全部净现金流量
C. 考虑了投资风险
D. 便于独立投资方案的比较决策
E. 没有考虑了投资风险

25. 下列属于内部收益率法的缺点的有（   ）。
A. 没有考虑了资金时间价值
B. 不便于独立投资方案的比较决策
C. 不便于不同投资规模的互斥方案的决策
D. 不能直接考虑投资风险大小
E. 能直接考虑投资风险大小

26. 某企业拟按 15%的必要投资报酬率进行一项固定资产投资决策，所计算的净现值指标为 100 万元，无风险报酬率为 8%。下列表述中正确的有（   ）。
A. 该项目的现值指数大于 1　　　　B. 该项目内部收益率小于 8%
C. 该项目风险报酬率为 7%　　　　D. 该企业不应进行此项投资
E. 该项目的现值指数小于 1

27. 下列有关固定资产更新决策表述正确的有（   ）。
A. 从决策性质看固定资产更新决策属于独立方案的决策类型
B. 固定资产更新决策方法比较适合采用内含报酬率法
C. 寿命期相同的设备重置决策可以采用净现值法进行决策
D. 寿命期不同的设备重置决策可以采用年金净流量法进行决策
E. 寿命期相同的设备重置决策不可以采用净现值法进行决策

28. 固定资产更新决策可以使用的方法有（   ）。
A. 净现值法　　　B. 现值指数法　　　C. 内含报酬率法　　　D. 年金净流量法
E. 投资收益率法

29. 下列表述中正确的是（   ）。
A. 净现值是投资方案报酬超过基本报酬后的剩余收益
B. 净现值等于零，说明该项目不能够赚钱，因此应该舍弃
C. 现值指数（PVI）是投资项目的未来现金净流量现值与原始投资额现值之比，反映方案的实际投资回报率
D. 内含报酬率（IRR）反映了投资方案的实际可能达到的投资报酬率
E. 净现值是投资方案报酬小于基本报酬后的剩余收益

30. 固定资产更新改造需要考虑的现金流包括（   ）。
A. 旧设备出售价格　　　　　　　　B. 已经投入的流动资金
C. 新固定资产的购买价格　　　　　D. 追加的流动资金
E. 旧设备的购买价格

（三）判断题

1. 投资项目的付现营运成本不应包括营业期内固定资产折旧费、无形资产摊销费和财务费用。（　）

2. 如果项目的全部投资均于建设起点一次投入，且投资期为零，营业期每年现金净流量相等，则计算内含报酬率所使用的年金现值系数等于该项目回收期数。（　）

3. 在投资项目可行性研究中，应首先进行财务可行性评价，再进行技术可行性分析，如果项目具备财务可行性和技术可行性，就可以做出该项目应当投资的决策。（　）

4. 使得某方案的净现值大于 0 的贴现率，一定小于该方案的内部收益率。（　）

5. 项目投资，属于直接投资。（　）

6. 可行性分析原则主要包括社会可行性、技术可行性、组织体制可行性、经济可行性等方面。（　）

7. 投资项目从整个经济寿命周期来看，大致可以分为投资期、营业期、终结期，现金流量的各个项目也可归属于各个时点阶段之中。（　）

8. 非付现成本主要有固定资产年折旧费用、长期资产摊销费用、资产减值准备以及垫支的营运资金摊销等。（　）

9. 当资产的变现价值和税法规定的账面净值不一致时，要考虑对所得税的影响，如果变现价值大于税法规定的残值，就要考虑变现损失抵税，如果变现价值小于税法规定的残值，就要考虑变现收益纳税。（　）

10. 当净现值为零时，说明方案的投资报酬刚好达到所要求的投资报酬。所以，净现值的经济含义是投资方案报酬超过基本报酬后的剩余收益。（　）

11. 某企业正在讨论更新现有的生产线，有两个备选方案 A 和 B，A、B 方案的原始投资不同，寿命期不同。A 方案的净现值为 400 万元，年金净流量为 100 万元；B 方案的净现值为 300 万元，年金净流量为 110 万元，据此可以认为 A 方案较好。（　）

12. 利用内含报酬率法评价投资项目时，计算出的内含报酬率是方案本身的投资收益率，因此不需再估计投资项目的资本成本或要求的最低投资回报率。（　）

13. 项目投资决策中所使用的现金是指各种货币资金。（　）

14. 项目投资中，营业期内某一年发生的改良支出是一种投资，应作为该年的现金流出量，以后年份通过折旧收回。（　）

15. 净现值法适用于原始投资相同，但寿命期不相同的多方案比较决策。（　）

16. 一般情况下，使某投资方案的净现值小于零的贴现率，一定高于该投资方案的内含报酬率。（　）

17. 某投资方案，当贴现率为 10% 时，其净现值为 2 万元；当贴现率为 12% 时，其净现值为 –1 万元。则该方案的内含报酬率高于 10%，但低于 12%。（　）

18. 动态和静态回收期都没有考虑超过原始投资额的现金流量。（　）

19. 静态回收期和动态回收期共同的优点是它们的计算都考虑了全部未来现金净流量。（　）

20. 从投资企业的立场看，企业取得借款应视为项目相关现金流入，而归还借款和支付利息则应视为项目相关现金流出。（　）

第八章　项目投资管理

（四）计算题

1. 甲设备比较昂贵，但寿命较长，乙设备比较便宜，但寿命较短。两种设备的现金净流量预测见表8-1。

表8-1　　　　　　　　甲、乙两种设备的现金净流量预测　　　　　　　　（元）

使用年（年）	0	1	2	3	4	5	6
甲	-40 000	8000	14 000	13 000	12 000	11 000	10 000
乙	-20 000	7000	13 000	12 000			

该公司要求的最低投资收益率为12%，见表8-2（现值系数取三位小数）。

表8-2

期数（期）	1	2	3	4	5	6
(P/F, 12%, N)	0.893	0.797	0.712	0.636	0.567	0.507
(P/A, 12%, N)	—	—	2.402	—	—	4.111

要求：
（1）计算甲、乙设备的净现值。
（2）计算甲、乙设备的年金净流量。
（3）为该公司购买何种设备做出决策并说明理由。

2. 某企业拟进行一项固定资产投资，资本成本率为6%，该项目的现金流量表（部分）见表8-3。

表8-3　　　　　　　　　　现　金　流　量　表（部分）　　　　　　　　　（万元）

项目	投资期（期）		营业期（期）					合计
	0	1	2	3	4	5	6	
现金净流量	-1000	-1000	100	1000	B	1000	1000	2900
累计现金净流量	-1000	-2000	-1900	A	900	1900	2900	—
现金净流量现值	-1000	-943.4	C	839.6	1425.8	747.3	705	1863.3
现金净流量现值累计值	-1000	-1943.4	-1854.4	-1014.8	D	1158.3	1863.3	—

要求：
（1）计算表8-3中用英文字母表示的项目的数值。
（2）计算或确定下列指标：① 原始投资现值；② 净现值；③ 年金净流量；④ 现值指数；⑤ 静态回收期；⑥ 动态回收期。
（3）利用年金净流量指标评价该项目的财务可行性。

3. 某公司现有旧设备一台，由于节能减排的需要，准备予以更新。有关新旧设备的资料见表8-4。

表 8-4 新旧设备资料

项目	旧设备	新设备
原价	42 000 元	43 200 元
预计使用年限	10 年	10 年
已经使用年限	4 年	0 年
税法残值	6000 元	4800 元
最终报废残值	4200 元	5040 元
目前变现价值	12 000 元	43 200 元
每年折旧费（直线法）	3600 元	3840 元
每年营运成本	12 600 元	9600 元

设备按直线法计提折旧，假设公司所要求的必要报酬率为 15%，所得税税率为 25%。

要求：

（1）计算新旧设备的年金成本。

（2）判断该公司是否应该更新设备。

4. 某企业为开发一条生产线生产新产品，拟投资 2000 万元。现有 A、B、C 三个方案可供选择。其中：A 方案需购置不需要安装的固定资产，投资 1600 万元，税法规定的残值率为 10%，使用寿命为 10 年，同时垫支 400 万元营运资本。预计投产后第 1～第 10 年每年新增 1000 万元销售收入，每年新增的付现成本和所得税分别为 400 万元和 100 万元。

B 方案项目寿命期为 6 年，各年的净现金流量见表 8-5。

表 8-5　　　B 方案各年的净现金流量　　　（万元）

时间（年）	0	1	2	3	4	5	6
净现金流量	-2000	0	500	500	500	500	500

C 方案的项目寿命期为 11 年，各年的现金流量见表 8-6。

表 8-6　　　C 方案各年的现金流量　　　（万元）

时间（年）	0	1	2	3	4	5	6～10	11	合计
原始投资	-1000	-1000	0	0	0	0	0	0	-2000
税后净利润	0	0	344	344	344	364	364	364	3580
年折旧额	0	0	144	144	144	144	144	144	1440
年摊销额	0	0	12	12	12	0	0	0	36
回收额	0	0	0	0	0	0	0	560	560
税后净现金流量						A			B
累计税后净现金流量					C				

注　"6～10"年一列中的数据为每年数，连续 5 年相等。

若企业要求的必要报酬率为8%，部分资金时间价值系数见表8-7。

表8-7　　　　　　　　　　部分资金时间价值系数

时间（年）	1	6	10	11
$(F/P,8\%,t)$	—	1.586 9	2.158 9	—
$(P/F,8\%,t)$	0.925 9			0.428 9
$(A/P,8\%,t)$				0.140 1
$(P/A,8\%,t)$	0.925 9	4.622 9	6.710 1	

要求：
（1）计算A方案项目寿命期各年的净现金流量。
（2）计算C方案现金流量表中用字母表示的相关净现金流量和累计净现金流量（不用列算式）。
（3）计算B、C两方案的包括投资期的静态回收期。
（4）计算（P/F，8%，10）和（A/P，8%，10）的值（保留四位小数）。
（5）计算A、B两方案的净现值指标，并据此评价A、B两方案的财务可行性。
（6）如果C方案的净现值为1451.38万元，用年金净流量法为企业做出该生产线项目投资的决策。

五、练习题参考答案

（一）单项选择题

1. A　2. B　3. A　4. C　5. A　6. C　7. D　8. B　9. C　10. A　11. B　12. D　13. C　14. C　15. C　16. B　17. D　18. C　19. D　20. D　21. A　22. C　23. D　24. D　25. D　26. D　27. D　28. B　29. B　30. D　31. A　32. D　33. B　34. C　35. B　36. C

（二）多项选择题

1. CD　2. ABC　3. BC　4. CD　5. BD　6. ACD　7. ABCD　8. ABC　9. ABC　10. ABC　11. ACD　12. AB　13. ABC　14. ACD　15. ABD　16. BCD　17. AB　18. BCE　19. BD　20. ABCD　21. ABCD　22. AB　23. CD　24. ABC　25. CD　26. AC　27. CD　28. AD　29. AD　30. ACD

（三）判断题

1. √　2. √　3. ×　4. √　5. √　6. √　7. √　8. ×　9. ×　10. √　11. ×　12. ×　13. ×　14. √　15. √　16. √　17. √　18. √　19. √　20. √

（四）计算题

1. 答　（1）甲设备的净现值＝－40 000＋8000×（P/F，12%，1）＋14 000×（P/F，12%，2）＋13 000×（P/F，12%，3）＋12 000×（P/F，12%，4）＋11 000×（P/F，12%，5）＋10 000×（P/F，12%，6）＝－40 000＋8000×0.893＋14 000×0.797＋13 000×0.712＋12 000×0.636＋11 000×0.567＋10 000×0.50＝－40 000＋7144＋11 158＋9256＋7632＋6237＋5070＝6497（元）

乙设备的净现值＝－20 000＋7000×（P/F，12%，1）＋13 000×（P/F，12%，2）＋12 000×

$(P/F,12\%,3)=-20\,000+7000\times0.893+13\,000\times0.797+12\,000\times0.72=-20\,000+6251+10\,361+8544=5156$（元）。

（2）甲设备的年金净流量 $=\dfrac{\text{净现值}}{(P/A,12\%,6)}=\dfrac{6497}{4.111}=1580.39$（元），

乙设备的年金净流量 $=\dfrac{\text{净现值}}{(P/A,12\%,3)}=\dfrac{5156}{2.402}=2146.54$（元）。

（3）由于甲、乙设备的年限不同，因此不能直接比较其净现值的大小来决策，而应根据甲、乙设备的年金净流量来决策，由于乙方案的年金净流量大于甲方案的年金净流量，因此应选择购买乙设备。

2. 答　（1）$A=-1900+1000=-900$（万元），

$B=900-(-900)=1800$（万元），

$C=-1854.4-(-1943.4)=89$（万元），

$D=-1014.8+1425.8=411$（万元）。

（2）原始投资现值 $=1000+943.4=1943.4$（万元）；

净现值 $=1863.3$（万元）；

年金净流量 $=1863.3/(P/A,6\%,6)=1863.3/4.9173=378.93$（万元）；

未来营业现金流量的现值 $=1943.4+1863.3=3806.7$（万元）；

现值指数 $=\dfrac{3806.7}{1943.4}=1.96$；

包括投资期的静态回收期 $=3+\dfrac{900}{1800}=3.5$（年），

不包括投资期的静态回收期 $=3.5-1=2.5$（年）；

包括投资期的动态回收期 $=3+1014.8/1425.8=3.71$（年），

不包括投资期的动态回收期 $=3.71-1=2.71$（年）。

（3）因为年金净流量大于零，所以该项目可行。

3. 答　（1）旧设备：

税后营运成本 $=12\,600\times(1-25\%)-3600\times25\%=8550$（元），

旧设备目前变现价值 $=12\,000$（元），

目前变现损失抵税 $=(42\,000-3600\times4-12\,000)\times25\%=3900$（元），

旧设备最终报废时残值收入 $=4200$（元），

最终报废损失抵税 $=(6000-4200)\times25\%=450$（元），

旧设备投资额 $=12\,000+3900=15\,900$（元），

旧设备税后残值收入 $=4200+450=4650$（元），

旧设备年金成本 $=(15\,900-4650)/(P/A,15\%,6)+4650\times15\%+8550=12\,220.15$（元）。

新设备：

税后营运成本 $=9600\times(1-25\%)-3840\times25\%=6240$（元），

新设备报废时残值收入 $=5040$（元），

最终报废收入纳税 $=(5040-4800)\times25\%=60$（元），

新设备税后残值收入 $=5040-60=4980$（元），

新设备年金成本=（43 200−4980）/（P/A，15%，10）+4980×15%+6240=14 602.37（元）。

（2）由于继续使用旧设备的年金成本为 12 220.15 元，低于购买新设备的年金成本 14 602.37 元，因此应采用旧设备方案。

4. 答 （1）初始的净现金流量=−1600−400=−2000（万元），

第 1～第 10 年各年的营业现金流量=销售收入−付现成本−所得税=1000−400−100=500（万元），

终结点的回收额=160+400=560（万元），

第 10 年的现金净流量=500+560=1060（万元）。

（2）A=364+144=508（万元），

B=3580+1440+36+560−2000=3616（万元），

C=−1000−1000+（344+144+12）×3=−500（万元）。

（3）B 方案包括投资期的静态回收期=1+2000/500=5（年），

C 方案包括投资期的静态回收期=4+500/508=4.98（年）。

（4）（P/F，8%，10）=1/（F/P，8%，10）=1/2.158 9=0.463 2，

（A/P，8%，10）=1/（P/A，8%，10）=1/6.710 1=0.149 0。

（5）A 方案的净现值=−1600−400+500×（P/A，8%，10）+560×（P/F，8%，10）=−2000+500×6.710 1+560×0.463 2=1614.44（万元）或 A 方案的净现值=−1600−400+500×（P/A，8%，9）+1060×（P/F，8%，10）=1614.44（万元）；

B 方案的净现值=−2000+［500×（P/A，8%，6）−500×（P/A，8%，1）］=−2000+500×4.622 9−500×0.925 9=−151.5（万元）或 B 方案的净现值=−2000+500×（P/A，8%，5）×（P/F，8%，1）=−151.5（万元）。

由于 A 方案的净现值为 1614.44 万元，大于零，因此 A 方案可行；因为 B 方案的净现值小于零，因此 B 方案不可行。

（6）A 方案年金净流量=1614.44×0.149 0=240.55（万元），

　　　C 方案年金净流量=1451.38×0.140 1=203.34（万元）。

由于 A 方案的年金净流量大于 C 方案的年金净流量，因此 A 方案优于 C 方案，应选择 A 方案。

第九章 证券投资管理

一、学习目标

掌握证券投资的概念、目的；掌握债券、股票和基金的投资特点；掌握债券价值的计算方法、股票价值的确定方法；了解债券投资风险的内容，债券股票及基金投资的优缺点；了解证券投资组合的风险构成及收益确定的方法；了解如何进行证券组合投资的方法。

二、学习要点

（一）核心概念

（1）证券。证券是有价证券的简称，是根据一国政府的有关法律规定发行的，票面载有一定金额，代表财产所有权或债权，可以依法有偿转让的一种信用凭证。证券有广义和狭义之分：广义的证券一般指财务证券（如货运单、提单等）、货币证券（如支票、汇票、本票等）和资本证券（如股票、公司债券、投资基金等）；狭义的证券仅指资本证券。《中华人民共和国证券法》规定的证券为股票、公司债券和国务院依法认定的其他证券。

（2）证券投资。证券投资是以国家或外单位公开发行的有价证券为投资对象的投资行为，是构成企业投资的重要组成部分。

（3）债券投资。债券投资是指企业将资金投向各种各样的债券。例如，企业购买国库券、公司债券和短期融资债券等都属于债券投资。与股票投资相比，债券投资能获得稳定的收益，投资风险较低。

（4）股票投资。股票投资是指企业将资金投向其他股份有限公司所发行的股票。将资金投向优先股、普通股都属于股票投资。企业投资于股票，尤其是投资于普通股股票，要承担较大风险，但在通常情况下，也会取得较高收益。

（5）证券投资基金投资。证券投资基金投资是企业将资金投向基金发行单位发行的证券投资基金的投资行为。由于证券投资基金以间接的方式进行组合投资，并且一般由投资基金管理公司聘请具有相当经验和业务素质的专家来管理基金，因而与股票投资和债券投资相比，其收益和风险通常处于二者之间。

（6）组合投资。组合投资又叫证券投资组合，是指企业将资金同时投资于多种证券。例如，既投资于国库券，又投资于企业债券，还投资于股票。

（7）违约风险。违约风险是债券的发行人不能履行合约规定的义务，无法按期支付利息和偿还本金的风险。

（8）利率风险。债券的利率风险是指由于利率的变动而使投资者遭受损失的风险。由于债券的价格会随利率的变动而变动，即使没有违约风险的国库券，也存在利率风险。

（9）购买力风险。购买力风险是指由于通货膨胀而使货币购买力下降，从而使投资者遭受损失的风险，又称为通货膨胀风险。

（10）变现力风险。变现力风险是指债券持有人无法在短期内将债券以合理的价格出售的风险。

（11）证券投资基金。证券投资基金是指一种利益共享、风险共担的集合证券投资方式，即通过发行基金单位，集中投资者的资金，由基金托管人托管，由基金管理人管理和运用资金，从事股票、债券等金融工具投资的方式。

（12）证券投资组合。证券投资组合又叫证券组合，是指在进行证券投资时，不是将所有的资金都投向单一的某种证券，而是有选择的投向一组证券，这种同时投资多种证券的做法便叫证券的投资组合。

（二）关键问题

1. 证券投资包括哪些内容？

可将证券投资区分为债券投资、股票投资、证券投资基金投资和组合投资。

（1）债券投资。债券投资是指企业将资金投向各种各样的债券。

（2）股票投资。股票投资是指企业将资金投向其他股份有限公司所发行的股票。将资金投向优先股、普通股都属于股票投资。

（3）证券投资基金投资。证券投资基金投资是企业将资金投向基金发行单位发行的证券投资基金的投资行为。

（4）组合投资。组合投资又叫证券投资组合，是指企业将资金同时投资于多种证券。

2. 证券投资的目的是什么？

筹资渠道是指客观存在的筹措资金的来源方向与通道。目前，我国企业筹资渠道主要包括：与项目投资相比，证券投资属于间接投资，它除了具有一般投资的目的之外，还有其自身的特殊目的，主要表现为以下几个方面：

（1）作为现金替代物。企业在生产经营中，应该置备一定数量的现金，以满足日常的生产经营需要，但是现金这种资产不能给企业带来更多的收益，现金储备过多是一种浪费。因此，企业可以利用暂时闲置的现金进行短期证券投资，以获取相对多的收益。

（2）与筹集长期资金相配合。处于成长期或扩张期的企业，一般每隔一段时间就会发行长期证券（如股票或公司债券）。但发行长期证券所获得的资金一般并不一次用完，而是逐渐、分批使用。暂时不用的资金可投资于有价证券，以获取一定收益。而当企业进行投资需要资金时，则可卖出有价证券，以获得现金。

（3）用于投机目的。有时企业进行短期证券投资完全是出于投机的目的，以获取较高的收益。有的企业为了获取投机利润，也会进行证券投机。因此这种短期证券投资，从表面上看是一种投资活动，但一般风险较大，应当使用企业较长时期闲置不用的资金进行投资，但是必须要控制风险，不能因此而损伤企业整体的利益。

（4）为了获取较高的投资收益。有的企业可能拥有大量闲置的现金，而本企业在较长的时期内没有大量的现金支出，也没有盈利较高的投资项目，就可以利用这笔资金进行长期证券投资，购买风险较小、投资回报率较高的有价证券，达到充分利用闲置的资金，获取较高的投资效益目的。

（5）取得对被投资企业的控制权。有时企业从长远的利益考虑，要求控制与其处在同一产业或相关产业链条上的企业，可以通过对其进行长期证券投资实现对这些企业的控制权。这种投资属于股权性投资，通过购买被投资企业的股票来实现。

3. 债券投资的特点是什么?

（1）无论是短期债券投资，还是长期债券投资，都有到期日，债券的发行单位必须按预定期限还本付息。

（2）债券投资的收益具有较强的稳定性，通常是事先约定的。

（3）债券要按期还本付息，收益较为稳定，特别是对于国家发行的各种公债、国库券，由于其以国家财政作保证，因而风险是很小的。

（4）债券投资在各种证券投资方式中，债券投资者的权利最小，债券持有人无权参与企业的经营管理。

（5）债券投资的风险最小，相应的收益也是各种证券投资中最低的。

4. 债券价值如何计算?

债券价值主要由两个因素决定，即债券的预期货币收入和投资者要求的必要投资报酬率。债券的预期货币收入主要包括到期前定期支付的利息和到期时兑付的票面金额；投资者要求的必要投资报酬率一般可以比照具有可比风险的其他金融工具的报酬率来确定。只有当债券的价值大于现实购买价格时，才值得购买。

5. 债券投资的风险包括哪些内容?

债券投资的风险通常可以分为违约风险、利率风险、购买力风险、变现力风险、再投资风险。

（1）违约风险。违约风险是债券的发行人不能履行合约规定的义务，无法按期支付利息和偿还本金的风险。

（2）利率风险。利率风险是指由于利率的变动而使投资者遭受损失的风险。由于债券的价格会随利率的变动而变动，即使没有违约风险的国库券，也存在利率风险。

（3）购买力风险。购买力风险是指由于通货膨胀而使货币购买力下降，从而使投资者遭受损失的风险，又称为通货膨胀风险。

（4）变现力风险。变现力风险是指债券持有人无法在短期内将债券以合理的价格出售的风险。也就是说，如果债券持有人现在有一个更好的投资机会，想把债券变现来投资这个项目，而无法在短期内以合理的价格将债券出售，最后只能以低于理想价格的价格出售，由此给债券持有人造成损失的可能性就是变现力风险。

（5）再投资风险。购买了短期债券，而没有购买长期债券，会有再投资风险。

6. 股票投资的特点是什么?

股票投资的特点如下：

（1）股票投资收益由于受股份有限公司盈余情况及股利政策等多种因素影响，事先不能确定，具有较大的波动性。

（2）债券投资按事先的约定还本付息，收益较为稳定，投资风险较小，而股票投资因股票分红收益的不确定性和股票价格起伏不定，成为风险最大的有价证券。

（3）在各种投资方式中，股票投资者的权利最大，作为股东有权参与企业的经营管理。

7. 股票投资的优缺点有哪些?

股票投资的优点如下：

（1）投资收益高。普通股票的价格虽然变动频繁，但从长期来看，优质股票的价格总是上涨的居多，只要选择得当，都能取得优厚的投资收益。

（2）购买力风险低。普通股的股利不固定，在通货膨胀率比较高时，由于物价普遍上涨，股份有限公司盈利也会增加，股利的支付也随之增加，因此与固定收益的证券相比，普通股能有效地降低购买力风险。

（3）拥有经营控制权。普通股股东是股份有限公司的所有者，有权监督和控制企业的生产经营情况，因此欲控制一家企业，最好是收购这家企业的股票。

股票投资的缺点如下：

（1）求偿权居后。普通股对企业资产和盈利的求偿权均居于最后。企业破产时，股东原来的投资可能得不到全额补偿，甚至一无所有。

（2）价格不稳定。普通股的价格受众多因素的影响，很不稳定。政治因素、经济因素、投资人心理因素、企业的盈利情况、风险情况都会影响到股票价格的变动，这也使股票投资具有较高的风险。

（3）收入不稳定。普通股股利的多少，视企业经营状况和财务状况而定，其有无、多寡均无法律上的保证，其收入的风险也远远大于固定收益的证券。

8. 证券投资基金的特点是什么？

证券投资基金的特点如下：

（1）投资基金的单位面值低。在我国，每份基金单位面值为1元人民币。投资基金的管理费用和购买费用一般都比较低。

（2）实行专家管理。投资者的资金集中起来组成基金，一般都是由投资基金管理公司去管理使用资产，这种公司都聘请投资专家来管理。

（3）实行组合投资。根据我国《证券投资基金管理暂行办法》的规定，一个基金投资于股票、债券的比例，不得低于该基金资产总值的80%。

（4）以间接投资的形式，取得直接投资的效果。证券投资基金是一种间接的证券投资方式，投资者是通过购买基金而间接地投资于证券市场。投资者通过购买基金而持有公司的股票，进而能享受公司的利润分配，但投资者本身并不参与公司的经营管理。

9. 证券投资基金的投资特点是什么？

证券投资基金投资从投资对象上看主要是股权投资，是一种特殊形态的股票投资，与其他证券投资方式相比，有以下特点：

（1）证券投资基金可以为投资者提供更多的投资机会。

（2）投资基金的投资者只需付少量的管理费用，便可获得专业化管理的服务。

（3）投资基金种类较多，投资者可以根据自己的喜好，自由选择。

（4）投资基金的变现能力强，由于各种基金的净资产是证券化的，投资者可随时了解各种基金的市价，及时做出投资决策，很方便地投入和收回资金。

10. 证券投资基金的优缺点是什么？

投资基金的优点如下：

（1）投资基金具有专家理财优势。投资基金的管理人都是投资方面的专家，他们在投资前均进行多种研究，这能够降低风险，提高收益。

（2）投资基金具有资金规模优势。我国的投资基金一般拥有资金20亿元以上，西方大型投资基金一般拥有资金百亿美元以上，这种资金优势可以进行充分的投资组合，能够降低风险，提高收益。

投资基金的缺点如下:

(1) 无法获得很高的投资收益。投资基金在投资组合过程中,在降低风险的同时,也丧失了获得巨大收益的机会。

(2) 在大盘整体大幅度下跌的情况下,进行基金投资也可能会损失较多,投资人承担较大风险。

11. 证券投资组合风险包括哪些内容?

证券投资组合的风险可以分为两种性质完全不同的风险,即可分散风险和不可分散风险。

(1) 可分散风险。可分散风险又叫非系统性风险或公司特别风险,是指某些因素对单个证券造成经济损失的可能性。

(2) 不可分散风险。不可分散风险又称系统性风险或市场风险,是指由于某些因素给市场上所有的证券都带来经济损失的可能性,如宏观经济状况的变化、国家税法的变化、国家财政政策和货币政策变化、世界能源状况的改变都会使股票收益发生变动。

12. 证券投资组合收益如何确定?

证券组合的风险收益是投资者因承担不可分散风险而要求的,超过时间价值的那部分额外收益。其计算公式为 $R_P = \beta_P \times (K_M - R_F)$。证券组合的收益率为 $R = R_F + R_P$。

13. 证券投资组合的策略有哪些?

证券投资组合的策略有保守型策略、冒险型策略、适中型策略。

(1) 保守型策略。保守型策略认为,最佳证券投资组合策略是要尽量模拟市场现状,将尽可能多的证券包括进来,以便分散掉全部非系统风险,得到与市场所有证券的平均收益同样的收益。

(2) 冒险型策略。冒险型策略认为,与市场完全一样的组合不是最佳组合,只要投资组合做得好就能击败市场或超越市场,取得远远高于平均水平的收益。

(3) 适中型策略。适中型策略认为,证券的价格,特别是股票的价格,由特定企业的经营业绩来决定。

14. 证券投资组合的方法有哪些?

进行证券投资组合的方法有很多,但最常见的方法通常有以下几种:

(1) 选择足够数量的证券进行组合。这是一种最简单的证券投资组合方法。在采用这种方法时,不是进行有目的的组合,而是随机选择证券,随着证券数量的增加,非系统风险会逐步减少,当数量足够时,大部分非系统风险都能分散掉。

(2) 把风险大、风险中等、风险小的证券放在一起进行组合。这种组合方法又称1/3法,是指把全部资金的1/3投资于风险大的证券、1/3投资于风险中等的证券、1/3投资于风险小的证券。

(3) 把投资收益呈负相关的证券放在一起进行组合。一种股票的收益上升而另一种股票的收益下降的两种股票,称为负相关股票。把收益呈负相关的股票组合在一起,能有效地分散风险。

三、学习重点与难点

(一) 学习重点

本章的学习重点是掌握证券投资的概念、目的;掌握债券、股票和基金的投资特点;掌握债券价值的计算方法、股票价值的确定方法；理解债券投资风险的内容，债券股票及基金投资的优缺点；理解证券投资组合的风险构成及收益确定的方法；理解如何进行证券组合投资的方法。

（二）学习难点

本章的学习难点是债券、股票的价值确定与评估；债券投资收益的评价；证券投资组合收益的确定。

四、练习题

（一）单项选择题

1. 证券投资属于（　　）。
   A. 对外投资　　　B. 对内投资　　　C. 长期投资　　　D. 短期投资
2. 长期债券投资的目的是（　　）。
   A. 合理利用暂时闲置的资金　　　　B. 调节现金余额
   C. 获得稳定收益　　　　　　　　　D. 获得企业的控制权
3. 下列各项中，属于企业短期证券投资直接目的的是（　　）。
   A. 获取财务杠杆利益　　　　　　　B. 降低企业经营风险
   C. 扩大本企业的生产能力　　　　　D. 暂时存放闲置资金
4. 下列各种证券中，属于变动收益证券的是（　　）。
   A. 国库券　　　B. 无息债券　　　C. 普通股股票　　　D. 不参加优先股股票
5. 关于债券收益率的说法错误的是（　　）。
   A. 易被赎回的债券的名义收益率比较高
   B. 享受税收优惠的债券的收益率比较低
   C. 流动性低的债券收益率较高
   D. 违约风险高的债券收益率比较低
6. 预期未来现金流量的水平、持续的时间和风险等条件确定的情况下，投资者认为可以接受的合理价格是证券的（　　）。
   A. 票面价值　　　B. 市场价值　　　C. 内在价值　　　D. 预期价值
7. 2006年6月21日，海尔电器的收盘价为28.750元，即为当日的（　　）。
   A. 票面价值　　　B. 市场价值　　　C. 内在价值　　　D. 预期价值
8. 确定了证券的内在价值后，可将它与市场价格进行比较，若内在价值高于市场价格，则认为该证券被（　　）。
   A. 高估　　　B. 低估　　　C. 无法判断　　　D. 准确估计
9. 代表发行人借入并且承诺于未来某一特定日期偿付给债券持有人的金额是指（　　）。
   A. 债券面值　　　B. 债券到期日　　　C. 票面利率　　　D. 市场利率
10. 一般而言，市场利率越高，债券的价值越（　　）。
    A. 高　　　B. 低　　　C. 不确定　　　D. 趋于面值
11. 债券的价值，即债券的内在价值是指（　　）。
    A. 债券的价格　　　　　　B. 债券的持有价值
    C. 债券的票面价格　　　　D. 债券未来现金流入的现值

12. 若每年付息一次，到期一次还本的债券买价大于面值，即溢价购买时，债券的到期收益率（　　）。

　　A. 大于票面利率　　B. 小于票面利率　　C. 等于票面利率　　D. 不确定

13. 债券的收益水平通常用（　　）。

　　A. 债券的到期收益率来衡量　　　　B. 债券的面值来衡量
　　C. 债券的票面收益率来衡量　　　　D. 债券的到期日来衡量

14. 某企业现在将 1000 元存入银行，年利率为 10%，按复利计算，4 年后企业可从银行取出的本利和为（　　）。

　　A. 1200 元　　B. 1300 元　　C. 1464 元　　D. 1350 元

15. 有一笔国债，5 年期，平价发行，票面利率为 12.22%，单利计息，到期一次还本付息，其到期收益率为（　　）。

　　A. 9%　　B. 11%　　C. 10%　　D. 12%

16. 某企业发行债券为 500 万元，筹资费率为 2%，债券的利息率为 10%，所得税率为 33%。则企业债券的资金成本率为（　　）。

　　A. 6.8%　　B. 3.4%　　C. 5%　　D. 7%

17. 某企业计划发售面值 10 000 元的三年债券，票面利率 8%，计复利到期一次还本付息，发行时市场利率为 10%，则该债券的发行价格为（　　）。

　　A. 9460 元　　B. 9503 元　　C. 10 000 元　　D. 10 566 元

18. 某企业于年初存入银行 10 000 元，假定年利息率为 12%，每年复利两次。已知 (F/P, 6%, 5) = 1.338 2，(F/P, 6%, 10) = 1.790 8，(F/P, 12%, 5) = 1.762 3，(F/P, 12%, 10) = 3.105 8，则第 5 年末的本利和为（　　）元。

　　A. 13 382　　B. 17 623　　C. 17 908　　D. 31 058

19. 财政部发行的国库券，由于有政府担保，因此没有（　　）。

　　A. 违约风险　　B. 利率风险　　C. 购买力风险　　D. 变现力风险

20. 减少利率风险的方法是（　　）。

　　A. 分散债券的到期日　　　　B. 持有债券多样化
　　C. 持有债券利率多样化　　　D. 开展多样化经营

21. 一般来说，预期报酬率会上升的资产，其购买力风险会（　　）。

　　A. 高于报酬率固定的资产　　B. 低于报酬率固定的资产
　　C. 等于报酬率固定的资产　　D. 不确定

22. 购买短期债券，而没有购买长期债券，可能存在（　　）。

　　A. 违约风险　　B. 利率风险　　C. 购买力风险　　D. 再投资风险

23. 如果债券的市场利率越高，则债券的内在价值（　　）。

　　A. 越高　　B. 越低　　C. 趋于票面价值　　D. 趋于市场价值

24. 下列指标中，属于股票投资的基础，能够决定投资者是否买入、卖出或继续持有股票的指标是（　　）。

　　A. 股票价格　　B. 到期收益率　　C. 股票价值　　D. 票面利率

25. 股票投资过程中，投资者打算降低投资风险应采取的方法是（　　）。

　　A. 集中投资　　　　　　　　B. 分散投资

C. 购买报酬率高的股票　　　　　D. 不确定

26. 证券投资中折算现值所采用的折现比率应当是（　　）。
　A. 投资者所要求的报酬率　　　　B. 票面利率
　C. 银行利率　　　　　　　　　　D. 固定利率

27. 市盈率可以粗略反映股价的高低，利用市盈率预测股票价值的计算公式为（　　）。
　A. 该股票市盈率×行业每股收益率
　B. 该股票市盈率×该股票每股收益
　C. 行业平均市盈率×该股票每股收益率
　D. 行业平均市盈率×该股票的每股收益

28. 股票的市盈率比较高，表明投资者对公司的未来充满信任，但通常认为，超过一定值的市盈率是不正常的，很可能是股价下跌的前兆，风险相当大，这个临界值是（　　）。
　A. 15　　　　　B. 20　　　　　C. 25　　　　　D. 30

29. 某种股票当前的市场价格是 40 元，每股股利是 2 元，预期的股利增长率是 5%，则其市场决定的预期收益率为（　　）。
　A. 4%　　　　　B. 5.5%　　　　C. 10%　　　　D. 10.25%

30. 甲公司以 10 元的价格购入某股票，假设持有 1 年之后以 10.5 元的价格售出，在持有期间共获得 1.5 元的现金股利，则该股票的持有期收益率（　　）。
　A. 12%　　　　B. 9%　　　　　C. 20%　　　　D. 35%

31. 某种股票为固定成长股票，股利年增长率 6%，预计第一年的股利为 8 元/股，无风险收益率为 10%，市场上所有股票的平均收益率为 16%，而该股票的 β 系数为 1.3，则该股票的内在价值为（　　）元。
　A. 65.53　　　B. 67.8　　　　C. 55.63　　　D. 71.86

32. 估计股票价值时的折现率，不能使用（　　）。
　A. 股票市场的平均收益率　　　　B. 债券收益率加适当的风险报酬率
　C. 国债的利息率　　　　　　　　D. 投资人要求的必要报酬率

33. 如果某股票的未来股利不变，当股票市价低于股票价值时，则预期报酬率与投资人要求的最低报酬率之间的关系是（　　）。
　A. 前者高于后者　　　　　　　　B. 前者低于后者
　C. 前者等于后者　　　　　　　　D. 前者可能高于也可能低于后者

34. 如果 A、B 两种证券的相关系数为 1，A 的标准差为 18%，B 的标准差为 10%，在等比例投资的情况下，该证券组合的标准差等于（　　）。
　A. 28%　　　　B. 14%　　　　　C. 8%　　　　　D. 18%

35. 从投资人的角度看，下列观点中不能被认同的是（　　）。
　A. 有些风险可以分散，有些风险不能分散
　B. 额外的风险要通过额外的收益来补偿
　C. 投资分散化是好的事件与不好事件的相互抵消
　D. 当增加组合中资产的种类时，组合的风险将降低，而收益仍是加权平均的收益

36. 下列关于资本资产定价原理的说法中，错误的是（　　）。
　A. 股票的预期收益率与 β 值线性相关

B. 在其他条件相同时，经营杠杆较大的公司 β 值较大
C. 在其他条件相同时，财务杠杆较大的公司 β 值较大
D. 如投资组合的 β 值等于 1，表明该组合没有市场风险

37. 当两种股票组成证券组合时，如果这两种股票完全负相关，则（　　）。
    A. 不能完全分散所有投资风险　　　　B. 可以完全分散所有投资风险
    C. 不能完全分散非系统性风险　　　　D. 可以完全分散非系统性风险

38. 在证券投资中，因通货膨胀带来的风险是（　　）。
    A. 违约风险　　B. 利息率风险　　C. 购买力风险　　D. 经营风险

39. 由于发行股票的公司因生产经营不好、现金短缺、竞争失败或破产清算等原因，使股票价格下跌，股利减少而对投资者带来的风险是（　　）。
    A. 系统风险　　B. 财务风险　　C. 非系统风险　　D. 经营风险

40. 在证券投资中，通过随机选择足够数量的证券进行组合可以分散掉的风险是（　　）。
    A. 所有风险　　B. 市场风险　　C. 系统性风险　　D. 非系统风险

41. β 系数是反映个别股票相对于市场平均股票的变动程度的指标，它可以衡量（　　）。
    A. 个别股票的市场风险　　　　　　B. 公司的特有风险
    C. 个别股票的特有风险　　　　　　D. 公司的市场风险

42. 当某种证券的 β 系数小于 1 时，说明（　　）。
    A. 该种证券的安全程度与全部证券的安全程度一致
    B. 该种证券的安全程度低于证券市场的总体水平
    C. 该种证券的安全程度高于证券市场的总体水平
    D. 该种证券风险水平高于证券市场的总体水平

43. 假定某项投资风险系数为 1，无风险收益率为 10%，市场平均收益率为 20%，其必要收益率为（　　）。
    A. 15%　　　B. 25%　　　C. 30%　　　D. 20%

44. 假设 A 证券的预期报酬率为 10%，标准差为 12%，B 证券的预期报酬率为 18%，标准差为 20%，A 证券和 B 证券之间的相关系数为 0.25，若各投资 50%，则投资组合的标准差为（　　）。
    A. 16%　　　B. 12.88%　　　C. 10.26%　　　D. 13.79%

45. 甲、乙两种投资方案的期望报酬率都是 20%，甲的标准差是 12%，乙的标准差是 15%，则下列判断正确的是（　　）。
    A. 甲比乙风险大　　B. 甲比乙风险小　　C. 甲乙风险相同　　D. 无法比较甲乙风险

46. 低风险、低收益证券所占比重较小，高风险、高收益证券所占比重较高的投资组合属于（　　）。
    A. 冒险型投资组合　　　　　　B. 适中型投资组合
    C. 保守型投资组合　　　　　　D. 随机型投资组合

47. 债券成本一般要低于普通股成本，主要是因为（　　）。
    A. 债券的发行量小　　　　　　　　B. 债券的利息固定
    C. 债券风险低，利息具有抵税作用　　D. 债券的筹资费用少

48. 两种证券完全负相关时，则这两种股票合理的组织在一起可以（　　）。

A. 能适当分散风险 B. 不能分散风险
C. 能分散一部分风险 D. 能分散掉全部的非系统风险

49. 某公司的普通股预计年股利增长 5%，刚发放的股利为每股 10 元，投资者投资于该股票要求的收益率为 12%，则此股票的价值为（　　）。
A. 150 元　　　　B. 83 元　　　　C. 100 元　　　　D. 143 元

50. 如果企业的股东或经理人不愿意承担财务风险，则股东或管理人员可能尽量采用的增资方式是（　　）。
A. 发行债券　　B. 融资租赁　　C. 发行股票　　D. 向银行借款

（二）多项选择题

1. 证券是一种金融资产，使用比较广泛的有（　　）。
A. 股票　　　　B. 债券　　　　C. 期权　　　　D. 期货
E. 存款

2. 以下属于基本金融工具的有（　　）。
A. 基金　　　　B. 债券　　　　C. 股票　　　　D. 期货
E. 期权

3. 证券的价值有不同的含义和用法，涉及的相关概念有证券的（　　）。
A. 账面价值　　B. 市场价值　　C. 清算价值　　D. 到期价值
E. 内在价值

4. 证券的内在价值又称（　　）。
A. 公正价值　　B. 市场价值　　C. 清算价值　　D. 投资价值
E. 到期价值

5. 与投资短期证券相比，投资长期证券的特点是（　　）。
A. 风险小　　　B. 风险高　　　C. 变现能力弱　　D. 收益率较低
E. 收益率较高

6. 证券价值大小受三个因素的影响，这三个因素是（　　）。
A. 预期未来现金流量的大小与时间　　B. 预期未来现金流量的风险
C. 投资者所要求的报酬率　　D. 市场行业平均报酬率
E. 证券的票面价格及票面利率

7. 进行债券投资决策必须考虑的要素有（　　）。
A. 债券的期望收益率　　B. 债券的票面利率
C. 债券的市场利率　　D. 债券到期日
E. 债券面值

8. 下列各项关于债券投资的说法中，正确的是（　　）。
A. 投资者购买债券基本都能够按债券的票面利率定期获取利息并到期收回债券面值
B. 只有债券价值大于其购买价格时，才值得投资
C. 债券价值指的是未来收到的利息和本金的现值和
D. 市场利率的上升会导致债券价值的上升
E. 债券既可以年为单位计息，也可半年、季度、月份等短于一年的期间为单位计息

9. 贴现发行的债券又称为无息债券，发行这种债券的企业（　　）。

A. 不支付利息　　　　　　　　　　B. 到期按面值偿还
C. 定期支付利息　　　　　　　　　D. 面值和售价之间的差额即为投资者的收益
E. 以低于债券面值的价格折价出售

10. 永续债券的特征是（　　　）。
A. 债券无到期日　　　　　　　　　B. 不用还本
C. 每年支付固定的利息　　　　　　D. 发行者可以回购
E. 其未来利息的现金流量类似于永续年金

11. 评价债券收益水平的指标是债券的（　　　）。
A. 票面利率　　　B. 票面价格　　　C. 到期日　　　D. 内在价值
E. 到期收益率

12. 下列各项中，能够影响债券内在价值的因素有（　　　）。
A. 债券的价格　　　　　　　　　　B. 债券的计价方式（单利还是复利）
C. 当前的市场利率　　　　　　　　D. 票面利率
E. 债券的付息方式（分期付息还是一次到期付息）

13. 债券投资风险包括（　　　）。
A. 违约风险　　　B. 利率风险　　　C. 购买力风险　　　D. 变现力风险
E. 再投资风险

14. 投资于国库券时考虑的风险是（　　　）。
A. 违约风险　　　B. 利率风险　　　C. 购买力风险　　　D. 变现力风险
E. 再投资风险

15. 实际中，投资者投资股票的目的可能是（　　　）。
A. 降低风险　　　B. 获利　　　C. 控股　　　D. 降低成本
E. 提高本企业的收益率

16. 股票投资是一种具有挑战性的投资，其缺点主要是风险大，其原因包括（　　　）。
A. 拥有经营控制权　　B. 求偿权居后　　C. 购买力风险低　　D. 价格不稳定
E. 股利收入不稳定

17. 进行股票投资决策，可以采用的决策标准有（　　　）。
A. 股票价值　　　　　　　　　　　B. 股票价格
C. 股票的预期报酬率　　　　　　　D. 股票的实际报酬率
E. 股票的资本利得

18. 与股票内在价值呈反向变化的因素有（　　　）。
A. 股利年增长率　　　　　　　　　B. 年股利
C. 必要投资报酬率　　　　　　　　D. β 系数
E. 股票实际报酬率

19. 一旦股票发行后上市买卖，股票价格与原来的面值分离，这时的价格主要取决于（　　　）。
A. 票面利率　　　B. 预期股利　　　C. 当时的市场利率　　　D. 股票面额
E. 到期收益率

20. 股票投资能够带来的现金流入量是（　　　）。

A. 资本利得　　　　B. 股利　　　　　　C. 利息　　　　　　D. 出售价格
E. 预期价格

21. 进行股票估价面临的主要问题之一是如何确定折现率的问题，该折现率是投资者要求的报酬率，主要确定方法有（　　）。
A. 根据股票历史上长期的平均报酬率确定
B. 根据股票预期未来长期的平均报酬率来确定
C. 债券报酬率，再加上一定的风险报酬率来确定
D. 存款报酬率，再加上一定的风险报酬率来确定
E. 直接使用市场利率确定

22. 下列各项中，可以用于估计股票价值的公式有（　　）。
A. 股票价值＝每年股利/投资者要求的报酬率
B. 股票价值＝当前股利×（1＋股利成长率）/（投资者要求的报酬率－股利成长率）
C. 股票价值＝预期年末股利/（投资者要求的报酬率－股利成长率）
D. 股票价值＝该股票市盈率×该股票每股收益
E. 股票价值＝行业平均市盈率×该股票每股收益

23. 甲公司今年初发行 A 股票，预计每年分配股利 3 元，假设股利可以持续发放并且保持不变，投资者要求的报酬率为 10%。下列说法中正确的有（　　）。
A. 股票的价值为 30 元　　　　　　B. A 股票是零增长股票
C. 未来各年股利构成永续年金　　　D. 股票的价值为 33 元
E. 如果股票价格低于股票价值，A 股票值得购买

24. 进行股票投资，风险包括（　　）。
A. 非系统性风险　　B. 持有风险　　C. 到期风险　　D. 违约风险
E. 系统性风险

25. 基金投资的优点有（　　）。
A. 专家管理，分散风险　　　　　　B. 变现灵活，流动性好
C. 投资选择多样化，易于变化　　　D. 节省时间和精力
E. 能有效地消除金融投资风险

26. 以下属于证券投资收益的内容有（　　）。
A. 债券投资的利息收入　　　　　　B. 股票投资的股利收入
C. 基金投资的红利收入　　　　　　D. 证券投资的买卖价差
E. 交易手续费

27. 表示基金价值的常用指标是（　　）。
A. 基金单位净资产值　　　　　　　B. 基金单位净值
C. NAV　　　　　　　　　　　　　D. 基金单位资产净值
E. 每单位基金价格

28. 非系统性风险又称为（　　）。
A. 不可分散风险　　　　　　　　　B. 可分散风险
C. 公司特有风险　　　　　　　　　D. 市场风险
E. 违约风险

29. 下列各项中属于可分散风险的是（　　）。
    A. 国家财政政策的变化　　　　　　B. 某公司经营失败
    C. 某公司工人罢工　　　　　　　　D. 世界能源状况的变化
    E. 宏观经济状况的变化

30. 在财务管理中，衡量风险高低的指标有（　　）。
    A. 标准离差率　　B. 标准离差　　C. 期望报酬额　　D. 投资收益率
    E. 期望报酬率

31. 下列有关 β 系数的说法正确的是（　　）。
    A. β 值度量了股票相对于平均股票的波动程度
    B. 当 $\beta=2$ 时，说明股票的风险程度为平均组合的 2 倍
    C. 当 $\beta=0.5$ 时，说明股票的波动性为市场波动水平的一半
    D. 证券组合的 β 系数是单个证券 β 系数的加权平均
    E. β 系数一般由一些投资服务机构定期计算并公布

32. 下列符合股票含义的有（　　）。
    A. 股票是有价证券　　　　　　　　B. 股票是物权凭证
    C. 股票是书面凭证　　　　　　　　D. 股票是债权凭证
    E. 股票是所有权凭证

33. 与股票相比，债券的特点有（　　）。
    A. 债券代表一种债权关系　　　　　B. 债券的求偿权优先于股票
    C. 债券持有人无权参与企业决策　　D. 债券投资的风险小于股票
    E. 可转换债券按规定可转换为股票

34. 与普通股和其他筹资方式相比，优先股筹资的优点有（　　）。
    A. 限制条件较少
    B. 一般没有固定的到期日，不用偿付本金
    C. 股利既有固定性，又有灵活性
    D. 保持普通股东对公司控制权
    E. 能够增强公司的股权资本基础，提高公司的举债能力

35. 以下各种说法中正确的有（　　）。
    A. 支付现金股利会减少公司的留存收益
    B. 发放现金股利不会增加股东的财富总额
    C. 财产股利是我国法律所禁止的股利方式
    D. 发放现金股利会对股票价格产生直接的影响
    E. 发放股票股利使股东权益结构发生变化

36. 资本结构决策的每股收益分析法体现了（　　）。
    A. 股东权益最大化　　　　　　　　B. 股票价值最大化
    C. 公司价值最大化　　　　　　　　D. 利润最大化
    E. 资金最大化

37. 下列关于 β 系数说法中正确的有（　　）。
    A. β 系数是反映个别股票相对于市场平均股票的变动程度的指标

B. β系数可以衡量出个别股票的市场风险
C. β系数可以衡量出个别股票的公司特有风险
D. 单个股票的β系数一般由专门的投资服务机构定期计算公布
E. 投资组合的β系数是个别股票的β系数的加权平均数

38. 下列关于资本资产定价模型说法正确的有（　　）。
A. 该模型被公认为金融市场现代价格理论的主体
B. 该模型描述了股票风险与预期报酬率之间的关系
C. 该模型既可以计算某种证券也可以计算投资组合的预期投资报酬率
D. 该模型可以用于债券预期收益率的计算
E. 该模型的计算与β系数直接相关

39. 下列关于风险的说法正确的是（　　）。
A. 如果投资者选择一项资产并把它加入已有的投资组合中，那么该资产的风险完全取决于它如何影响投资组合收益的波动性
B. 投资项目的风险大小是一种客观存在，但投资人是否冒风险，则是主观可以决定的
C. 风险是在一定条件下，一定时期内可能发生的各种结果的变动程度
D. 在充分组合的情况下，公司特有风险与决策是不相关的
E. 投资项目的风险大小是投资人主观可以决定的

40. 投资组合管理的一般程序包括以下（　　）等几个步骤。
A. 确定投资目标　　　　　　　　B. 制定投资政策
C. 选择投资组合策略　　　　　　D. 选择具体投资对象
E. 评估投资绩效

（三）判断题
1. 固定收益证券与变动收益证券相比，能更好地避免购买力风险。（　　）
2. 在其他因素不变的情况下，风险收益取决于证券组合的β系数，β系数越小，风险收益就越小。（　　）
3. 每股利润等于企业的利润总额除以发行在外的普通股平均股数。（　　）
4. 证券组合的风险收益是投资者因承担可分散风险而要求的，超过时间价值的那部分额外收益。（　　）
5. 股票发行价格如果过低，可能加大投资者的风险，增大承销机构的发行风险和发行难度，抑制投资者的认购热情。（　　）
6. 债券到期时间越长，其风险也越大，债券的票面利率也越高。（　　）
7. 人们在进行财务决策时，之所以选择低风险的方案，是因为低风险会带来高收益，而高风险的方案则往往收益偏低。（　　）
8. 金融资产是指能够代表一定价值的，对财产或所得具有索取权的无形资产。（　　）
9. 普通股与公司债券相比能够更好地避免购买力风险。（　　）
10. 再投资风险是指市场利率上升而造成的无法通过再投资而实现预期收益的风险。（　　）
11. 短期债券与长期债券相比，利息率风险大，再投资风险小。（　　）
12. 债券的当前收益率和票面收益率一样，不能全面地反映投资者的实际收益。（　　）

13. 债券当其票面利率大于市场利率时,债券发行的价格就低于其面值。（   ）
14. 债券的价值会随着市场利率的变化而变化,当市场利率上升时,债券价值会下降。（   ）
15. 由两种完全正相关的股票组成的证券组合不能抵销任何风险。（   ）
16. 普通股投资与优先股投资相比投资风险较大,而收益较低。（   ）
17. 企业进行股票投资就是为了控制被投资企业。（   ）
18. 股票投资的市场风险是无法避免的,不能用投资组合的方法来回避,只能通过相应的报酬率来补偿。（   ）
19. β 系数为 0 的股票,其预期收益率也等于 0。（   ）
20. 若 A 方案的内含报酬率高于 B 方案的内含报酬率,则 A 方案的净现值也一定大于 B 方案的净现值。（   ）
21. 把风险大、风险中等和风险低的证券放在一起进行组合的方法,比选择投资收益呈负相关变化的证券进行组合的方法更能有效地降低投资风险。（   ）
22. 保守型投资策略的抗风险能力较高,而管理费用较低,因而是一种理想的投资策略。（   ）
23. 契约型基金的运营依据是基金契约,其投资者是公司的股东,对公司拥有管理权。（   ）
24. 期权基金的投资风险较期货基金要小。（   ）
25. 进行企业价值评估时,贴现率应与现金流量相对应,比如股权自由现金流量应选用加权资本成本作为贴现率。（   ）
26. 市场利率对于长期债券的影响大于短期债券,长期债券的利率风险大于短期债券。（   ）
27. 对企业价值的评估模型因其评估目的不同、被评估企业的特点不同而不同,对于同一企业,不同的评估模型可以得出相差很远的评估结果。（   ）
28. 企业进行长期债券投资的目的主要是获得稳定的收益。（   ）
29. 企业的股权价值取决于企业未来的盈利能力（预期股利水平）和股权投资者要求的最低报酬率。（   ）
30. 资产的内含价值通常不等于账面价值,其内含价值大小取决于未来现金流量的现值。（   ）
31. 市盈率又称本益比（P/E）,每股股票的票面价值除以每股收益。（   ）
32. 狭义的投资,仅指投资于各种有价证券,进行有价证券的买卖,也可称为证券投资。（   ）

（四）计算题

1. 某公司发行公司债券,面值为 1000 元,票面利率为 10%,期限为 5 年。已知市场利率为 8%。要求计算并回答下列问题：
（1）债券为按年付息、到期还本,发行价格为 1020 元,投资者是否愿意购买？
（2）债券为单利计息、到期一次还本付息债券,发行价格为 1010 元,投资者是否愿意购买？
（3）债券为贴现债券,到期归还本金,发行价为 700 元,投资者是否愿意购买？

2. 某种债券面值为 60 元，票面利率为 8%，期限为 5 年，每年付一次利息，到期还本，发行费用率为 5%，发行公司所得税税率为 25%。某公司按市场利率为 10% 时的发行价格购入债券。要求：

（1）计算该债券的发行价格。

（2）计算该债券的到期收益率。

（3）计算该债券的资本成本率（计算结果均保留两位小数）。

（PVIFA10%, 5 = 3.791；PVIF10%, 5 = 0.621；PVIFA8%, 5 = 3.993；PVIF8%, 5 = 0.681）

3. 甲公司以 1020 元的价格购入债券 A，债券 A 是 2011 年 9 月 1 日发行的，5 年期债券，其面值为 1000 元，票面利率为 8%。请分别回答下列问题：

（1）如果该债券每年 8 月 31 日付息，计算该债券的本期收益率。

（2）如果该债券到期一次还本付息，甲公司于 2015 年 5 月 1 购入债券于 2005 年 11 月 1 日以 1060 元的价格卖掉，计算该债券的持有期收益率。

（3）如果该债券每年 8 月 31 日付息，甲公司于 2015 年 11 月 1 日购入该债券并持有至到期，计算该债券的到期收益率。

（4）如果该债券每年 8 月 31 日付息，甲公司于 2014 年 9 月 1 日购入该债券并持有至到期，计算该债券的到期收益率见下表。

系数	$i=6\%$	$i=7\%$	$i=8\%$	$i=9\%$
$(P/A, i, 2)$	1.833 4	1.808 0	1.783 3	1.759 1
$(P/F, i, 2)$	0.890 0	0.873 4	0.857 3	0.841 7

4. 某公司是一个高速发展的公司，预计未来 3 年股利年增长率为 10%，之后固定股利年增长率为 5%，公司刚发放了上 1 年的普通股股利，每股 2 元，假设投资者要求的收益率为 15%。计算该普通股的价值。

5. ABC 企业计划进行长期股票投资，企业管理层从股票市场上选择了两种股票：甲公司股票和乙公司股票，ABC 企业只准备投资一家公司股票。已知甲公司股票现行市价为每股 6 元，上年每股股利为 0.2 元，预计以后每年以 5% 的增长率增长。乙公司股票现行市价为每股 8 元，每年发放的固定股利为每股 0.6 元。ABC 企业所要求的投资必要报酬率为 8%。要求：

（1）利用股票估价模型，分别计算甲、乙公司股票价值并为该企业作出股票投资决策。

（2）计算如果该公司按照当前的市价购入（1）中选择的股票的持有期收益率。

6. K 公司原持有甲、乙、丙三种股票构成证券组合，它们的 β 系数分别为 2.0、1.5、0.5；它们在证券组合中所占比重分别为 60%、30%、10%，市场上所有股票的平均收益率为 14%，无风险收益率为 10%。该公司为降低风险，售出部分甲股票，买入部分丙股票，甲、乙、丙三种股票在证券组合中所占比重变为 20%、30%、50%，其他因素不变。要求：

（1）计算原证券组合的 β 系数。

（2）判断原证券组合的必要收益率达到多少时，投资者才会愿意购买。

（3）判断新证券组合的必要收益率达到多少时，投资者才会愿意购买。

7. 公司拟筹集资本总额 5000 万元，其中：发行普通股 1000 万股，每股面值 1 元，发行价格 2.5 元，筹资费用 100 万元，预计下一年每股股利 0.4 元，以后每年增长 5%；向银行长期贷款 1000 万元，年利率 10%，期限 3 年，手续费率 0.2%；按面值发行 3 年期债券 1500 万元，年利率 12%，发行费用 50 万元。所得税率为 25%。要求：计算该公司的综合资本成本。

8. 企业计算利用一笔长期资金投资购买股票，现有甲、乙两种股票可供选择。甲股票现行市价为 10 元/股，上年每股股利为 0.3 元，预计以后每年以 3% 的增长率增长，乙股票现行市价为 4 元/股，上年每股股利为 0.4 元。股利分配政策将一贯坚持固定股利政策，企业要求的投资必要报酬率为 8%。要求：分别计算甲、乙股票价值，并做出股票投资决策。

9. 王女士拟从市场上购买某种证券作为长期投资，目前市场可供选择的证券有：

（1）甲公司发行的 5 年期，面值为 1000 元的债券。票面利率为 8%，每年付息一次，到期还本，债券发行价格为 1100 元。

（2）乙公司发行的 A 股票，目前的市价为 8 元，该公司刚刚支付的股利为每股 0.8 元，预计第一年的股利为每股 1 元，第二年的每股股利为 1.02 元，以后各年股利的固定增长率为 3%。

（3）丙公司发行的 B 股票，采用固定股利政策，每股股利为 1.2 元，目前的市价为 13 元。

已知无风险收益率为 5%，市场上所有股票的平均收益率为 11%，A 股票的 β 系数为 1.5，B 股票的 β 系数为 0.8。王女士对投资债券要求的收益率为 6%。要求：

（1）分别计算 A、B 两种股票的必要收益率。

（2）为王女士做出应该购买何种证券的决策（计算结果保留两位小数）。

已知：$(P/F, 6\%, 5) = 0.7473$，$(P/A, 6\%, 5) = 4.2124$，$(P/F, 14\%, 1) = 0.8772$，$(P/F, 14\%, 2) = 0.7695$。

10. 甲公司打算将多余资金用于股票或债券投资，已知 2013 年 5 月 1 日的有关资料如下：

（1）A 债券每年 5 月 1 日付息一次，到期还本，发行日为 2012 年 5 月 1 日，面值为 100 元，票面利率为 6%，期限为 5 年，目前尚未支付利息，目前的市价为 110 元，市场利率为 5%。

（2）B 股票刚刚支付的股利为 1.2 元，预计每年的增长率固定为 4%，投资人要求的必要收益率为 10%，每年 4 月 30 日支付股利，预计 2017 年 5 月 1 日可以按照 20 元的价格出售，目前的市价为 15 元。要求：

（1）计算 A 债券目前（2013 年 5 月 1 日）的价值，并判断是否值得投资。

（2）计算 B 股票目前的价值，并判断是否值得投资。

11. 甲企业计划用一笔长期投资购买股票。现有 M 公司股票和 N 公司股票可供选择，甲企业只准备投资一家公司股票，已知 M 公司股票现行市价为每股 9 元，上年每股股利为 0.15 元，预计以后每年以 6% 的增长率增长。N 公司股票现行市价为每股 7 元，上年每股股利为 0.60 元，股利分配政策将一贯坚持固定股利政策。甲企业所要求的投资必要报酬率为 8%。要求：

（1）利用股票估价模型，分别计算 M、N 公司股票价值。

（2）代甲企业做出股票投资决策。

12. 某公司拟筹资 5000 万元，其中债券面值 2000 万元，溢价为 2200 万元，票面利率 10%，筹资费率 2%；发行优先股 800 万元，股利率 8%，筹资费率 3%；发行普通股 2000 万元，筹资费率 5%，预计第一年股利率为 12%，以后按 3% 递增，公司所得税率 33%。计算该公司的综合资金成本。

第九章 证券投资管理

13. 杭州语思公司计划用一笔长期投资购买股票。现有甲公司股票和乙公司股票可供选择，语思企业只准备投资一家公司股票，已知甲公司股票现行市价为每股 7 元，上年每股股利为 0.60 元，股利分配政策将一贯坚持固定股利政策。乙公司股票现行市价为每股 9 元，上年每股股利为 0.15 元，预计以后每年以 6%的增长率增长。甲企业所要求的投资必要报酬率为 8%。要求：

（1）利用股票估价模型，分别计算甲、乙公司股票价值。

（2）代语思公司做出股票投资决策。

14. 甲公司持有 A、B、C 三种股票，在由上述股票组成的证券投资组合中，各股票所占的比重分别为 50%、30%和 20%，其 β 系数分别为 2.0、1.0 和 0.5。市场收益率为 15%，无风险收益率为 10%。A 股票当前每股市价为 12 元，刚收到上年度派发的每股 1.2 元的现金股利，预计股利以后每年将增长 8%。要求：

（1）计算以下指标：

1）甲公司证券组合的 β 系数；

2）甲公司证券组合的风险收益率；

3）甲公司证券组合的必要投资收益率；

4）投资 A 股票的必要投资收益率。

（2）利用股票估价模型分析当前出售 A 股票是否对甲公司有利。

15. 某证券市场现有 A、B、C、D 四种股票可供甲投资人选择，该投资人拟采取组合方式进行投资，有关资料如下：

（1）我国现行国库券的收益率为 14%。

（2）市场平均风险股票的必要收益率为 18%，已知 A、B、C、D 四种股票的 β 系数分别为 2、1.6、1.2 和 0.9。

要求：

（1）假设 A 种股票是由 W 公司发行的，请按资本资产定价模型计算 A 股票的资本成本。

（2）假设 B 股票为固定成长股票，成长率为 6%，预期一年后的股利为 3 元，当时该股票的市价为 18 元，那么甲投资人是否购买该种股票？

（3）如果甲投资人以其持有的 100 万元资金按着 5:3:2 的比例分别购买了 A、B、C 三种股票，此时投资组合报酬率和综合 β 系数为多少？

（4）若甲投资人在保持投资比例不变的条件下，将其中的 C 种股票售出并迈进同样金额的 D 种股票，此时投资组合报酬率和综合 β 系数会发生怎样的变化？

（5）请问甲投资人进行投资组合的目的是什么？如果它的投资组合中包含了全部四种股票，那么它所承担的市场风险是否能被全部取消？如果甲投资人士一个敢于承担风险的投资者，那么它会选择上述组合中的哪一种？

案例分析　　交银施罗德组合投资风险分析

交银施罗德稳健配置混合型证券投资基金（代码 519690，以下简称"本基金"）是经中国证券监督管理委员会核准，由交银施罗德基金管理有限公司负责公开募集设立的。本基金管理人为交易施罗德基金管理有限公司，基金托管人为中国建设银行股份有限公司。本基金为契约开发式。存续期限不定。本基金情况说明见表9-1。

表9-1　　　　　　　　　　　　　本基金情况说明

项目	说明
投资目标	本基金将坚持并不断深化价值投资的基金理念，充分发挥专业研究与管理能力，根据宏观经济周期和市场环境的变化，自上而下灵活配置资产，自下而上精选证券，有效分散风险，谋求基金财产的长期稳定增长
投资策略	把握宏观经济和投资市场的变化趋势，根据经济周期理论动态调整投资组合比例，自上而下把配置资产，自下而上精选证券，有效分散风险
投资范围	具有良好流动性的金融工具，包括国内依法发行上市的股票、债券、现金、短期金融工具、权证及法律法规或中国证券监督管理委员会允许基金投资的其他金融工具。基金的投资组合比例为：股票资产占基金资产净值的35%~95%；债券资产占基金资产净值的0%~60%；现金、短期金融工具以及中国证券监督管理委员会允许基金投资的其他证券品种占基金资产净值的5%~65%，其中基金保留的现金以及投资于1年期以内的政府债券的比例合计不低于基金资产净值的5%
风险收益特征	本基金是一只混合型基金，属于证券投资基金产品中的中等风险品种。本基金的风险与预期收益处于股票型基金和债券型基金之间

截至2012年12月31日，本基金投资组合中共持有61只股票，公允价值合计3 838 848 918.95元；持有企业债券4只，公允价值合计153 097 000.00元。期末资产投资组合的情况见表9-2~表9-4。

表9-2　　　　　　　　　　　　期末基金资产投资组合　　　　　　　　　　　　（元）

序号	项目	金额	占基金总资产的比例（%）
1	权益投资	3 838 848 918.95	90.27
	其中：股票	3 838 848 918.95	90.27
2	固定收益投资	153 097 000.00	3.60
	其中：债券	153 097 000.00	3.60
3	银行存款和结算备付合计	219 292 073.84	5.16
4	其他各项资产	41 210 124.57	0.97
5	合计	4 252 448 117.36	100.00

表9-3　　　　　　　　　　　期末按行业分类的股票投资组合　　　　　　　　　　（元）

代码	行业类别	公允价值	占基金资产净值的比例（%）
B	采掘业	330 615 842.59	7.82
C	制造业	1 922 484 501.00	45.49
C0	食品、饮料	638 226 135.62	15.10
C4	石油、化学、塑胶、塑料	90 921 243.36	2.15
C5	电子	125 111 540.52	2.96
C6	金属、非金属	18 595 575.01	0.44
C7	机械、设备、仪表	597 798 164.62	14.15
C8	医药、生物制品	386 617 317.95	9.15
C99	其他制造业	65 214 523.92	1.54
E	建设业	159 921 528.95	3.78
G	信息技术业	119 292 892.80	2.82

续表

代码	行业类别	公允价值	占基金资产净值的比例（%）
H	批发和零售贸易	537 913 963.18	12.73
I	金融、保险业	153 823 526.94	3.64
J	房地产业	570 608 574.45	13.50
K	社会服务业	44 188 089.04	1.05
	合计	3 838 848 918.95	90.84

表9-4　　　　　期末按公允价值排序的前5只股票投资明细　　　　　（元）

序号	股票代码	股票名称	数量（股）	公允价值	占基金资产净值的比例（%）
1	000895	双汇发展	3 475 320	243 098 634.00	5.75
2	000858	五粮液	6 000 000	196 800 000.00	4.66
3	600048	保利地产	17 499 878	174 998 780.00	4.14
4	000024	招商地产	9 400 173	169 203 114.00	4.00
5	000651	格力电器	8 929 009	154 382 565.61	3.65
合计				938 483 093.61	22.20

要求：

（1）本基金属于那种类型的基金？具有怎样的特点？
（2）本基金的投资组合有何特征，体现了基金管理人怎样的投资策略？
（3）阅读本基金2011年年报，分析其遇到的金融投资风险有哪些？应当如何管理金融投资风险？

五、练习题参考答案

（一）单项选择题

1. A　2. C　3. D　4. C　5. D　6. C　7. B　8. B　9. A　10. B　11. D　12. B
13. A　14. C　15. C　16. A　17. B　18. C　19. A　20. A　21. B　22. D　23. B
24. A　25. B　26. A　27. D　28. B　29. C　30. C　31. B　32. C　33. A　34. A
35. C　36. D　37. D　38. C　39. C　40. D　41. A　42. C　43. D　44. B　45. B
46. A　47. C　48. D　49. A　50. C

（二）多项选择题

1. AB　2. ABC　3. ABCE　4. AD　5. BCE　6. ABC　7. BCDE　8. ABCE　9. ABDE
10. ABCDE　11. DE　12. BCDE　13. ABCDE　14. BCE　15. BC　16. BDE　17. AC
18. CD　19. BC　20. BD　21. ACE　22. ABCE　23. ABCE　24. AE　25. ABCD
26. ABCD　27. ABCD　28. BC　29. BC　30. ABC　31. ABCDE　32. ACE　33. ABCDE
34. BCDE　35. ABDE　36. AB　37. ABDE　38. ABCE　39. ABCD　40. ABCDE

（三）判断题

1. ×　2. ×　3. ×　4. ×　5. ×　6. √　7. ×　8. √　9. √　10. ×　11. ×

12. √ 13. × 14. √ 15. √ 16. × 17. × 18. √ 19. × 20. × 21. ×
22. × 23. × 24. √ 25. × 26. √ 27. √ 28. √ 29. √ 30. √ 31. ×
32. √

(四) 计算题

1. 答 （1）债券价值 = $1000 \times 10\% \times (P/A, 8\%, 5) + 1000 \times (P/F, 8\%, 5) = 100 \times 3.9927 + 1000 \times 0.6806 = 1079.87$（元）。

因为债券的价值高于债券的发行价格，所以投资者会购买该债券。

（2）债券价值 = $1000 \times (1 + 5 \times 10\%) \times (P/F, 8\%, 5) = 1500 \times 0.6806 = 1020.9$（元），

因为债券的价值高于债券的发行价格，所以投资者会购买该债券。

（3）债券价值 = $1000 \times (P/F, 8\%, 5) = 1000 \times 0.6806 = 680.6$（元），

因为债券的价值低于债券的发行价格，所以投资者不会购买该债券。

2. 答 （1）债券发行价格 = $60 \times 8\% \times PVIFA_{10\%,5} + 60 \times PVIF_{10\%,5} = 60 \times 8\% \times 3.791 + 60 \times 0.621 = 55.46$（元）。

（2）到期收益率 = $(60 \times 8\% \times 5 + 60 - 55.46) \div 5 \div 55.46 = 10.29\%$。

（3）债券资本成本率 = $60 \times 8\% \times (1 - 25\%) / [55.46 \times (1 - 5\%)] = 6.83\%$。

3. 答 （1）本期收益率 = $(1000 \times 8\%/1020) \times 100\% = 7.84\%$。

（2）持有期收益率 = $[(1060 - 1020) / (1020 \times 0.5)] \times 100\% = 7.84\%$。

（3）到期收益率 = $[1000 \times 8\% + 1000 - 1020] / (1020 \times 10/12) \times 100\% = 7.06\%$。

（4）$1020 = 1000 \times 8\% \times (P/A, i, 2) + 1000 \times (P/F, i, 2)$。

经过测试得知：

当 $i = 7\%$ 时，$1000 \times 8\% \times (P/A, 7\%, 2) + 1000 \times (P/F, 7\%, 2) = 1018.04$；

当 $i = 6\%$ 时，$1000 \times 8\% \times (P/A, 6\%, 2) + 1000 \times (P/F, 6\%, 2) = 1036.67$。

用内插法计算可知：

$(7\% - i) / (7\% - 6\%) = (1018.04 - 1020) / (1018.04 - 1036.67)$；

$i = 7\% - (1018.04 - 1020) / (1018.04 - 1036.67) \times (8\% - 7\%) = 6.89\%$。

即到期收益利率为 6.89%。

4. 答 前 3 年的股利现值 = $2.2 \times (P/S, 15\%, 1) + 2.42 \times (P/S, 15\%, 2) + 2.662 \times (P/S, 15\%, 3) = 2.2 \times 0.8696 + 2.42 \times 0.7561 + 2.662 \times 0.6575 = 5.493$（元）。

3 年末股利的现值 = $2.662 (1 + 5\%) / (15\% - 5\%) = 27.951$（元）。

普通股价值 $V = 5.493 + 27.951 \times (P/S, 15\%, 3) = 5.493 + 27.951 \times 0.6575 = 23.562$（元）。

5. 答 （1）甲公司股票的股利预计每年均以 5% 的增长率增长，上年每股股利为 0.2 元，投资者要求必要报酬率为 8%，代入长期持有、股利固定增长的股票估价模型。

$V(甲) = 0.2 \times (1 + 5\%) / (8\% - 5\%) = 7$（元）。

乙公司每年股利稳定不变，每股股利 0.6 元，代入长期持有、股利稳定不变的股票估价模型。

$V(乙) = 0.6/8\% = 7.5$（元）。

由于甲公司股票现行市价 6 元，低于其投资价值 7 元，故该企业可以购买甲公司股票。

乙公司股票现行市价为 8 元，高于其投资价值 7.5 元，故该企业不应购买乙公司股票。

（2）假设如果企业按照 6 元/股的价格购入甲公司股票的持有期收益率为 i，则有：

$6=0.2\times(1+5\%)/(i-5\%)$，解得 $i=8.5\%$。

6. 答 （1）$\beta_P=60\%\times2.0+30\%\times1.5+10\%\times0.5=1.7$。

（2）计算原证券组合的风险收益率。

$R_P=1.7\times(14\%-10\%)=6.8\%$，

原证券组合的必要收益率 $=10\%+6.8\%=16.8\%$，

只有原证券组合的收益率达到或者超过 16.8%，投资者才会愿意投资。

（3）计算新证券组合的 β 系数和风险收益率：

$\beta_P=20\%\times2.0+30\%\times1.5+50\%\times0.5=1.1$，

$R_P=1.1\times(14\%-10\%)=4.4\%$。

新证券组合的必要收益率 $=10\%+4.4\%=14.4\%$，

只有新证券组合的收益率达到或者超过 14.4%，投资者才会愿意投资。

7. 答 （1）普通股资本比重 $=1000\times2.5/5000=50\%$，

长期借款资本比重 $=1000/5000=20\%$，

债券资本比重 $=1500/5000=30\%$。

（2）普通股资本成本 $=(1000\times0.4)/(1000\times2.5-100)+5\%=16.67\%+5\%=21.67\%$ 长期借款资本成本 $=10\%\times(1-25\%)/(1-0.2\%)=7.5\%/99.8\%=7.52\%$。

债券的筹资费率 $=50/1500=3.33\%$，

债券资本成本 $=12\%\times(1-25\%)/(1-3.33\%)=9\%/96.67\%=9.31\%$。

（3）综合资金成本 $=50\%\times21.67\%+20\%\times7.52\%+30\%\times9.31\%=10.835\%+1.504\%+2.793\%=15.132\%\approx15.13\%$。

8. 答 （1）甲股票属于股利固定增长的股票，甲股票价值 $=0.3\times(1+3\%)/(8\%-3\%)=6.18$（元）。

（2）乙股票属于股利每年不变的股票，乙股票价值 $=0.4/8\%=5$（元）。

（3）因为甲股票价值低于现行市价，而乙股票价值高于现行市价，所以应投资购买乙股票。

9. 答 （1）A 股票的必要收益率 $=5\%+1.5\times(11\%-5\%)=14\%$，

B 股票的必要收益率 $=5\%+0.8\times(11\%-5\%)=9.8\%$。

（2）甲公司债券的价值 $=1000\times(P/F,6\%,5)+1000\times8\%\times(P/A,6\%,5)=1000\times0.7473+1000\times8\%\times4.2124=1084.29$（元）。

由于甲公司债券价值低于价格 1100 元，因此不应该投资甲公司的债券。

A 股票的价值 $=1\times(P/F,14\%,1)+1.02\times(P/F,14\%,2)+1.02\times(1+3\%)/(14\%-3\%)\times(P/F,14\%,2)=1\times0.8772+1.02\times0.7695+1.02\times(1+3\%)/(14\%-3\%)\times0.7695=9.01$（元）。

由于 A 股票的价值高于市价 8 元，因此应该投资 A 股票。

B 股票的价值 $=1.2/9.8\%=12.24$（元），由于 B 股票的价值低于市价 13 元，因此不应该投资 B 股票。

10. 答 （1）A 债券目前的价值 $=100\times6\%\times[(P/A,5\%,4)+1]+100\times(P/F,5\%,4)=100\times6\%\times(3.546+1)+100\times0.8227=109.55$（元）。

由于低于目前的市价，因此不值得投资。

（2）B 股票目前的价值 $= 1.2 \times (1+4\%) \times (P/F, 10\%, 1) + 1.2 \times (1+4\%)^2 \times (P/F, 10\%, 2) + 1.2 \times (1+4\%)^3 \times (P/F, 10\%, 3) + 1.2 \times (1+4\%)^4 \times (P/F, 10\%, 4) + 20 \times (P/F, 10\%, 4) = 1.2 \times 1.04 \times 0.909\ 1 + 1.2 \times 1.081\ 6 \times 0.826\ 4 + 1.2 \times 1.124\ 9 \times 0.751\ 3 + 1.2 \times 1.169\ 9 \times 0.683\ 0 + 20 \times 0.683\ 0 = 17.84$（元）。

由于高于目前的市价，因此值得投资。

11. 答 （1）

M 公司股票价值：$\dfrac{0.15 \times (1-6\%)}{8\% - 6\%} = 7.95$ 元。

N 公司股票价值：$\dfrac{0.6}{8\%} = 7.5$ 元。

（2）分析与决策：M 公司由于现行市价 9 元高于其价值 7.95 元，故不宜投资；N 公司由于现行市价 7 元低于其价值 7.5 元，故值得投资，应购买 N 公司股票。

12. 答 $K_b = 2000 \times 10\% (1-33\%)/2200(1-2\%) = 6.22\%$，

$K_p = 8\%/(1-3\%) = 8.25\%$，

$K_s = [12\%/(1-5\%)] + 3\% = 15.63\%$，

$K_w = 6.22\% \times 2200/5000 + 8.25\% \times 800/5000 + 15.63\% \times 2000/5000 = 10.3\%$。

13. 答 （1）甲公司股票价值：$\dfrac{0.6}{8\%} = 7.5$ 元，

乙公司股票价值：$\dfrac{0.15 \times (1-6\%)}{8\% - 6\%} = 7.95$ 元。

（2）分析与决策：乙公司由于现行市价 9 元高于其价值 7.95 元，故不宜投资；甲公司由于现行市价 7 元低于其价值 7.5 元，故值得投资，应购甲公司股票。

14. 答 （1）

1）$\beta = 50\% \times 2 + 30\% \times 1 + 20\% \times 0.5 = 1.4$，

2）甲公司证券组合的风险收益率 $= 1.4 \times (15\% - 10\%) = 7\%$，

3）甲公司证券组合的必要投资收益率 $= 10\% + 1.4 \times 5\% = 17\%$，

4）投资 A 股票的必要投资收益率 $= 10\% + 2 \times 5\% = 20\%$。

（2）$V_A = 10.8$ 元。

A 股票当前每股市价 12 元大于 A 股票的价值，而出售 A 股票对甲公司有利。

15. 答 （1）资本成本 $= 14\% + 2(18\% - 14\%) = 22\%$。

（2）因为 $R_B = 14\% + 1.6 \times (18\% - 14\%) = 20.4\%$，

所以 $V_B = \dfrac{3}{20.4\% - 6\%} = 20.83 > 18$，

故应购买。

（3）因为 $R_C = 14\% + 1.2 \times (18\% - 14\%) = 20.4\%$，

所以 $R_{ABC} = 22\% \times 50\% + 20.4\% \times 30\% + 18.8\% \times 20\% = 20.88\%$，

$\beta_{ABC} = 2 \times 50\% + 1.6 \times 30\% + 1.2 \times 20\% = 1.72$。

（4）因为 $R_D = 14\% + 0.9(18\% - 14\%) = 17.6\%$，

所以 $R_{ABD} = 22\% \times 50\% + 20.4\% \times 30\% + 17.6\% \times 20\% = 20.64\%$,

$\beta_{ABD} = 2 \times 50\% + 1.6\% \times 30\% + 0.9 \times 20\% = 1.66$。

（5）目的是通过投资分散化，使投资者在满意的风险水平下使收益最大或者在满意的收益水平下使风险最小。

不能，此时只能承担市场风险，不能承担特有公司特有风险。

勇于承担风险，则选择收益率较高的 R_{ABC} 组合。

案例分析答案

（1）根据不同的分类标准，确定类型。该基金属于契约型、开放型、公募型、混合型（投资对象多种）、平衡型（兼顾成长与收益）基金。可结合这些基金类型的特点予以分析。

（2）根据投资组合内容看，该基金的投资组合以股票为主（90%以上），债券为辅（3.6%）。股票投资比较分散，期末持有61只股票，行业分布以制造业为主（45%以上），但从行业细分上看，主要以食品、机械、房地产、批发和零售贸易业为主，投资比例在10%以上，医药、生物制品行业接近10%。前5只股票的投资额比较大，占22%以上，特别是双汇发展和五粮液前两位的股票都属于食品行业，总投资比例超过10%。体现基金管理人的投资策略是重仓股票，重视行业和个股的选择，与其描述的投资策略基本一致。

（3）基金年报中对投资风险和管理策略表述的非常具体，这里不再详细作答。

第十章 营运资金管理

一、学习目标

理解营运资金的概念与管理原则。掌握现金的持有动机、现金管理的意义,现金预算和最佳现金持有量决策的基本方法,熟悉现金管理日常控制;掌握应收账款的功能、成本及其管理目标,掌握信用政策和管理方法;掌握存货的功能与成本,熟悉存货规划及控制方法;掌握经济批量、再订货点的计算。了解短期负债筹资的概念与内容,短期借款筹资的种类、程序及优缺点,商业信用形式、条件与优缺点,短期融资券的种类、发行程序及筹资优缺点。

二、学习要点

(一)核心概念

(1)营运资金。在企业生产经营活动中占用在流动资产上的资金。营运资金有广义和狭义之分,广义的营运资金又称毛营运资金,是指一个企业流动资产的总额;狭义的营运资金又称净营运资金,是指流动资产减流动负债后的余额。营运资金的管理既包括流动资产的管理,也包括流动负债的管理。

(2)短期金融资产。各种准备随时变现的有价证券以及不超过一年的其他投资,主要是指有价证券投资。

(3)现金预算。预计未来一定时期企业现金的收支状况,并进行现金平衡的计划,是企业财务管理的一个重要工具。

(4)营业现金收入。主要指产品销售收入,其数字可从销售计划中取得。

(5)其他现金收入。其他现金收入一般包括固定资产变价收入、利息收入、租金收入、股利收入等。

(6)营业现金支出。营业现金支出主要有材料采购支出、工资支出和其他支出。

(7)其他现金支出。其他现金支出主要包括固定资产投资支出、偿还债务的本金和利息支出、所得税支出、股利支出或上缴利润等。

(8)现金余缺。现金余缺是指计划期现金期末余额与最佳现金余额(又称理想现金余额)相比后的差额。

(9)现金周转期。从现金投入生产经营开始,到最终转化为现金的过程。它大致包括以下三个方面:存货周转期,是指将原料转化成产成品并出售所需要的时间。应收账款周转期,是指将应收账款转换为现金所需要的时间,即从产品销售到收回现金的期间。应付账款周转期,是指从收到尚未付款的材料开始到现金支出之间所用的时间。现金周转期可用下列算式表示:

$$现金周转期 = 存货周转期 + 应收账款周转期 - 应付账款周转期$$

(10)成本分析模式(cost analysis model)。根据现金有关成本,分析预测其总成本最低时现金持有量的一种方法。

（11）现金持有成本。即持有现金所放弃的报酬，是持有现金的机会成本。这种成本通常为有价证券的利息率，它与现金余额是正比例关系。

（12）现金转换成本。现金与有价证券转移的固定成本，如经纪人费用、捐税及其他管理成本。这种成本只与交易的次数有关，而与持有现金的金额无关。

（13）因素分析模式。根据上年现金占用额和有关因素的变动情况，来确定最佳现金余额的一种方法。

（14）信用政策。信用政策也称应收账款政策。其主要内容包括信用标准、信用条件和收账方针三个方面。

（15）信用标准。信用标准是指判断顾客是否有资格享受企业提供的商业信用以及可以享受多少信用数额的一个标准。制定信用标准的关键在于考虑顾客拖延付款或拒付而给企业带来坏账损失的可能性。信用标准通常用允许的坏账损失率来表示。

（16）信用条件。信用条件是指企业要求顾客支付货款的有关条件，包括信用期间和现金折扣两项内容。信用期间即企业为顾客规定的最长付款时间。现金折扣即在顾客早付款时给予的优惠。

（17）5C 分析法。5C 分析法即通过重点分析影响信用状况的 5 个方面因素来评估顾客信用状况的方法，包括品德（character）、能力（capacity）、资本（capital）、抵押品（collateral）、情况（conditions）。这五个方面因素的英文均以 C 开头，因此称为 5C 分析法。

（18）收账策略。收账策略是指对顾客愈期未付的应收账款采取的方法和措施。理想的收账策略是既要顺利收回账款，又要维护好与顾客的关系，并降低收账费用。催收账款的程序是信函通知、电话催收、派人面谈、法律解决。

（19）存货储存成本。存货储存成本是指与存货储存相关的成本。可分为三种：第一种是存货占用资金的资金成本；第二种是由于保管存货而发生的仓库费、保险费、保暖、照明、保管工人工资等；第三种是存货发生变质、损坏、陈旧或报废的成本等。

（20）订货成本。订货成本是指除购买价格以外的那些为使存货送达企业所发生的必要的费用。如果存货来自企业外部，订货成本就是请购、订购、运输、收货、验查和入库等活动所发生的费用；如果存货属于企业自己生产的，则订货成本是指与安排存货的生产而发生的生产调整准备费。

（21）缺货成本。缺货成本是指由于缺少存货而使生产中断或丧失销售机会而造成的损失，如停工损失；或临时高价采购材料而发生的额外支出；不能按时交货而产生的信誉损失等。

（22）经济批量。经济批量是指一定时期储存成本与订货成本总和最低的采购批量。

（23）再订货点。再订货点是指订购下一批存货时，本批存货还剩下的储存量。

（24）安全存量。为防止因耗用量突然增加或交货期延迟等情况，企业应保持一定的存货安全储备量。

（25）ABC 分类管理法。ABC 分类管理法是对存货进行分类，然后按其价值大小分别控制。具体方法是：价值高数量少的存货为 A 类，对其进行严格管理。价值低而数量多的存货为 C 类，对其进行简单管理即可。B 类是介于 A 类与 C 类之间的存货，对其控制的方法也介于二者之间。

(26)短期筹资。短期筹资是指为满足公司临时性流动资产需要而进行的筹资活动。由于短期资本一般是通过流动负债方式取得,因此短期筹资亦可称为流动负债筹资或短期负债筹资。

(27)流动基金借款。流动基金借款是指企业在核定流动资金计划占用额的基础上,由于自有流动资金未达到规定的比例向银行申请的借款。

(28)生产周转借款。生产周转借款是指企业为满足生产周转的需要,在确定的流动资金计划占用额的范围内,弥补自有流动资金和流动基金借款不足部分而向银行取得的借款。核定的流动资金定额,扣除企业自有流动资金、流动基金借款和视同自有流动资金(定额负债)后的不足部分,通常为生产周转借款的数额。

(29)临时借款。临时借款是指企业在生产经营过程中由于临时性或季节性原因形成超定额物资储备,为解决资金周转困难而向银行取得的借款。

(30)结算借款。结算借款是指企业采用托收承付结算方式向异地发出商品,在委托银行收款期间为解决在途结算资金占用的需要,以托收承付结算凭证为保证向银行取得的借款。

(31)商业信用。商业信用是指商品交易中的延期付款或延期交货所形成的借贷关系,是企业之间的一种直接信用关系。

(32)短期融资券。短期融资券又称商业票据、短期债券,是由大型工商企业或金融企业所发行的短期无担保本票,是一种新兴的筹集短期资金的方式。

(33)金融企业融资券。金融企业融资券是指由各大公司所属的财务公司、各种投资信托公司、银行控股公司等发行的融资券。这类融资券一般都采用直接发行方式。

(34)非金融企业融资券。非金融企业融资券是指那些没有设立财务公司的工商企业发行的融资券。这类企业一般规模不大,多数采用间接方式来发行融资券。

(35)配合型筹资政策。特点是对于临时性流动资产,运用临时性负债筹集资金满足其资金需要;对于永久性流动资产和固定资产,运用长期负债、自发性负债和权益资本筹集资金满足其资金需要。

(36)激进型筹资政策。特点是临时性负债不但满足融通临时性流动资产的资金需要,还解决部分永久性资产的资金需要。

(37)稳健型筹资政策。特点是临时性负债只融通部分临时性流动资产的资金需要,另一部分临时性流动资产和永久性资产,则由长期负债、自发性负债和权益资本作为资金来源。

(二)关键问题

1. 什么是流动资产?主要包括哪些内容?

流动资产是指可以在一年以内或超过一年的一个营业周期内变现或运用的资产,流动资产具有占用时间短、周转快、易变现等特点,企业拥有较多的流动资产,可在一定程度上降低财务风险。流动资产按不同的标准可进行不同分类。

(1)按实物形态,可分为现金、短期金融资产、应收及预付款项和存货。

1)现金。现金是指可以立即用于购买物品、支付各项费用或用来偿还债务的交换媒介或支付手段,主要包括库存现金和银行活期存款,有时也将即期或到期的票据看作现金。现金是流动资产中流动性最强的资产,可直接支用,也可以立即投入流通。拥有大量现金的企业具有较强的偿债能力和承担风险的能力。但因为现金不会带来报酬或只有极低的报酬,所以在财务管理比较健全的企业,都不会保留过多的现金。

2）短期金融资产。短期金融资产是指各种准备随时变现的有价证券以及不超过一年的其他投资，主要是指有价证券投资。企业进行有价证券投资，一方面能带来较好的收益；另一方面又能增强企业资产的流动性，降低企业的财务风险。因此，适当持有有价证券是一种较好的财务策略。

3）应收及预付款项。应收及预付款项是指企业在生产经营过程中所形成的应收而未收的或预先支付的款项，包括应收账款、应收票据、其他应收款和预付账款。在商品经济条件下，为了加强市场竞争能力，企业拥有一定数量的应收及预付款项是不可避免的，企业应力求加速账款的回收，减少坏账损失。

4）存货。存货是指企业在生产经营过程中为销售或者原材料耗用而储存的各种资产，包括商品、产成品、半成品、原材料、辅助材料、低值易耗品、包装物等。存货在流动资产中占的比重较大。加强存货的管理与控制，使存货保持在最优水平上，是财务管理的一项重要内容。

（2）按在生产经营中的作用，可分为生产领域中的流动资产和流通领域中的流动资产。

1）生产领域中的流动资产是指在产品生产过程中发挥作用的流动资产，如原材料、辅助材料、低值易耗品等。

2）流通领域中的流动资产是指在商品流通过程中发挥作用的流动资产。商业企业的流动资产均为流通领域中的流动资产，工业企业的流动资产中的产成品、现金、外购商品等也属于流通领域中的流动资产。

2. 简述现金管理的目的。

现金管理的目的，是在保证企业生产经营所需现金的同时，节约使用资金，并从暂时闲置的现金中获得最多的利息收入。企业的库存现金没有收益，银行存款的利息率也远远低于企业的资金利润率。现金结余过多，会降低企业的收益；但现金太少，又可能会出现现金短缺，影响生产经营活动。现金管理应力求做到既保证企业交易所需资金降低风险，又不使企业有过多的闲置现金，以增加收益。

3. 如何控制现金的支出？

企业在收款时，应尽量加快收款的速度，而在管理支出时，应尽量延缓现金支出的时间，在西方财务管理中，控制现金支出的方法有以下几种。

（1）运用"浮存"。所谓现金的浮存是指企业账户上存款余额与银行账户上所示的存款余额之间的差额。有时，公司账簿上的现金余额已为零或负数，而银行账簿上该公司的现金余额还有很多。这是因为有些支票公司虽已开出，但顾客还没有到银行兑现。如果能合理估计浮存并加以利用，可节约大量资金。

当一个公司在同一国家内有多个银行存款户时，则可选用一个能使支票流通在外的时间最长的银行来支付货款，以扩大资金的浮存。

利用现金的浮存，公司可适当减少现金数量，达到现金的节约。但是，一家公司取得利益的同时另一家或几家公司可能出现损失，因而，利用浮存往往会对供应商不利，有可能破坏公司和供应商之间的关系，对这种情况应加以考虑。

（2）控制支出时间。为了最大限度地利用现金，合理地控制现金支出的时间是十分重要的。例如，企业在采购材料时，如果付款条件是"2/10，$n/45$"，应安排在发票开出日期后的第10天付款，这样，企业可以最大限度地利用现金，同时又不丧失现金折扣。

（3）工资支出模式。许多公司都为支付工资而单独设立一个存款账户。这种存款账户余额的多少，也会影响公司现金总额。为了减少这一存款数额，公司必须合理预测所开出支付工资的支票到银行兑现的具体时间。假设某企业在 1 月 3 日支付工资 10 万元，根据历史资料，3~7 日以后的兑现比率分别为 20%、40%、20%、10%、5%和 5%。这样公司就不必在 3 日存够 10 万元。

4. 简述应收账款的功能与成本。

（1）应收账款的功能：

1）增加销售的功能。在激烈的市场竞争中，为了增加销售，往往都采用赊销的方式吸引顾客，达到增加利润的目的。

2）扩大市场占有率的功能。企业为了扩大市场占有率或开拓新市场，也常常采用赊销的方式推销其商品，对于某些准备进入市场的新产品更是如此。

3）减少存货的功能。当企业商品积压过多，通过赊销的方式可以大大减少存货，从而减少存货成本。

（2）应收账款的成本：

1）应收账款所占用资金的资金成本。应收账款所占用的资金若是企业的自有资金，则其占用资金的成本就相当于用其投资于有价证券的收益，因而它实际上是一种机会成本；若所占用的资金来源于银行借款，则其资金成本就等于借款利息与手续费之和。

2）应收账款的管理成本。产生了应收账款，就要对其进行日常管理，与管理相关的费用主要有：顾客信用状况调查费用；收集各种信息的费用；应收账款核算费用；应收账款收款费用；其他管理费用。

3）坏账损失成本。实际情况表明，应收账款并不能保证百分之百的收回，总有一部份形成坏账，从而给企业带来经济损失。这一数量一般与应收账款的数量同方向变动。

应收账款有扩大销售、增加企业利润的一面，又有增加企业成本的另一面。对应收账款的管理，就是在利润与成本之间作出权衡，最终达到增加企业利润的目的。对利润与成本权衡的操作，是通过制定有效的信用政策来实现的。

5. 如何对顾客进行信用调查？

对顾客的信用评价是应收账款管理活动中最重要的一环，只有在对顾客的信用状况有正确评价的前提下，才可能正确地执行企业的信用政策。对顾客进行信用调查，收集其有关资料，是评价其信用情况的基础。顾客的信用资料一般可从以下几个方面获得。

（1）财务报告。顾客近期的资产负债表、利润表和现金流量表是信用资料的重要来源。这些报表很容易取得。财务状况良好的企业，也乐于提供这些方面的资料，拒绝提供财务报告的顾客多为财务基础较差的公司，根据报告中的数据，计算其流动比率、速动比率、存货及应收账款周转率，便能判断企业的偿债能力和信用状况。

（2）信用评估机构。许多国家都有信用评估的专门机构。它们定期发布有关企业的信用等级报告。如美国的邓白氏（Dun&Bradstreet）公司就是一家知名的、提供信息较权威的信用等级评审机构。该公司为其客户提供许多公司的信用等级资料。我国的信用评估机构目前有两种形式：一是独立的社会评估机构，不受行政干预和集团利益牵制，独立自主地开办信用评估业务，如会计师事务所。二是由银行组织的评估机构，一般吸收有关专家参与对其客户进行评估。在评估等级方面，较常用的是三等九级制，即将企业信用情况分为 AAA、AA、A、BBB、BB、B、CCC、CC、C 九级。评估机构是一种专门的信用评估部门，其可信度较高。

（3）商业银行。许多银行都设有规模很大的信用部门，为自己的往来户调查商业信用是其服务项目之一。企业的往来银行一般都能取得被调查对象的存款余额、借款情况、经营状况等信用资料，且愿与其他银行共享这些信息。因此，企业可委托其往来银行代理信用调查。

（4）企业自身的经验。企业自己的经验是判断顾客信用好坏的重要依据。通过对顾客过去付款行为的分析，以及企业内部的推销员、经常收账的财务人员的经验所提供的资料，基本上能判断出顾客的信用情况。

（5）其他方面的资料。企业还可以从税务部门、顾客的上级主管部门、工商管理部门及证券交易部门收集有关顾客的信用资料。

6. 什么是存货？企业持有存货的原因是什么？

存货是指企业在生产经营过程中为销售或耗用而储备的物资，主要包括原材料、在产品及产成品。存货按其储存目的可分为为生产或耗用而储存的存货和为销售而储存的存货，前者包括材料、燃料、外购零件以及在产品，后者包括库存商品和产成品。存货按其存放地点不同又可分为库存存货、在途存货、委托加工存货与代销存货。

企业持有存货的原因如下：

（1）储存一定量的原材料和在产品，防止正常生产的中断。如果无必要的原材料存货，一旦未能按时采购材料，或者运输途中发生意外，或者质量、规格、数量方面出现差错，都将迫使企业停产。同样，如果没有在产品存货，当生产线上某一环节出现故障，其后的所有工序都将受到影响。所以，为保证生产正常进行，必须要有一定量的原材料和在产品存货。

（2）必要的商品或产品存货是保证销售正常的需要。首先，当市场需求突然增加时，充足的存货能有效地供应市场，满足客户的需要；其次，顾客为节约采购费用，享受数量折扣，也会成批购买，当企业的产量未达到顾客要求的批量时，也会形成存货短缺。

（3）便于均衡生产、降低产品成本。有的产品属于季节性需求产品，有的产品其需求量极不稳定。如果企业根据产品的需求状况安排生产，必须出现有时超负荷生产，有时生产能力又过剩的情况，这种不规则的生产状况会增加产品的成本。为了均衡生产，自然就会形成一定量的产成品存货。

（4）便于享受数量折扣，减少采购成本。成批地购进原材料、零部件或商品，往往可以获得价格上的优惠，享受到数量折扣，同时又可以减少采购、管理费用，从而降低采购成本。这样做，也会形成一定数量的存货。

（5）适应市场价格变动，减少通货膨胀所带来的损失。当将出现严重通货膨胀时，为减小原材料或欲购进商品价格上涨带来的损失，通常也要及早大量进货，这同时加大了存货量。

7. 存货管理的目的是什么？

从存货的功能与成本不难看出，企业没有存货是不可能的，从利用存货功能的角度出发，当然是存货越多越好；但持有存货又必然增加其储存成本，因此从降低储存成本的立场出发，存货越少越好。如何处理好存货的成本与功能的关系、确定一个合适的存货量，就是存货管理的主要目的。或者说，存货管理的主要目的就是控制存货水平，在充分发挥存货功能的基础上，尽量降低存货成本。

8. 简述 ABC 分类法。

在对存货的日常管理中，常用 ABC 重点管理法来提高其管理效果。由于企业存货有很多不同的种类，因而不可能对每种存货都进行相同程序的管理，应把精力放在价值高而数量相对较少的存货上。ABC 分类管理法就是对存货进行分类，然后按其价值大小分别控制。具体方法是：价值高数量少的存货为 A 类，对其进行严格管理；价值低而数量多的存货为 C 类，对其进行简单管理即可；B 类是介于 A 类与 C 类之间的存货，对其控制的方法也介于二者之间。对存货分类的一般标准是：A 类存货品种数量约占总存货的 10%，而其价值约占总存货价值的 70%；B 类存货品种数量约占总存货的 20%，其价值也约占总存货价值的 20%；C 类存货品种数量约占总存货的 70%，其价值约占总存货价值的 10%。

9. 银行短期借款有哪几种？

企业的短期借款按其参与企业资金周转时间的长短和具体用途，可分为流动基金借款、生产周转借款、临时借款和结算借款。

（1）流动基金借款。流动基金借款是企业在核定流动资金计划占用额的基础上，由于自有流动资金未达到规定的比例向银行申请的借款。这种借款具有短期周转、长期占用的性质。企业申请流动基金借款的数量取决于上年定额流动资金平均占用额和自有流动资金的数额，可按下列公式计算：

流动基金借款额 = 上年定额流动资金平均占用额 × 规定的自有流动资金比率 − 自有流动资金

（2）生产周转借款。生产周转借款是企业为满足生产周转的需要，在确定的流动资金计划占用额的范围内，弥补自有流动资金和流动基金借款不足部分而向银行取得的借款。核定的流动资金定额，扣除企业自有流动资金、流动基金借款和视同自有流动资金（定额负债）后的不足部分，通常为生产周转借款的数额。

（3）临时借款。临时借款是企业在生产经营过程中由于临时性或季节性原因形成超定额物资储备，为解决资金周转困难而向银行取得的借款。

临时借款主要解决下述几种情况出现的资金需求：由于客观原因不能及时销售产品；原材料的季节性储备；进口物资集中到货；企业为发展名优产品进行横向联合时所需要的资金；其他在核定资金占用额时无法核定又确属银行支持的款项，如引进软件、购买外汇等款项。

（4）结算借款。结算借款是企业采用托收承付结算方式向异地发出商品，在委托银行收款期间为解决在途结算资金占用的需要，以托收承付结算凭证为保证向银行取得的借款。

10. 商业信用有哪几种？

商业信用有赊购商品和预收货款。

（1）赊购商品。赊购商品是一种最典型、最常见的商业信用形式。在此种形式下，买卖双方发生商品交易，买方收到商品后不立即支付现金，可延期到一定时期以后付款。

（2）预收货款。在这种形式下，卖方要先向买方收取货款，但要延期到一定时期以后交货，这等于卖方向买方先借一笔资金，是另一种典型的商业信用形式。通常，购买单位对于紧俏商品乐于采用这种形式，以便取得期货。另外，生产周期长、售价高的商品，如轮船、飞机等，生产企业也经常向订货者分次预收货款，以缓解资金占用过多的矛盾。

三、学习重点与难点

（一）学习重点

本章的学习重点是企业持有现金的目的，确定目标现金持有量的方法，现金日常收支管理。应收账款的管理目标,应收账款信用成本的确定,公司信用政策的选择,信用风险的防范。存货成本的内容,存货经济批量的基本模型,以及存货控制方法,理解 ABC 管理法的管理思想。银行短期借款的种类,借款程序,筹资优缺点。商业信用筹资的特征、形式与条件。短期融资券的概念、特点与发展历程,短期融资券的种类、发行程序与优缺点。营运资金筹集政策分析。

(二)学习难点

本章的学习难点是目标现金持有量的确定方法;应收账款成本的确定,公司信用政策的确定和信用风险的防范与控制;存货经济订货量的基本模型;短期借款的类型;商业信用筹资形式与条件;短期融资券的特点、种类与发行程序。

四、练习题

(一)单项选择题

1. 下列属于短期资产的特点的是(　　)。
A. 占用时间长、周转快、易变现　　　B. 占用时间短、周转慢、易变现
C. 占用时间短、周转快、易变现　　　D. 占用时间长、周转快、不易变现

2. 下列关于现金的说法不正确的是(　　)。
A. 现金是指可以立即用来购买物品、支付各项费用或用来偿还债务的交换媒介或支付手段
B. 现金主要包括库存现金和银行活期及定期存款
C. 现金是流动资产中流动性最强的资产,可直接支用,也可立即投入流通
D. 拥有较多现金的企业具有较强的偿债能力和承担风险的能力

3. 紧缩的持有政策要求企业在一定的销售水平上保持(　　)的短期资产,这种政策的特点是(　　)。
A. 较多;收益高,风险大　　　B. 较少;收益高,风险大
C. 较多;收益低,风险小　　　D. 较少;收益高低,风险小

4. 在采用 5C 评估法进行信用评估时,最重要的因素是(　　)。
A. 品德　　　B. 能力　　　C. 资本　　　D. 抵押品

5. 下列对信用期限的描述中正确的是(　　)。
A. 缩短信用期限,有利于销售收入的扩大
B. 信用期限越短,企业坏账风险越大
C. 信用期限越长,表明客户享受的信用条件越优越
D. 信用期限越短,应收账款的机会成本越高

6. 在下列各选项中,属于应收账款机会成本的是(　　)。
A. 坏账损失　　　　　　　　　B. 收账费用
C. 对客户信用进行调查的费用　　D. 应收账款占有资金的应计利息

7. 现金余缺是指(　　)与最佳现金余额相比之后的差额。
A. 预计现金收入　　　　　　　B. 预计现金支出
C. 计划期现金期末余额　　　　D. 计划期现金期初余额

8. 下列关于信用标准的说法不正确的是(　　)。

A. 信用标准时企业同意向顾客提供商业信用而提出的基本要求
B. 信用标准主要是规定企业只能对信誉很好、坏账损失率很低的顾客给予赊销
C. 如果企业的信用标准较严，则会减少坏账损失，减少应收账款的机会成本
D. 如果信用标准较宽，虽然会增加销售，但会相应增加坏账损失和应收款的机会成本

9. 企业如果采用较积极的收账政策，可能会（　　）应收账款投资，（　　）坏账损失，（　　）收账成本。
　　A. 增加，增加，减少　　　　　　B. 减少，减少，增加
　　C. 增加，减少，减少　　　　　　D. 减少，增加，增加

10. 经济批量是指（　　）。
　　A. 采购成本最低的采购批量　　　B. 订货成本最低的采购批量
　　C. 存储成本最低的采购批量　　　D. 存货总成本最低的采购批量

11. 某公司每天正常耗用甲零件 10 件，订货提前期为 10 天，预计最大日耗用量为 20 件，预计最长收货时间为 20 天，则该公司的保险储备和再订货点分别为（　　）件。
　　A. 150；250　　B. 100；400　　C. 200；250　　D. 250；150

12. 利用存货模型确定最佳现金持有量时，不予考虑的因素是（　　）。
　　A. 持有现金的机会成本　　　　　B. 现金的管理成本
　　C. 转换有价证券的交易成本　　　D. 现金的平均持有量

13. 以下现金成本中与现金持有量成正比例关系的是（　　）。
　　A. 现金持有成本　　B. 现金交易成本　　C. 现金管理成本　　D. 现金短缺成本

14. 某公司的原料购买和产品销售均采用商业信用方式，其应付账款的平均付款天数为 35 天，应收账款的平均收款天数 90 天，存货平均周转天数为 125 天。假设一年为 360 天，则公司的年现金周转率为（　　）。
　　A. 1.44　　B. 2　　C. 2.88　　D. 5.14

15. 下列各项中不属于现金的是（　　）。
　　A. 库存现金　　B. 银行汇票　　C. 商业汇票　　D. 银行本票

16. 下列现金的成本中，属于固定成本性质的是（　　）。
　　A. 现金占用成本　　　　　　　　B. 持有现金的机会成本
　　C. 现金转换成本　　　　　　　　D. 现金短缺成本

17. 现金作为一种资产，它的（　　）。
　　A. 流动性强，盈利性差　　　　　B. 流动性强，盈利性也强
　　C. 流动性差，盈利性强　　　　　D. 流动性差，盈利也差

18. 企业在进行现金管理时，可利用的现金浮游量是指（　　）。
　　A. 企业账户所记存款余额
　　B. 银行账户所记企业存款余额
　　C. 企业账户与银行账户所记存款余额之差
　　D. 企业实际现金余额超过最佳现金持有量之差

19. 企业在进行应收账款管理时，除要合理确定信用条件和信用标准外，还要合理确定（　　）。
　　A. 现金折扣比率　　B. 信用期限　　C. 现金折扣期限　　D. 收账政策

20. 财务人员须同时考虑收账费用和坏账损失的工作是（　　）。
   A. 进行应收账款预测　　　　　　B. 制定收账政策
   C. 确定信用标准　　　　　　　　D. 分析收现率
21. 应收账款管理的目标是（　　）。
   A. 扩大销售，增强企业的竞争力　B. 减少占用在应收账款上的资金
   C. 减少少给客户支付的现金折扣　D. 应收账款信用政策权衡
22. 公司将资金占用在应收账款上面放弃的投资于其他方面的收益，称为应收账款的（　　）。
   A. 管理成本　　　B. 坏账成本　　　C. 短缺成本　　　D. 机会成本
23. 下列各项中，公司制定信用标准时不予考虑的因素是（　　）。
   A. 同行业竞争对手的情况　　　　B. 公司自身的资信用程度
   C. 客户的资信程度　　　　　　　D. 公司承担违约风险的能力
24. 某企业规定的信用条件是："3/10, 1/20, N/30"，一客户从该企业购入原价为 10 000 元的原材料，并于第 18 天付款，则该客户实际支付的货款为（　　）。
   A. 9700 元　　　B. 9800 元　　　C. 9900 元　　　D. 10 000 元
25. 企业制定的信用条件内容不包括（　　）。
   A. 确定信用期限　B. 确定折扣期限　C. 确定现金折扣　D. 确定收账方法
26. 某公司预测下年度赊销收入额为 300 万元，应收账款收账期为 40 天，变动成本率为 50%，资金成本率为 12%，则应收账款的机会成本为（　　）。
   A. 4 万元　　　　B. 1 万元　　　　C. 2 万元　　　　D. 0.5 万元
27. 存货经济批量的基本模型所依据的假设不包括（　　）。
   A. 存货集中到货　　　　　　　　B. 一定时期的存货需求量能够确定
   C. 存货进价稳定　　　　　　　　D. 允许缺货
28. 在采用 ABC 分类法进行存货日常控制时，应该重点控制的对象是（　　）。
   A. 品种较多的存货　　　　　　　B. 数量较多的存货
   C. 库存时间较长的存货　　　　　D. 占用资金较多的存货
29. 某企业全年需用甲材料 240t，每次订货成本 40 元，每吨材料年储存成本 12 元，则每年最佳进货次数为（　　）。
   A. 3 次　　　　　B. 4 次　　　　　C. 6 次　　　　　D. 9 次
30. 如果某企业的信用条件是"2/10, n/30"，则丧失该现金折扣的资金成本为（　　）。
   A. 36%　　　　　B. 18%　　　　　C. 35.29%　　　　D. 36.73%
31. 下列关于应付费用的说法错误的是（　　）。
   A. 应付费用是指企业生产经营过程中发生的应付而未付的费用
   B. 应付费用的筹资额通常取决于企业经营规模、涉足行业等
   C. 应付费用的资金成本通常为零
   D. 应付费用可以被企业自由利用
32. 以下关于信用借款的说法正确的是（　　）。
   A. 信用借款是指信用额度借款
   B. 信用借款一般都是由贷款人给予借款人一定的信用额度或双方签订循环贷款协议

C. 信用额度的期限，一般半年签订一次
D. 信用额度具有法律的约束力，构成法律责任

33. 抵押借款中的抵押物一般是指借款人或第三人的（　　）。
A. 动产　　　　B. 不动产　　　　C. 权利　　　　D. 财产

（二）多项选择题

1. 下列项目中，为了满足现金的交易性需要而产生的活动是（　　）。
A. 支付工资　　B. 取得银行借款　　C. 购买股票　　D. 临时采购原材料
E. 交纳所得税

2. 公司持有现金的原因主要是为了满足（　　）。
A. 交易性需要　　B. 预防性需要　　C. 投机性需要　　D. 收益性需要
E. 流动性需要

3. 用成本分析模式确定最佳现金持有量时，应予考虑的成本费用项目有（　　）。
A. 现金管理成本　　　　　　　　B. 现金短缺成本
C. 现金置存成本　　　　　　　　D. 现金与有价证券的转换成本
E. 现金预防成本

4. 确定最佳现金持有量时，运用存货模式需考虑的因素有（　　）。
A. 一个周期内现金总需求量　　　　B. 每次转换的固定成本
C. 有价证券利息率　　　　　　　　D. 持有现金的机会成本
E. 现金短缺成本

5. 企业为满足预防性需要而置存的现金余额主要取决于（　　）。
A. 企业对现金流量预测的可靠程度　　B. 企业的借款能力
C. 企业愿意承担风险的程度　　　　　D. 企业在金额市场上的投资机会
E. 业务量的大小

6. 为获得最大收益，企业可将闲置资金可以投资于（　　）。
A. 长期债券　　　　　　　　B. 国库券
C. 可转让大额存单　　　　　D. 回购协议
E. 企业股票

7. 确定最佳现金持有量的常见模式有（　　）。
A. 成本分析模式　　B. 存货模式　　C. 现金周转模式　　D. 随机模式
E. 证券分析模式

8. 下列项目中，属于应收账款管理成本的有（　　）。
A. 对客户的资信调查费用　　　　B. 收账费用
C. 坏账成本　　　　　　　　　　D. 收集相关信息的费用
E. 应收账款簿记录费用

9. 企业通常采用 5C 评分法分析信用受评人（客户）的信用质量，确定期风险等级，那么 5C 是指（　　）。
A. 品质　　　　B. 能力　　　　C. 资本　　　　D. 抵押
E. 条件

10. 如果企业制定的信用标准较严，只对信誉好、坏账损失率低的客户给予赊销，则会

（　　）。
　　A. 扩大销售量　　B. 减少销售量　　C. 增加坏账成本　　D. 减少坏账成本
　　E. 增加应收账款的机会成本

11. 应收账款的信用成本是指企业持有一定应收账款所付出的代价，包括（　　）。
　　A. 机会成本　　B. 管理成本　　C. 短缺成本　　D. 转换成本
　　E. 坏账成本

12. 信用条件是指公司要求客户支付赊销款的条件一般包括（　　）。
　　A. 信用期限　　B. 现金折扣　　C. 折扣期限　　D. 坏账损失率
　　E. 信用标准

13. 关于现金折扣，正确的表述有（　　）。
　　A. 现金折扣是在客户提前付款时给予的优惠
　　B. 现金折扣不能扩大销售量
　　C. 如果某企业的折扣政策为"2/10"，则表示10天内付款，可享受2%折扣
　　D. 现金折扣是企业对客户在商品价格上所做的扣减
　　E. 企业在决定折扣政策时，要考虑折扣所能带来的收益和成本孰低孰高，权衡利弊，抉择判断

14. 下列属于经济订货量基本模型设立的假设条件有（　　）。
　　A. 企业能够及时补充存货　　　　B. 允许缺货
　　C. 存货集中到货，而不是陆续到货　　D. 不考虑现金折扣
　　E. 企业现金充足，不会因现金短缺而影响进货

15. 在确定经济订货量时，下列表述正确的是（　　）。
　　A. 经济订货量是指通过安排合理的进货批量和进货时间，使存货的相关总成本最低的采购批量
　　B. 随每次进货批量的变动，订货成本与储存成本呈反方向变化
　　C. 订货成本的高低与每次进货批量成正比
　　D. 储存成本的高低与每次进货批量成反比
　　E. 年储存总成本与年订货总成本相等时的采购批量，即为经济订货量

16. 下列项目中与存货经济批量无关的是（　　）。
　　A. 储存变动成本　　　　B. 年度计划存货需求量
　　C. 存货单价　　　　　　D. 存货的短缺成本
　　E. 订货变动成本

17. 下列项目中，属于存货的储存变动成本的有（　　）。
　　A. 存货占用资金的应计利息　　B. 仓库费用
　　C. 仓库折旧　　　　　　　　　D. 库存短缺紧急额外购入成本
　　E. 存货的破损变质损失

18. 下列各成本中与存货决策有关的是（　　）。
　　A. 订货成本中的变动性成本　　B. 变动性储存成本
　　C. 允许缺货条件下的缺货成本　D. 存货的购置成本
　　E. 固定性储存成本

19. 经济订货批量（　　）。
A. 与存货的年度总需求量成正比
B. 与每次订货的变动成本成反比
C. 与单位的存货的年储存成本成反比
D. 与存的购置成本成正比
E. 与缺货成本成正比

20. 下列关于存货管理的 ABC 分析法描述正确的是（　　）。
A. A 类存货金额巨大，但品种数量较少
B. C 类存货金额巨大，但品种数量较少
C. 对 A 类存货应重点控制
D. 对 C 类存货应重点控制
E. 对存货进行分类的标准是金额标准

21. 在短期借款的利息计算和偿还方法中，企业实际负担利率高于名义利率的有（　　）。
A. 收款法付息
B. 贴现法付息
C. 存在补偿性余额的信用条件
D. 加息法付息
E. 等额付息

22. 在我国，以下属于发行短期融资券特点的有（　　）。
A. 发行对象可以是机构投资者，也可以是社会公众
B. 是企业筹措短期资金的直接融资方式
C. 发行人为金融企业
D. 融资券的发行由符合条件的金融机构承销，企业不得自行销售融资券
E. 属于金融企业特有的一种短期融资方式

23. 下列各项中属于商业信用的有（　　）。
A. 商业银行贷款　　B. 应付账款　　C. 应付职工薪酬　　D. 融资租赁信用
E. 短期融资券

24. 下列属于波动性流动资产的有（　　）。
A. 季节性存货
B. 最佳现金余额
C. 保险储备存货量
D. 销售旺季的应收账款
E. 最低现金持有量

25. 下列属于担保借款的是（　　）。
A. 保证借款　　B. 信用额度借款　　C. 抵押借款　　D. 循环协议借款
E. 质押借款

（三）判断题

1. 营运资本有广义狭义之分，狭义的营运资本又称净营运资本，指短期资产减去负债后的余额。（　　）

2. 营运资本具有流动性强的特点，但是流动性越强的资产其收益性就越差。（　　）

3. 拥有大量现金的企业具有较强的偿债能力和承担风险的能力，因此企业单位应该尽量多地拥有现金。（　　）

4. 如果一个企业的短期资产比较多，短期负债比较少，说明短期偿债能力较弱。（　　）

5. 企业持有现金的动机包括交易动机、补偿动机、谨慎动机、投资动机。一笔现金余额只能服务于一个动机。（　　）

6. 现金预算管理是现金管理的核心环节和方法。　　　　　　　　　　　　　　　（　　）

7. 当企业实际的现金余额与最佳的现金余额不一致时，可采用短期融资策略或投资于有价证券策略来达到理想状况。　　　　　　　　　　　　　　　　　　　　　　　　　（　　）

8. 宽松的持有政策要求企业在一定的销售水平上保持较多的短期资产，这种政策的特点是收益高、风险大。　　　　　　　　　　　　　　　　　　　　　　　　　　　（　　）

9. 在资产总额和筹资组合都保持不变的情况下如果长期资产减少而短期资产增加，就会减少企业的风险，但也会减少企业的盈利。　　　　　　　　　　　　　　　　　（　　）

10. 所谓"浮存"是指企业账簿中的现金余额与银行记录中的现金余额之差。这个差异是由于企业支付、收款与银行转账业务之间存在时滞，在判断企业现金持有情况是可以不用考虑。　　　　　　　　　　　　　　　　　　　　　　　　　　　　　　　　　　（　　）

11. 现金持有成本与现金余额成正比例变化，而现金转换成本与现金余额成反比例变化。
　　　　　　　　　　　　　　　　　　　　　　　　　　　　　　　　　　　　（　　）

12. 在存货模型中，使现金持有成本和现金转换成本之和最低的现金余额即为现金最佳余额。　　　　　　　　　　　　　　　　　　　　　　　　　　　　　　　　　　（　　）

13. 企业控制应收账款的最好方法是拒绝向具有潜在风险的客户赊销商品，或将赊销的商品作为附属担保品进行有担保销售。　　　　　　　　　　　　　　　　　　　（　　）

14. 赊销是扩大销售的有力手段之一，企业应尽可能放宽信用条件，增加赊销量。（　　）

15. 应收账款管理的基本目标，就是尽量减少应收账款的数量，降低应收账款的投资成本。　　　　　　　　　　　　　　　　　　　　　　　　　　　　　　　　　　　（　　）

16. 企业加速收款的任务不仅是要尽量使顾客早付款，而且要尽快使这些付款转化为可用现金。　　　　　　　　　　　　　　　　　　　　　　　　　　　　　　　　　　（　　）

17. 收账费用支出越多，坏账损失越小，两者是线性关系。　　　　　　　　　　（　　）

18. 要制定最优的信用政策，应把信用标准、信用条件、收账政策结合起来，考虑其综合变化对销售额、应收账款机会成本、坏账成本和收账成本的影响。　　　　　　（　　）

19. 订货成本的高低取决于订货的数量。　　　　　　　　　　　　　　　　　　（　　）

20. 在存货规划时，保险储备的存在会影响经济订货批量的计算，同时会影响再订货点的确定。　　　　　　　　　　　　　　　　　　　　　　　　　　　　　　　　　（　　）

21. 有追索权保理的应收账款，应收账款的坏账风险由企业承担。　　　　　　　（　　）

22. 我国短期融资券的发行人为金融机构，发行对象为社会公众。　　　　　　　（　　）

23. 现金折扣是企业为了鼓励客户多买商品而给予的价格优惠，每次购买的数量越多，价格也就越便宜。　　　　　　　　　　　　　　　　　　　　　　　　　　　　（　　）

24. 赊销是扩大销售的有力手段之一，企业应尽可能放宽信用条件，增加赊销量。
　　　　　　　　　　　　　　　　　　　　　　　　　　　　　　　　　　　　（　　）

25. 研究存货合理保险储备量的目的，是寻求缺货成本的最小化。　　　　　　　（　　）

26. 应交税金属于应付金额不确定的流动负债。　　　　　　　　　　　　　　　（　　）

27. 应收账款保理实质就是一种委托收账管理的方式。　　　　　　　　　　　　（　　）

28. 在使用零余额账户付款管理模式下，企业在一系列子账户上不需要保持安全储备。
　　　　　　　　　　　　　　　　　　　　　　　　　　　　　　　　　　　　（　　）

29. 信贷额度是银行从法律上承诺向企业提供不超过某一最高限额的贷款协定。（　　）

30. 补偿性余额的约束有助于降低银行贷款风险，但同时也减少了企业实际可动用借款额，提高了借款的实际利率。 （　　）

31. 短期融资券是由企业发行的有担保短期本票。 （　　）

（四）计算题

1. 某公司预计全年需要现金 40 万元，该公司的现金收支状况比较稳定，因此当公司现金短缺时，公司就准备用短期有价证券变现取得，现金与有价证券每次的转换成本为 50 元，有价证券的年利率为 10%。要求：

（1）利用存货模式计算该公司的最佳现金持有量。

（2）计算最低现金持有成本。

（3）计算有价证券最佳交易次数。

2. 某企业的原料购买和产品销售均采用商业信用方式，其就收账款的平均收款期为 120 天，应付账款的平均付款期为 40 天，从原料购买到产成品销售的期限平均为 100 天。要求：

（1）计算该企业的现金周转期。

（2）计算该企业的现金周转率。

（3）若该企业现金年度需求总量为 250 万元，则最佳现金持有量为多少？

3. B 公司是一家制造类企业，产品的变动成本率为 60%，一直采用赊销方式销售产品，信用条件为 $N/60$。如果继续采用 $N/60$ 的信用条件预计 2015 年赊销收入净额为 1000 万元，坏账损失为 20 万元，收账费用为 12 万元。

为扩大产品的销售量，B 公司拟将信用条件变更为 $N/90$。在其他条件不变的情况下，预计 2015 年赊销收入净额为 1100 万元，坏账损失为 25 万元，收账费用为 15 万元。假定风险投资最低报酬率为 10%，一年按 360 天计算，所有客户均于信用期满付款。要求：

（1）计算信用条件改变后 B 公司收益的增加额；

（2）计算信用条件改变后 B 公司应收账款成本增加额；

（3）为 B 公司做出是否应改变信用条件的决策并说明理由。

4. 某公司只生产一种产品——甲产品，该产品所耗用的主要原料为 P 材料，制造一个甲产品需要 2.4kg P 材料。假定该公司每年生产 12 000 个甲产品，且在整个一年中甲产品的需求量非常稳定，公司采购 P 材料每次的变动性订货成本为 200 元，单位材料的年储存成本为 8 元。要求：

（1）计算 P 材料的经济订货批量。

（2）计算经济批量下的存货总成本。

（3）计算每年最佳订货次数。

5. 某书店准备一批心理学畅销书，该书定价为每本 30 元，该书以 1000 本作为一基本订货单位安排订货，安排每次订货的成本为 40 元，该书每月的需求量为 20 000 本，每本书的月储存成本为 0.10 元。要求：

（1）计算该书的经济订货批量。

（2）计算每月最佳订货次数。

6. 某企业每年消耗 A 材料 15 000kg，该材料的单位采购成本为 10 元，单位存货年变动储存成本为 5 元，平均每次订货成本为 1500 元。要求：

（1）计算经济订货批量。

（2）计算最佳订货次数。
（3）计算最佳订货周期。
（4）计算经济订货批量的相关总成本。
（5）计算经济进货批量平均占用的资金。
（6）假设交货期为三天，保险储备量为 60kg，计算再订货点。

7. F 公司是一家家具分销商。预计年度需求量为 12 000 套，家具购进价为 420 元。去年的订单共 25 份，总处理成本为 14 000 元，其中固定成本 11 000 元。每张订单需要检查费用 180 元，并且雇用了一名检验人员对订单进行抽检，每张订单的抽检工作耗时 6h，费用为 3 元/h，该检验人员月薪 2800 元。仓库租金为每年 3000 元，每件家具仓储费 3 元。储存过程中会出现破损，平均破损成本为 26 元/件。另外，占用资金利息等其他储存成本 18 元/件。从发出订单到货物运达需要 5 个工作日。该公司设置了 100 件家具的保险储备。该公司每年经营 50 周，每周营业 6 天。要求：
（1）计算经济批量模型中的订货成本和储存成本及经济订货批量。
（2）计算经济批量下的存货总成本。
（3）计算再订货点。

8. 大华公司最近从三元公司购进原材料一批，合同规定的信用条件是"2/10，$n/40$"。如果大华公司由于流动资金紧张，不准备取得现金折扣，在第 40 天按时付款。要求：计算这笔资金的资金成本。

9. 某公司 2015 年发生采购成本 1 000 000 元，年度应付账款平均余额为 400 000 元。要求：计算该公司的应付账款周转率。

10. 某公司 2017 年预计支付增值税税额为 170 000 万元，按规定在次月 5 日缴纳。要求：按经常占用天数计算应付税金筹资额。如果每月上缴一次，按平均占用天数计算应付税金筹资额。

11. 某公司以贴现方式借入 1 年期贷款 10 万元，名义利率为 12%。要求：
（1）计算该贴现贷款的有效利率。
（2）如果公司以分期付款的方式借入这笔贷款，分 12 个月等额偿还，有效利率是多少？

12. 某公司以 10% 的票面利率发行了 30 亿元为期 180 天的短期融资券。要求：
（1）计算该短期融资券的年成本率。
（2）如果该公司利用备用信用额度所获得资金的成本是 0.25%，其他直接费用率为每年 0.55%，计算该短期融资券的总成本。

案例分析 1　　苏宁电器的现金周转期管理案例分析

1. 案例资料

近年来以异军突起的以国美电器和苏宁电器为典型代表的"大卖场"，打破了我国家电行业里制造厂商与其客户的力量平衡，使家电制造厂商在一定程度上丧失了在定价上的"话语权"，价格战的主导权有被"大卖场"取而代之的趋势。事实上，过去几年家电市场的很多价格战都是由"大卖场"挑起的，"大卖场"也因此被戏称为家电市场上的"价格屠夫"。那么，"大卖场"为何能够在空前惨烈的价格战中生存？国美电器和苏宁电器的盈利模式又有何奥秘？下面着重对苏宁电器以 OPM 战略为主要特征的盈利模式进行介绍。

（1）苏宁电器简介。1990 年创立于江苏南京，是中国 3C（家电、电脑、通信）家电连锁零售企业的领先者，是国家商务部重点培育的"全国 15 家大型商业企业集团"之一。截至 2009 年，苏宁电器连锁网络覆盖中国内地 30 个省，300 多个城市以及香港地区，拥有 1000 家连锁店，80 多个物流配送中心、3000 家售后网点。品牌价值 208.31 亿元，蝉联中国商业连锁第一品牌。名列中国上市规模民企前三，中国企业 500 强第 54 位，入选《福布斯》亚洲企业 50 强、《福布斯》全球 2000 大企业中国零售企业第一。2004 年 7 月，苏宁电器（002 024）在深圳证券交易所上市。凭借优良的业绩，苏宁电器得到了投资市场的高度认可，是全球家电连锁零售业市场价值最高的企业之一。

（2）"价格屠夫"的盈利模式。

1）财务状况。苏宁电器 2007～2009 年部分财务状况见表 10-1。

表 10-1　　　　　　　　苏宁电器 2007～2009 年部分财务指标

项　　目	2009 年	2008 年	2007 年
盈利能力			
毛利率（%）	17.35	17.16	14.46
净资产收益率（%）	20.02	24.80	31.55
流动资产结构			
货币资金比（%）	72.73	61.52	54.90
预付账款比（%）	3.14	6.29	7.52
应收票据比（%）	0.02	0	0.18
应收账款比（%）	1.15	0.64	0.79
存货比（%）	20.95	28.56	33.48
流动负债结构			
短期借款比（%）	0	1.25	1.23
预收账款（%）	1.34	1.48	2.47
应付账款（%）	24.15	29.12	27.62
应付票据（%）	67.57	56.87	57.79
一年内到期的非流动负债（%）	0.47	1.23	0.94
偿债能力			
经营活动现金流量净额对流动资产比率（%）	18.40	22.22	25.71
经营活动现金流量净额对流动负债比率（%）	26.81	30.61	30.70
资产负债率（%）	58.36	57.85	70.25
流动比率	1.46	1.38	1.19

从表 10-1 看出，苏宁电器净资产收益率大于 20%，盈利能力较好；流动资产中 80% 以上是由货币资金和存货构成，其中，货币资金占流动资产的 50% 以上，应收款项（包括预付账款）所占比例较少，说明公司采取了较好的销售结算方式，流动资产质量很好。流动负债

中占比例最大的是应付票据和应付账款,其中,应付票据占流动负债的一半以上,说明公司采购上处于有利地位,无偿占用了供应商资金。在盈利能力较好的情况下,为何有大量货币资金的同时,又不及时付款给供应商呢?

相比于公司较好的资产负债率,流动比率显得过低,主要原因很可能是较之流动资产,流动负债较高。如果供应商集体索款,公司将面临较大资金风险。

2)财务弹性。所谓财务弹性,是指企业对市场机遇和市场逆境的应变能力。对于拥有充裕经营性现金流量和现金储备的企业而言,一旦市场出现投资机会,它们就可迅速加以利用,而一旦市场出现意想不到的市场逆境,它们也可以游刃有余,坦然应对,还本付息和股利支付的能力也有保障。反之,对于经营性现金流量捉襟见肘、现金储备严重匮乏的企业,面对再好的投资机会和其他机遇,也只能望洋兴叹,对于始料不及的市场逆境,它们很可能丧失还本付息和股利支付的能力,从此一蹶不振。苏宁电器的财务弹性指标见表 10-2。

表 10-2　　　　　　　　　　　　财 务 弹 性 指 标

财务弹性指标	2009 年	2008 年	2007 年
现金流量充裕率	3.10	1.32	2.12
经营性现金流量对流动负债比率	0.27	0.31	0.31
经营性现金流利息保障倍数	—	57 865.77	12 182.84
经营性现金流对资本性支出比例	4.65	1.56	2.57
流动负债占总负债总额(%)	99.06	99.78	99.90

从表 10-2 中可以看出,除经营性现金流量对流动负债比率以外的指标都显示财务弹性较好,但是由于公司银行负债和资本性支出较少而公司负债几乎为流动负债,因此经营性现金流量对流动负债比率显得尤为重要。经营性现金流量对流动负债比率都偏低,这意味着苏宁电器的财务弹性不理想,但这显然与它们的 OPM 战略有关。

3)OPM 战略成就负现金周期和负净现金需求。在研究财务弹性与现金流量之间的关系时,除了考虑企业的经营性现金流量和现金储备这两个重要因素外,还必须充分考虑企业运营资本管理中 OPM(other people's money)战略的影响。所谓 OPM 战略是指企业充分利用做大规模的优势,增强与供应商的讨价还价能力,将占用在存货和应收账款的资金及其资金成本转嫁给供应商的运营资本管理战略。简言之,OPM 战略本质上是一种创新的盈利模式,是"做大做强"的生动实践。衡量 OPM 战略是否卓有成效的关键指标是现金化周期(cash conversion cycle),也称现金周期,其计算公式如下:

现金周期=应收账款周转天数+存货周转天数-应付账款周转天数

现金周期越短,表明企业在运营资本管理中所采用的 OPM 战略越成功。成功的 OPM 战略不仅有助于增强企业的财务弹性,还可增加经营活动产生的现金流量。

在财务流动性概念中,还有一个"净现金需求"概念,该需求并不是一般意义上的流动资金需求,是指企业生产经营过程中的资金占用(流动资产的部分项目)的差额。决定企业生产经营过程中现金需求的因素主要是:存货(包括原材料、在产品、产成品等)、预付账款、应收账款。而决定生产经营过程结算性资金来源的因素有:预收账款、应付票据、应付账款等。其计算公式为：

净现金需求＝存货＋预付账款＋应收账款－预收账款－应付账款－应付票据

苏宁电器的现金周期与净现金需求见表10-3。

表10-3　　　　　　　　苏宁电器的现金周期与净现金需求　　　　　　　　（元）

项　目	2009年	2008年	2007年
营业收入	58 300 149	49 896 709	40 152 371
营业成本	48 185 789	41 334 756	34 346 740
预付账款	947 924	1 081 882	1 021 992
应收票据	6874	0	24 447
应收账款	347 024	110 127	107 844
应收账款周转天数（含预付账款和应收票据）（天）	7.70	8046	
存货	6 326 995	4 908 211	4 552 543
存货周转天数（天）	41.97	41.20	
预收账款	276 792	184 822	281 805
应付账款	5 003 117	3 633 327	3 146 318
应付票据	13 999 191	7 096 536	6 582 678
应付账款周转天数（含预收账款和应付票据）（天）	112.79	91.12	
现金周期	－63.12	－41.46	
净现金需求	－11 650 283	－4 814 465	－4 303 975

上述"净现金需求"为负数，表明公司占用供应商的资金超过公司在存货和应收账款上被"客户"占用的资金，也就是善于利用供应商在货款结算上的商业信用政策，用别人的钱经营自己的事业。"现金周期"为负，绝对值增大，表明公司占用供应商的资金规模越来越大、时间也越来越长。2009年，近120亿元资金被沉淀63天，财务潜在收益十分诱人。但这种诱人的"负现金需求"和"负现金周转期"财务现象并非连锁商业经营企业独有，像电脑生产经营商戴尔（DELL）公司、我国一些房地产公司、资源性生产经营企业，还有美的、格力等公司都有类似的财务表现。无论何种行业或者哪类公司，只要有很强的利用供应商或者顾客资金的能力，就很容易出现"负净现金需求"和"负现金周转期"。"负净现金需求"和"负现金周期"是集"高收益与高风险"为一体的资金策略。当然，这种财务数据隐含的高风险（易招供应商挤兑）可能是公司财务上唯一的，但是绝对致命的风险，也就特别需要多样性、组合化的风险防范策略。

4）构造现金运营风险防范体系。针对"负现金需求"和"负现金周期"的潜在财务风险，苏宁公司已经构造了风险防范举措和财务安排，比如：① 较低的银行有息负债率；② 数额充足的现金储备；③ 流动负债比例较高，但长期负债比例较低。高比率的应付账款必须有一些"高"（如现金储备）和"低"（如低有息负债）来组合、匹配。这种组合的理念与技术很值得那些利用上下游供应商或者顾客资金进行产业规划和经营运作的公司复制使用。不过，上述风险防控举措并非完全治本的措施，甚至有些是被动意义上的财务安排。主动的、治本的对策就是要持续改进公司的运营速度，从改善物流配送、采购库存管理等业务运营入手，持续改进经营效率，以从根本上防范财务风险。

2. 分析

（1）查找资料，结合案例内容解释什么是现金周期？

（2）为何苏宁电器的现金周期往往是负的，负现金周期对苏宁电器的经营绩效有何意义？

（3）在盈利能力较好的情况下，为何有大量货币资金的同时，又不及时付款给供应商呢？

（4）如果供应商集体索款，公司将面临较大资金风险，如何进行风险管理？

案例分析 2　　美的集团的存货管理案例分析

1. 案例资料

近年来，为了降低库存成本，整合供应链资源，越来越多的企业开始尝试一种新型的供应链管理模式——供应商管理库存（vendor managed inventory，VMI）。中国制造企业 90% 的时间花费在物流上，物流仓储成本占据了总销售成本的 30%~40%，供应链上物流的速度以及成本更是令中国企业苦恼的老大难问题。美的集团从 21 世纪初就开始探寻存货管理新模式，并取得了显著效果。美的集团针对供应链的库存问题，利用信息化技术手段，一方面从原材料的库存管理做起，追求零库存标准；另一方面针对销售商，以建立合理库存为目标，从供应链的两端实施挤压，加速了资金、物资的周转，实现了供应链的整合成本优势。

美的集团简介。创业于 1968 年的美的集团，是一家以家电业为主，涉足物流等领域的大型综合性现代化企业集团，旗下拥有两家上市公司（美的电器 000527、小天鹅 000418）、四大产业集团（制冷家电集团、日用家电集团、机电集团、地产发展集团），是中国最具规模的白色家电生产基地和出口基地之一。

1980 年，美的集团正式进入家电业。目前，美的集团员工 13 万人，旗下拥有美的、小天鹅、威灵、华凌等十余个品牌。除顺德总部外，美的集团还在国内的广州、中山、重庆、安徽（合肥及芜湖）、湖北（武汉及荆州）、江苏（无锡、淮安及苏州）、山西（临汾）、河北（邯郸）等地建有生产基地；并在越南、白俄罗斯建有生产基地。美的集团在全国各地设有强大的营销网络，并在海外各主要市场设有超过 30 个分支机构。

美的集团主要产品有家用空调、商用空调、大型中央空调、洗碗机、消毒柜等家电产品和空调压缩机、冰箱压缩机等家电配件产品，拥有中国最大最完整的空调产业链、微波炉产业链、洗衣机产业链、冰箱产业链和洗碗机产业链，拥有中国最大最完整的小家电产品群和厨房家电产品群。

美的集团一直保持着健康、稳定、快速的增长。20 世纪 80 年代平均增长速度为 60%，90 年代平均增长速度为 50%。21 世纪以来，年平均增长速度超过 30%。

2009 年，美的集团整体实现销售收入达 950 亿元，同比增长 6%，其中出口额达 34 亿美元。在"2009 中国最有价值品牌"的评定中，美的品牌价值达到 453.33 亿元，名列全国最有价值品牌第 6 位。

2009 年 8 月，在中国企业联合会、中国企业家协会发布的"中国企业 500 强"中，美的集团列第69位。2010年2月,在国际权威品牌价值评估机构英国品牌顾问公司(Brand Finance)公布的"全球最有价值500品牌排行榜"中,美的集团作为唯一的中国家电企业入选。

2. 美的集团存货管理——供应链双向挤压

(1)无缝竞争时代的"成本领先"战略。作为世界空调产业巨头之一的美的,"总成本领先"一直是美的在竞争中不断壮大的核心战略,美的制冷家电集团CEO方洪波提出的产能扩张战略正是这一思路的集中体现。美的的优势就在于坚持"总成本领先"战略轨迹,不断平衡行业发展与自身发展之间的关系。从规模到技术,从品牌营销到市场布局的战略技术形成持续的"总成本领先"优势。

2005年冷冻年度刚刚拉开帷幕时,王金亮就已经提出继行业洗牌之后,2005年度空调产业的竞争将更趋白热化,竞争态势也将更趋复杂,各个空调厂商都充分整合和释放自身的比较优势,形成综合实力整合竞争的摊牌态势。

对于美的而言,无缝竞争时代的"总成本领先"首先是以超级产能规模为基础的行业成本领先,其中包括采购、生产、信息管理、渠道优化及服务效率的成本优势。在各个产业环节上一起发力,将单位产品的成本减到最低。正如美的将ERP系统及渠道存货的监控引入管理系统,通过集团采购模式降低生产成本,都是将"总成本"这一概念不断延伸至行业整合的各个环节,从而形成以产能和效率为基础的总成本优势。

从战略层面来讲,市场布局战略思想的领先成就了美的在市场布局方面的领跑优势。对于已经进入白热化竞争阶段的空调行业来讲,市场战略由于其可复制性而成为非永久性的"一公里"优势。市场布局的战略步骤中的"领先一步"就是巨大的战略优势,例如2005年4月18日,美的集团在井冈山启动了"乡镇空调普及革命",宣布从2005年度开始,将营销重点从此前一直活跃的一、二级市场转向三、四级市场。通过从产品销售到售后服务的系统工程,美的集团将率先占领市场,在后续的竞争布局中形成自身的战略优势。

从营销的层面而言,2003年开始的白色家电营销战一直被业界称为"价格战加概念战",价格战的腥风血雨在过去的两年使许多不具备规模和实力的品牌退出了竞争。与此同时,"概念战"对于日益理性和成熟的市场的杀伤力日渐式微。概念游戏主导的暴利空间已经不再,概念竞争势必被产品技术和服务能力的竞争取代。

在后概念营销时代,营销竞争实际上是从技术研发到售后服务的各个营销环节的较量,依靠产品概念和价格竞争取生存空间的可能性越来越小。在产业整合及技术基础如此集中和合理化的大背景下,渠道拓展及终端激励机制等方面的可操作空间也十分有限,因此后概念时代的竞争就是以消费者需求为导向的技术与服务的双簧。

面对无缝竞争时代的到来,美的集团的"底牌"就是整合竞争优势带来的"总成本领先"地位,从资金流、信息平台、产业供应链、渠道效率及服务实力等各个方面地不断发展形成美的集团的全面优势。

(2)零库存梦想。美的集团虽多年名列空调产业的"三甲"之位,但是不无一朝城门失手之忧。自2000年来,在降低市场费用、裁员、压低采购价格等方面,美的集团频繁变招,其路数始终围绕着成本与效率。在广东地区已经悄悄为终端经销商安装进销存软件,即实现"供应商管理库存"和"管理经销商库存"中的一个步骤,开始实践"用信息替代库存"这一经营思想。

对于美的集团来说,其较为稳定的供应商共有300多家,其零配件(出口、内销产品)加起来一共有3万多种,60%的供货商是在顺德周围,还有部分供应商是车程3天以内的地方，如广东的清远一带。因此，只要15%的供应商在美的集团周围租赁仓库就可以。从2002年中期，利用信息系统，美的集团在全国范围内实现了产销信息的共享。有了信息平台做保障，美的集团原有的100多个仓库精简为8个区域仓，在8h可以运到的地方，全靠配送。这样一来美的集团流通环节的成本降低了15%～20%。运输距离长（仓库所有权归美的集团），并把其零配件放到片区里面储备。美的空调作为供应链里面的"链主"，通常也叫核心企业，供应商则追求及时供货。

在美的集团需要用到这些零配件的时候，它就会通知供应商，然后再进行资金划拨、取货等工作。这时，零配件的产权，才由供应商转移到美的手上，而在此之前，所有的库存成本都由供应商承担。此外，美的集团在企业资源管理基础上与供应商建立了直接的交货平台。原来供应商与美的空调每次采购与交易，要签订的协议都非常多。而现在程序大为简化，年初确定供货商时签订一个总协议。价格定下来后，美的集团就在网上发布采购信息，供应商在自己的办公地点，通过互联页的方式就可登录到美的集团的页面上，看到美的集团的订单内容（品种、型号、数量和交货时间等），然后由供应商确认信息，这样一张采购订单就已经合法化了。

实施VMI后，供应商不要像以前一样疲于应付美的集团订单，而只需做一些适当的库存即可。供应商不用备很多货，一般有能满足3天的需求即可。零部件库存由原来平均的5～7天的存货水平，大幅降低为3天左右，而且这3天的库存也是由供应商管理并承担相应成本。美的集团2000～2009年的存货周转率明细表见表10-4。

表10-4　　美的集团2000～2009年的存货周转率明细表

年份	2009	2008	2007	2006	2005	2004	2003	2002	2001	2000
库存商品比例（%）	70.63	76.37	74.79	64.88	75.36	64.57	69.95	80.03	82.15	78.75
原材料比例（%）	23.22	19.44	21.50	30.81	18.98	24.88	16.56	10.73	12.09	13.99
其他（%）	6.15	4.19	3.71	4.31	5.66	11.56	13.49	9.24	5.76	7.26
存货周转率（次）	6.74	6.13	4.86	4.33	4.93	5.35	5.70	4.35	3.28	3.44
原材料周转率（次）	31.44	29.74	19.33	16.83	22.28	24.39	40.86	37.93	24.82	29.89
库存商品周转率（次）	9.20	8.12	6.85	6.24	7.14	8.13	7.65	5.36	4.09	4.15

从表10-4可以看出，美的集团的原材料占库存占20%左右，2002年和2003年原材料周转率达到40次左右。

原材料周转率提高后，一系列相关的财务"风向标"也随之"由阴转晴"，让美的集团"欣喜不已"：资金占用率降低、资金利用率提高、资金风险下降、库存成本直线下降。

（3）消解分销链存货。在业务链后端的供应体系进行优化的同时，美的集团也正在加紧对前端销售体系的管理进行渗透。在经销商管理环节上，美的集团利用销售管理系统可以统计到经销商的销售信息（分公司、代理商、型号、数量、日期等），而近年来则公开了与经销商的部分电子化往来，以前半年一次手工性的繁杂对账，现在则进行业务往来的实时对账和审核。

在前端销售环节，美的集团作为经销商的供应商，为经销商管理库存。这样的结果是，经销商不用备货了。经销商缺货，美的集团立刻就会自动送过去，而不需经销商提醒。经销商的库存"实际是美的集团自己的库存"。这种存货管理上的前移,美的集团可以有效地削减销售渠道上昂贵的存货,而不是任其堵塞在渠道中,让其占用经销商的大量资金。

2002年,美的集团以空调为核心对整条供应链资源进行整合,更多的优秀供应被纳入美的空调的供应体系,美的空调供应体系的整体素质有所提升。依照企业经营战略和重心的转变,为满足制造模式"柔性"和"速度"的要求,美的集团对供应资源布局进行了结构性调整,供应链布局得到优化。经过厂商的共同努力,整体供应链在成本、品质、响应期等方面的专业化能力得到了不同程度的发展,供应链能力得到提升。

从表10-4中可看出,美的集团库存商品占存货比超过70%,从2002年到2004年,存货周转率增加2.77次。美的集团在库存上的领先成本优势,保证了在激烈的市场竞争下维持了相当的利润。

3. 分析

(1) 查找资料,结合案例内容解释什么是VMI?
(2) 美的集团存货周转率与美的电器存货周转率为什么存在显著差异?
(3) 美的集团在实行供应商存货管理上利用了自身的什么优势?

五、练习题参考答案

(一) 单项选择题

1. C 2. B 3. B 4. A 5. C 6. D 7. C 8. B 9. B 10. D 11. A 12. B 13. A
14. B 15. C 16. C 17. A 18. C 19. D 20. B 21. D 22. D 23. B 24. C
25. D 26. C 27. D 28. D 29. D 30. D 31. D 32. B 33. D

(二) 多项选择题

1. ABE 2. ABC 3. ABC 4. ABCD 5. ABC 6. BCD 7. ABCD 8. ABDE
9. ABCDE 10. BD 11. ABE 12. ABC 13. ACDE 14. ACDE 15. ABE 16. CD
17. AE 18. ABC 19. AC 20. AC 21. BC 22. BD 23. BC 24. AD 25. ACE

(三) 判断题

1. √ 2. √ 3. × 4. × 5. × 6. √ 7. √ 8. × 9. √ 10. × 11. × 12. √
13. √ 14. × 15. √ 16. × 17. × 18. √ 19. √ 20. × 21. √ 22. ×
23. × 24. × 25. × 26. × 27. × 28. √ 29. × 30. √ 31. ×

(四) 计算题

1. 答 最佳现金持有量 $= \sqrt{\dfrac{2 \times 400\,000 \times 50}{10\%}} = 20\,000$(元),

最低现金持有成本 $= \sqrt{2 \times 400\,000 \times 50 \times 10\%} = 2000$(元),

有价证券最佳交易次数 $= 400\,000 \div 20\,000 = 20$(次)。

2. 答 (1) 现金周转期 = 存货周转期 + 应收账款周转期 — 应付账款周转期 = 100 + 120 − 40 = 180(天)。

(2) 现金周转率 $= \dfrac{360}{\text{现金周转期}} = \dfrac{360}{180} = 2$(次)。

（3）最佳现金持有量 = $\dfrac{\text{年现金需求量}}{\text{现金周转率}} = \dfrac{250}{2} = 125$（万元）。

3. 答 （1）增加收益 = $(1100 - 1000) \times (1 - 60\%) = 40$（万元）。

（2）增加应收账款应计利息 = $\dfrac{1100}{360} \times 90 \times 60\% \times 10\% - \dfrac{1000}{360} \times 60 \times 60\% \times 10\% = 6.5$（万元），

增加坏账损失 = $25 - 20 = 5$（万元），

增加收账费用 = $15 - 12 = 3$（万元），

信用条件改变后 B 公司应收账款成本增加额 = $6.5 + 5 + 3 = 14.5$（万元）。

（3）答 应改变信用条件。因为改变信用条件增加的税前损益 = $40 - 14.5 = 25.5$（万元）> 0，所以应改变信用条件。

4. 答 （1）经济订货批量 = $\sqrt{\dfrac{2 \times 200 \times 12\,000 \times 2.4}{8}} = 1200$（kg）。

（2）经济批量下的存货总成本 = $\sqrt{2 \times 200 \times 12\,000 \times 2.4 \times 8} = 9600$（元）。

（3）每年最佳订货次数 = $\dfrac{12\,000 \times 2.4}{1200} = 24$（次）。

5. 答 （1）经济订货批量 = $\sqrt{\dfrac{2 \times 40 \times 20}{100}} \times 1000 = 4000$（本），

由于以 1000 本作为一基础订货单位安排订货，

因此储存成本 = $0.1 \times 1000 = 100$（元）。

（2）每月最佳订货次数 = $20\,000 \div 4000 = 5$（次）。

6. 答 （1）经济订货批量 = $\sqrt{\dfrac{2 \times 15\,000 \times 1500}{5}} = 3000$（kg）。

（2）最佳订货次数 = $15\,000 \div 3000 = 5$（次）。

（3）最佳订货周期 = $360 \div 5 = 72$（天）。

（4）经济订货批量的相关总成本 = $\sqrt{2 \times 15\,000 \times 5 \times 1500} = 15\,000$（元）。

（5）经济进货批量平均占用的资金 = $3000 \div 2 \times 10 = 15\,000$（元）。

（6）每日平均需求量 = $15\,000 \div 360 = 41.67$（kg）。

7. 答 （1）变动性订货成本 = $(14\,000 - 11\,000) \div 25 + 180 + 6 \times 3 = 318$（元），

变动性储存成本 = $3 + 26 + 18 = 47$（元），

经济订货批量 = $\sqrt{\dfrac{2 \times 12\,000 \times 318}{47}} = 403$（件）。

（2）经济批量下的存货总成本 = $\sqrt{2 \times 12\,000 \times 318 \times 47} = 18\,939$（元）。

（3）再订货点 = $5 \times [12\,000 \div (50 \times 6)] + 100 = 300$（件）。

8. 答 资金成本 = $\dfrac{2\%}{1 - 2\%} \times \dfrac{360}{40 - 10} = 24.49\%$。

9. 答 应付账款周转率 = $1\,000\,000 \div 400\,000 = 2.5$（次）。

10. 答　按经常占用天数，应付税金筹资额 = 170 000 ÷ 360 × 4 = 1888.89（元），
按平均占用天数，应付税金筹资额 = 170 000 ÷ 360 × (30 ÷ 2) = 7083.33（元）。

11. 答　（1）有效利率 = $\dfrac{100\,000 \times 12\%}{100\,000 - 100\,000 \times 12\%}$ = 13.64%。

（2）如果分期付款，有效利率 = $\dfrac{100\,000 \times 12\%}{100\,000 \times 1/2}$ = 24%。

12. 答　（1）短期融资券的年成本率 = $\dfrac{10\%}{1 - 10\% \times \dfrac{180}{360}}$ = 10.53%。

（2）总成本 = 10.53% + 0.25% + 0.55% = 11.33%。

案例分析 1 答案

答　（1）现金周期，即现金循环（转化）周期（cash conversion cycle），是企业在经营中从付出现金到收到现金所需的平均时间，该周期决定了企业资产的使用效率。

现金循环周期的变化会直接影响所需营运资金的数额。现金循环周期包括应收账款周转期、存货周转期和应付账款周转期三个期间。其长度等于自公司购买（生产所需资源）原材料及人工支付现金之日起，至销售产品收回价款之日止所经过的天数，可以衡量公司之现金冻结在流动资产上的时间长短。

一般来说，存货周期和应收账款周转期越长，应付账款周转期越短，营运资金数额就越大；相反，存货周转期和应收账款周转期越短，应付账款周转期越长，营运资金数额就越小。此外，营运资金周转的数额还受到偿债风险、收益要求和成本约束等因素的制约。用公式表示：

现金循环周期 =（应收账款周转天数 + 存货周转天数）− 应付账款周转天数

其中：应收账款周转天数是指应收账款收回现金所需时间，又称日销货悬账天数（days sales outstanding, DSO）。应收账款周转率 = 销售收入/应收账款。应收账款周转率越高表示企业收账的速度及效率越佳。DSO 为 54 天，其意义为销货发生的应收账款转换为现金，需 54 天之久。

存货周转天数，是指把原物料或零组件制造为产品，并将产品售出所需之时间。存货周转率 = 销售成本/存货。存货周转次数越多，代表企业推销商品的能力及经营绩效越佳，因此存货转换期间不宜太长。存货周转天数与应收账款周转天数合称为营业循环周期。

应付账款周转天数，是指自购进原料或雇用人工至支付价款及工资之平均天数。

（2）苏宁电器在加快应收账款与存货周转的同时，利用其规模优势，强化了其与供应商的谈判能力，不断延长货款支付时间，获得了供应商长时间的免费信用，这是苏宁电器负现金周期的根本原因。负现金周期显著地改善了苏宁电器的经营业绩。

（3）结合零售行业和公司战略分析。由于零售市场具有较强的产品同质性、零售商转化成本较低等特点，使供应商在与零售商谈判时处于劣势，而有竞争优势的零售商往往会采取"早收款迟付款"的结算策略，即所谓的 OPM 战略，从而把握了主动权：一方面进一步限制

了供应商的谈判能力；另一方面为实现规模优势和成本领先战略奠定了基础。

（4）事先做好财务安排，拥有一定的现金储备和银行信贷额度；在与供应商订立的合同中增加降低此类风险的条款；提高营运效率，加强供应链管理。

案例分析 2 答案

（1）供应商管理库存（vendor managed inventory，VMI）是指供应商等上游企业及与其下游客户的生产经营、库存信息，对下游客户的库存进行管理与控制。它是一种在供应链环境下的库存运作模式，本质上，它是将多级供应链问题变成单级库存管理问题，相对于按照传统用户发出订单进行补货的传统做法。VMI是以实际或预测的消费需求和库存量，作为市场需求预测和库存补货的解决方法，即由销售资料得到消费需求信息，供货商可以更有效的计划、更快速地反映市场变化和消费需求。

近年来，为了降低库存成本，整合供应链资源，越来越多的企业开始尝试一种新型的供应链管理模式——供应商管理库存，特别是在零售行业中，零售商长期期以来饱受"长鞭效应"的苦恼。长期以来销售某种产品，为了保证产品销售的连续性，零售商一直独自管理产品库存，而产品一直由几家供应商负责供应，为了保证自己在市场营销方面的核心竞争力和加强企业间的合作程度，同时降低成本，抑制"长鞭效应"，重新整合企业资源，零售商决定实施供应商管理库存（VMI）的供应链战略来进行企业之间的联盟。

供应商管理库存的实施阶段是最为重要和复杂的。它主要体现在战术层次上，包括适应供应商管理库存的组织机构的变革，买方企业和自己的合作伙伴供应商共同组建一个工作团队，设立一些新的职能部门，以及实施整个供应商管理库存的具体运作等。

供应商管理库存的评估，根据管理商管理库存之前制定的目标，确定一些经济指标，对实施前后做一个对比，如果达到预期效果就进入全面实施阶段，如果达不到就返回到供应商管理库存实施阶段，进行改进和完善，直至通过再进入供应商库存的全面实施阶段。

VMI 的主要好处：

供应商受益表现在：① 通过销售点（point of sales，POS）数据透明化，简化了配送预测工作；② 结合当前存货情况，使促销工作易于实施；③ 减少了分销商的订货偏差，减少了退货；④ 需求拉动透明化、提高配送效率，以有效补货避免缺货；⑤ 有效的预测使生产商能更好地安排生产计划。

分销商和消费者受益表现在：① 提高了供货速度；② 减少了缺货；③ 降低了库存；④ 将计划和订货工作转移给供应商，降低了运营费用；⑤ 在恰当的时间，适量补货，提升了总体物流绩效；⑥ 供应商更专注地提升物流服务水平。

共同的利益表现在：① 通过计算机互联通信，减少了数据差错；② 提高了整体供应链的处理速度；③ 从各自角度，各方更专注于提供更优质的用户服务，避免缺货，使所有供应链成员收益；真正意义上的供应链合作伙伴关系得以确立；④ 带来更有效的促销运作、更有效的新品导入和增加终端销售量等。

（2）从产业特点、生产或销售需要、管理特点等方面考虑两者在存货周转率方面存在差异的原因。美的集团产业更为多元化，美的电器的空调业务实行供应商管理和管理经销商存货更为成功。

（3）可以从以下几方面考虑美的集团供应商存货管理上的优势：第一，地域优势，广州交通物流较为发达；第二，规模优势，集团所占市场份额的扩大，在经营中更有话语权；第三，良好的职业经理管理团队，制定了良好的战略。

第十一章 股利政策与分配

一、学习目标

通过本章学习，应掌握股利分配程序和方式，理解股利相关论的内容；理解和熟练掌握股利分配政策，具体分析判断影响股利政策的各种因素；熟练掌握股利支付形式与程序；掌握股票股利和股票分割、股票回购对公司股票价格的影响。

二、学习要点

（一）核心概念

（1）股利分配。股利分配又称利润分配，即是企业将实现的利润，在依法缴纳所得税后，按照国家有关法律、法规以及企业章程的规定的分配形式和分配顺序，对税后净利润进行分配的活动。

（2）直接计入当期利润的利得和损失。直接计入当期利润的利得和损失是指应当计入当期损益、会导致所有者权益发生增减变动的，与所有者投入资本或者向所有者分配利润无关的利得或者损失。

（3）公积金。公积金是公司在资本以外所保留的资金金额，又称为附加资本或准备金。公积金制度是各国公司法通常采用的一项强制性制度。公积金分为盈余公积金和资本公积金两类。

（4）股利宣告日。股利宣告日是指公司董事会将股东大会通过本年度利润分配方案的情况以及股利支付情况予以公告的日期。

（5）股权登记日。股权登记日是指决定股东有权领取本期股利的股东资格登记截止日期。由于股票可以在股票市场上自由买卖、交易，因此公司的股东经常变动，具有不确定性，为了明确具体的股利发放对象，公司必须规定股权登记日。

（6）除息日。除息日也称除权日，是指领取股利所有权与股票分离的日期，即将股票中含有的股利分配股权予以解除，即在除息日当日及以后买入的股票不在享有本次股利分配的权利。

（7）股利发放日。股利发放日正式支付股利的日期，又称付息日，即是公司按照分红方案向股权登记日在册的股东实际支付股利的日期。

（8）现金股利。现金股利是指公司将股东应得的股利收益以现金的形式向股东分派股利。现金股利是公司股利发放中最常见也是最主要的发放方式，一般股东都比较希望得到现金股利。

（9）财产股利。财产股利是以现金以外的资产支付的股利，主要是以公司所拥有的其他企业的有价证券，如债券、股票，作为股利支付给股东。

（10）负债股利。负债股利是公司以负债支付的股利，通常以公司的应付票据支付给股东，在不得已情况下也有发行公司债券抵付股利的。

（11）股票股利。股票股利是指采用增发股票的方式向现有股东分派股利。采用这种分配方式，相当于把公司的盈利直接转化为普通股股票，即盈利资本化，是一种增资行为，因而要按法定程序办理增资手续。

（12）股利分配理论。股利分配理论是指人们对股利分配的客观规律的科学认识与总结，其核心问题是股利政策与公司价值的关系问题。

（13）股利无关论。股利无关论认为，在一定的假设条件限制下，股利政策不会对公司的价值或股票的价格产生任何影响，投资者不关心公司股利的分配。公司市场价值的高低，是由公司所选择的投资决策的获利能力和风险组合所决定，而与公司的利润分配政策无关。

（14）股利相关理论。与股利无关理论相反，股利相关理论认为，企业的股利政策会影响股票价格和公司价值。主要观点有："一鸟在手"理论、信号传递理论、税差理论和代理理论。

（15）剩余股利政策。剩余股利政策是指在公司有着良好的投资机会时，根据一定的目标资本结构，测算出投资所需的权益资本，先从盈余当中留用，然后将剩余的盈余作为股利予以分配。

（16）固定或持续增长的股利政策。固定或持续增长的股利政策是将每年发放的股利固定在某一固定的水平上并在较长的时期内不变，只有当公司认为未来盈余会显著地、不可逆转地增长时，才提高年度的股利发放额。不过，在通货膨胀的情况下，大多数公司的盈余会随之提高，且大多数投资者也希望公司能提供足以抵消通货膨胀不利影响的股利，因此在长期通货膨胀的年代里也应提高股利发放额。

（17）固定股利支付率政策。固定股利支付率政策又称变动的股利（额）政策，是指公司确定一个股利支付率，每年按此固定的比率从税后利润中支付股利，使公司的股利支付与盈利状况保持稳定的比例，而股利额却随税后利润的变动而变动，呈现出不稳定的变动状态。

（18）低正常股利加额外分红的政策。低正常股利加额外分红的政策是指公司在一般情况下，每年固定支付数额较低的正常股利额，当公司可用于支付股利的盈余较多时，再根据实际情况，向股东增发一定金额的红利。

（19）股票分割。股票分割又称拆股，是指将一张较大面值的股票拆成几张较小面值的股票。股票分割对公司的资本结构不会产生任何影响，一般只会使发行在外的股票总数增加，资产负债表中股东权益各账户（股本、资本公积、留存收益）的余额都保持不变，股东权益的总额也保持不变。

（20）股票回购。股票回购是指上市公司出资将其发行在外的普通股以一定价格购买以注销或作为库存股的一种资本运作方式，是一种替代发放现金股利的一种资本运作方式。公司不得随意收购本公司的股份，只是满足相关法律规定的情形才允许股票回购。

（二）关键问题

1. 利润的构成有哪些？

利润包括收入减去费用后的净额、直接计入当期利润的利得和损失等。直接计入当期利润的利得和损失，是指应当计入当期损益、会导致所有者权益发生增减变动的、与所有者投入资本或者向所有者分配利润无关的利得或者损失。利润的构成用公式表示如下：

利润总额＝营业利润＋营业外收支净额，净利润＝利润总额－所得税费用。

2. 企业利润分配的原则有哪些？

在利润分配过程中，应遵循以下原则：

（1）依法分配的原则。企业利润分配的对象是在一定会计期间内实现的税后利润，税后利润企业有权自主分配。企业在利润分配中必须依法进行。

（2）资本保全原则。资本保全是责任有限的现代企业制度的基础性原则之一。利润分配是对经营中资本增值额的分配，不是对资本金的返还。一般情况下，如果企业存在未弥补的亏损，应首先弥补亏损，再进行其他分配。

（3）充分保护债权人利益原则。债权人的利益按照风险承担的顺序及其合同契约的规定，企业必须在利润分配之前清偿所有债权人的到期债务，否则不能进行利润分配；同时，在利润分配之后，企业还应保持一定的偿债能力。此外，企业在与债权人签订某些长期债权契约的情况下，其利润分配政策还应征得债权人的同意或审核方可执行。

（4）多方及长短期利益兼顾原则。利润分配涉及投资者、经营者、职工等多方利益，企业必须兼顾，并应尽可能地保持稳定的利润分配；在企业获得稳定增长的利润后，应增加利润分配的数额或百分比。同时，除依法必须留用的利润外，对于发展及优化资本结构的需要，企业应兼顾长期和短期利益，合理留用利润，使利润分配真正成为促进企业发展的有效手段。

3. 公司利润分配的内容主要哪些部分？

按照《中华人民共和国公司法》的规定，公司利润分配的内容主要包括公积金、股利。

（1）公积金。公积金是公司在资本以外所保留的资金金额，又称为附加资本或准备金。公积金制度是各国公司法通常采用的一项强制性制度。公积金分为盈余公积金和资本公积金两类。盈余公积金是从公司税后利润中提取的公积金，分为法定公积金和任意公积金两种。

（2）股利（向投资者分配利润）。公司向股东（投资者）支付股利（分配利润），要在提取公积之后。股利（利润）的分配应以各股东（投资者）持有股份的数额（投资额）为依据，每一股东（投资者）取得的股利（分得的利润）与其持股份数（投资额）成正比。

4. 公积金应当按照规定的用途使用，其用途主要哪些？

（1）弥补公司亏损。公司的亏损按照国家税法规定可以用缴纳所得税前的利润弥补，超过用所得税前利润弥补期限仍未补足的亏损，可以用公司税后利润弥补；发生特大亏损，税后利润仍不足弥补的，可以用公司的公积金弥补。但是，资本公积金不得用于弥补公司的亏损。

（2）扩大公司生产经营。公司可以根据生产经营的需要，用公积金来扩大生产经营规模。

（3）转增公司注册资本。公司为了实现增加资本的目的，可以将公积金的一部分转为资本。对用任意公积金转增资本的，法律没有限制，但用法定公积金转增资本时，《中华人民共和国公司法》规定，转增后所留存的该项公积金不得少于转增前公司注册资本的25%。

5. 根据《中华人民共和国公司法》以及有关规定，公司应当按照什么顺序进行利润分配？

公司向股东（投资者）分配股利（分配利润），应按一定的顺序进行。根据《中华人民共和国公司法》以及有关规定，公司应当按照如下顺序进行利润分配：

（1）计算可供出售分配利润。将本年净利润（或亏损）与年初未分配利润（或亏损）合并，计算出可供分配的利润。如果可供分配的利润为负数（即亏损），则不能进行后续分配，如果可供分配利润为正数（即本年累计盈利），则进行后续分配。

（2）计提法定公积金。按抵减年初累计亏损后的本年净利润计提法定公积金。提取公积金的基数，不一定是可供分配的利润，也不一定是本年的税后利润。只有不存在年初累计亏损时，才能按本年税后利润计算应提取数，这种"补亏"是按账面数字进行的，与所得税法的亏损后转无关，关键在于不能用资本发放股利，也不能在没有累计盈余的情况下提取公积金。

（3）计提任意公积金。

（4）向股东（投资者）支付股利（分配利润）。公司股东会或董事会违法上述利润分配顺序，在抵补亏损和提取法定公积金之前向股东分配利润的，必须将违反规定发放的利润退还公司。

6. 股利支付的程序是什么？

公司股利的发放必须遵守相关的要求，按照日程安排来进行。一般情况下，先由董事会提出分配预案，然后提交股东大会决议，股东大会决议通过才能进行分配。股东大会决议通过分配预案后，应由公司董事会将分派股利的事项向全体股东宣告向股东宣告发放股利的方案，并确定股权登记日、除息日和股利发放日。

7. 股利支付的方式有哪些？

（1）现金股利。现金股利是指公司将股东应得的股利收益以现金的形式向股东分派股利。现金股利是公司股利发放中最常见也是最主要的发放方式，一般股东都比较希望得到现金股利。采用这种方式，公司必须具有充足的现金。

（2）财产股利。财产股利是以现金以外的资产支付的股利，主要是以公司所拥有的其他企业的有价证券，如债券、股票，作为股利支付给股东。

（3）负债股利。负债股利是公司以负债支付的股利，通常以公司的应付票据支付给股东，不得已情况下也有发行公司债券抵付股利的。

（4）股票股利。股票股利是指采用增发股票的方式向现有股东分派股利。采用这种分配方式，相当于把公司的盈利直接转化为普通股股票，即盈利资本化，是一种增资行为，因而要按法定程序办理增资手续。

8. 发放股票股利的意义何在？

（1）股票股利对股东的意义，主要有：

1）有时公司发放股票股利后其股价并不成比例下降；一般在发放少量股票股利（2%～3%）后，大体不会引起股价的立即变化。这可使股东得到股票价值相对上升的好处。

2）发放股票股利通常由成长中的公司所为，因此投资者往往认为发放股票股利预示着公司将有较大发展，利润将大幅度增长，足以抵销增发股票带来的消极影响。这种心理会稳定住股价甚至反致略有上升。

3）在股东需要现金时，还可以将分得的股票股利出售，有些国家税法规定出售股票所需交纳的资本利得（价值增值部分）税率比收到现金股利所需交纳的所得税税率低，这使得股东可以从中获得纳税上的好处。

（2）股票股利对公司的意义，主要有：

1）发放股票股利可使股东分享公司的盈余无须分配现金，这使公司留存了大量现金，便于进行再投资，有利于公司长期发展。

2）在盈余和现金股利不变的情况下，发放股票股利可以降低每股价值，从而吸引更多的投资者。

3) 发放股票股利往往会向社会传递公司将会继续发展的信息，从而提高投资者对公司的信心，在一定程度上稳定股票价格。但在某些情况下，发放股票股利也会被认为是公司资金周转不灵的征兆，从而降低投资者对公司的信心，加速股价的下跌。

4) 发放股票股利的费用比发放现金股利的费用大，会增加公司的负担。

9. 股利理论有哪些？

股利理论主要研究两个问题：一是股利支付是否影响企业价值；二是股利的支付如果影响企业价值的话，使企业价值最大化的股利支付率是多少。在这一问题上，主要有两类不同观点形成了不同的股利理论：股利无关论和股利相关论。

(1) 股利无关论。股利无关论认为，在一定的假设条件限制下，股利政策不会对公司的价值或股票的价格产生任何影响，投资者不关心公司股利的分配。公司市场价值的高低，是由公司所选择的投资决策的获利能力和风险组合所决定，而与公司的利润分配政策无关。这一理论是米勒（Miller）与莫迪格利安尼（Modigliani）于1961年提出，该理论也被称为MM理论。MM理论认为：① 投资者并不关心公司股利的分配；② 股利的支付比率不影响公司的价值。

(2) 股利相关理论。与股利无关理论相反，股利相关理论认为，企业的股利政策会影响股票价格和公司价值。主要观点有以下几种：

1) "一鸟在手"理论。该理论认为公司的股利政策与公司的股票价格是密切相关的，即当公司支付较高的股利时，公司的股票价格会随之上升，公司价值将得到提高。

2) 信号传递理论。信号传递理论认为，在信息不对称的情况下，公司可以通过股利政策向市场传递有关公司未来盈利能力的信息。股利政策所产生的信息效应会影响股票的价格。

3) 税差理论。税差理论，主张如果股利的税率比资本利得税率高，投资者会对高股利收益率股票要求较高的必要报酬率。因此，为了使资金成本降到最低，并使公司的价值最大，应当采取低股利政策。

4) 代理理论。代理理论认为，股利政策实际上体现的是公司内部人与外部股东之间的代理管理。股利政策有助于减缓管理者与股东之间的代理冲突，即股利政策是协调股东与管理者之间代理关系的一种约束机制。该理论认为，股利的支付能够有效地降低代理成本。

10. 影响股利分配政策的因素包括哪些？

影响股利分配政策应考虑的主要因素包括：

(1) 法律因素。为了保护债权人、投资者和国家的利益，有关法规对企业的股利分配有以下几个方面的限制：资本保全的限制、企业积累的限制、企业利润的约束、超额累积利润的限制、无力偿付的限制。

(2) 股东因素。股利政策必须经过股东大会决议通过才能实施，一般来说，影响股利政策的股东因素主要有以下几方面：追求稳定的收入和避税考虑；防止控制权稀释考虑。

(3) 公司因素。公司基于短期经营和长期发展的考虑，在确定利润分配时，需要关注的影响因素主要有资产的流动性、举债能力、盈余的稳定性、投资机会、资本成本、债务需要。

(4) 其他因素。债务合同约束、通货膨胀。

11. 股利分配政策都有哪些？

股利分配政策：

（1）剩余股利政策。剩余股利政策是指在公司有着良好的投资机会时，根据一定的目标资本结构，测算出投资所需的权益资本，先从盈余当中留用，然后将剩余的盈余作为股利予以分配。

（2）固定或持续增长的股利政策。固定或持续增长的股利政策是将每年发放的股利固定在某一固定的水平上并在较长的时期内不变，只有当公司认为未来盈余会显著地、不可逆转地增长时，才提高年度的股利发放额。

（3）固定股利支付率政策。固定股利支付率政策又称变动的股利（额）政策，是指公司确定一个股利支付率，每年按此固定的比率从税后利润中支付股利，使公司的股利支付与盈利状况保持稳定的比例，而股利额却随税后利润的变动而变动，呈现出不稳定的变动状态。

（4）低正常股利加额外分红的政策。低正常股利加额外分红的政策是一种折中的股利政策。是指公司在一般情况下，每年固定支付数额较低的正常股利额，当公司可用于支付股利的盈余较多时，再根据实际情况，向股东增发一定金额的红利。

12. 比较各种股利分配政策的优缺点都有哪些？

（1）剩余股利政策。优点是：留存收益优先保证再投资的需要，这有助于降低再投资的资金成本，保持最佳的资本结构，实现企业发展的长期性和股东价值最大化。

剩余股利政策的缺陷是：如果完全遵照执行剩余股利政策，股利发放额就会每年随投资机会和盈利水平的波动而波动。在盈利水平不变的情况下，股利发放额与投资机会的多寡呈反方向变动，投资机会越多，股利越少；反之，投资机会越少，股利发放越多。而在投资机会维持不变的情况下，股利发放额将与公司盈利呈同方向波动。剩余股利政策不利于投资者安排收入与支出，也不利于公司树立良好的形象，一般适用于公司初创阶段。

（2）固定或持续增长的股利政策。采用这种股利政策优点：首先，为稳定的股利向市场传递着公司正常发展的信息，有利于树立公司良好形象，增强投资者对公司的信心，稳定股票的价格。其次，稳定的股利额有利于投资者安排股利收入和支出，特别是对那些股利有着依赖性的股东更是如此。而股利忽高忽低的股票，则不会受这些股东的欢迎，股票价格会受到多种因素的影响，但不会受这些股东的欢迎，股票价格因此而下降。另外，稳定的股利政策可能会不符合剩余股利理论，但考虑到股票市场会受到多种因素的影响，其中包括股东的心里状态和其他要求，因此为了使股利维持在稳定的水平上，即使推迟某些投资方案，或者暂时偏离某些目标资本结构，也可能要比降低股利或降低股利增长率更为有利。

该股利政策的最大缺点是，股利分配与公司盈利状况与否相脱节，可能导致资金短缺，使公司财务状况恶化，引起财务危机，另外，也不能像剩余鼓励政策那样保持较低的资金成本。

（3）固定股利支付率政策。经营状况好、税后利润大时，股利额高，有利于股票价格的稳定和上升；一旦经营受挫，出现相反情况时，股票价格将出现波动和下降。在市场经济中，企业的经营状况不可能绝对稳定，每年的税后利润不可能均相等，那么股利额的频繁变动，将会在市场上传递"公司经营不稳定"的不良信息，不利于树立公司良好的形象，不利于实现公司股票价格最大化目标。

（4）低正常股利加额外分红的政策。可以使股东对公司有信心，而当公司盈余有较大幅度增加且有充足现金时，再额外加付红利。可以使股东感受到公司经济的繁荣，对公司未来前景看好，有利于稳定并提高公司股票价格；由于能固定得到虽然较少但却稳定的股利，从而也吸引了重视股利收入的股东。这种股利政策既能保持股利的稳定，又能实现股利与盈余之间较好的配比，且在一定程度上弥补了固定股利额政策、固定股利支付率政策和剩余股利政策的缺点，故目前为许多公司所采纳。

13. 采用剩余股利政策时，应遵循四个步骤是什么？

采用剩余股利政策时，应遵循四个步骤：

（1）设定目标资本结构，即确定权益资本与债务资本的比率，在此资本结构下，加权平均资本成本将达到最低水平。

（2）确定目标资本结构下投资所需的股东权益数额。

（3）最大限度使用保留盈余来满足投资方案所需的权益资本数额。

（4）投资方案所需权益资本已经满足后若有剩余盈余，再将其作为股利发放。

14. 什么是股票分割及其作用？

（1）股票分割，又称拆股，是指将一张较大面值的股票拆成几张较小面值的股票。

（2）股票分割的作用：

1）降低股票价格。股票分割会使每股市价降低，买卖该股票所需资金量减少，从而可以促进股票的流通和交易。

2）向市场和投资者传递"公司发展前景良好"的信号，有助于提高投资者对公司股票的信心。

15. 什么是股票回购，公司股票回购的动机有哪些？

股票回购是指上市公司出资将其发行在外的普通股以一定价格购买以注销或作为库存股的一种资本运作方式，是一种替代发放现金股利的一种资本运作方式。

公司回购股票的动机有多种，当某公司宣布回购股票时，通常会给出一定的理由。在证券市场上，股票回购的动机多种多样，主要有以下几点：

（1）现金股利的替代。现金股利政策会对公司产生未来的派现压力，而股票回购不会。当公司有富余资金时，通过回购股东所持股票将现金分配给股东，这样股东就可以根据自己的需要选择继续持有股票或出售获得现金。

（2）改变公司的资本结构。无论是现金回购还是举债回购股份，都会提高公司的财务杠杆水平，改变公司的资本结构。公司认为权益资本在资本结构中所占比例较大时，为了调整资本结构而进行股票回购，可以在一定程度上降低整体资金成本。

（3）传递公司信息。由于信息不对称和预期差异，证券市场上的公司股票价格可能被低估，而过低的股价将会对公司产生负面影响。一般情况下，投资者会认为股票回购意味着公司认为其股票价值被低估而采取的应对措施。

（4）基于控制权的考虑。控股股东为了保证其控制权，往往采取直接或间接的当时回购股票，从而巩固既有的控制权。另外，股票回购使流通在外的股份数变少，股价上升，从而可以有效地防止敌意收购。

16. 股票回购的影响有哪些？

（1）对股东的影响。对股东而言，股票回购后股东得到资本利得，当资本利得税率小于现金股利税率时，股东将得到纳税上的好处。股票回购相比现金股利对股东利益具有不确定的影响。

（2）对公司的影响。对公司而言，股票回购有利于增加公司的价值。股票回购对上市公司的影响主要表现在以下几个方面：

1）股票回购需要大量资金支付会构成本，容易造成资金紧张，降低资产流动性，影响公司的后续发展。

2）股票回购无异于股东退股和公司资本的减少，也可能会使公司的发起人股东更注重创业利润的实现，从而不仅在一定程度上削弱了对债权人利益的保护，而且忽视了公司的长远发展，损害了公司的根本利益。

3）股票回购容易导致公司操纵股价。公司回购自己的股票容易导致其利用内幕消息进行炒作，加剧公司行为的非规范化，损害投资者的利益。

17. 股票回购的方式哪些？

股票回购的方式主要包括公开市场回购、要约回购和协议回购。其中，公开市场回购，是指公司在公开交易市场上以当前市价回购股票；要约回购是指公司在特定期间向股东发出以高出当前市价的某一价格回购既定数量股票所谓要约，并根据要约内容进行回购；协议回购则是指公司以协议价格直接向一个或几个主要股东回购股东。

三、学习重点与难点

（一）学习重点

本章的学习重点是掌握股利分配程序和方式；理解股利理论的理论要点与指导意义，重点理解股利相关论的内容，在此基础上还需要理解和熟练掌握股利分配政策，具体分析判断影响股利政策的各种因素；熟练掌握股利支付形式与程序；掌握股票股利和股票分割、股票回购对公司股票价格的影响。

（二）学习难点

如何股利分配政策是本章的学习难点之一；股利支付形式与程序是本章学习的难点之二；影响股利政策的各种因素是本章学习的难点之三。学习过程中通过理论解释与例题解析、实践应用相配合，争强学生的理解能力，在举一反三中提高学生的应用能力。

四、练习题

（一）单项选择题

1. 下列关于提取任意盈余公积金的表述中，不正确的是（   ）。
   A. 应从税后利润中提取　　　　　　B. 应经股东大会决议
   C. 满足公司经营管理的需要　　　　D. 达到注册资本的50%时不再计提

2. 下列关于股票分割的叙述中，不正确的是（   ）。
   A. 改善企业资本结构　　　　　　　B. 使公司每股市价降低
   C. 有助于提高投资者对公司的信心　D. 股票面值变小

3. 某公司现有发行在外的普通股 2 000 000 股，每股面值 1 元，资本公积 3 000 000 元，未分配利润 8 000 000 元，股票市价 10 元/股，若该公司宣布按 10%的比例发放股票股利并按市价折算，则发放股票股利后，公司资本公积的报表列示将为（   ）元。
   A. 1 800 000　　　B. 2 800 000　　　C. 4 800 000　　　D. 3 000 000

4. 下列不属于确定利润分配政策应考虑的公司因素的是（   ）。
   A. 资产的流动性　　B. 现金流量　　C. 投资机会　　D. 超额累积利润约束

5. 某公司近年来经营业务不断拓展，目前处于成长阶段，预计现有的生产经营能力能够满足未来10年稳定增长的需要，公司希望其股利与公司盈余紧密配合。基于以上条件，最为适宜该公司的股利政策是（   ）。

　　A. 剩余股利政策　　　　　　　　B. 固定股利政策
　　C. 固定股利支付率政策　　　　　D. 低正常股利加额外股利政策

6. 认为股利支付率越高，股票价格越高的股利理论是（   ）。

　　A. "手中鸟"理论　　　　　　　　B. 所得税差异理论
　　C. 股利无关论　　　　　　　　　D. 代理理论

7. 股利的支付可减少管理层可支配的自由现金流量，在一定程度上抑制管理层的过度投资或在职消费行为。这种观点体现的股利理论是（   ）。

　　A. 股利无关理论　　B. 信号传递理论　　C. "手中鸟"理论　　D. 代理理论

8. 下列关于股利理论的说法不正确的是（   ）。

　　A. 股利无关论是建立在完全市场理论之上的，其假设之一是不存在任何公司或个人所得税
　　B. "手中鸟"理论认为投资者更喜欢现金股利，而不愿意将收益留存在公司内部
　　C. 信号传递理论认为在信息对称的情况下，公司可以通过股利政策向市场传递有关公司未来盈利能力的信息，从而会影响公司的股价
　　D. 所得税差异理论认为企业应当采用低股利政策

9. 某企业在选择股利政策时，以代理成本和外部融资成本之和最小化为标准。该企业所依据的股利理论是（   ）。

　　A. "手中鸟"理论　　B. 信号传递理论　　C. MM理论　　D. 代理理论

10. 某公司2001年税后净利润为2000万元，2002年投资计划需要资金2200万元。如果该公司采用剩余股利政策，2002年发放的股利为680万元，则该公司目标资本结构中权益资本所占的比例为（   ）。

　　A. 40%　　　　B. 50%　　　　C. 60%　　　　D. 68%

11. 下列各项政策中，最能体现"多盈多分、少盈少分、无盈不分"股利分配原则的是（   ）。

　　A. 剩余股利政策　　　　　　　　B. 低正常股利加额外股利政策
　　C. 固定股利支付率政策　　　　　D. 固定或稳定增长的股利政策

12. 某公司近年来经营业务不断拓展，目前处于成长阶段，预计现有的生产经营能力能够满足未来10年稳定增长的需要，公司希望其股利与公司盈余紧密配合。基于以上条件，最为适宜该公司的股利政策是（   ）。

　　A. 剩余股利政策　　　　　　　　B. 固定股利政策
　　C. 固定股利支付率政策　　　　　D. 低正常股利加额外股利政策

13. 预期未来获利能力强的公司，往往愿意通过相对较高的股利支付水平吸引更多的投资者。这种观点体现的股利理论是（   ）。

　　A. "手中鸟"理论　　B. 信号传递理论　　C. 所得税差异理论　　D. 股利无关理论

14. 在确定企业的收益分配政策时，应当考虑相关因素的影响，其中"资本保全约束"属于（   ）。

A. 股东因素　　　　B. 公司因素　　　　C. 法律因素　　　　D. 债务契约因素

15. 下列关于股利分配政策的表述中，正确的是（　　）。
A. 公司盈余的稳定程度与股利支付水平负相关
B. 偿债能力弱的公司一般不应采用高现金股利政策
C. 基于控制权的考虑，股东会倾向于较高的股利支付水平
D. 债权人不会影响公司的股利分配政策

16. 如果上市公司以其应付票据作为股利支付给股东，则这种股利的方式称为（　　）。
A. 现金股利　　　　B. 股票股利　　　　C. 财产股利　　　　D. 负债股利

17. 如果A上市公司以其持有的B上市公司的股票作为股利支付给股东，则这种支付股利的方式为（　　）。
A. 现金股利　　　　B. 财产股利　　　　C. 负债股利　　　　D. 股票股利

18. 下列各项中，不影响股东权益总额变动的股利支付形式是（　　）。
A. 现金股利　　　　B. 股票股利　　　　C. 负债股利　　　　D. 财产股利

19. 下列股利政策中最能反映股利无关论观点的是（　　）。
A. 剩余股利政策　　　　　　　　B. 固定或稳定增长的股利政策
C. 固定股利支付率政策　　　　　D. 低正常股利加额外股利政策

20. 下列选项中，能够增加普通股股票发行在外股数，但不会改变公司资本结构的行为是（　　）。
A. 增发普通股　　B. 发放现金股利　　C. 股票回购　　D. 股票分割

21. 在下列公司中，通常适合采用低正常股利加额外股利政策的是（　　）。
A. 收益显著增长的公司　　　　B. 收益相对稳定的公司
C. 公司初创阶段　　　　　　　D. 盈利与现金流量很不稳定的公司

22. 下列关于股票回购说法中，不正确的是（　　）。
A. 股票回购是现金股利的一种替代方式
B. 股票回购不改变公司的资本结构
C. 股票回购可减少流通在外的股票数量，提高每股收益
D. 股票回购容易造成资金紧缺，资产流动性变差，影响公司发展后劲

（二）多项选择题

1. 在下列各项中，属于企业进行收益分配应遵循的原则有（　　）。
A. 依法分配原则　　　　　　　B. 资本保全原则
C. 充分保护债权人利益原则　　D. 多方及长短期利益兼顾原则
E. 积累发展优先

2. 下列股利政策中造成股利波动较大，容易让投资者感觉公司不稳定的股利分配政策有（　　）。
A. 剩余股利政策　　　　　　　B. 固定或稳定增长的股利政策
C. 固定股利支付率政策　　　　D. 低正常股利加额外股利政策
E. 固定股利政策和固定增长股利政策

3. 下列关于股票股利说法正确的有（　　）。
A. 在盈利总额不变的情况下，发放股票股利会导致每股收益下降

B. 在盈利总额和市盈率不变的情况下，发放股票股利不会改变股东持股的市场价值总额
C. 在盈利总额不变，市盈率上升的情况下，发放股票股利不会改变股东持股的市场价值总额
D. 发放股票股利可以促进公司股票的交易和流通
E. 在盈利总额不变的情况下，发放股票股利会导致每股收益上升
4. 下列各项中，属于发放股票股利导致的结果的有（ ）。
A. 股东权益内部结构发生变化　　　　B. 股东权益总额发生变化
C. 每股利润下降　　　　　　　　　　D. 股份总额发生变化
E. 每股利润上升
5. 下列关于股票回购的说法正确的有（ ）。
A. 股票回购容易导致公司操纵股价
B. 股票回购可以提高每股收益，使股价上升或将股价维持在一个合理的水平上
C. 股票回购容易造成资金紧缺，资产流动性变差，影响公司的发展后劲
D. 股票回购能够巩固既定控制权或转移公司的控制权
E. 股票回购不会导致公司操纵股价
6. 影响利润分配政策的股东因素包括（ ）。
A. 控制权　　　B. 避税　　　C. 稳定收入　　　D. 盈余的稳定性
E. 资本保全
7. 某公司刚刚于2014年8月成立，则其不宜采用的股利分配政策有（ ）。
A. 剩余股利政策　　　　　　　　　　B. 固定股利政策
C. 稳定增长股利政策　　　　　　　　D. 固定股利支付率政策
E. 可以使用剩余股利政策
8. 下列关于股利分配政策说法正确的是（ ）。
A. 剩余股利政策一般适用于公司初创阶段
B. 固定或稳定增长的股利政策有利于树立公司的良好形象，增强投资者对公司的信心，稳定公司股票价格
C. 固定股利支付率政策体现了"多盈多分、少盈少分、无盈不分"的股利分配原则
D. 低正常股利加额外股利政策有利于股价的稳定
E. 公司分配股利时，不必考虑偿债能力
9. 股东从保护自身利益的角度出发，在确定股利分配政策时应考虑的因素有（ ）。
A. 控制权　　　B. 稳定的收入　　　C. 避税　　　D. 现金流量
E. 规避风险
10. 股利支付形式主要包括（ ）。
A. 现金股利　　　B. 财产股利　　　C. 负债股利　　　D. 股票股利
E. 以上都不是
11. 下列说法正确的有（ ）。
A. 在股权登记日取得股票的股东无权领取本次分派的股利
B. 在除息日之前，股利权从属于股票
C. 在股利发放日，新购入股票的投资者能分享本次股利

D. 从除息日开始，新购入股票的投资者不能分享最近一期股利
E. 从除息日开始，新购入股票的投资者能分享最近一期股利

12. 股票股利和股票分割的相同点有（　　）。
A. 会导致普通股股数增加　　　　　　B. 会导致每股收益和每股市价下降
C. 股东权益总额不变　　　　　　　　D. 会导致股东权益内部结构变化
E. 会导致每股收益和每股市价上升

13. 下列各项中，属于股票回购方式的有（　　）。
A. 公开市场回购　　B. 直接回购　　C. 要约回购　　D. 协议回购
E. 间接回购

14. 下列关于发放股票股利的表述中，正确是有（　　）。
A. 不会导致公司现金流出　　　　　　B. 会增加公司流通在外的股票数量
C. 会改变公司股东权益的内部结构　　D. 会对公司股东权益总额产生影响
E. 导致公司现金流出

15. 公司发放股票股利的优点有（　　）。
A. 节约公司现金　　　　　　　　　　B. 有利于促进股票的交易和流通
C. 给股东带来纳税上的好处　　　　　D. 有利于减少负债比重
E. 增加流通在外的股票数量

16. 股票分割的主要作用有（　　）。
A. 降低股票价格
B. 向市场和投资者传递"公司发展前景良好"的信号
C. 提高投资者对公司股票的信心
D. 稳定和提高股价
E. 降低资产流动性

17. 股票股利和股票分割的共同点有（　　）。
A. 有利于促进股票流通和交易　　　　B. 股东权益总额减少
C. 普通股股数增加　　　　　　　　　D. 每股收益下降
E. 股东权益总额增加

18. 下列各项中，属于上市公司股票回购动机的有（　　）。
A. 替代现金股利　　B. 提高每股收益　　C. 规避经营风险　　D. 稳定公司股价
E. 规避审计风险

19. 股东从保护自身利益的角度出发，在确定股利分配政策时应考虑的因素有（　　）。
A. 避税　　B. 控制权　　C. 稳定收入　　D. 规避风险
E. 现金流量

20. 根据股票回购对象和回购价格的不同，股票回购的主要方式有（　　）。
A. 要约回购　　B. 协议回购　　C. 杠杆回购　　D. 公开市场回购
E. 举债回购

21. 某上市公司于 2011 年 4 月 10 日公布 2010 年度的分红方案，其公告如下：2010 年 4 月 9 日在北京召开的股东大会，通过了董事会关于每股分派 0.15 元的 2010 年股息分配方案。股权登记日为 4 月 25 日，除息日为 4 月 26 日，股东可在 5 月 10 日至 25 日之间通过深圳交

易所按交易方式领取股息。特此公告。下列说法正确的有（　　）。

A. 4月26日之前购买的股票才能领取本次股利
B. 5月10日之前购买的股票都可以领取本次股利
C. 5月25日之前购买的股票都可以领取本次股利
D. 能够领取本次股利的股东必须在4月25日之前（包含4月25日）登记
E. 4月10日之前购买的股票才能领取本次股利

22. 下列属于股票回购缺点的有（　　）。

A. 股票回购易造成公司资金紧缺，资产流动性变差
B. 股票回购可能使公司的发起人忽视公司长远的发展
C. 股票回购容易导致公司操纵股价
D. 股票回购会使股价下跌
E. 避免股利波动带来的负面影响

23. 在下列各项中，能够增加普通股股票发行在外股数，但不改变公司资本结构的行为的有（　　）。

A. 股票股利　　　B. 增发普通股　　　C. 股票分割　　　D. 股票回购
E. 支付现金股利

（三）判断题

1. 企业的法定盈余公积金是按利润总额的10%计提的。（　　）
2. 法定公积金的提取主要是为了满足企业扩大生产的需要，也可用于弥补亏损，但法定公积金不能转增资本。（　　）
3. 根据公司法的规定，法定公积金的提取比例为当年税后利润的10%。当年法定公积金的累积额已达到注册资本的50%时，可以不再提取。（　　）
4. 处于衰退期的企业在制定收益分配政策时，应当优先考虑企业积累。（　　）
5. 从理论上说，债权人不得干预企业的资金投向和股利分配方案。（　　）
6. 在除息日之前，股利权利从属于股票；从除息日开始，新购入股票的投资者不能分享本次已宣告发放的股利。（　　）
7. 在除息日购入公司股票的投资者不能享有已宣布发放的股利。（　　）
8. 代理理论认为，高支付率的股利政策有助于降低企业的代理成本，但同时也会增加企业的外部融资成本。（　　）
9. 固定股利支付率政策体现了"多盈多分，少盈少分"的股利分配原则，从企业的支付能力的角度看，是一种稳定的股利政策。（　　）
10. 固定股利支付率政策可给企业较大的财务弹性。（　　）
11. 某公司目前有普通股2000万股（每股面值2元），资本公积2000万元，未分配利润3000万元。公司按市价10元计算股票股利，发放10%的股票股利后，资本公积为3600万元。（　　）
12. 企业发放股票股利将使企业的利润下降。（　　）
13. 在通货膨胀时期，为了弥补股东的通货膨胀损失，企业一般会采取偏松的利润分配政策。（　　）
14. 剩余股利政策能保持最佳的资本结构，使企业价值长期最大化，其依据是股利相

关论。   (   )
15. 企业年度亏损可以用下一年度的税前利润弥补，下一年度不足弥补的，可以在五年之内用税前利润连续弥补。   (   )
16. 股票分割不仅有利于促进股票流通和交易，而且有助于提高投资者对公司股票的信心。   (   )
17. 某公司目前的普通股 800 万股（每股面值 2 元），资本公积 1000 万元，未分配利润 1200 万元。发放 10%的股票股利后，股本增加 80 万元。   (   )
18. 股票分割会使股票的每股市价下降，可以提高股票的流动性。   (   )
19. 在其他条件不变的情况下，股票分割会使发行在外的股票总数增加，进而降低公司资产负债率。   (   )
20. 股票回购使流通在外的股份数变少，增加被收购的风险。   (   )

（四）计算题

1. 某公司 2012 年度实现的净利润为 1200 万元，分配现金股利 600 万元。2013 年实现的净利润为 1000 万元，不考虑法定公积金的因素。2014 年计划增加投资，所需资金为 800 万元。假设目标资本结构为股东权益占 60%，负债占 40%。要求：

（1）在保持目标资本结构的情况下，公司执行剩余股利政策，那么计算 2013 年度应分配的现金股利。

（2）在不考虑目标资本结构的前提下，公司执行固定股利政策，计算 2013 年度应分配的现金股利、可用于 2014 年投资的留存收益和需要额外筹集的资金额。

（3）在不考虑目标资本结构的前提下，公司执行固定股利支付率政策，计算该公司的股利支付率和 2013 年度应分配的现金股利。

（4）假设公司 2014 年很难从外部筹集资金，只能从内部筹资，不考虑目标资本结构，计算 2013 年度应分配的现金股利。

2. 东方公司年终分配股利前（已提取盈余公积）的股东权益项目资料如下：股本—普通股（每股面值 1 元，1000 万股）1000 万元；资本公积 400 万元；盈余公积 500 万元；未分配利润 1300 万元；股东权益合计 3200 万元。

公司股票的每股现行市价为 10 元，计划发放 10%的股票股利并按发放股票股利后的股数派发每股现金股利 0.2 元。要求（计算结果保留三位小数）：

（1）如果股票股利的金额按股票面值计算，计算完成这一方案后股东权益各项目的数额。

（2）如果股票股利的金额按现行市价计算，计算完成这一方案后股东权益各项目的数额。

（3）如果发放股利前，甲投资者的持股比例为 1%，计算完成这一方案后甲投资者持有的股数。

（4）如果发放股利之后"每股市价/每股股东权益"的数值不变，计算发放股利之后的每股市价。

（5）如果发放股利之后"每股市价/每股股东权益"的数值不变，只要满足每股市价不低于 8 元即可，则最多可以发放多少现金股利（假设有足够的可供分配利润）。

五、练习题参考答案

（一）单项选择题

1. D　2. A　3. C　4. D　5. C　6. A　7. D　8. C　9. D　10. C　11. C　12. B
13. C　14. B　15. D　16. B　17. B　18. A　19. D　20. D　21. B　21. B　22. B

（二）多项选择题

1. ABCD　2. AC　3. ABD　4. ACD　5. ABCD　6. ABC　7. BCD　8. ABCD
9. ABC　10. ABCD　11. BD　12. ABC　13. ACD　14. ABC　15. ABC　16. ABC
17. ACD　18. ABD　19. ABC　20. ABD　21. AD　22. ABC　23. AC

（三）判断题

1. ×　2. ×　3. ×　4. ×　5. ×　6. √　7. √　8. √　9. √
10. ×　11. √　12. ×　13. ×　14. ×　15. √　16. √　17. ×　18. √
19. ×　20. ×

（四）计算题

1. 答　（1）2014年投资所需的股东权益资金额＝800×60%＝480（万元），

2013年度应分配的现金股利＝净利润－2014年投资所需的股东权益资金额＝1000－480＝520（万元）。

（2）2013年度应分配的现金股利＝上年分配的现金股利＝600（万元），

可用于2014年投资的留存收益＝1000－600＝400（万元），

2014年需要额外筹集的资金额＝800－400＝400（万元）。

（3）该公司的股利支付率＝600/1200×100%＝50%，

2013年度应分配的现金股利＝50%×1000＝500（万元）。

（4）因为公司只能从内部筹集所需的资金，所以2014年投资需要从2013年的净利润中留存800万元，2013年度应分配的现金股利＝1000－800＝200（万元）。

2. 答　（1）发放股票股利增加的普通股股数＝1000×10%＝100（万股），

发放股票股利减少的未分配利润＝100×1＝100（万元），

发放股票股利增加的股本＝100×1＝100（万元），

发放股票股利增加的资本公积＝100－100＝0（万元），

发放现金股利减少的未分配利润＝（1000＋100）×0.2＝220（万元），

发放股利之后的股本＝1000＋100＝1100（万元），

发放股利之后的资本公积＝400＋0＝400（万元），

发放股利之后的盈余公积＝500（万元），

发放股利之后的未分配利润＝1300－100－220＝980（万元）。

（2）发放股票股利减少的未分配利润＝100×10＝1000（万元），

发放股票股利增加的股本＝100×1＝100（万元），

发放股票股利增加的资本公积＝1000－100＝900（万元），

发放现金股利减少的未分配利润＝（1000＋100）×0.2＝220（万元），

发放股利之后的股本＝1000＋100＝1100（万元），

发放股利之后的资本公积＝400＋900＝1300（万元），

发放股利之后的盈余公积=500（万元），

发放股利之后的未分配利润=1300－1000－220=80（万元）。

（3）发放股利之后甲投资者的持股比例不变，仍然是1%，因此，甲投资者的持有股数为（1000+100）×1%=11（万股）。

（4）发放股利之前的每股股东权益=3200/1000=3.2（元）。

每股市价/每股股东权益=10/3.2=3.125，

发放股票股利不会导致股东权益总额发生变化，发放现金股利会导致股东权益减少。

发放股利之后的股东权益=3200－220=2980（万元），

每股股东权益=2980/1100=2.709（元），

由于发放股利之后"每股市价/每股股东权益"的数值不变，因此每股市价=3.125×2.709=8.466（元）。

（5）由于"每股市价/每股股东权益"不变，仍为3.125，要达到每股8元，每股股东权益=8/3.125=2.56（元），股东权益=2.56×1100=2816（万元）。

因此最多可发放的股利=3200－2816=384（万元）。

第十二章 企业设立、变更和终止

一、学习目标

通过本章的学习使学生了解不同类型企业组建、企业合并、分立、债务重组、企业终止、企业破产的法律程序及相关的业务处理。

二、学习要点

（一）核心概念

（1）企业。企业是指依法设立的、以营利为目的的、从事生产经营活动的独立核算的经济组织。

（2）企业名称。企业名称是企业之间相互区别的主要标志，该名称属于一种法人人身权，不能转让，随法人存在而存在，随法人消亡而消亡。除全国性的企业以外，不得使用"中国""中华"等字样的名称。

（3）企业组织结构。企业组织结构是企业在成立之后组织开展经营活动的机构，是企业从事经营活动的前提条件。一般情况下，可分为权力机构、执行机构和监督机构。

（4）企业的权力机构。企业的权力机构是企业最大事务的最高决策机构，它代表全体所有者如股东会、董事会等的共同利益。

（5）企业的执行机构。企业的执行机构是具体执行经权力机构通过的各种决策的机构，主要负责企业的日常经营活动，如企业的各个业务部门、财务部门、人事部门等。

（6）企业的监督机构。企业的监督机构是代表企业所有者对企业的权力机构和执行机构实施监督的机构，如监事会。

（7）企业章程。企业章程是企业从事经营活动的基本准则。一般包含企业的名称、性质、宗旨、所在地、注册资本额及其来源、订立章程的日期、法人代表、管理机构管理机构及其产生办法和权限、财务会计制度、利润分配制度、股权转让制度、章程修改程序、解散清算程序等。

（8）企业设立。企业设立需经过发起、论证、报批、筹建、申请设立登记、批准注册等几个环节。

（9）企业设立的发起。企业的设立首先必须要有发起人发起，发起人可以是自然人，也可以是企业法人。

（10）企业设立的论证。论证是对发起设立的企业进行可行性研究。分别对市场需求、工艺技术、经济效益进行评价。

（11）企业设立的报批。按照我国现行制度的规定，一般企业的设立不需要报经有关机关的批准，可以由发起人直接向企业登记机关申请登记，但是如果成立外商投资企业、股份有限公司、金融性企业等需要报经国家指定的主管部门的批准。

（12）企业设立的筹建。企业的筹建工作主要包括：开设临时账户，筹集所需资金，招聘员工，购置生产所需的原材料、燃料、能源和设备等生产资料，企业名称的核准手续，进行施工建设。

（13）企业设立的申请设立登记。企业筹建工作结束之后，应由企业发起人或其委托的代理人向当地工商行政管理机关申请办理注册登记手续。

（14）企业设立的批准注册。工商行政管理机关对企业提交的申请材料进行审查后，符合国家有关企业登记的规定，应当在受理申请后的规定时间内准予注册。

（15）国有企业。国有企业即全民所有制企业，是指国家对其资产拥有所有权的企业。国有企业可以是国家控股的股份有限公司，也可是非股份制的国有独资企业。

（16）中外合资经营企业。中外合资经营企业指外国公司、企业和其他经济组织或个人，依照我国法律、法规，经我国政府批准，按照平等互利的原则，在我国境内同中国公司、企业或其他经济组织共同投资、共同经营、共负盈亏的企业法人组织。

（17）有限责任公司。有限责任公司指全部资本由等额股份构成并通过发行股票方式筹集资本成立的企业法人，股东以其所认购的股份对公司承担责任，公司以其全部资产对公司债务承担责任。

（18）股份有限公司。股份有限公司指全部资本由等额股份构成并通过发行股票方式筹集资本成立的企业法人，股东以其所认购的股份对公司承担责任，公司以其全部资产对公司债务承担责任。

（19）企业变更。企业变更指企业在其存续期间和经营活动过程中所发生的业务范围、经营宗旨、财产关系、组织结构等的变化，如企业合并、分立、债务重组等。

（20）企业合并。企业合并是指两个或两个以上的企业在平等、协商、互利的基础上，按法定程序变为一个企业的行为。

（21）吸收合并。由一个企业吸收一个或一个以上企业加入本企业，吸收方存续，被吸收方解散并取消原法人资格的合并方式。

（22）新设合并。两个或两个以上企业合并成一个新的企业，原合并各方解散，取消原法人资格的合并方式。

（23）横向合并。两个或两个以上生产或经营同类产品的企业的合并。

（24）纵向合并。与企业的供应商或客户的合并，通常是优势企业将与本企业生产紧密相关的企业吞并，从而形成纵向生产一体化。

（25）混合合并。与本企业生产经营活动无直接关系的企业的合并。

（26）出资购买资产式合并。出资购买资产式合并指企业使用现金购买另一企业的全部资产进行的合并。

（27）出资购买股票式合并。出资购买股票式合并指收购企业通过出资购买被收购企业股票的方式进行的合并。

（28）以股票换资产式合并。以股票换资产式合并指收购企业向被收购企业发行自己公司的股票来交换其资产而进行的合并。

（29）以股票换取股票式合并。以股票换取股票式合并指收购企业直接向被收购企业的股东发行本公司股票，以交换被收购企业的股票，将被收购企业并入收购企业。

（30）企业兼并。企业兼并指一个企业购买其他企业的产权，使其他企业推动法人资格或改变法人实体的一种行为。

（31）企业分立。企业分立是指一个依法分成两个或两个以上企业的经济行为。企业分立的形式有新设分立和派生分立两种。

（32）新设分立。企业将其全部财产分别归入两个或两个以上的新设企业，原企业解散。

（33）派生分立。企业以其部分财产和业务另设一个新的企业，原企业存续。

（34）债务重组。债务重组是指通过债务和解方式解决企业的债务问题。通过债务重组，债务人可以缓解债务的偿还期限，减轻债务负担，调节资本结构，从而可以使企业走出困境。

（35）企业终止。企业终止是企业停止经营活动，清理财产，清偿债务，依法注销企业法人资格的行为。

（36）企业清算。企业清算是企业在终止过程中，为终结企业现存的各种经济关系，对企业的财产进行清查、估价和变现，清理债权和债务，分配剩余财产的行为。

（37）自愿清算。自愿清算是指企业法人自愿终止其经营活动而进行的清算。

（38）行政清算。行政清算是指企业法人被依法撤销所进行的清算，如企业违反国家法律、法规被撤销所进行的清算。

（39）司法清算。司法清算也称破产清算，指企业因不能清偿到期的债务，由法院依据债权人或债务人的申请宣告企业企业破产所进行的清算。

（40）解散清算。解散清算是指企业因经营期满，或者因其他原因致使企业不能继续经营下去而进行的清算。

（41）破产清算。破产清算是指企业因资不抵债，法院依法宣告企业破产而进行的清算。

（42）清算组。清算组是指企业在清算中执行清算事务的工作组，可以由企业的董事会成员组成，董事会成员不能或不适于担任清算组成员的，可以由股东大会根据企业章程选出清算组成员执行清算工作。

（43）清算报告。清算报告主要由清算报表和而文字说明两部分组成，其中清算报表包括货币收支表、清算费用表、清算损益表、债务清偿表、剩余财产分配表等。

（44）破产。因经营管理不善造成严重亏损，不能清偿到期债务的，应依法宣告破产。

（45）破产界限。我国法律规定不能清偿到期债务是企业破产的破产界限。

（46）破产财产。破产财产是指依照法律规定可以按破产程序对债权人的债权进行清偿的破产企业的财产总和。

（47）破产债权。破产债权是在破产宣告前成立的，对破产人发生的，依法在规定的申报期内申报确认，并且只能通过破产程序由破产财产中得到公平清偿的债权。

（二）关键问题

1. 简述企业设立的基本条件。

企业设立应具备以下基本条件：具有合法的企业名称；健全的组织机构；企业章程；企业自有的经营财产；有符合国家法律；法规和政策规定的经营范围；确定的场所和设施；有健全的财务会计制度。

2. 企业设立的一般程序包含哪些？

企业设立的一般程序包含发起、论证、报批、筹建、申请设立登记、批准注册等几个环节。

3. 如何进行企业设立的可行性分析?

按以下内容对企业设立进行可行性分析：进行市场需求预测；对企业的工艺、技术进行可行性分析；研究工艺和技术的适用性、研究工艺和先进性；进行财务分析和绩效评价。

4. 企业筹建工作主要包括哪些?

企业筹建工作应包括以下内容：开设临时账户，筹集所需资金；招聘员工；购置生产所需的原材料、燃料、能源和设备等生产资料；向企业登记机关办理企业名称的预先核准手续；进行施工建设。

5. 简述国有企业设立须符合的条件。

国有企业设立应符合以下条件：产品为社会所需要；有能源、原来料、交通运输的必要条件；有自己的名称和生产经营场所；有符合国家规定的资金；自己的组织机构；有明确的经营范围；法律、法规规定的其他条件，如符合环境保护、城乡建设规划等要求。

6. 简述中外合资经营企业设立的基本程序。

中外合资经营企业设立的基本程序如下：

（1）中外合资各方共同拟定投资意向书和初步可行性研究报告，报主管机关批准。

（2）合营各方进行以可行性研究为中心的各项筹建工作。

（3）签订合营协议、合同和章程。

（4）向拟建合营企业所在地的审批机关报送合营企业的申请书、可行性研究报告、合营协议、合同和合营章程的正式文本、合营企业管理机构及主要负责任名单、有关主管部门签署的意见书等文件。

7. 简述合营合同的主要内容。

合营合同的主要内容如下：

（1）合营各方的名称、注册国家、法定地址和法定代表人的姓名、职务、国籍。

（2）合营企业的名称、法定地址、宗旨、经营范围和规模。

（3）合营企业的投资总额、注册资本、合营各方出资额、出资比例、出资方式、出资的缴付期限以及出资额欠缴、转让的规定。

（4）合营各方利润分配和亏损分担的比例和分配方式。

（5）合营企业董事会的组成、董事名额的配合以及总经理、副总经理及其他高级职员的职责、权限的聘用办法。

（6）采用的主要生产设备、生产技术及其来源。

（7）原材料购买和产品销售方式，产品在中国境内和境外销售比例。

（8）外汇资金安排，财务会计制度、劳动工资及职工福利保险制度。

（9）合营企业期限、解散及清算程序。

（10）违反合同的责任，解决争议的方式和程序等。

8. 简述有限责任公司的设立条件。

有限责任公司的设立条件如下：

（1）股东应符合法定的人数。

（2）股东出资要达到法定资本最低限额。

（3）股东应当共同制定章程。

（4）有公司名称并建立相应的组织机构。

（5）有固定的生产经营场所和必要的生产经营条件。

9. 简述有限责任公司的设立程序。

有限责任公司的设立程序如下：订立公司章程；审批；登记注册；有限责任公司成立之后，由公司向全体股东出具出资证明。

10. 简述股份有限公司的设立方式。

股份有限公司设立的方式可分为发起设立和募集设立两种。发起设立是由公司发起人自己认购公司应发行的全部股份而成立公司。募集设立是由发起人认购公司应发行股份的一部分，其余部分向社会公开募集而成立公司。

11. 企业合并的原因主要有哪些？

企业合并的原因主要有：取得规模经济效益；避免竞争风险，扩大市场占有率；实行多元化经营，分散经营风险；抵免税金。

12. 简述企业合并的一般程序。

企业合并的一般程序如下：

（1）合并双方提出合并意向。

（2）签订合并协议。

（3）股东会通过合并决议。

（4）通告债权人。

（5）办理合并登记手续。

13. 企业分立的原因主要有哪些？

企业分立的原因主要有：

（1）提高企业运营效率。

（2）企业扩张。

（3）避免反垄断诉讼。

14. 简述企业分立的一般程序。

企业分立的一般程序有：

（1）提出分立的意见。

（2）股东大会表决。

（3）进行公告。

（4）签订分立协议。

（5）办理分立登记手续。

15. 涉及企业分立的重大财务事项包含哪些？

企业分立涉及一系列重大的财务事项，这些事项直接影响到分立后各方的经济利益，因此，在分立时必须进行公正合理的处理。通常涉及的重大财务事项主要有：所有者权益的处理、资产的分割和评估、债务的负担的偿还等。

16. 债务重组的方式有哪些？

债务重组的方式有：

（1）以资产清偿债务。

（2）债务转为资本。

（3）修改债务条件。

17. 进行债务重组须满足的条件有哪些？

进行债务重组须满足的条件有：

（1）债务人长期不能支付债务。
（2）债权人和债务人都同意通过债务重组方式解决债务问题。
（3）债务和解。
（4）债务人必须有恢复正常经营的能力，并具有良好的道德信誉。

18. 简述债务重组的一般程序。

债务重组的一般程序如下：

（1）提出申请。
（2）制定债务重组的委托人。
（3）签署债务和解协议。
（4）整顿终结。

19. 涉及债务重组的重大财务事项包含哪些？

涉及债务重组的重大财务事项包含：

（1）资产评估。
（2）调整资本结构。
（3）债务结构的确定。

20. 企业终止的原因有哪些？

企业终止的原因有：

（1）营业期限届满或企业章程规定的解散事由出现。
（2）企业的最高权力机关作出终止的特别决议。
（3）企业合并或分立。
（4）依法被撤销。
（5）依法宣告破产。

21. 简述企业清算的一般程序。

企业清算的一般程序为：

（1）成立清算组。
（2）开展清算工作。
（3）编制清算报告，办理停业登记。

22. 清算组在清算期间可以行使哪些职权？

清算组在清算期间可以行使的职权有：

（1）清理企业财产，编制企业资产负债表和财产清算。
（2）通知或者公告债权人。
（3）处理与清算有关的企业未了结业务。
（4）清缴企业所欠税款。
（5）清理企业的债权债务。
（6）处理企业清偿债务后的剩余财产。
（7）代表企业参与民事诉讼活动等。

23. 清算工作主要包含哪些内容？

清算工作主要包含的内容为：

（1）发布清算公告。

（2）清理财产。

（3）收回债权，处理未了结业务。

（4）清结纳税事宜。

（5）代表企业参与民事诉讼活动。

（6）清偿债务、分配剩余财产。

24. 简述企业不能清偿到期债务的主要特征。

企业不能清偿到期债务的主要特征有：

（1）债务人明显丧失清偿能力，即不能以财产、信用或能力等任何方法清偿债务。

（2）债务人不能清偿的债务是指清偿期限已经届满、债务人提出清偿的要求、无争议或已有确定名义（指已经生效判决或裁决确认）的债务。

（3）债务人对全部或主要债务在可预见的相当长期间内持续不能清偿不定期，而不是因资金周转困难等暂时延期支付。

25. 破产财产的构成主要有哪些？

破产财产的构成主要有：

破产财产是指依照法律规定可以按破产程序对债权人的债权进行清偿的破产企业的财产总和。

根据《中华人民共和国破产法》的规定，破产财产由下列破产构成：

（1）宣告破产时破产企业经营管理的全部财产。

（2）破产企业在破产宣告后至破产程序终结前所取得的财产。

（3）应当由破产企业先例的其他财产权力，如专利权、著作权等。

26. 简述破产债权的范围。

破产债权是在破产宣告前成立的，对破产人发生的，依法在规定的申报期内申报确认，并且只能通过破产程序由破产财产中得到公平清偿的债权。根据《中华人民共和国破产法》的规定：破产宣告前成立的无财产担保的债权和放弃优先受偿权利的有财产担保的债权为破产债权。

27. 简述企业破产时，破产财产的拨付清偿顺序。

企业破产时，破产财产的拨付清偿顺序如下：

（1）优先拨付破产费用。

（2）清偿破产企业所欠职工工资和劳动保险费用。

（3）清偿破产企业所欠国家税款。

（4）清偿破产债权。

三、学习重点与难点

（一）学习重点

本章学习的重点是企业设立的一般条件和一般程序；企业变更的主要类型、变更原因、可行性分析；企业终止的原因、清算的一般程序、企业破产的界限和特征。

（二）学习难点

（1）不同时期、不同企业类型设立的基本条件、基本程序，学生必须按当时的法律法规去衡量和判断。

（2）企业合并的财务可行性分析。

（3）企业分立的财务可行性分析。

（4）企业破产财产的处置和分配。

四、练习题

（一）单项选择题

1. 按企业的经济性质，可将企业分为（　　）。
   A. 国有企业、民营企业和混合所有制企业
   B. 独资企业、合伙企业和公司企业
   C. 有限责任公司、股份有限公司
   D. 法人企业、非法人企业

2. 按企业的出资人不同，可将企业分为（　　）。
   A. 国有企业、民营企业和混合所有制企业
   B. 独资企业、合伙企业和公司企业
   C. 有限责任公司、股份有限公司
   D. 法人企业、非法人企业

3. 公司企业指的是（　　）。
   A. 国有企业、民营企业和混合所有制企业
   B. 独资企业、合伙企业和公司企业
   C. 有限责任公司、股份有限公司
   D. 法人企业、非法人企业

4. 按企业的法律地位不同，可将企业分为（　　）。
   A. 国有企业、民营企业和混合所有制企业
   B. 独资企业、合伙企业和公司企业
   C. 有限责任公司、股份有限公司
   D. 法人企业、非法人企业

5. 燕宁科技企业坐落于辽宁省大连市，客户群体主要来源于省内。以下哪个企业名称是违反企业命名规则的？（　　）
   A. 燕宁科技有限公司　　　　　　B. 燕宁新时代公司
   C. 中华燕宁科技公司　　　　　　D. 大连燕宁技术公司

6. 工商行政管理机关对企业提交的申请材料进行审查后，如果如何国家有关企业登记的规定，应当在受理申请后（　　）日内准予注册。
   A. 7　　　　B. 15　　　　C. 30　　　　D. 45

7. 有限责任公司设立时，要求股东人数应为（　　）。
   A. 1人　　　B. 2~10人　　　C. 2~50人　　　D. 2~100人

8. 在股份有限公司的组织机构中，董事会一般由几人构成？（　　）

A. 3人　　　　　　B. 3~15人　　　　C. 5~19人　　　　D. 15~29人

9. 债务重组的方式不包括（　　）。

A. 债务人以低于债务账面价值的现金清偿债务

B. 修改其他债务条件

C. 债务转为资本

D. 借新债还旧债

10. 以下不属于破产企业财务报表的有（　　）。

A. 所有者权益变动表　　　　　　B. 清算资产负债表

C. 清算损益表　　　　　　　　　D. 清算现金流量表

（二）多项选择题

1. 下列各项中，属于破产企业的财务报表的有（　　）。

A. 清算资产负债表　　　　　　　B. 清算损益表

C. 清算现金流量表　　　　　　　D. 相关附注

2. 下列均应认定为债务人财产的有（　　）。

A. 债务人所有的货币

B. 债务人依法享有的可以用货币估价并可以转让的债权

C. 债务人依法享有的，但是不可以用货币估价并可以转让的股权

D. 债务人所有的实物

3. 下列关于债务人财产，说法正确的有（　　）。

A. 债务人基于仓储、保管、承揽、代销、借用、寄存、租赁、信托、委托交易、融资租赁等法律关系占有、使用的他人财产，不属于债务人财产，权利人可以"行使取回权"取回，不属于债务人财产范围

B. 债务人在"所有权保留"买卖中尚未取得所有权的财产，不属于债务人财产，但是管理人有权要求继续履行合同从而取得财产所有权，不属于债务人财产范围

C. 所有权专属于国家且不得转让的财产、债务人工会所有的财产等，依照有关法律、行政法规不属于债务人财产，不属于债务人财产范围

D. 债务人已依法设定担保物权的特定财产，应当认定为债务人财产

4. 人民法院受理破产申请前一年内，涉及债务人财产的下列行为，管理人有权请求人民法院予以撤销的情形包括（　　）。

A. 无偿转让财产的

B. 以明显不合理的价格进行交易的

C. 对没有财产担保的债务提供财产担保的

D. 对未到期的债务提前清偿的

5. 同一企业集团内部的（　　）合并属于同一控制下的企业合并。

A. 各子公司之间　　B. 母子公司之间　　C. 各分公司之间　　D. 总分公司之间

6. 债务重组的主要方式包括（　　）。

A. 以现金资产清偿债务　　　　　B. 将债务转为资本

C. 修改其他债务条件　　　　　　D. 以非现金资产偿还债务

7. 下列不属于"债务重组"准则规范的内容有（　　）。

A. 持续经营条件下，债务人暂遇财务困难，债权人作出让步
B. 持续经营条件下，债务人暂遇财务困难，债权人没有作出让步
C. 发行的可转换债券到期转股
D. 因改变债务条件，重组后债务大于重组前债务

（三）判断题

1. 合并方对同一控制下吸收合并中取得的资产、负债应按其在被合并方的原账面价值入账。（ ）

2. 一个企业对其他企业某项业务的合并也应视同企业合并，按企业合并的原则处理。（ ）

3. 只有企业合并才能形成长期股权投资。（ ）

4. 只要债务重组时确定的债务偿还条件不同于原协议，不论债权人是否作出让步，均属于准则定义的债务重组。（ ）

5. 破产企业会计确认、计量和报告以持续经营为前提。（ ）

6. 所有权专属于国家且不得转让的财产、债务人工会所有的财产等，依照有关法律、行政法规属于债务人财产。（ ）

7. 破产清算期间发生资产处置的，破产企业应当终止确认相关被处置资产，并将处置所得金额与被处置资产的账面价值的差额扣除直接相关的处置费用后，计入清算损益。（ ）

五、练习题参考答案

（一）单项选择题

1. A 2. B 3. C 4. D 5. C 6. C 7. C 8. C 9. D 10. A

（二）多项选择题

1. ABCD 2. ABD 3. ABCD 4. ABCD 5. AB 6. ABCD 7. BCD

（三）判断题

1. √ 2. √ 3. × 4. × 5. × 6. × 7. √

第十三章 国际财务管理

一、学习目标

了解国际财务管理的特点和研究内容，了解国际筹资管理方式，了解国际纳税管理，熟悉外汇交易和风险分析，了解国际避税和反避税。

二、学习要点

（一）核心概念

（1）国际财务管理。国际财务管理是财务管理的一个新领域，它是按照国际惯例和国际经济法的有关条款，根据国际企业财务收支的特点，组织国际企业的财务活动，处理国际企业财务关系的一项经济管理工作。

（2）国际商业银行中长期贷款。国际商业银行中长期贷款主要是指贷款期限在 1 年以上，10 年以下的贷款。

（3）独家银行贷款。独家银行贷款又叫双边贷款，是指一国的银行对另一国的金融机构或企业提供的贷款。它的贷款期限一般为 3～5 年，贷款金额不超过 1 亿美金。

（4）银团贷款。银团贷款也叫辛迪加贷款，它是指由一家或几家银行牵头，由不同国家的银行参与，联合起来组成贷款银行集团，按照同一贷款条件向借款者提供巨额资金的一种贷款方式。它的贷款金额一般较高，从几亿美金到数十亿美金不等，贷款周期也比较长，一般为 5～10 年。

（5）国际银行短期信贷。国际银行短期信贷是指期限少于 1 年的短期资金借贷活动。短期信贷手续简便，通常不需抵押品，而且借贷双方一般没有借贷合同，借款人可以根据自己的需要方便地获得短期资金。

（6）票据贴现。票据贴现是指票据持有人在票据未到期前，持该票据向银行交换现金并贴以利息的行为。贴现对企业来说也是一种筹资的渠道，一般包括银行票据的贴现、商业票据贴现以及债券、国库券的贴现等。

（7）国际商业票据。国际商业票据是由国际金融公司及大企业凭信用签发的无抵押借款凭证，它只是一种借款的凭证，以此在资金市场上融通资金。

（8）国际股票。国际股票是指一国企业在国际证券市场或国外证券市场上发行的股票。

（9）私募配股。私募配股指公司对少数指定的机构投资者发售股票的方式，该种方式手续比较简单，费用较低，而且发行价格低于公募。

（10）公募配股。公募配股是指募股公司向非指定的广大投资者公开发售股票的方式，该种方式发行较繁琐，一般需要请专门证券机构代售，但该股票发行后可立即上市转让。

（11）欧洲债券。欧洲债券是指债券发行人在本国以外的某债券市场发行的，不以发行所在国货币为面值的债券。例如，A 国企业在 B 国证券市场上以 C 国货币为面值的债券。

（12）外国债券。外国债券是指债券发行人在本国以外某国证券市场上发行的以发行所在国的货币为面值的债券。例如，A 国在 B 国发行的以 B 国货币为面值的债券。

（13）公募债券。公募债券主要是通过组成银团（辛迪加）进行包销，然后推销给广大投资者的方式进行。

（14）私募债券。私募债券是指只在发行人和几家银行之间进行，由少数金融机构认购，债券不在市场上流通。

（15）国际租赁。国际租赁是指银行与租赁公司向别国出租实物收取租金的一种引用方式。国际租赁对于出租方来说，是一种取得利润的方式；对于承租人来说，是一种筹集、融通资金的方式。

（16）国际贸易信贷。国际贸易信贷是指各国政府为促进本国进出口业务，而在政府机构、金融机构和进出口商之间提供的资金融通和风险担保。

（17）出口信贷。由政府资助的，用于扩大本国产品出口的一项优惠贷款。

（18）卖方信贷。卖方信贷是在大型设备与成套设备贸易中，出口国银行为了便于出口商以赊销或分期付款方式出口设备，向出口商提供的中长期贷款。

（19）买方信贷。买方信贷是指在大型机械设备和成套设备贸易中，出口国的出口信贷机构或银行向进口商或进口国银行提供的中长期贷款。

（20）混合贷款。该方式是买方信贷的一种新发展方向，主要是指由出口国政府与银行等金融机构共同向进口商提供贷款，用于购买出口国的资本和劳务。该种方式具有政府援助的性质，因此通常需要先由双方政府进行谈判确定贷款原则，再授权银行进行操作。

（21）证券存托凭证。证券存托凭证（depositary receipts，DR）又称为受托凭证，是国际股票筹资的一种新的有效工具，是新兴的国际筹资方法之一，它是由本国银行开出的外国公司证券保管凭证。投资者通过购买存托凭证，拥有外国公司的股权，其实质是外国公司股票的一种替代交易形式。目前发行销售的存托凭证包括美国存托凭证（American depositary receipt，ADR）、全球存托凭证（global depository receipt，GDR）、国际证券存托凭证（interinational depository receipt，IDR）以及欧洲证券存托凭证（europe depository receipt，EDR）和中国香港证券存托凭证（HKDR）。

（22）美国存托凭证。美国存托凭证（ADR）是指发行者将其在本国发行的股票交由本国银行或美国银行在本国的分支机构保管（保管银行），然后以这些股票作为担保，委托美国的银行（存托银行）再发行与这些股票相应的可转让存单，美国投资者购买和持有。

（23）资产证券化筹资。资产证券化筹资（asset-backed securitization，ABS）是指将某目标项目的资产所产生的独立的、可识别的未来收益（现金流量或应收账款）作为抵押（金融担保），据以在国际资本市场发行固定收益率的高档债券来筹集资金的一种国际项目筹资方式。

（24）外汇风险。企业进行跨国生产经营，因外汇市场变动引起汇率的变动，因而产生企业资产、负债价值增加或减少的可能性。外汇风险包括经济风险、会计风险和交易风险。

（25）国际投资。国际投资又称对外投资，是指一个国家的政府、企业、个人投资者将本国的资本投入到其他国家，以便获取更高的收益的一种经济行为。

（26）国际直接投资。国际直接投资指投资者以控制企业部分产权、直接参与经营管理为特征，以获取利润为目的的资本对外输出。

（27）国际间接投资。国际间接投资又称为国际证券投资，是指国际证券市场上发行和买卖外国企业或政府发行的中长期有价证券所形成的国际资本流动，其目的是获取利息或红利的投资行为。通常所讲的国际间接投资也就是指股票投资和债券投资两类。

（28）国际证券投资。国际证券投资是指投资者在国际金融市场上购买其他国家的政府、金融机构以及企业发行的债券和公司股票。

（29）多边净额结算。多边净额结算是指由业务往来的多家公司参加的交易账款的抵消结算。由于涉及面广，收支渠道复杂，必须建立统一的控制系统。一般要求设立一个控制中心，即中央清算中心，由它统一清算企业内部各实体的收付款。

（30）现金集中管理。现金集中管理是指国际企业在主要货币中心和避税地设立现金管理中心，要求它的每一个子公司所持有的当地货币现金余额仅以满足日常交易需要为限，超过此最低需要的现金余额，都必须汇往管理中心，它是国际企业中唯一有权决定现金持有形式和持有币种的现金管理机构。

（31）现金预算。现金预算是决定企业现金流量的基础。根据子公司向现金管理中心递交的现金日报、周报或月报，企业的财务经理不仅可及时掌握各子公司现金的来龙去脉，更重要的是，它可以在预测的基础上统筹规划企业全局的各种现金流入和流出，在各子公司及母公司之间调剂余缺、组织平衡。

（32）税收管辖权。税收管辖权是一国政府在税收领域的主权，即一国政府在行使主权课税方面所拥有的管辖权力。

（33）国际双重课税。国际双重课税是指两个或两个以上的国家，对同一跨国纳税人或不同跨国纳税人所发生的同一征税对象课征同样的税收，即发生了重叠征税。

（34）免税法。免税法是指居住国政府对本国居民来源于非居住国政府的跨过收益、所得或一般财产价值，在一定条件下，放弃行使居民管辖权，免于征税。

（35）全额免税法。全额免税法是指居住国政府对本国居民纳税义务人征税时，允许其从应纳税所得中扣除其来源于国外并已向来源国纳税的那部分所得。

（36）累进免税法。累进免税法是指采取累进税制的国家，虽然从居民纳税人的应税所得中扣除其来源于国外并已经纳税了的那部分所得，但对其他所得同样确定适用税率时仍将这部分免税所得考虑在内，即对纳税人其他所得的征税，仍适用依据全部所得确定的税率。

（37）抵免法。抵免法是指居住国政府，允许本国居民在本国税法规定的限度内，用已缴非居住国政府的所得税和一般财产税税额，抵免应汇总缴纳本国政府税额的一部分。

（38）国际税收协定。国际税收协定是指两个或两个以上的主权国家为了协调相互间在处理跨国纳税人征纳事务方面的税收关系，本着对等原则，通过政府间谈判所签订的确定其在国际税收分配关系的具有法律效力的书面协议或条约，也称为国际税收条约，属于国际经济法范畴。

（39）国际避税。国际避税是指跨国应纳税人以合法的方式，利用各国税收法规的漏洞和差异或利用国际税收协定中的缺陷，通过变更其经营地点、经营方式以及人和财产跨越税境的流动、非流动等方法来谋求最大限度地减轻或比税收负担的行为。

（40）外汇。外汇是指外国货币和以外国货币表示的用于国际结算的各种支付手段。它是具有国际流动性的金融资产，是体现国际债权债务关系的信用工具。

（41）汇率。汇率是指两种货币之间的交换比率，就是一种货币以另外一种货币表示的价格。

（42）直接标价法。直接标价法是指以一定单位外国货币为标准，换算成若干本国货币的一种标价方法。

（43）间接标价法。间接标价法是指以一定的本国货币为标准，换算成若干外国货币的一种标价方法。

（44）买入汇率。买入汇率又叫买入价，是指银行向客户或同业买入外汇所使用的汇率。

（45）卖出汇率。卖出汇率又叫卖出价，是指银行向同业或客户卖出外汇所使用的汇率。

（46）中间汇率。中间汇率又叫中间价，是指买入汇率与卖出汇率之间的简单平均数，它是套算汇率计算的基础，也是媒体对外公布的汇率。

（47）即期汇率。即期汇率是指外汇买卖成交后立即或在两个营业日内进行交割时的汇率。远期汇率，是指外汇买卖双方约定在未来的某一时间内进行交割的利率。

（48）基本汇率。基本汇率是指一国货币对某一基准货币的比率，基准货币是指一国国际支付中使用最多，同时又被国际普遍接受的货币，通常各国把美元作为基准货币，把对美元的汇率作为基本汇率。

（49）套算汇率。套算汇率又叫交叉汇率，是指两种货币通过第三种货币的中介而推算出来的汇率，此时，第三种货币往往是基准货币。

（50）外汇市场。外汇市场是指由各种专门从事外汇买卖的中间媒介机构和个人所形成的，进行外汇商品交易的市场。

（51）国内市场。外汇银行与国内银行进行交易，形成国内市场。

（52）国际市场。如果政府没有外汇管制，则可以和世界各地金融中心进行交易，从而形成国际市场。

（53）即期市场。即期市场是即期外汇交易的市场，其交割日是外汇买卖完成后的第二个营业日。

（54）远期市场。远期市场是远期外汇交易的市场，其交割日期是在第二个交易日后的未来某日。

（55）掉期交易。掉期交易是指同时买入和卖出等额相同的货币，但其交割日不同的外汇交易。准确地说是当事人之间约定在未来某一期间内相互交换他们认为具有等价经济价值的现金流（cash flow）的交易。由掉期业务形成市场称为掉期市场。

（56）同业间市场。同业间市场是指银行为资金的调度及运用，在银行间相互买卖通货的市场，其交易金额较大，但买卖价差较小。

（57）外汇银行。外汇银行是专门办理外汇业务的银行，它包括专业外汇银行、兼营外汇业务的本国银行、外国银行设在本国的分支以及其他办理外汇业务的金融机构。

（58）外汇经纪人。外汇经纪人是指在中央银行、外汇银行和客户之间进行联系、接洽的商人或媒介人。

（59）交易风险。交易风险是指企业因进行跨国交易而取得外币债权或承担外币债务时，由于交易日的汇率与结算日的汇率不同，可能使收入或支出发生变动的风险。

（60）会计风险。会计风险（accounting risk）又称折算风险，是指汇率变化对由公司财务报表的各个项目所决定的收益的影响。

（61）经济风险。经济风险是指由于意料之外的汇率变动对企业未来的产销数量、成本、销售以及收益的变化的一种潜在的风险。

（二）关键问题

1. 国际财务管理的内容有哪些？

随着国际经济的发展，各国企业经济活动的国际化，各国之间产品、劳务交流日益增加，国际金融的不断发展形成国际财务管理的内容，主要包括以下几个方面。

（1）外汇风险管理。外汇风险管理是国际财务管理的最基本内容之一，也是国际财务管理与国内的财务管理最根本的区别所在。对于跨国企业来说，企业进行跨国生产经营，在浮动汇率制下，汇率变化不定，因而产生外汇风险。通常表现为汇率变动对国际企业商务活动潜在利润、净现金流量和市场价值变动的影响；汇率变动对公司债务价值变动的影响，其典型的表现是以外币表现的应收账款与应付账款的变动。外汇风险可能使一个跨国企业遭受重大损失。国际财务管理研究外汇风险的性质以及规避外汇风险的方法，并做出相应的科学决策。

（2）国际筹资管理。筹资是财务管理的基本职能之一，同样也是国际财务管理的最基本职能之一。跨国企业的筹资来源广泛，筹资方式也十分灵活。国际财务管理研究各种筹资方式和金融工具，对各种筹资方案进行评估分析，从而选择出成本低、风险小的最佳筹资方案。

（3）国际投资管理。投资也是财务管理的基本职能之一，跨国企业把筹集的资金投入国际经营活动，以谋取利益。跨国企业的投资包括直接投资与间接投资。国际企业投资，往往风险较大，而且投资环境比较复杂。国际财务管理研究投资机会，并评估投资环境和风险，掌握可行性研究，从而做出科学的投资方案。

（4）国际营运资金管理。国际财务管理主要研究跨国企业现金、应收账款以及存货管理，使三者处于最佳持有水平，最大限度利用资金，以获取最大经济效益。

（5）国际税务管理。跨国企业可以利用内部转移资金的渠道调配资金、减少税收；另外，跨国企业也可能遇到重复征税，税负严重的问题。对于这些国际税务问题，也是国际财务管理的一个比较重要的内容。

综上所述，国际财务管理研究内容就是在国际经济条件下，跨国企业从事国际经营活动中，对资金的筹集、运用和分配活动，以及规避风险、降低成本和提高盈利的方法与策略。

2. 国际财务管理的特点有哪些？

（1）跨国企业的理财环境复杂。跨国企业的理财活动往往涉及几个国家，而各国政治、经济、法律、社会等环境存在诸多差异。因此，当跨国企业在进行理财活动时，不仅要考虑母公司所在国的各方面环境，还要考虑国际形势以及投资东道国的具体情况，特别对于东道国的汇率变动、通货膨胀、税负、资金转移限制、政局稳定、配套设施建设等问题要予以重视。由此可见，国际财务管理的环境比较复杂，管理人员在决策以前，必须对环境进行严格的调查、预测以及评估，以减少风险，提高决策的正确性。

（2）跨国企业筹资渠道广泛。跨国企业的资金来源和筹资方式，与国内企业相比，更加广泛多样。跨国企业既可以利用母公司所在国的资金，也可以利用子公司所在东道国的资金，还可以利用国际金融市场进行筹资。跨国企业可以利用广泛的筹资渠道，选择最有利的资金来源，以降低资金成本，减少风险。

（3）跨国企业投资行为风险较高。跨国企业在进行投资活动时，除了面临国内企业所具有的风险以外，还面临国际政治风险、汇率风险、利率风险、法律风险、文化价值差异风险、自然风险等各种风险。因此，对于跨国企业来说，进行国际投资，实际上就是一个预测风险，规避风险的过程。因此，作为跨国企业的决策者，在进行国际财务管理活动中，必须对投资活动的各种风险进行合理预测，以避免不利的影响，取得最大的经济效益。

3. 国际企业筹资应注意哪些问题？

跨国企业的筹资方式多样，但是筹资过程比较复杂，而且风险较高。因此，在进行国际筹资时，必须经过深入细致的分析，以降低风险。跨国企业在筹资时要注意以下问题：

（1）注意外汇风险。外汇风险包括经济风险、折算风险和交易风险。在企业进行国际筹资时，不可避免地会遇见上述三种风险：企业的赊销赊购行为，可能由于汇率的变动，产生交易风险，从而影响企业的利润；以母公司所在国货币折算子公司会计报表，汇率变化会造成子公司的利润折算后产生很大变化；而经济风险是企业跨国经营中最常见的。比如，由于整个经济形势的问题或通货膨胀原因造成汇率大幅波动，那么企业就可能面临经济风险。因此，企业在筹资时，需要考虑到上述风险，按照一定的方式去规避外汇风险，是企业筹资需要注意的首要问题。

（2）注意外汇管制问题。某些国家可能通过法令对该国公司的国际结算、外汇买卖等实行限制，实施外汇管制。在实施外汇管制的国家开设的子公司的外汇筹资以及公司内部进行内部筹资就会受到限制，在公司进行筹资决策时必须考虑这一问题。

（3）利用资金市场的不平衡进行筹资。各国资金市场的分割，使资金市场上的资金成本出现不平衡。跨国公司可以利用多国资金市场筹资的优势，利用不同资金市场上资金成本的不平衡，选取资金成本最低的资金来源，以使公司获得最优的资金来源。

4. 叙述国际筹资的主要方式，并指出当今国际筹资方式有什么新的演变。

（1）国际贷款筹资。跨国企业可以向国际上的商业银行进行贷款筹资。贷款筹资主要分为中长期贷款筹资和短期的资金筹资两种。

（2）国际证券筹资。随着商品经济的日益发展，证券市场的投资、筹资、投机的功能日益体现其巨大的作用。证券市场是通过证券的发行与交易进行筹资的市场，它已经成为整个金融市场的重要的组成部分。它通过证券信用的方式融通资金，通过证券交易推动资金流动，促进资源配置的优化，推动经济增长。任何金融机构的业务都与证券市场相关，因此作为资金的需求者，通过证券市场获得资金将是一个非常重要的筹资渠道。在证券市场上筹资主要是通过发行国际股票和发行国际债券这两种方式来进行的。

（3）国际租赁筹资。国际租赁是指银行与租赁公司向别国出租实物收取租金的一种引用方式。国际租赁对于出租方来说，是一种取得利润的方式；对于承租人来说，是一种筹集、融通资金的方式。国际租赁的形式与国内租赁类似，包括经营性租赁和筹资租赁两种。经营性租赁主要满足企业临时需要而租赁的资产，租赁物的所有权不发生转移；筹资租赁的目的不同于前者，它的目的是获得长期资金，因此出租方只保有法律上的所有权，租赁物的有关风险报酬已转至承租方，筹资租赁中租赁物的所有权事实上归承租方。在筹资租赁中，根据不同的业务特点，又可以分为直接筹资租赁、杠杆租赁和售后回租三种方式。

（4）国际贸易信贷。国际贸易信贷是指各国政府为促进本国进出口业务，而在政府机构、金融机构和进出口商之间提供的资金融通和风险担保。当前国际上巨额的对外贸易合同，大型成套设备的出口都与国际贸易信贷有关，因此国际贸易信贷是跨国企业筹资的一种重要方式。国际贸易信贷分为短期和中长期信贷两种。国际贸易中长期信贷的目的主要是扩大本国产品的出口，因此又称为出口信贷。

（5）证券存托凭证。证券存托凭证（depositary receipts，DR）又称为受托凭证，是国际股票筹资的一种新的有效工具，是新兴的国际筹资方法之一，它是由本国银行开出的外国公司证券保管凭证。投资者通过购买存托凭证，拥有外国公司的股权，其实质是外国公司股票的一种替代交易形式。目前发行销售的存托凭证包括美国存托凭证（ADR）、全球存托凭证（GDR）、国际证券存托凭证（IDR）以及欧洲证券存托凭证（EDR）和中国香港证券存托凭证（HKDR）。其中，ADR出现最早，运作最规范，流通量最大，因此最具有代表性。

（6）资产证券化筹资。资产证券化筹资（asset-backed securitization，ABS）是指将某目标项目的资产所产生的独立的、可识别的未来收益（现金流量或应收账款）作为抵押（金融担保），据以在国际资本市场发行固定收益率的高档债券来筹集资金的一种国际项目筹资方式。ABS筹资，在与其他筹资方式相比较时，具有以下优势：① 与国际银行直接信贷相比，可以降低债券的利息率；② 与在外国发行股票筹资相比，可以降低筹资的成本；③ 与国际担保性筹资比较，可以避免追索性风险；④ 与国际双边政府贷款比较，可以减少评估时间和一些附加条件。随着国际经济合作的发展，ABS筹资方式受到了越来越多的筹资者和投资者的重视。凡是可预见未来收益和持续现金流量的基础设施和公共工程开发项目，都可以利用ABS筹资方式进行筹资。ABS筹资方式在很短时间内，已成为国际金融市场上为大型工程项目筹措资金的重要方式。

5. 叙述国际投资的主要方式。

（1）国际直接投资。国际直接投资是指投资者以控制企业部分产权、直接参与经营管理为特征，以获取利润为目的的资本对外输出。在国外直接投资一般有以下几种方式：① 采取独资企业、合资企业和合作企业等方式在国外建立一个新企业；② 通过并购获取对方企业的所有权；③ 通过证券市场收购外国公司的股份，控制或影响该公司。在国际上究竟控股率达到多少比例才算是直接投资，目前尚无统一的标准。按国际货币基金组织的定义，只要拥有25%的股权，即可视为直接投资；按美国规定，凡拥有外国企业股权达10%以上者均属直接投资。

（2）国际间接投资。国际间接投资也可称为国际证券投资，是指国际证券市场上发行和买卖外国企业或政府发行的中长期有价证券所形成的国际资本流动，其目的是获取利息或红利的投资行为。通常所讲的国际间接投资也就是指股票投资和债券投资两类。

6. 简述国际直接投资决策程序。

（1）根据企业自己的目标，决定是否投资。企业必须根据自身的实际情况，并结合国际市场的投资情况，作出国际直接投资的决策。企业进行国际直接投资动机很多，可能是为了追求更高的利润率，或者是为了占据国际市场，或者是为了取得能源、原材料供应或为了获取先进技术等，不一而足。企业必须根据自己的意愿、结合自身情况，作出投资决策。

（2）根据投资目标，分析国际投资环境。在企业确定了投资决策以后，就要开始分析投资的可行性。首先必须对投资环境进行科学的分析与评价。分析环境的目的是明确投资环境是否适合投资活动的展开，并使企业充分掌握投资环境的发展变化。环境分析内容多样，包括对东道国经济、政治、地理、社会等各方面的环境进行分析和评价，最后决定该投资环境是否适合该项投资活动的进行。

（3）利用各种分析的技术和指标，对投资风险进行评估。通过分析投资风险，确定风险类型，评估投资的风险性。然后运用多种技术手段，对投资风险进行有效的控制，规避风险。

（4）利用适当的投资决策指标，对投资项目的经济指标进行评估。对投资项目采用一系列的指标，评价该投资的经济效益，编制各项预算报表，以对投资活动进行控制，使投资操作更加规范有效。

（5）确定合适的投资方式。在对投资环境、投资风险进行了有效的评估，以及对经济效益进行可靠估计以后，确定该项投资符合要求，接下去则要对投资方式进行选择。必须根据自身企业的特点，选择最适合自身企业的投资方式；进而采取不同的经营策略，以保证企业目标的实现。

7. 影响国际证券投资风险的因素有哪些？

证券投资者的目的是希望取得盈利，但是由于各种原因，造成投资者实际的投资收益率小于预期收益率，甚至出现亏损的可能性就称为证券投资风险。在证券市场上，证券投资的收益率一般与其风险成正比例，即收益率越高，投资风险越大。证券市场上造成投资风险的因素很多，主要来源于以下几方面。

（1）经营风险。经营风险是指发行证券公司经营或管理不善，企业经营业绩下滑，造成投资者遭受损失的风险。造成经营失败的原因多样，可能来自外因，包括企业遭遇不可抗力影响；也有可能来自内因，如企业产品过时，难以吸引消费者等。

（2）市场风险。市场风险是指由于证券市场行情发生波动，从而引起的风险。在一个牛市市场上，股票看涨，投资者的收益就增加，股价就上升；相反，在熊市中，股价下降，投资者可能遭受损失。

（3）违约风险。违约风险是指发行证券公司财务状况不佳，不能按时支付债务本金及利息的可能性。一般地，政府债券的违约风险最小，企业债券的违约风险相对较高。

（4）利率风险。利率风险是指由于市场利率水平波动，造成证券投资收益率变动的可能性。通常是利率水平与证券价格成反比：即利率上升，证券价格下降，证券持有者收益率下降。一般来说，长期证券投资的利率风险要大于短期投资的利率风险，但当市场利率持续下降时，长期投资将比短期投资获得更大的利润。

（5）购买力风险。购买力风险是指通货膨胀使货币价值变动造成投资者的实际购买力下降的可能性。投资者的实际投资收益率应该为名义收益率减去通货膨胀率，名义收益率是按照票面利率计算所得货币收入，它没有考虑通货膨胀的因素。由于通货膨胀的存在，造成投资者的实际收益率会降低，甚至使实际收益率为负数。但是由于通货膨胀是无法避免的，即购买力风险对于投资者来说不是退出投资就可以避免的，因此投资者的任务是选择一个投资收益率较高的项目来减少购买力风险。

（6）流动性风险。流动性是金融投资变现快慢的程度。流动性风险是在变现过程中出现损益的可能性。当投资者需要现金时，投资变现的价格可能会低于购入价格，因此造成损失；也可能高于购入价格，获得收益。由于不确定，因此造成流动性风险。一般来说，债券的流动性风险小于股票，而短期投资的流动性风险小于长期投资。

8. 影响国际企业营运资金管理的因素有哪些？

（1）外汇管理制度。外汇管制会直接影响资金转移的及时性，进而影响到营运资金管理的有效性，使财务人员无法实施对营运资金的有效管理。

（2）税收政策。税收是国家具有强制性的政策，在调节经济方面具有不可忽视的作用，它与外汇管制相比，更具有弹性，一国政府可以用重税的方法来限制资本的流出，是进行国际经济业务所必须重视的一个重要方面。国际企业必须熟悉有关国家和地区的税收制度，合理利用其间的差异，降低总体税负，以获得最大税后收益。

（3）外汇风险暴露。在国际市场中，外汇汇率经常处于不断的波动中，这就要求营运资金管理不能忽视货币头寸的管理。当货币疲软或者可能会贬值时，持有净资产头寸是不利的，这时企业应当抢先处理掉资产并将收入转换成坚挺货币的资产。如果企业拥有疲软货币的净债务头寸应当抢先偿付。这些原则对跨国公司营运资金管理非常有用，但他们并不能消除汇率风险，因为货币何时贬值或者升值几乎是不可预测的。然而风险减少或者从汇率变动中所得的收益增加证明，企业充分考虑外汇风险暴露的影响因素，努力避免有重大风险头寸，缓解风险程度，这对于国际企业现金管理、应收中长款管理和短期债务管理是有效的。

（4）资金转移的时滞。由于在国际金融市场上，外汇汇率时常处于波动状态以及国际企业金融市场的复杂性，使得市场中存在较多的投机机会，或者国际企业基于多种原因的考虑，往往延迟资金的转移，尤其是在最后付款和转换币种过程中时滞常常发生。国际企业的资金转移是跨国界、跨比重的，会对营运资金的管理产生较大的影响。因此，国际企业必须考虑建立多种支付渠道，以应付各种不同类型的资金转移延迟。

9. 国际纳税管理的研究内容是什么？

（1）税收管辖权问题。税收管辖权是一国政府在税收领域的主权，即一国政府在行使主权课税方面所拥有的管辖权力。它是国际税收中一个根本性的问题，国际税收中双重纳税的发生、国家之间税收分配关系的协调和其他许多问题，都同税收管理有密切关系。所以，研究国际税收首先要了解税收管辖权。

（2）避免国际间双重课税的问题。国际双重课税是指两个或两个以上的国家，对同一跨国纳税人或不同跨国纳税人所发生的同一征税对象课征同样的税收，即发生了重叠征税。国际双重课税的产生的主要原因，是由于各国税收管辖权存在着重叠与交叉的结果，他给国际经济的发展增设了障碍，后果严重，影响很大：一方面由于国际双重征税加重了跨国纳税人的税收负担，使其难以从事跨国经营活动，不利于资金的流动和运用；另一方面国际双重征税影响商品、劳动、资本和技术等经济要素的国际流动，对国际资源配置产生阻碍。所以，避免国际双重征税是国际征税研究中一个最为现实的问题，也是国际税收研究所要达到的目的之一。

（3）国际避税与反避税问题。国际避税是指跨国纳税人利用各国在税法规定上的缺陷，通过人与资金、财产的国际流动，以达到其减轻税收负担的不违法行为。国际避税是国际税收中一种普遍的现象，其结果将导致纳税人税负不公。在税收征管活动中，对税务当局而言，国际避税是一个十分棘手的问题。

由于国际避税影响各国政府的财政收入，因此各国都采取积极地措施，对国际避税加以防范和制止，这被称之为反避税。针对各种避税的手法，研究和制定有效的防范措施，堵塞国际税收活动中的漏洞，也是国际税收研究的重要内容。

（4）国际税收协定问题。国际税收协定，是指两个或两个以上的主权国家，为了协调相互之间在处理跨国纳税人征税方面的税收关系，依据国际关系准则，通过谈判所签订的一种协议或条约，国际税收协定属于国际法的范畴，它对相关国家具有国际法的约束力，是国际税收的法律制度。

（5）国际收入和费用的分配。国际收入和费用的分配，是指跨国纳税人（关联企业）里收入和费用的分配原则和方法，通常而言，一个跨国公司的总机构同其分机构之间，母公司和子公司之间，以及同一跨国公司内一个分支机构或子公司同其他分支机构或子公司之间，都是互相有关联的，这些都被称之为关联企业，跨国纳税人的国际收入与费用应该怎样在相关的国家之间进行分配，是一个十分复杂和重要的问题。

10. 国际双重纳税产生的原因有哪些？

（1）不同税收管辖权产生的国际双重征税。目前，世界各国行使的税收管辖权有地域税收管辖权，居民税收管辖权和公民税收管辖权，这三种税收管辖权中的任何两种，若同时对同一跨国纳税人的同一所得征税，都会发生国际双重课税。

（2）同种税收管辖权重叠产生的国际双重征税。从理论上讲，两个或多个国家都实行同一种税收管辖权征税，是不会产生双重征税的。但在国际税收实践中，由于许多国家对一些概念的理解和判定标准不同，因而在行使同一种税收管辖权时，也会发生国际双重征税。

11. 避免国际双重纳税的方法有哪些？

要避免国际间双重纳税，一是可以采取单边免除方法，即一国政府单方面采取措施，免除本国纳税人的双重负担，而不需要取得对方国家的同意；二是可以采取双边免除方式，即两个国家之间通过签订双边税收协定不协调双方各自的跨国纳税人的税收负担，免除国际双重征税。前者具体方法主要有免税法和抵免法，后者具体方法主要有免税法、抵免法和国际税收协定。

（1）免税法是居住国政府对本国居民来源于非居住国政府的跨过收益、所得或一般财产价值，在一定条件下，放弃行使居民管辖权，免于征税。

（2）抵免法是指居住国政府，允许本国居民在本国税法规定的限度内，用已缴非居住国政府的所得税和一般财产税税额，抵免应汇总缴纳本国政府税额的一部分。该方法的指导思想是承认收入来源地管辖权的优先地位，但不放弃居民管辖权，即"别国先征，本国补征"。一国政府对本国居民的国外所得征税时，允许其用国外已纳税款抵扣在本国应缴纳的税额。但抵扣法的实行通常都附有"抵扣限额"规定。

（3）国际税收协定指两个或两个以上的主权国家为了协调相互间在处理跨国纳税人征纳事务方面的税收关系，本着对等原则，通过政府间谈判所签订的确定其在国际税收分配关系的具有法律效力的书面协议或条约，也称为国际税收条约，属于国际经济法范畴。各国政府通过签订税收协定，主动在一定范围内限制各自的税收管辖权，是避免国际重复征税较为通行的一种做法。

12. 跨国企业国际避税的方式有哪些？

（1）通过人的流动回避税收管辖权。国际税收管辖权以居所为通常的管辖判断标准，通过居所地的变化，特别是利用居所时间的标准，通过人的流动躲避一国的税收管辖权，则实现了避税的目的。

（2）转让定价避税方式。各国税率存在高低，跨国公司内部贸易通常按照企业内部的转让价格进行，将利润从子公司转移到低税率的母公司或其他子公司以躲避东道主国的外汇管制和达到避税的目的。

（3）利用关联交易，高进低出。进口材料作价高于国际市场价格，出口产品外销定价低于国际市场价格，即所谓"高进低出"的避税方式。通过这种方式，将企业的利润两头向境外转移。这种手段占到避税金额的60%以上。

（4）利用国际贷款，贷款利率大大高于国际市场利率，从而加大利息成本。目前外商投资中国的资金中，60%以上是借贷资金，即便是一些实力雄厚的国际公司也向境内外银行借大量资金，利用税前列支利息，达到少交或免交企业所得税的目的。

（5）利用一些创新金融工具，也就是避税产品，从而达到避税目的。

13. 简述外汇风险的含义及分类。

外汇风险指企业进行跨国生产经营，因外汇市场变动引起汇率的变动，因而产生企业资产、负债价值增加或减少的可能性。外汇风险包括交易风险、会计风险和经济风险。外汇风险主要有以下三种。

（1）交易风险。交易风险是指企业因进行跨国交易而取得外币债权或承担外币债务时，由于交易日的汇率与结算日的汇率不同，可能使收入或支出发生变动的风险。交易风险主要表现在以下几方面：① 以外币表示的借款或贷款；② 以外币表示的商品及劳务的赊账业务。③ 尚未履行的期货外汇业务；④ 其他方式产生的外币债权或债务。

（2）会计风险。会计风险（accounting risk）又称折算风险，是指汇率变化对由公司财务报表的各个项目所决定的收益的影响。与经营风险与交易风险不同，折算风险是一种存量风险。当跨国公司的子公司的资产和负债不以历史汇率折算时，合并会计报表的资产负债表和利润表就会受这一期间汇率波动的影响。会计风险仅仅表明外汇风险对账面价值的影响，并不一定与实际影响相一致。

（3）经济风险。经济风险是指由于意料之外的汇率变动对企业未来的产销数量、成本、销售以及收益的变化的一种潜在的风险。从企业长期健全经营观点看，经济风险是企业最重要的外汇风险，因为它对企业经营状况产生长期的影响，并且由于它涉及企业各方面，因此，管理经济风险是企业共同的责任。

14. 规避经济风险的对策有哪些？

（1）销售方面：在销售策略方面，跨国企业的销售经理应预先制定好，在发生汇率变动时销售政策的变通方案。在汇率真正发生重大变动时，再仔细研究当时的情况，做必要的政策修改。

（2）生产方面：在生产方面，跨国企业应该努力做到降低生产成本，分散生产地点以及增加向软货币国家购买原材料，减少向硬货币国家的采购。

（3）财务方面：在财务方面，国际企业对于长期借款，最好选择借入软货币，或者应将长期外币借款的种类尽量分散，以降低外汇风险。

总之，经济风险是企业面对的最重要的以及对企业影响最大的风险，必须由整个企业各个部门通力合作，共同采取措施，才有可能真正规避经济风险。

15. 交易风险的规避策略有哪些？

（1）经营策略。规避交易风险的经营策略主要是重新安排资金转移的时机和建立再开票中心。重新安排资金转移的时机主要指提前或延迟。当公司拥有弱币资产而有强币负债时，需要提前至弱币未贬值前偿付债务；反之，当公司拥有强币资产和弱币负债时，要延后至弱币贬值后才偿付负债。再开票中心是跨国企业专设的，管理由内部贸易产生的全部交易风险的独立子公司。再开票中心负责内部贸易的发票处理和开具。它的作用是可以将整个公司的交易风险集中，统一处理，并可统一安排全公司的提前或延迟。

（2）避险合约。避险合约包括远期外汇市场、期权市场以及货币市场等。跨国企业一般通过避险合约，采用套期保值的方法，规避交易风险。

16. 规避折算风险的方法有哪些？

（1）资产负债表避险法。资产负债表避险法基本原理是让公司合并资产负债表中的外币风险资产与风险负债数额相等。达到该种状态后，风险为零，则汇率变化引起的风险被抵消。

（2）远期外汇市场避险法。子公司可利用远期外汇市场的套期保值规避折算风险。

（3）货币市场避险法。跨国公司也可以利用货币市场的套期保值规避折算风险。

三、学习重点与难点

（一）学习重点

本章的学习重点是理解国际财务管理的特点和研究内容，熟悉国际筹资管理方式，熟悉国际直接投资决策分析与决策程序，熟悉国际证券投资的分类及投资风险影响因素，熟悉国际企业资金管理与存货管理，熟悉国际企业纳税管理的研究内容，熟悉外汇交易和风险分析。

（二）学习难点

本章的学习难点是理解国际证券、国际贸易信贷、证券存托凭证与资产证券化筹资方式的内容；把握国际企业筹资决策分析的重点。把握国际企业投资决策分析的重点；了解国际双重纳税产生的原因，避免国际双重纳税的方法；熟悉国际避税与反避税的方式与方法；熟悉外汇风险规避的方法。

四、练习题

（一）单项选择题

1. 按外汇市场有无集中的交易场所，可将外汇市场分为（　　）。
   A. 即期外汇市场和远期外汇市场　　B. 有形市场和无形市场
   C. 外汇批发市场和外汇零售市场　　D. 客户市场与银行间市场

2. 国际企业国外子公司向母公司转移资金的最普通方式是（　　）。
   A. 股利汇付　　B. 内部信贷
   C. 支付特许权费　　D. 支付管理服务费

3. 国际营运资金管理的目标主要受（　　）。
   A. 企业形象的影响　　B. 企业规模的影响
   C. 企业竞争战略的影响　　D. 员工利益的影响

4. 能较为彻底避免国际重复征税的方法是（　　）。
   A. 免税法　　B. 扣税法　　C. 抵免法　　D. 税收饶让

5. 由于汇率变动引起的公司预期现金流量净现值发生变化而造成损失的可能性属于（　　）。
   A. 交易风险　　B. 经济风险　　C. 折算风险　　D. 政治风险

6. β系数所衡量的风险种类是（　　）。
   A. 系统性风险　　B. 非系统性风险　　C. 可分散风险　　D. 公司特别风险

7. 市场利率的上升，会引起证券价格（　　）。
   A. 下降　　B. 可能上升，可能下降

C. 维持原状　　　　　　　　　D. 上升

8. 现代财务管理的最优目标是（　　）。
   A. 利润最大化　　　　　　　　B. 每股利润最大化
   C. 企业价值最大化　　　　　　D. 资本利润最大化

9. 不属于国际营运资金转移的方式是（　　）。
   A. 内部信贷　　B. 支付特许权费　　C. 转移定价　　D. 购买原材料

10. 并购后两个企业的总体效益要大于两个独立企业效益的算术和，这称为（　　）。
    A. 协同效应　　B. 规模扩大化　　C. 并购效应　　D. 兼并效应

11. 折现现金流量分析方法是通过对（　　）折现来计算。
    A. 当年现金总流量　　　　　　B. 当年现金净流量
    C. 未来现金总流量　　　　　　D. 未来现金净流量

12. 下列对国际合资投资的优缺点分析不正确的是（　　）。
    A. 进行国际合资投资可以减少或避免企业的投资风险
    B. 进行国际合资投资有利于加强企业管理，提高经济效益
    C. 进行国际合资投资的投资者可以实现对合资企业的完全控制
    D. 进行国际合资投资审批手续比较复杂，需要时间也比较长

13. 国际银行信贷的最主要成本是（　　）。
    A. 汇率　　　　B. 利息成本　　　　C. 管理费　　　　D. 代理费

14. 国际项目融资最主要的资金来源是（　　）。
    A. 商业银行　　B. 退休基金　　　　C. 互惠基金　　　D. 专业基金

15. 国际投资风险可以分为经济风险和政治风险，这样的标准是（　　）。
    A. 按风险涉及的范围不同划分　　B. 按风险的性质不同划分
    C. 按引起风险的主体不同划分　　D. 按风险影响对象划分

16. 下列事项属于微观经济风险的是（　　）。
    A. 东道国经济状况　　　　　　　B. 市场供求和价格状况
    C. 东道国与母国之间的税收政策　D. 公司可能面临的行业风险

17. 在投资人想出售有价证券获取现金时，有价证券不能立即按公平价格出售的风险是（　　）。
    A. 违约风险　　B. 利息率风险　　　C. 购买力风险　　D. 流动性风险

18. 国际企业可以在避税港设立（　　），以逃避东道国税收。
    A. 子公司　　　B. 母公司　　　　　C. 开票中心　　　D. 办事处

19. 融资租赁中最常用的是（　　）。
    A. 售后租回　　B. 杠杆租赁　　　　C. 经营租赁　　　D. 直接租赁

20. 国际企业现金管理中运用双边净额结算法所依据的结算汇率一般为（　　）。
    A. 固定汇率　　B. 浮动汇率　　　　C. 直接汇率　　　D. 间接汇率

（二）多项选择题

1. 国际财务管理的内容包括（　　）。
   A. 外汇风险管理　　B. 国际筹资管理　　C. 国际投资管理　　D. 国际营运资金管理
   E. 国际财务管理的其他内容

2. 国际企业的筹资方式主要有（　　）。
　A. 国际股票　　　　B. 国际债券　　　　C. 国际租赁　　　　D. 国际贸易信贷
　E. 国际贷款
3. 现金集中管理的优势有（　　）。
　A. 规模经营的优势　B. 信息优势　　　　C. 全局性优势　　　D. 子公司现金充裕
　E. 分公司现金充裕
4. 就公司的所得税而言，世界上流行的税收制度概括为（　　）。
　A. 传统税制　　　　B. 分类所得税制　　C. 转嫁制　　　　　D. 抵减制
　E. 免除制
5. 国际避税港的种类有（　　）。
　A. 无税型　　　　　B. 低税型　　　　　C. 半避税型　　　　D. 有限避税型
　E. 无限避税型
6. 影响国际转移价格的内部因素有（　　）。
　A. 经营战略　　　　　　　　　　　　　B. 集权与分权战略
　C. 组织形式　　　　　　　　　　　　　D. 企业目标和管理者偏好
　E. 信息系统管理水平
7. 组成掉期外汇交易的实际上是（　　）。
　A. 择期交易　　　　B. 时间交易　　　　C. 即期交易　　　　D. 地点交易
　E. 远期交易
8. 外汇风险是由于汇率变动给企业收益带来的不确定性，从形态上可以分为（　　）。
　A. 经济风险　　　　B. 政治风险　　　　C. 折算风险　　　　D. 交易风险
　E. 法律风险
9. 国际金融机构的作用是（　　）。
　A. 提供短期资金，解决国际收支逆差
　B. 提供长期资金，促进发展中国家的经济发展
　C. 调节国际清偿能力，满足世界经济发展的需要
　D. 稳定汇率，促进国际贸易的增长
　E. 贷款条件相对宽松
10. 国际债券发行选择货币的标准为（　　）。
　A. 货币的流通性　　　　　　　　　　　B. 发行人信誉的可接受性
　C. 所选市场的接受程度　　　　　　　　D. 全部成本效益
　E. 发行者的外汇收入和有效期限相一致
11. 影响国际财务管理经济环境的因素包括（　　）。
　A. 经济周期　　　　B. 经济发展水平　　C. 经济体制　　　　D. 金融政策
　E. 税收政策
12. 根据我国《外汇管理暂行条例》的规定，外汇包括（　　）。
　A. 外国货币　　　　B. 外国有价证券　　C. 外币支付凭证　　D. 其他外汇资金
　E. 以本国货币体现的国际收支债权
13. 国际租赁筹资的融资租赁具体包括（　　）。

A. 营业租赁　　　　B. 售后租赁　　　　C. 直接租赁　　　　D. 杠杆租赁
E. 融资租赁

14. 国际企业运用转移价格的作用包括（　　）。
A. 优化资金配置　　B. 减轻总体税负　　C. 调节利润水平　　D. 避免限制
E. 避免风险

15. 避免国际双重征税的方法有（　　）。
A. 税收转嫁法　　　B. 免税法　　　　　C. 抵免法　　　　　D. 预扣税法
E. 国际税收协定

（三）判断题

1. 企业的信用程度等级越低，信用越好，违约风险越低，利率水平也越低。信誉不好，违约风险高，利率水平也高。（　　）
2. 一个国际企业可能不是跨国公司，但任何跨国公司都属于国际企业。（　　）
3. 杠杆并购的突出特点是并购公司需要投入全部资金才能完成并购。（　　）
4. 证券组合的风险报酬是投资者因承担非系统风险而要求的超过资金时间价值的额外报酬。（　　）
5. 管理费是借款人付给代理银行的报酬。（　　）
6. 由于国际企业的业务遍及多国，财务管理常涉及外汇的兑换和多国政府的法令制度，所以国际财务管理比国内财务管理更复杂。（　　）
7. 国际投资管理是国际财务管理的最基本内容之一，也是国际财务管理与国内财务管理的重要区别之所在。（　　）
8. 一般来说，利息保障倍数至少要大于1，否则，就难以偿付债务及利息。（　　）
9. 外汇风险中的交易风险是指由于汇率的变动而引起的公司预期的现金流量净现值发生变动而造成损失的可能性。（　　）
10. 随着证券种类的增加，国际证券组合投资的所有风险也逐渐降低。（　　）

（四）计算题

1. 假设名义利率为12%，通货膨胀率为15%。要求：计算真正的实际利率。
2. 某股票当前的市场价格为10美元，预计下期的股利是2美元，该股票的股利增长率约为1%。要求：计算该股票的预期收益率。
3. 甲公司股票的β系数为2，无风险利率为5%，市场组合的平均报酬率为10%。要求：计算甲公司股票的必要报酬率。
4. 某投资者购入美国一家公司发行的股票，购入价格为每股10美元，持有两年后售出，该股票持有期间第一年的股利为2美元，第2年的股利为3美元，期末售出价格为15美元。要求：计算该投资者持有该股票的期间收益率。
5. 假定人民币汇率由100美元=700元人民币，变动到100美元=630元人民币。要求：通过计算说明人民币贬值或升值的百分比及美元贬值或升值的百分比。

案例分析 1　西门子财务公司（Siemens Financial Services，SFS）及其资金管理案例分析

1. 案例资料

在经济全球化和信息技术迅猛发展的宏观背景下，在集团的规模和地域跨度越来越大、组织结构和经营领域越来越复杂化和多元化的发展形势下，无论是从集团整体发展的战略高度考虑还是从集团财务管理的具体细节考虑，无论是从集团外部的适应能力和竞争能力考虑还是从集团内部的控制能力和管理能力考虑，随时掌控集团内部给成员企业的资金状况，并从集团整体的利益出发在集团范围内对资金进行集中调度、合理配置、实时监控和有效管理，具有极其重要的意义。

西门子财务公司为西门子集团及其所有成员企业提供专业化、全方位的金融资讯服务和金融财务支持等，有效地控制了企业集团的金融风险，提升了资金管理的效率，取得了显著的经济效益。西门子财务公司是如何开展财务运作的？西门子财务公司在运筹管理方面的哪些经验值得借鉴？下面对这些问题进行探讨。

（1）西门子财务公司概况。

1997年西门子财务（中国）公司获中国人民银行批准成立，成为国内第一家外资财务公司，2003年又被批准加入银行间同业拆借市场，成为一级会员。

西门子财务公司的正式名称是西门子金融服务公司（以下简称财务公司），是整个西门子集团的金融服务中心、金融营运中心和利润中心。最初，西门子集团的金融业务全部集中在集团财务部（又称中央财务部），1997年，西门子集团将除集团财务政策制定和指导职能以外的全部金融业务职能完全从集团财务部分离出来，成立了财务公司，作为负责集团具体金融业务运作的全职部门。2000年4月，财务公司从职能部门进一步发展成为集团100%控股的独立法人，以适应金融市场及自身的发展需要。

从集团管理的架构上看，西门子集团的CFO（集团公司董事会成员之一）主要负责两块业务，即中央财务部和财务公司。其中，中央财务部负责整个集团的金融战略与政策制定，而财务公司则负责政策的执行和具体运作，不仅作为西门子集团的内部银行，管理集团流动性、集中现金流、优化资产负债结构、管理资金风险等，还承担着为西门子所有成员企业提供专业化、全方位的金融资讯服务和金融财务支持等，如资金管理、项目和贸易融资、内部结算、信贷、应收账款管理、票据清算、外汇买卖、年金管理等。由于财务公司完全服务于集团内部成员企业，按照德国的相关法律，其业务开展不需要申领相关的金融牌照，也不必接受德国中央银行的监管或其他政府机构的限制（企业年金管理及咨询业务的开展需要相关管理部门的认可）。

财务公司总部及全球分支机构共有167名雇员，其中，在欧洲总部有超过1300人的队伍，在北美地区有200多名雇员，在中国、日本、澳大利亚等亚太国家以及巴西等南美国家也有超过100人的队伍。从经营效果看，近几年财务公司获得了稳定发展，净资产收益率在2005年已超过32%。

西门子财务（中国）公司1997年获中国人民银行批准成立，成为国内第一家外资财务公司，2003年又被批准加入银行间同业拆借市场，成为一级会员。西门子财务公司的正式名称

是"西门子金融服务公司",是整个西门子集团的金融服务中心、金融营运中心与利润中心。公司业务分资本类业务与费用类业务,其中资本类业务涉及设备与销售融资、股权融资业务;费用类业务涉及项目融资、投资管理、司库及资金管理与保险管理业务。本案例重点介绍司库及资金管理部的业务板块与资金管理职能。

(2)司库及资金管理部:四大业务板块实施管理职能。作为财务公司"内部银行"职能的具体执行者,司库及资金管理部不仅对内提供诸如头寸管理、资金集中、内部结算及对外支付、风险管理与外汇交易等功能,同时也参与资本市场交易,向集团和成员单位提供决策支持。同时,它还向外部(第三方)提供咨询、技术培训、顾问等服务。司库及资金管理部是连接西门子集团业务部门和外部金融市场(如银行等)的唯一中介。该部门内部又分为四个业务板块:

第一个板块为现金管理与支付业务,员工队伍30人。其总体目标是通过建立集中化的账户架构、提供内部结算服务和标准化的全球执行系统,全面实现支付、交易和现金管理的高度集中,从而履行"内部银行"的职能。

西门子集团规定:所有成员企业之间的交易,必须通过财务公司支付和结算;成员企业的所有交易应尽最大可能通过内部账户进行(在新兴市场的可除外);成员企业必须按照集团要求,实现资金集中,降低资金风险,节约成本。为此,司库及资金管理部强化了有关应收账款和应付账款的管理,通过增强透支便利、提高支付效率、实施成本控制和账户集中等管理措施保障公司目标的实现。但是,西门子集团的上述规定和目标执行起来还存在着一些实际困难。比如,在某些"禁运"国家以及某些货币仍不可自由兑换的国家;另外,在一些国家还有外国人不允许在当地开设本币账户的规定,以及针对利息征税等法律或税收环境的限制等。这些实际存在的问题也影响了财务公司资金集中管理的全面推行。

据了解,西门子集团共有下属企业1900家,银行账户5900多个。目前已经有1100多家企业的3900多个账户受财务公司的直接管理。成员单位新账户的开立须由财务公司审批,并要求一种货币必须汇集在一个资金池,自下而上地进行资金归集。在欧盟,为便于成员企业的业务开展,设有多个资金池,这些欧元资金池会进一步集中到一个中心账户里。

第二个板块是风险顾问与融资业务,员工25人。其主要业务内容是风险管理、贷款保函或担保、内部融资等。该板块有7项目标,分别是资金集中性管理、集中额外流动性、降低信贷风险、减少外部贷款、避免额外成本、提高集团公司财务报表透明度、提高或改善集团公司的外部评级。

针对内部融资,财务公司规定了司库及资金管理部的职责:吸收成员企业不超过3个月期的存款,并向成员企业提供不超过1年期的贷款。更长期的贷款业务不由司库及资金管理部负责,而是由财务公司内部的其他部门负责。有关成员企业存贷款事项的其他例外(包括期限、方式、用途或金额等),必须由本部门批准。司库及资金管理部提供的内部贷款实行优惠利率,与银行相比,贷款利率可下降15~55个基点。

风险管理业务板块是公司外汇风险管理的专责机构。通过深入分析集团资产负债表、尚未完成的交易合同和未决交易,以及未来3个月的销售或交易计划等,计算外汇净头寸,取得货币敞口。然后,据此与相关企业签订合同,进行市场交易的匡算。

公司规定,原则上要由企业自行计算风险敞口并自主决定是否进行避险,以及避险的规模。西门子集团规定成员企业风险敞口的75%必须得到避险管理,敞口不得超过25%。作为西门子集团内部唯一可进行外部避险业务的机构,财务公司是有保值需求成员唯一可进行外部避险业务的机构,也是有保值需求成员的唯一交易对手。财务公司可以在24h之内随时交易,成员企业只需电话通知即可。据介绍,目前经常有避险需求并与财务公司进行对冲交易的账户有500~600个。

第三个板块是资本市场业务,员工在20人左右。其主要任务是根据风险顾问与融资部门提出的(集团成员)要求,进行与外部银行及市场的具体操作。具体内容包括:

1)外汇管理。外汇管理包括宏观管理和微观管理,目的是通过管理全球13种主要货币的外汇资金,实现外汇收益的最大化,并提供外汇顾问及咨询服务。通过分析集团的债务结构、期限结构等,进行久期控制和利率结构优化,并提供内部咨询。目前主要运用的金融工具包括货币即期(spot)、远期(forward)、调期(swaps)和较简单的大众型期权(plain vanilla option)等。

2)利率管理。其主要运用的金融工具和产品包括利率掉期、利率期货、远期利率协议(FRAs)、利率上限/下限(Caps/Floors)以及调期期权(Swaptions)等。

3)流动性管理。其主要功能是在充分保障公司正常支付的情况下,努力提高额外流动性的收入。主要产品包括短期贷款或投资、第三方回购、发行商业票据、资产证券化(asset-backed securities,ABS)票据及货币互换等。

4)资本市场。其主要功能是发行股票或其他证券,通过资本市场其他融资来优化债务成本、创新性融资项目、信贷便利及银行授信,联系评级机构(与发行活动有关),进行公关等。目前司库及资金管理部已发行的短期融资高达90亿美元,中长期融资包括50亿欧元的中期票据、在欧洲债券市场上发行的20亿欧元长期债券、25亿欧元的股权联系债券(equity linked bonds,ELNs)和在美国市场上发行的50亿美元债券。另外,目前还有35家国际银行为财务公司提供了超过100亿美元的授信额度。

财务公司在资本市场上交易遵循严格的风险控制程序和管理规定,不仅要实行严格的交易/避险分离原则,还要根据风险状况配置资本或资源,以保证全球性风险均可得到规避。在严格限定交易条件、交易对手和交易品种的情况下,还必须取得最小15%的风险资产收益率。

第四个板块是IT部门。为实现司库及资金管理部现金管理、账户管理、财务咨询和风险管理职能提供解决方案,是财务公司相当重要的部门。目前由两个部门组成,即将合并为一个部门,员工25人。该部门的主要任务是构建一套连接集团成员企业和外部金融/银行系统的平台和界面,实现多种功能,以适应财务公司流动性管理、资金集中与资金池、内部结算、外汇交易和全球支付中心的要求,同时达到"全球业务本地处理"的效果。

该部门开发的Finavigate系统,运用于集团的各成员企业,既满足了西门子全球流动性管理的要求,也发挥着全球支付中心的作用,更是整个西门子集团的全球数据中心。Finavigate系统每年处理超过1000万笔的第三方支付,同时实现内部超过1000万笔的全球成员的内部结算清单,并动态管理着超过9万个账户。该系统是由财务公司独立开发的,利用了微软数据库系统,并充分利用网络银行的信息平台,实现与银行结算系统的对接。该系统功能的实现,使得目前财务公司的客户已不单是内部成员企业,也包括集团已经出售出的一些成员企业和其他国际化的第三方。该系统基于银行网络,不是与银行竞争,而是充分利用内部专业化的优势提供银行所不能提供的服务。

Finavigate系统正针对西门子财务(中国)公司专门开发设计新的流程,以使之成为西门子集团在中国所有业务的资金管理和支付流程的中心平台，满足中国业务的特殊需要。目前，这套系统已初步实现了金融交易、内部结算和账户管理等功能，还将陆续实现自动记账、财务报告自动化以及全球支付中心等功能。

（3）财务公司的资金集中和资金池管理。西门子集团对其成员企业的资金集中是强制性的，集团要求每一个成员必须按照规定进行资金集中。财务公司基于成员企业的支付指令统一对外支付。对于在外汇管制或者税收限制国家的成员企业而言，原则上集团会选择在"避税天堂"等地进行纳税筹划，如果实在绕不过去，可以由企业通过当地银行自行支付，但是资金必须在当地集中管理。

西门子集团只对控股公司（持股在50%以上）进行资金集中。财务公司由于提供了比银行更优惠的服务，对所有的股东都更为有利，因此并没有小股东借口关联交易问题对财务公司垄断西门子集团的内部金融服务提出反对意见或者限制要求。尽管西门子集团也在德国、法国和英国等多个国家交叉上市，但是并没有碰到似中国财务公司与上市公司或者集团内部非上市公司之间关联交易一直受到限制的情况。

财务公司目前共有60个资金池，与之合作的银行有60家。相关银行账户用西门子总部名义的共有100个，其余都以各成员企业不同的名义开户，但必须是在财务公司认可的银行。开户权力集中在财务公司。财务公司的资金池分层次管理，根据不同合作银行的分工不同，最终合并到欧元、美元、英镑等几个主要的中心资金池。中心资金池也管理着不同的账户。在同一银行内部，资金池之间可以直接流动，但在不同银行之间，现金流动需要经过更高一层的资金池。

西门子与合作银行之间的"资金池协议"以零余额账户（zero balance account，ZBA）为基础。有些银行可能因为某些客观原因无法提供零余额账户，那就需要提供虚拟的资金池。一般情况下是一个国家一个资金池，或者是一种货币、一个资金池。在每一个资金池内部，资金的归集是自动上收的，但是在不同资金池之间进行资金划拨还需要指令，包括电话、传真等。

2. 分析

（1）查找资料，解释什么是财务公司模式？

（2）资金控制管理模式选择的前提与各种具体模式的优缺点是什么？

（3）西门子集团为什么要单独设立财务公司？西门子集团设立的财务公司与总部的中央财务部之间有何联系与区别？

（4）西门子财务公司怎样管理集团资金？

案例分析 2　中国五矿集团 13.86 亿美元收购澳大利亚 OZ 公司主要资产案例分析

1. 案例资料

2009年6月11日中午，中国五矿集团公司（以下简称"中国五矿"）在北京正式对外宣布，中国五矿旗下的五矿有色金属股份有限公司（以下简称"五矿有色"）成功以13.86亿美元收购OZ Minerals公司（以下简称"OZ公司"，股票代码：OZL）主要资产的100%股权，交易全部以现金方式完成。这次收购是中国五矿在国际金融危机越演越烈的收购良机之下，冲破澳大利亚贸易保护之门的成功之举。这一成功之举一方面有助于中国五矿实现全球化资源布局，谋求确立金属领域优势地位的战略目标；另一方面有助于保障我国在有色金属矿产资源方面的储备量，缓解我国有色金属的供需矛盾，加强中澳双方贸易。另外，此次海外并购也是澳洲政府首次批准中国国有投资者对本土在产矿业企业的收购，为今后能源国企海外并购提供了良好借鉴。

（1）企业背景。

1）中国五矿。中国五矿成立于1950年，主营金属和矿产品的开发、生产、贸易、综合服务，兼营金融、房地产、物流等业务，是一家进行全球化经营的大型企业集团。中国五矿是国内最具运作实力的有色金属企业之一，涉的产品包括铜、铝、钨、锑、锡、稀土、钽、铌、铅、锌等主要金属。中国五矿营销网络遍及全球，在国内20个省区建有168家全资或合资企业，控股和参股14家国内上市公司，在其他主要国家的地区更设有44家海外企业，拥有控股"东方鑫源"和"东方有色"两家红筹股上市公司。其发展战略是以贸易为基础，集约多元，充分发展营销网络；以客户为中心，依托资源，积极提供增值服务；使中国五矿成为提供全球化优质服务的金属矿产企业集团。

1992年，中国五矿被国务院确定为全国首批55家企业集团试点和7家国有资产授权经营单位之一。1999年，中国五矿被列入由中央管理的39家国有重要骨干企业之一。2007年，在中央企业业绩考核中，中国五矿被评为A级。2008年，中国五矿在世界500强企业中排名第331位，比2007年上移23位，同年其总经营额为266.7亿美元，营业收入为1809亿美元，同比增长15.9%，利润为71亿美元，净资产收益率为27.84%，连续第九年保持经营增长。在2008年中国五矿的业务发展中，黑色金属、有色金属两大核心产业共实现经营额约257亿美元，汇总利润占集团公司总额的79.5%。

中国五矿作为中国最早"走出去"的企业之一，从2004年控股舍文氧化铝厂，到2006年与智利国家铜公司合资，再到2007年收购北秘鲁铜业公司，成功的海外收购不仅使公司积累了丰富经验、锻炼了人才队伍，也为此次全资收购OZ矿业主要资产奠定了坚实的基础。

2）五矿有色。五矿有色是中国五矿旗下的非上市子公司，成立于2001年12月27日，注册资本为12.7亿元，是由中国五矿联合国内其他五家企业依照现代企业制度共同出资组建的股份制企业。中国五矿占五矿有色总股本的90.27%，是五矿有色的控股公司及最大股东。上海工业投资（集团）有限公司占五矿有色总股本的5.13%，河池市铁达有限责任公司占五矿有色总股本的2.13%，宜兴新威集团公司占五矿有色总股本的1.71%，中国粮油食品（集团）有限公司占五矿有色总股本的0.55%，自贡硬质合金有限责任公司占五矿有色总股本的0.21%。五矿有色的主营业务为铜、铝、钨、锑、铅、锌、锡、镍等金属及稀土类资源。是一家非常具有运作实力的有色金属企业。2008年，五矿有色的主营业务收入达到356.7亿元，利润总额达到31.38亿元。

3）OZ公司。2008年6月，澳大利亚的国际性矿业公司Oxiana与Zinifex公司正式合并为澳大利亚OZ Minerals Limited，一跃成为澳大利亚第三大矿业公司和全球第二大锌矿公司。同年7月，OZ公司于澳大利亚证券交易所挂牌上市。OZ公司主要生产的资源有锌、铜、铅、黄金和银等金属，在锌、铅、铜、镍、黄金、银等资源上拥有非常可观的储量，其中锌的储量为1820万t，铅的储量为260万t，相当于我国2007年锌资源和铅资源储量的18.74%和6.28%。

中国五矿与OZ公司最初业务往来是在2005年自此，两家保持了良好的沟通与交往。2007

年，五矿集团下属公司五矿有色有意购买 Oxiana 公司 14.99%的股份，但由于当时大宗商品市场持续上涨，Oxiana 公司市值达 30 亿美元，购买计划流产。2008 年，OZ 公司通过合并成立后，由于大宗商品与资源价格快速上涨，OZ 公司又未停止疯狂扩张，从而产生大量债务，现金流拮据。金融危机到来后，大宗商品价格下跌，加之澳元贬值，导致 OZ 公司陷入财务困境，股价总值也由最高峰时的 120 亿澳元跌到 17 亿澳元，其中包括未来需要归还的 7 亿美元的到期债务。2008 年 11 月 28 日，OZ 公司在澳大利亚证券交易所被停牌，公司开始寻求自救并提出三套方案：发行股票或债券、出售部分资产、公司股权收购。

关注该公司 3 年之久的五矿有色获悉这一消息后，迅速向中国五矿决策层汇报，获得收购通过后，立即成立了相关项目领导小组，并向 OZ 矿业递交兴趣表达函。形势不好的资本市场，下跌的大宗商品市场，新股发行不被看好，投资机构与银行很难给予帮助，这种种情形使 OZ 公司的债务问题凸显，于是审核过后认可五矿有色的方案优于其他选择。最终，OZ 公司经过反复衡量，开始接受五矿有色的方案。

（2）收购过程。2008 年 9 月，国际金融危机全面爆发，OZ 公司贷款银团要求 OZ 公司偿还总额约 12 亿澳元的到期贷款。OZ 公司陷入债务危机和财务困境。

2008 年 11 月 28 日，迫于银行债务压力，OZ 公司在澳大利亚证券交易所被停牌，财务困境加剧，公开寻求发行股票或债券、出售部分资产、公司股权收购三种解决方案。

2008 年 12 月 24 日，五矿有色以周中枢总裁的名义向 OZ 公司递交了兴趣表达函，提出"股权收购+偿债"一揽子的解决方案。5 天后，OZ 公司董事会主席库萨克书面回复五矿有色，对此表示欢迎。五矿有色首次与 OZ 公司接洽收购事宜。在此之前，中心资源和中国铝业公司也分别与 OZ 公司接触过。

2009 年 2 月 16 日，五矿有色与 OZ 公司发布公告称，OZ 公司董事会已同意五矿有色提出的 17 亿美元的收购交易协议，并将提交股东大会通过。根据协议，五矿有色将以协议收购的方式收购 OZ 公司的全部资产，报价为每股 82.5 澳分，收购全部采用现金形式。以 OZ 公司最后一个交易日的收盘价格 55 澳分计算，此报价溢价 50%。如果交易成功，五矿有色还将为 OZ 公司偿还所有债务，并赎回 OZ 公司已发行的可转换债权。

2009 年 2 月 27 日，OZ 公司负债累累，面临被出售或清盘的危机，幸而此时中国五色提出向其收购，并承诺为其清还欠下的所有债务和维持该公司的采矿业务。因此，银行同意把 OZ 公司 2009 年 2 月 27 日到期的 12 亿澳元债务延期至 2009 年 3 月 31 日偿还。OZ 公司表示，如果中国五矿对其收购行动失败的话，将会把旗下的资产出售以偿还即将到期的债务。

2009 年 3 月 23 日，OZ 公司向澳大利亚证券交易所（Australian securities exchange，ASX）披露的公告称，自 2009 年 3 月 24 日起，澳大利亚外商投资审查委员会（Foreign Investment Review Board）延期 90 天公布对五矿收购 OZ 公司的审批结果。

根据澳大利亚的"外国收购法案"（Foreign Acquisitions Takeovers Act 1975）第 25 条规定，在投资申请递交的 30 天后会公布是否给予批准。30 天后，若澳大利亚财政部长认为尚不能做出决定，可将审批时限进一步延长 90 天。在 90 天的延长期内，交易将不能被推进。澳大利亚财政部长对外来投资有最终决定权。

2009 年 3 月 27 日，澳大利亚财政部否决五矿有色全面收购 OZ 公司的方案。澳大利亚财政部长斯旺表示，由于 OZ 公司的普罗米嫩特山（Prominent Hill）铜金矿区位于南澳大利亚伍默拉军事禁区，考虑到国家安全方面的因素，因此否决该项收购议案。但澳大利亚战略国防研究中心专家鲍尔教授则认为，澳大利亚否决该项收购的真正原因是因为普罗米嫩特山铜金矿区设施距离澳美联合卫星监测基地过近，澳美联合卫星监测基地控制着几个对地静止的监听卫星，可拦截微波信号，包括导弹遥测和微波通信，而中国正是此拦截活动的主要焦点目标，美国不愿让中国在这片区域内拥有任何配备了通信装置的设施，担心中国会干扰该基地拦截的运作。

2009年4月1日，经过一轮调整后，五矿有色修改协议，对外公布新的收购方案，决定放弃普罗米嫩特山（Prominent Hill）铜金矿区、印度尼西亚马塔贝（Martabe）金银矿及OZ公司持有的Toro Energy和Nyrstar上市资产，将收购金额缩减到12.06亿美元，并不再承担OZ公司的债务。根据修改后的收购方案，五矿有色可以获得OZ公司位于老挝的Sepon铜金矿、位于澳大利亚的Century和Rosebery铁矿、位于澳大利亚的Golden Grove锌矿、位于塔斯马尼亚岛的Avebury镍项目，以及在澳大利亚和加拿大其他项目的控制权。至此，五矿有色对OZ公司的收购，实际上已由"全面要约收购"变为"资产收购"。

五矿有色副总经理焦健表示，在这种情况下，只能放弃全面收购，改为收购OZ公司部分矿产资源。虽然原定目标未能实现，但对五矿有色仍具有重要的战略意义。如果交易成功，五矿有色未来将全面介入这些矿山的管理和开发。

2009年4月14日，OZ公司宣布与五矿有色就12.06亿美元的新收购协议中的商业条款达成一致。五矿有色最新的收购计划为债务缠身的OZ公司再次注入生机。OZ公司的贷款人同意将12亿澳元贷款的再融资截止日期延长至4月30日。新的交易成功后，OZ公司将能够偿还正在发行中的可转换债权外的全部债务，并可保留约5亿多澳元的现金，OZ公司将以这笔资金继续开发普罗米嫩特山（Prominent Hill）铜金矿区并开展其他活动。

2009年4月23日，澳大利亚财政部长斯旺宣布，已批准五矿有色对OZ公司的12.06亿美元的新收购协议，但收购交易需要附带一些强制执行的法定条件，这些条件包括：五矿有色需要把所收购的矿产作为有特定商业目标的独立业务来经营；收购矿产总部仍须设在澳大利亚，且管理团队主要由澳大利亚人组成；定价必须符合国际标准，五矿有色不得干预价格。

2009年5月1日，为了方便五矿有色推进收购，OZ公司已获得银行推迟债务偿还期至6月30日的许可，这是OZ公司获得的第三次债务展期。

2009年5月18日，中国国家发展和改革委员会批准中国五矿有关收购OZ公司的各项资产和业务的计划。

2009年6月3日，OZ公司宣布，以12.06亿美元向中国五矿集团出售部分资产交易已获中国政府主管部门批准。

2009年6月5日前后，在收购逐步进行的过程中，新挑战者出现。加拿大皇家银行（Royal Bank of Canada）与RFC Corporate Finance提出资本重组提议，表示愿意帮OZ公司承销10亿美元的股票与可转换债券及筹集2亿美元营运资本。澳大利亚麦格理银行则提出以14亿美元重组OZ公司，他们极力游说OZ公司股东反对五矿有色的新方案，以达到其商业目的。

此次"搅局"的背景是：随着中国政府刺激消费的措施逐渐见效，中国因素带动国际商品市场回暖，从2月到6月，铅、锌、铜等金属的价格上涨了40%～60%；同时由于美国持续弱势，澳元兑美元汇率大幅上涨，涨幅达到17%；资本市场开始复苏，发行可转换债券和配股似乎也变得不行，OZ公司的股份也回升到91澳分左右的水平。在这样的形势下，部分股东的期望值发生了变化。

2009年6月8日，OZ公司表示，已正式拒绝由加拿大皇家银行（Royal Bank of Canada）与RFC Corporate Finance等提出的两项资本重组提议。OZ公司认为，第一份重组方案将带来对现有股股东利益的稀释，而且由于可转换债券的发行不是包销协议，公司在执行上存在风险，更重要的是，对于没能像五矿有色出售而保留下来的这部分资产，这方案并没有将4200万美元至5200万美元的额外运营成本计算在内；而第二份重组方案虽然优于第一份，但也没有把近8700万美元的重组费用考虑在内。因此，董事会在经过反复比较后，还是认为五矿有色12.06亿美元的收购计划更胜一筹，最后OZ公司重申其对中国五矿收购提议的承诺，并敦促股东在周四的会议上投票支持该交易。

2009年6月10日，在股东大会投票表决数小时前，五矿有色收购价格由原来的12.06亿美元增加至13.86亿美元，此价格比之前协议价格高出了15%。五矿有色表示，提高最终报价是鉴于当前金属及资本市场的改善。

2009年6月11日，OZ公司股东大会对包括五矿有色收购在内的三项融资（包括股权收购、债务置换融资及日常营运备用授信等）投票表决，五矿有色收购议案最终以92%的赞成票高票通过。对于公司收购的资金来源，五矿集团总裁周中枢表示将会通过发行企业债券、股市融资及银行贷款等渠道筹集资金。五矿有色获得股东大会通过后，预计双方最终将会在6月18日前后完成。

2009年6月18日，完成收购后，五矿有色在澳洲注册成立一家新公司——Minerals and Mining Group Limited（以下简称"MMG"），以管理开发这些资产。根据五矿有色副总经理焦健介绍，这家新公司将于当地时间6月18日正式挂牌成立。五矿有色除了获得OZ公司的矿产之外，还将大多数OZ公司的员工收归旗下，原OZ公司的CEO将担任MMG的CEO。MMG董事会由六人组成，其中两人是澳洲人，他们将负责管理原属于OZ公司的资产，包括锌、铜、镍、金、银等矿产的生产和销售。

2009年6月19日，中国银行联合国家开发银行为五矿有色收购澳洲OZ公司主要资产项目提供融资支持，其中包括股权收购、债务置换融资以及日常备用授信额度。

（3）并购动因。

1）从中国五矿有色集团公司的角度考虑。

a. 从自身因素考虑，降低开采铅、锌矿产资源的成本，推进企业全球化经营战略。虽然我国铅、锌矿探明储量居世界第二位，铜矿居世界第四，但总体质量不高，加上矿产资源的分布不集中，遍及全国不同的地方，并不适合大规模机械化开采。基于这种情况，五矿有色开采国内的铜、铅、锌矿产资源就需要高额的开采成本。而收购OZ公司后，五矿有色就能够减低其开采铜、铅、锌矿产资源的成本，因为澳大利亚的矿产资源具有质量高、分布集中等优点，而且开采技术先进，这也是为什么五矿有色被拒绝收购普罗米嫩特山铜金矿区后仍继续收购OZ公司其他有色金属资产的原因。此次收购完成后，OZ公司的铅、锌矿区。因此，OZ公司被五矿有色收购后，五矿有色便不用担心开采铅、锌矿产资源的成本会不断提高，反而可以大大降低成本，并且可以节省不少人力、物力。

此外，中国五矿作为一家实力较强的跨国企业，从1999年年末开始，便致力于战略转型，包括通过收购，实现企业由贸易型转向生产型、资源性的战略转型，切入上游矿业资源企业，并在海外投资有色金属矿业。面对国内有色金属供给需求日益突显的矛盾，中国五矿寻求澳大利亚这个丰富的矿产国家的有色金属资源，可谓明智之举。而2008年爆发的金融危机及

2009年国家颁布的《有色金属产业调整和振兴规划》，为中国五矿并购OZ公司进一步提供了良好的外部条件。

b. 从国家因素考虑，提高我国有色金属矿产资源储备量。我国铅、锌矿产资源大多为贫矿，开采公司几乎都是民营小矿，质量较差，所以我国自产锌精矿、铅精矿远远不能够满足冶炼需求。我国铅精矿和锌精矿的自给率仅为68%、34%。但通过这次收购，五矿有色将获得OZ公司的铜、锌、铅、镍和金矿等有色金属项目，这样除可以确保铜、铅、锌等有色金属的供应外，还可以保障有色金属的质量。这次交易可以有效增加我国在铜、铅、锌等主要有色金属矿产的储备量，有助于解决之前供给不足的情况，大幅地提高我国在铅、锌矿产资源方面的保障程度，有效缓解我国在有色金属方面的供需矛盾。

2）从OZ公司的角度考虑，走出财务困境。2008年全球金融危机席卷全球，各国经济受到不同程度的影响，尤其是之前经济较发达的国家。金融危机导致许多国家的企业面临财务困境。在这种情况下，部分企业因为资金周转不灵，无法填补亏损或偿还负债，导致价值严重低估，被迫被其他公司收购。OZ公司就是一个典型的例子。

在全球金融危机和有色金属价格暴跌的环境下，OZ公司的股价由210澳分跌至55澳分，跌幅超过70%。加之2008年9月，OZ公司有一笔价值13亿澳元的沉重债务即将到期，在当时的环境下，OZ公司无力筹集充足的资金以偿还债务，迫于银行债务压力，OZ公司于11月28日被澳大利亚证券交易所停牌，并公开寻求发行股票或债券、出售部分资产、公司股权收购三种解决方案。倘若OZ公司在银行指定期限前还没有筹集到足够的资金来偿还债务，OZ公司将会面临被出售或清盘的危机。权衡之后，面对着债台高筑的问题，OZ公司可选择的最优方法就是接受中国五矿的收购，以解决债务问题。

（4）结果评价。

1）OZ公司方面。OZ公司与S&P/ASX200指数2008年7月到2010年6月间走势先抑后扬。OZ公司与澳大利亚最大矿业公司布罗肯希尔土地兴业有限公司（BHP）于2008年7月到2010年6月间走势稳步回升。2009年2月OZ公司受五矿有色提出的收购交易协议影响，股价逆市反弹，升幅领先于同期的S&P/ASX200指数和相关行业BHP。而在收购协商过程期间（2009年2月至2009年6月），OZ公司的股价升幅一路紧追S&P/ASX200指数和相关行业BHP，但无明显的领先或落后。由此可以看出，投资者对此次收购持保守态度，反应较为平淡。

2009年8月开始，OZ公司明显落后于S&P/ASX200指数和相关行业BHP。有色金属在2009年下半年的升幅强劲，正常来说，矿业型企业应该会受惠，如BHP领先于S&P/ASX200指数，但OZ公司却无明显升幅，持续落后，具体原因可能是OZ公司失去大部分矿业资产后，经营能力变差，市场对其失去信心。

2）五矿有色方面。五矿有色收购OZ公司主要资产之后，国内存在正反两个方面的评价，但总体上支持的声音较多。

支持和认同这次收购的观点主要有三个：其一，此次收购是澳大利亚政府首次批准中国国有投资者对本土在产矿业企业的控股收购。在同一时期，澳大利亚拒绝了多个中国企业的并购活动，其中就包括中国铝业股份有限公司（以下简称"中铝"）以195亿美元入股力拓，最终却因为力拓毁约而损失惨重。其二，随着此次交易的完成，中国五矿将拥有OZ公司位于西澳大利亚州、塔斯马尼亚州和昆士兰州的5座矿产以及其他勘探和开发资产等主要资产，既确保了金属资源供应,大幅提高了我国铅、锌矿的保障程度,又有效地缓解了我国有色金属的供需矛盾,而新成立的 MMG 将获得巨大的销售市场,并随中国经济趋暖和需求加大的有利形势获得进一步的发展。其三,收购后 MMG 业绩表现良好。MMG 于 2010 年 3 月 22 日公布的 2009 年业绩表示,公司在重组后 7 个月内实现扭亏为盈,累计取得净利润 1.8 亿美元。MMG 挂牌后,先后重启了若干个之前因资金短缺而暂停的矿山项目,取得明显成效。在重组后的 7 个月内,公司实现营业收入 8.5 亿美元,息税折旧摊销前利润 3.5 亿美元。对于 MMG 的发展前景,业内人士也十分看好,认为 MMG 掌控的丰富矿产资源正好可以保障中国五矿的原料供应,从而增强产业链的一体化竞争优势。

2. 分析
(1)为什么五矿有色可以成功收购 OZ 公司,而中铝收购澳大利亚力拓公司以失败告终?
(2)结合当时国内外市场环境思考为什么很多企业选择收购澳大利亚能源公司?

五、练习题参考答案

(一)单项选择题
1. B 2. A 3. C 4. A 5. B 6. A 7. A 8. C 9. D 10. A 11. D 12. C
13. B 14. A 15. B 16. D 17. D 18. A 19. D 20. A

(二)多项选择题
1. ABCDE 2. ABCDE 3. ABC 4. ABCD 5. ABCD 6. ABCDE 7. CE 8. ACD
9. ABCD 10. BCDE 11. ABCDE 12. ABCD 13. BCD 14. ABCDE 15. BCE

(三)判断题
1. √ 2. √ 3. × 4. × 5. × 6. √ 7. × 8. √ 9. × 10. ×

(四)计算题
1. 答

$$实际利率 = \frac{名义利率 - 通货膨胀率}{1 + 通货膨胀率} = \frac{12\% - 15\%}{1 + 15\%} = -2.61\%,$$

或

实际利率 = 名义利率 - 通货膨胀率 = 12% - 15% = -3%。

2. 答

$$10 = \frac{2}{K - 1\%} \quad K = \frac{2}{10} + 1\% = 21\%。$$

该股票的预期收益率为 21%。

3. 答 甲公司股票的必要报酬率 = 无风险利率 + β(市场组合平均报酬率 - 无风险利率) = 5% + 2×(10% - 5%) = 15%。

4. 答 投资者持有该股票的期间收益率

$$= \frac{持有期间的年平均股利 + (期末股价 - 期初股价)/持有期数}{期初股价}$$

$$= \frac{(2+3)/2 + (15-10)/2}{10} = 50\%,$$

该投资者持有该股票的期间收益率为 50%。

5. 答 升值百分比 = $\dfrac{\text{期末汇率} - \text{期初汇率}}{\text{期初汇率}} \times 100\%$,

美元贬值百分比 = $\dfrac{630 - 700}{700} \times 100\% = -10\%$,

所以美元贬值百分比为 10%;

人民币升值百分比 = $\dfrac{100/630 - 100/700}{100/700} \times 100\% = 11.11\%$,

人民币升值百分比为 11.11%。

案例分析 1 答案

（1）财务公司模式：集团公司设立的财务公司是专门从事集团内部资金融通业务的非银行性金融公司，由政府监管机构批准设立，是具有法人地位的集团子公司。财务公司的经营范围除抵押贷款以外，还包括外汇交易、联合贷款、不动产抵押、财务及投资咨询等业务。

其职能主要包括：① 通过在集团公司内部进行转账、结算来加速资金周转；② 融资租赁和买方信贷，注入少量资金，解决集团内部产品购销等方面的问题；③ 运用同业拆借、外汇及有价证券交易、发行债券或股票等手段，为集团公司开辟广泛的融资渠道，是集团公司的融资中心；④ 利用集团公司暂时闲置的资金进行短期投资；⑤ 通过对集团公司其他成员提供担保、资金调查、信息服务、投资咨询，为集团成员单位提供全方位的金融服务。

财务公司模式实际上是将完全市场化的企企关系和银企关系引入集团公司资金管理的做法。其作用远远超过结算中心和内部银行。财务公司既是集团公司的金融中心，可以与集团其他成员为相互持股或控股，实现企业资本与金融资本的结合，使集团各成员单位之间形成以资本为纽带的密切合作关系；财务公司又是集团公司的信息中心，即通过财务公司搜集和掌握各种经济信息，为成员单位进行金融投资，提供投资咨询、风险评估等服务；同时，财务公司也可以是集团的结算中心和信贷中心。

财务公司是伴随着大企业的发展而出现的，跨国集团一般都设立在以财务公司为主体的附属金融机构为其成员单位提供所需要的特定金融服务，内部金融和技术创新已经成为大企业发展的两大驱动力量。美国约有 1200 多家财务公司，前 25 位的资产总额超过 1 万亿元。我国集团的财务公司起步较晚，截至 2005 年只有 75 家集团公司设立了财务公司，主要进行负债、资产、中介和外汇四大方面的业务，推动了集团公司的发展。西门子财务公司是我国政府批准设立的第一家外资财务公司，其运作方式对我国集团公司财务管理有很强的借鉴意义。

（2）资金控制管理模式的选择一般应有三个前提：

1）资金控制管理要能减少集团公司的财务风险。企业选择何种资金控制管理模式，应当考虑这种模式能否化解集团的财务危机，同时在自身的集权与分权管理体制的基础上，从各种备选方案中选择财务风险最小的模式。

2）资金控制管理应使集团分部获得最大利益。若由于资金集权式的控制使集团分部或分支机构的发展面临资金瓶颈的制约，那么这种管理模式就违背了企业存在的原始目的（利益最大化）。

3）资金控制管理的模式要与集团公司架构相配比。资金控制的分权与整合的力度在很大程度上依赖于集团公司的组织架构，但组织架构的选择或者变革又取决于经济实体的实力。一般情况下，集团公司实力越强，可选择的资金控制管理模式越多；集团公司实力越弱，变革企业组织架构带来的相对成本较高，可选择的资金控制管理模式越少。

资金控制管理模式具有各自的优缺点。就统收统支和拨付备用金这两种模式而言，统收统支模式有助于企业实现全面收支平衡，提高资金流转效率，减少资金沉淀，控制资金流出，但不利于调动各层次开源节流的积极性，影响各层次经营的灵活性，以致降低集团公司经营活动和财务活动的效率。拨付备用金模式有助于企业实现资金预算管理，达到减少内耗的目的。拨付备用金和统收统支模式相比较：① 集团所属各分支机构有一定的现金经营权；② 集团所属各分支机构或子公司在集团规定的现金支出范围和支出标准之内，可以对拨付的备用金的使用行使决策权。其缺点是资金整合力度偏弱，无法解决资金过多占用问题。上述两种模式只适用于非独立核算的分支机构，不适用于采取母子公司框架的集团公司。

（3）西门子集团单独设立财务公司的原因可能有以下几点：一是出于战略管理的需要，中央财务部负责整个集团的金融战略与政策制定，而财务公司则负责政策的执行和具体运作；二是独立设立财务公司有利于金融业务的系列化扩张，不仅便于为集团内部成员企业提供各项金融服务，而且在集团进行跨国经营业务时也有利于适应当地的法律和政策要求，灵活多变；三是便于控制风险，金融活动本身具有一定的专业性、复杂性和风险性，组建独立的公司对集团内部的金融业务进行经营，有利于专业化推进，也便于控制业务风险，将金融风险与集团经营风险分割管理。中央财务部和财务公司是西门子集团两大财务管理部门，职能上有区别，前者主要负责金融战略和政策的制定，后者主要负责政策的执行和具体运作，两者都听命于集团的CFO。

（4）西门子财务公司在管理集团资金时，主要通过司库及资金管理部来组织全集团的资金运作，相当于集团的"内部银行"。它不仅对内提供诸如头寸管理、资金集中、内部结算及对外支付、风险管理与外汇交易等功能，而且也参与资本市场交易，向集团和成员企业提供决策支持。同时，它还向外部（第三方）提供咨询、技术培训、顾问等服务。该部门内部分为四个业务板块：现金管理与支付业务、风险顾问与融资业务、资本市场业务，以及负责信息交换的IT部门。此外，西门子集团为加强资金管理，强制成员企业进行资金集中管理，并在全球建立了60个资金池，与60家银行进行合作，签订"资金池协议"，建立零余额账户，既满足不同地区成员企业资金支付结算的需要，又将集团资金余额控制在较低水平，最大限度地利用资金，避免闲置。

案例分析2答案

（1）五矿有色可以成功收购OZ公司，而中铝收购澳大利亚力拓公司以失败告终原因如下：

1）目标资产小。在收购矿产资源数量和金额方面，五矿有色提出以13.86亿美元的价格收购OZ公司，而中铝却以300多亿美元的巨资收购力拓公司。两者相比之下，中铝的收购价格比起五矿有色的收购价格高出20多倍。由于五矿有色只是收购OZ公司的部分矿产资源，资源数量比较少，且收购初期所涉及的敏感资产也在收购后期协商中去除，因此收购金额相对来说也较为便宜一点。相反，中铝收购力拓公司的全部矿产资源，资源数量较多，收购金额相对较为昂贵。另外，五矿有色收购范围小，矿产资源数量也较少，收购起来更为容易，控制起来更加方便；而中铝收购范围大，矿产资源数量非常多，收购较为困难，控制起来更加不方便。

2）处事较为低调。在处事方面，五矿有色较为低调，而中铝就比较高调。因为中铝收购力拓公司的金额非常巨大，第一次收购为140.5亿美元，第二次收购为195亿美元，两次加起来就是300多亿美元，这笔巨大的资金必定会引起社会的广泛关注，因此中铝很容易泄露行踪，因而收购行动走向了失败的道路。相反，五矿有色在处事方面对外一向低调，但是五矿有色对内却非常积极，在获得OZ公司债务和财务困境方面的消息，立即组织了一班出色的团队，在收购遇到波折时，也能够稳定决策并迅速拿出解决方案，甚至出奇制胜，五矿有色能有效吸收之前的收购经验和教训，最终使这次默默收购取得成功。另外，中国五矿在与OZ集团洽谈，选择了其集团旗下的一家非上市有色金属公司，一方面考虑到所收购的资产为有色金属公司；另一方面也反映了其处事低调的作风。五矿有色隐藏在中铝内后进行收购，中铝大手笔掩盖了五矿有色的"小动作"，转移了人们的目光。正如澳大利亚贸易委员会大中华区资深投资专员王恒岩所说：OZ公司是在金融危机退潮过程中五矿有色捡到的一枚贝壳，而中铝试图在茫茫大海上捕获一条巨鲨，澳大利亚政府的敏感神经深深地锁定在中铝身上。

3）重视游说中的沟通作用。在公共关系管理能力方面，五矿有色懂得怎样去与其他公司打交道，彼此建立良好的合作关系，而中铝却缺乏这方面的能力，最终导致收购失败。五矿有色在收购中对出现的各种问题都做了充分准备，并积极解决，尤其是在面临澳大利亚政府的质疑时，具有外交经验的周中枢作为项目负责人起到了重要作用。当五矿有色向OZ公司提出收购其矿产资源时，遭到澳大利亚两个反对党的强烈反对，但五矿有色并没有放弃，还专门会见了两个反对党领袖，向他们解释如果这次收购可以成功的话，可以共同发展。另外五矿有色在保证OZ公司也继续存在的前提下继续与OZ公司合作，以缓和政府对此次收购的误解，积极与其建立良好关系以获得两个反对党的支持。在公共关系处理方面，因为五矿有色明白到一个道理，反对党如今是在野党，但今后也有可能会成为执政党，与他们保持良好的沟通，对今后的工作会非常有利。相反，中铝面对着很多的反对声音，但它并没有积极去挽救，并在中途临时换帅，得不到政府的支持，最终使收购失败。

综合以上几点，中国五矿给我国企业并购带来了几点启示，首先是在收购前要充分了解被收购公司，并制定清晰的收购策略，并在市场发生时，审时度势、灵活应变、量力而行；其次是与目标公司的管理层、董事会以及所在政府保持良好的沟通和交流。

（2）很多企业选择收购澳大利亚能源公司原因如下：

1）矿产资源储量丰富、分布集中，且运输网络成熟。澳大利亚拥有丰富的矿产资源，种类繁多且质量也相对较高，是世界上主要的矿产资源国家，也是矿产资源开发中心。此外，澳大利亚的地理位置理想，运输方便，拥有良好的运输网络，具有得天独厚的竞争优势和非常悠久的资源开发历史，是世界重要的矿产资源生产国和出口国。由于澳大利亚拥有多个大型资源地区，分别生产多种不同有色金属，例如铅矿、锌矿、铜矿等，比起其他国家来说矿产资源储量较为丰富。另外，澳大利亚矿产资源的分布较为集中，开采技术发展成熟，开采矿产较为便利，可以统一时间开采，节省人力、物力。

以 OZ 公司为例，OZ 公司本身拥有良好的根基。OZ 公司一向从事采矿的工作，是澳洲著名的采矿公司之一，是世界第二大的锌公司，更是澳大利亚第三大矿业公司，开采历史长久，并在锌、铅、铜、镍、金、银等资源上拥有可观储量，拥有良好的根基基础。OZ 公司目前所拥有的锌矿资源有 1820 万 t，铅 260 万 t，储量丰富。因此，OZ 公司成为了不少企业心目中的收购对象。另外，OZ 公司也曾开采位于南澳大利亚的矿场，其后更进一步将其业务扩张至泰国、柬埔寨等国家，具有丰富的技术及开采矿产资源的经验。再加上澳大利亚的科技水平较高，OZ 公司结合先进的技术，发展较为成熟，先进的开采技术使采矿工程变得更方便、快捷、安全而且省时，使其成为各大企业争相收购的目标。

2）法律体系健全，资源完全市场化。澳大利亚拥有健全的法律体系，资源完全市场化，而且对投资者进入没有过多的政策限制。对于很多企业来说，他们除了看中澳大利亚矿产资源的丰富、优质外，也是看中澳大利亚在这方面的优势。基于这种原因，很多公司都对澳大利亚的公司产生浓厚的兴趣，希望收购后公司可以有更好的发展前景。澳大利亚的资源完全市场化，对投资者进入没有过多政策限制，是中国五矿考虑并购的前提，也是中国企业扎堆澳大利亚的一个基础。